KB027933

테라섬의 분화, 문명의 줄기를 바꾸다

테라섬의 분화, 문명의 줄기를 바꾸다

초판 1쇄 발행 2021년 2월 5일

지은이 **좌용주**

펴낸이 김선기
펴낸곳 (주)푸른길
출판등록 1996년 4월 12일 제16-1292호
주소 (08377) 서울시 구로구 디지털로 33길 48 대륭포스트타워 7차 1008호
전화 02-523-2907, 6942-9570~2
팩스 02-523-2951
이메일 purungilbook@naver.com
홈페이지 www.purungil.co.kr

ISBN 978-89-6291-890-8 03900

대재앙이 남긴 흔적들을 찾아 역사의 퍼즐 맞추기

테라섬의 분화, 문명의 줄기를 바꾸다

푸른길

차 례

프롤로그

과거를 향한 새로운 여정을 시작하며

시계 바늘이 오른쪽으로 크게 한 원을 그리는 만큼, 과거는 왼쪽으로 크게 한 원을 그리며 물러난다. 오늘을 산 만큼 과거는 하루가 더 늘고, 과거에 대한 기억은 오래될수록 희미해져 간다. 그 희미해진 과거를 되살려 소중하게 간직할 수 있는 것은 그때 그곳에서 있었던 일을 적은 기록이 남아 있어서이고 그 기록을 찾아 헤매는 사람들의 노력 덕분이다.

인간의 역사를 보는 시각과 지구의 역사를 보는 시각은 여러모로 다르다. 인간의 역사는 반복되지도 돌이킬 수도 없는 것이지만, 지구의 역사는 여러 현상이 동일하게 일어나는 반복성을 띤다. 그래서 지구 역사 중에 어떤 특이한 사건들은 인간의 역사에 큰 영향을 주기도 하고 언제든 반복될 수 있기 때문에 인류 또한 과거와 유사한 역사를 가질 수도 있다.

인문사학자들은 인간의 역사에 대한 '환경결정론'을 경계한다. 기상이변과 지각변동 같은 지구환경의 변화가 인간의 역사를 좌지우지했다는 것에 호감을 나타내지 않는다. 뿐만 아니라 역사적 사건에 대한 자연주의적 해석도 달가워하지 않는다. 그러나 곰곰이 생각해 보면 지구환경의 격렬한 변동은 인류사에 적지 않은 영향을 끼친 예가 드물지 않다. 인간이 지구에서 삶을 살아가는 한, 역사적 사건을 해석할 때 그러한 변동의 영향을 완전히 배제시킬 수만은 없는 노릇이다.

지구의 역사를 공부하는 사람들에게 아주 친숙한 말이 있다. "현재는 과거의 열쇠다." 18세기 스코틀랜드의 지질학자였던 제임스 허턴의 말이다. 지구의 과거를 알기 위해서는 현재를 보면 된다는 뜻으로 까마득한 옛날에 일어났던 지구현상은 현재도 동일하게 일어나고 있으며, 따라서 현재의 현상을 보면 과거를 미루어 짐작할 수 있다는 말이다. 지구현상은 오랜 기간에 걸쳐 같은 모습을 반복적으로 보여 왔다고 생각한다. 비바람이 불고, 눈이 내리고, 화산이 폭발하며 지진이 발생했다. 이런 현상들은 지금 우리가 직접 또는 간접적으로 경험할 수 있는 것들이다. 과거의 인류도, 더 과거의 생물들도 경험했다. 다만 현재 우리는 우리의 경험을 아주 자세하게 기록으로 남기고 있지만, 과거로 시간을 거슬러 올라갈수록 그 기록은 양도 적어지고 자세함도 떨어진다. 그러나 문자 형태의 기록이 부족하다고 해도 과거의 현상은 어딘가에는 남아 있게 마련이다.

이 책은 세 부분으로 구성되어 있다. 첫 번째는 플라톤의 두 대화편 《티마이오스》와 《크리티아스》에 등장하는 아틀란티스 이야기이고, 두 번째는 구약성경에 나오는 모세의 엑소더스Exodus 이야기, 그리고 마지막은 두 이야기에 공통으로 들어 있는 자연 현상과 시간에 대한 이야기이다. 문학작품과 종교의 경전 그리고 과학적 검증에 대한 묘사를 한 공간에서 조합하는 과정은 너무나도 어려운 일이었다.

물론 테라섬의 미노아 분화를 아틀란티스와 엑소더스의 양쪽 모두의 이야기와 연결시키는 것은 이 책이 처음이 아니며 많은 사례가 있다. 그 처음을 찾자면 1963년에 발표된 존 베넷의 논문 《지구물리와 인간의 역사》[■1]와 1969년 갈라노포울로스와 베이컨이 출판한 《아틀란티스: 전설 뒤의 진실》[■2]이다. 그로부터 반세기가 흐르는 동안 새로운 과학적 지식이 축적되었기 때문에 새로운 자료를 바탕으로 다시 정리할 시기가 되었다고 생각한다. 하지만 자연 재앙에 대한 문화적 및 사회적 반응은 상당히 복잡하여서 자연주의적 해석이 어디까지 접근할 수 있을지 의문이다. 테라섬의 미노아 분화로부터 풀어나가는 이야기는 역사적, 종교적 및 문헌학적 접근과는 서로 부딪칠 수밖에 없는 부분이 있다. 또한 고대의 문서를 현대의 과학적 논리로 읽어 나가는 것이 합리적이지 않다는 비판에도 직면할 수 있다. 그럼에도 불구하고 시도하고자 하는 것은 그에 대한 완성된 해석이 아니라, 고대 문서의 모호함이나 저자들의 의도이건 아니건 포함되어 있는 오류를 현대과학적 시각에서 살피는 것이며, 어쩌면 이런 시도가 과학이 기여할 수 있는 한 부분일 수도 있기 때문이다.

테라섬과 아틀란티스의 이야기에서 미노아 문명의 종말은 역사적인 사실이다. 따라서 문명의 종말 자체보다는 왜, 어떻게 종말이 일어났는지에 대한 의문이 더 크다. 그리고 그 원인의 하나로 테라섬의 화산 분화가 거론되는데, 화산의 폭발과 영향에 대한 고고학적 및 지질학적 증거가 충분하지 않다면 그 상관관계는 성립할 수 없기 때문에 고대 미노아는 오로지 북쪽으로부터 침입해 온 미케네인들에 의해 멸망한 것이 된다.

테라섬과 엑소더스의 이야기에서는 엑소더스 자체가 과연 있었는지 의문을 품는 사람이 많다. 이 경우 성경에 기록된 엑소더스의 묘사들이 실제 당시에 있었던 일을 나타내는 것인가에 대한 검증이 필요하다. 엑소더스가 일어난 이유는 성경에서 명확하게 밝히고 있다. 이스라엘 자손들을 구원하기 위함이다.

그렇다면 그 과정에 무엇이 어떻게 일어났는지를 살펴야 한다.

아틀란티스와 엑소더스의 두 이야기에서 살펴야 하는 본질은 다를 수 있지만, 공통적으로 해결해야 할 것이 바로 '시간'이다. 우리는 두 사건이 얼추 청동기 시대 말에 일어났다고 추정한다. 하지만 두 사건을 파헤쳐 들어가면 그 정도의 감각으로는 문제를 해결할 수 없다. 보다 정확한, 그것도 10~20년의 오차 내에서 시간 문제를 해결해야 한다. 그래야만 아틀란티스–엑소더스–테라의 삼각형이 그려지게 된다. 이 책은 새로운 과학적 자료를 바탕으로 그 '시간'의 문제를 좀 더 구체적으로 접근할 것이다.

본문에 앞서, 이 책의 이야기가 동지중해의 문명사에 관한 일면을 살펴보는 것이기에 에게해와 이집트를 중심으로 한 두 고대 문명에 대해 간략히 기술하고자 한다. 이는 본문의 내용이 아틀란티스–엑소더스–테라, 이렇게 서로 다른 분야의 이야기들이 섞여 있어 여러가지 이해를 돕기 위함이다.

첫 번째, 고대 미노아 문명

플라톤의 아틀란티스 이야기가 실제냐 아니면 창작된 허구냐의 문제는 앞으로 살펴볼 것이지만, 만약 실제라고 한다면 이야기 속의 찬란했던 옛 문화는 청동기 시대에 있었던 동지중해의 고대 문명, 즉 미노아 문명을 가리키는 것으로 보인다. 그 이야기를 구체적으로 살펴보기 위해서는 이 문명에 대한 이해가 필요하다.

미노아 문명 또는 크레타 문명이란 지중해 동부의 에게해에 위치한 크레타섬을 중심으로 기원전 2000년경에서 기원전 1400년경까지 번성했던 청동기 문명을 말한다. 미노아 문명은 그리스 신화에 등장하는 크레타섬의 왕 미노스에서 유래했는데, 미노스는 제우스와 에우로파의 아들이다. 청동기 시대에 한때는 주변의 섬들과 그리스 본토까지 영향을 미쳤던 미노아 문명이었지만, 기원전 1450년경에서 1400년경에 그리스 본토로부터 남하해 온 그리스인들에 의해 지배되면서 종말을 맞이하게 되었다. 하지만 미노아 문명은 기원전 1600년경부터 그리스 본토의 미케네를 중심으로 형성된 미케네 문명에 흡수되는 형태로 기원전 1100년경까지 계속되었다고 하는 주장도 있다. 미노아 문명의 중심지인 크레타섬은 그리스 본토에서 약 160km 남쪽에 떨어진 에게해의 섬이다. 당시 크레타섬에는 많은 도시가 있었다고 전해진다. 기원전 8세기경에 고대 그리스 시인 호메로스는 크레타섬을 "90개 이상의 도시가 다른 언어로 말하는 사람들로 넘쳐나던 섬"이라고 표현할 정도였다.

미노아 문명에서는 고도의 예술문화를 꽃피웠을 것으로 추정된다. 이 시대의 예술작품의 대부분이 소실되었기 때문에 그 전모를 알 수는 없으나 아름다운 문양이 그려진 도기(토기)와 다양한 생활 모습을 그리고 있는 프레스코가 일부 발견되었다. 도기에 그려진 그림은 시대에 따라 다른데, 초기에는 나선, 삼각, 십자 등의 형태가 그려져 있었던 것에 비해, 그 후에는 물고기, 꽃, 동물 등의 자연을 묘사한 형태가 많아졌다. 프레스코의 대부분은 궁전에서 발견되고, 선명한 색의 벽화에는 다양한 의식과 풍경이 그려져 있다. 또한 여신을 상징하는 뱀과, '소 뛰기 의식Bull Leaping'과 같은 소를 모티프로 한 작품도 많이 보인다. 미노아인은 뛰어난 장인이었고 예술가였다고 알려져 있는데, 그들이 만든 도기는 당시로서는 매우 뛰어난 것이었다.

미노아 문명을 형성한 미노아인에 대해서는 아직 밝혀지지 않은 부분이 많으며, 실제 인종도 수수께끼이다. 미노아인이라는 이름은 서기 1900년 크레타섬의 크노소스 유적을 발굴한 영국 고고학자 아서 에번스가 붙인 것이다. 만약 청동기 시대 크레타섬에 살고 있던 미노아인을 고대 그리스인에 포함시킨다면 고대 그리스인 중에서는 가장 오래된 집단의 하나로 생각할 수 있다. 그러나 당시 크레타섬에 살던 사람들은 본토에 있던 그리스인과는 다르게, 소아시아로부터 이주해 온 사람 또는 고대 그리스인과 소아시아계 인종의 혼혈이 아닐까 하는 설도 있다. 미노아인의 대표적 특징 중 하나는 무역을 활발히 했다는 것이다. 크레타섬은 지리적으로 다른 지역과 무역 네트워크 형성이 쉬웠고, 결과적으로 무역이 활발한 장소였으며, 미노아인은 키프로스, 시리아, 이집트, 메소포타미아 등의 지역과 교역을 했다. 시리아 마리Mari 문서고에 나오는 고대 이집트 관련 지명 '케프티우Keftiu'와 셈어 '카프토르Kaftor, Caphtor' 그리고 '카프타라Kaptara'가 크레타섬을 가리킨다는 주장도 있는데, 당시 미노아인들과 주변 국가들 사이의 교역 관계를 짐작하게 하는 부분이다.

미노아인들은 이미 독자적인 문자를 사용하고 있었음이 확인되는데, 당시 미노아인이 사용한 문자가 쓰여진 점토판이 현재까지 남아 있다. 이 문자를 '선문자 A'라고 하며, 기원전 18세기경부터 기원전 15세기경까지 크레타섬에서 사용되었다. 덧붙여 '선문자 B'라는 문자도 발견되었는데, 이는 기원전 1550년경부터 기원전 1200년경까지 그리스 본토와 크레타섬에서 사용된 문자로 알려져 있다. 두 문자는 공통점도 많지만 다른 문자로 분류되고, 또 완전하게 해독된 상태가 아니다. 미노아어와 그리스어와의 관계는 밝혀지지 않았다. 선문자 A는 미노아어를 나타내는 것이지만, 선문자 B는 그리스어의 일종인 미케네·그리스어를 표기한 것으로 미노아의 선문자 A를 받아들인 것으로 생각된다.

일반적으로 그리스 본토인들이 크레타섬을 침공하여 미노아 문명이 종식되었다고 하지만 다른 설도 있다. 그 설은 기원전 1600년경에 일어난 미노아 화산 분화 때문이라는 것이다. 미노아 분화는 에게해에 위치한 테라섬에서 일어난 폭발적 분화를 말하고, 크레타섬을 포함한 에게해 일대에 커다란 피해를 주었다고 알려져 있다. 이 분화에 의해 촉발된 거대한 쓰나미가 크레타섬의 마을 대부분을 파괴했다는 설이 미노아 문명의 붕괴로 이어졌던 원인의 하나로 생각되었다. 하지만 미노아 문명이 멸망한 것은 이 분화보다 나중이라는 견해가 있어 이 미노아 분화설이 부정되어 왔으나 당시 크레타섬에 파괴적인 피해를 준 것은 틀림없다.

두 번째, 고대 근동의 오리엔트 문명

이집트에서 이스라엘 민족이 탈출하는 엑소더스 장면은 사실 그리 쉽게 이해되지 않는다. 이 엑소더스의 진위를 판단하기 위해서는 여러 가지 조건을 검증해야 한다. 고고학적 증거가 부족한 성경이라는 한 종교의 경전을 검토하는 게 무슨 의미가 있을까 의구심이 들지만, 그 속에 포함된 역사적 사실을 추적해 보기로 한 이상 엑소더스와 관련된 시간과 공간의 축을 좀 더 넓게 잡아야 한다. 다시 말해 모세와 엑소더스 이야기 이전에 이스라엘 민족이라는 정체성과 그들이 언제 어떻게 이집트에 들어갔느냐를 밝혀야 한다. 그리고 정말 엑소더스가 있었다면 그 이야기의 결말은 어떻게 되었고, 그 증거는 무엇인지 찾아야 한다. 이를 위해 첫 출발점이 되는 이스라엘의 조상 아브라함의 여정부터 살펴야 하지만, 먼저 고대 근동의 역사적 배경을 이해할 필요가 있다.

고대 오리엔트 문명은 기원전 3200년경으로부터 기원전 4세기 후반 알렉산더 대왕이 이 지역을 통일할 때까지 거의 3000년간 서아시아와 이집트에 꽃핀 세계에서 가장 오래된 문명이다. 현재의 이란, 이라크, 시리아, 터키, 레바논, 요르단, 이스라엘, 사우디아라비아, 이집트 등의 지역을 아우르는 오리엔트 지방은, 인류 최고最古의 문명의 발상일 뿐만 아니라, 세계 5대 종교 중에서 세 종교, 즉 유대교, 기독교, 이슬람교의 탄생지이기도 하다. 또 동서 문명의 교류의 장으로서 여러 문명에 커다란 영향을 미쳤다. 오늘날 역사용어로서 널리 사용되고 있는 '오리엔트'는 동쪽으로는 인더스강 유역, 서쪽으로는 아나톨리아반도와 나일강 유역을 포함한다. 오늘날의 정치적, 지리적 개념에서 유럽 중심으로 표현하고 있는 '근동', '중근동' 혹은 '중동'으로 불리고 있는 지역을 가리킨다.

이 문명의 중심은 티그리스, 유프라테스 두 강 유역의 메소포타미아와 나일강 유역의 이집트이고, 이 두 지역에 기원전 3000년 전후에 국가가 탄생하고 도시 문명이 발달했다. 이때부터 역사 시대의 시작이라고도 한다. 고대 오리엔트의 역사가 과학적으로 해명되기 시작한 것은 최근 150년 정도의 일이다. 19세기까지의 고대 오리엔트에 관한 지식은 주로 구약성경과 고대 그리스·로마 시대의 고기록과 유럽인의 여행기에 한정되어 있었다. 즉, 모세오경을 중심으로 한 이스라엘의 여러 전승과, 헤로도토스(기원전 5세기)와 스트라본(기원전 64년경~서기 21년경) 등의 비교적 후대의 기록을 중심으로 한 것이었다.

19세기 서유럽에서 고대 오리엔트 문명의 발생, 성쇠, 전파를 연구대상으로 하는 과학적인 학문이 생기고 발달했다. 이는 당시의 열강, 특히 프랑스와 영국의 식민지 활동과, 그에 따른 고대문자의 해독과 밀접한 관련이 있다. 고대 문자들을 해독해 가던 중에, 고대 오리엔트학의 쌍벽인 이집트학과 아시리아학이 탄생했다. 한편, 이 시기 여러 유적이 발굴, 조사되었는데, 그 결과 수천 년간 땅에 묻혀 있던 고대도시를 비롯하여 신전, 궁전, 분묘 등이 그 모습을 드러냈다. 여기에 문헌학과 고고학 연구는 고대 오리엔트 문명의 해명에 커다란 공헌을 했다.

이집트와 메소포타미아의 문명은 그 성격이 상당히 다르다. 지리적인 환경으로 인해 이집트는 비교적 이민족의 침입이 적고, 고왕국시대, 중왕국시대, 신왕국시대라는 세 번영기를 중심으로 고대 이집트인에 의한 3000년의 역사가 전개되었다. 그 문명은 보수성이 강하고, 신의 자손인 파라오에 의한 지배라고 하는 왕권관, 내세를 믿는 종교, 전통주의를 중시하는 예술 등으로 특징지을 수 있다. 한편, 개방적인 환경의 메소포타미아는 이민족의 침입이 끊이지 않았고, 민족과 왕조의 교대가 빈번해 수메르 도시 국가에서 아카드왕조, 우르 제3왕조, 바빌론 제1왕조, 바빌론 제2왕조, 히타이트제국, 아시리아제국, 신바빌로니아제국으로 어지럽게 전개되었다. 또 티그리스, 유프라테스 두 강의 홍수가 종종 재해를 일으키기도 했으며, 내세에 대한 생각은 부정적이었고, 왕은 신의 대리인으로서 지배한다고 하는 왕권관이 강했다. 그리고 문화의 성격은 개방적, 다원적, 현실적이었다. 아시리아제국에서는 사르곤 2세부터 앗수르바니팔 왕까지의 시대가 전성기로, 한때는 이집트를 병합하여 오리엔트 세계를 통일했는데 이를 아케메네스왕조의 페르시아제국이 계승하였다. 페르시아에 의해 통일된 오리엔트 세계는 기원전 5세기의 페르시아 전쟁에서 지중해 세계와 자웅을 겨루다가 기원전 331년 알렉산더 대왕에게 수도 페르세폴리스를 점령당해 그 막을 내리고 헬레니즘 시대를 맞이한다. 고대 오리엔트 문명은 유럽 고전 문명에 커다란 영향을 주었다는 점에서 세계사적 의의가 크다.

자, 그러면 이 사전 지식을 가지고 화산섬 테라에서 일어난 청동기 시대의 분화 사건을 다루면서 아틀란티스–엑소더스–테라 간의 시간 여정을 시작해보자.

제1부

아틀란티스

플라톤과 아틀란티스

고대 그리스의 철학자이자 사상가인 플라톤(기원전 428/427~348/347)에 대해 새삼 설명할 필요가 있을까. 소크라테스의 제자였으며 아리스토텔레스의 스승이었던 그가 서양 철학에 미친 영향은 가늠하기 힘들다. 그런데 누구나 한 번쯤 들어봤을 그 이름이 아틀란티스 이야기의 출발점이다. 플라톤이 남긴 저서 중에 아주 독특한 세 권(실제로는 두 권)의 연작이 있는데 이것이 아틀란티스 이야기로 말미암아 후대에 엄청난 파장을 불러일으킬 줄 누가 상상이나 했겠는가. 플라톤이 이 연작을 통해 원래 얘기하고자 했던 것과는 거리가 먼 것이어서 만약 플라톤이 듣는다면 놀라 까무러쳤을 것이다. 그러면 아직도 신화와 역사 속에서 저울질하고 있는 그 이야기를 시작해 보기로 하자.

플라톤의 저서 중에는 여러 권의 대화편■[1]이 있다. 대화편이란 플라톤이 그의 스승인 소크라데스와 제자들이 나눈 이야기를 대화 형식으로 엮은 책을 가리킨다. 이 대화편 중에 일반인들에게 별로 친숙하지는 않은 세 권의 책이 있는데, 그 와중에 이 책들이 유명해진 까닭은 내용 속에 굉장히 재미있는 전설이 들어 있기 때문이다. 원래는 《티마이오스》, 《크리티아스》, 《헤르모크라테스》라고 하는 3부작의 대화편으로 기획되었었지만, 《티마이오스》의 후속작이었던 《크리티아스》는 미완성으로 끝났으며 《헤르모크라테스》는 아예 집필되지도 못했다.

먼저 《티마이오스》의 이야기는 주로 우주와 인간의 본질에 대해 이야기하고 있으며, 덕德에 대한 당시 그리스의 철학적 사고를 많이 다루고 있다. 이 《티마이오스》의 앞부분에 아틀란티스를 비유한 거대한 세력 이야기가 나오며, 후속작인 《크리티아스》의 내용과 일부 중복되기도 한다. 《크리티아스》는 다양한 이야기를 담고 있지만 아틀란티스라는 나라의 존재와 아틀란티스를 물리친 고대 아테네의 위대함을 일관된 주제로 한다. 그런데 아틀란티스의 사람들 그리고 당시 아테네 사람들에 대한 이야기를 하다가 도중에 중단된다. 그 상황에 대해서는 조금 뒤에 살펴볼 것이다. 《헤르모크라테스》 같은 경우 집필된 적이 없기 때문에 내용이 전혀 남아 있지 않다. 하지만 만약에 플라톤이 《헤르모크라테스》를 썼다면 과연 어떤 내용일까 궁금해진다. 일부 학자들의 의견에 따르면, 아마 플라톤의 《국가》에서 언급했던 내용의 일부가 들어가지 않았을까. 예를 들어 법률, 제도, 이상 국가 등의 모습을 담지 않았을까 하는 주장도 있다.■2 왜 플라톤이 대화편 3부작을 기획했는지에 대해서는 이 장의 말미에 잠시 살펴보도록 한다.

티마이오스

《티마이오스》는 소크라테스가 대화편 《국가》에서 대화 상대였던 티마이오스, 크리티아스 및 미지의 인물에게 과거에 있었던 어떤 훌륭한 나라의 정체성과 사상 그리고 도덕에 대한 이야기를 해 주고 난 뒤 그 보답 형태의 이야기를 듣는 식으로 시작된다. 훌륭하고 아름다운 이상적인 나라에 대한 서로의 생각을 나누면서 크리티아스는 어릴 적 할아버지에게서 들었던 이야기를 생각해냈다.

그 이야기는 아테네의 유명한 정치가이며 시인인 솔론(기원전 630경~560년경)이 이집트의 사제한테서 듣고 와서 전한 것인데, 이것이 바로 유명한 아틀란티스섬Atlantis nēsos에 얽힌 전설이다.

크리티아스가 자신의 이름과 같은 할아버지 크리티아스에게 전해 들은 이야기[■3]는 다음과 같다.

"아이귑토스(이집트)[■4]에서지." 그분께서 말씀하셨지요. "네일로스강(나일강)의 흐름이 정점에서 주변으로 갈라지는 그곳 삼각주에는 '사이티코스'라 불리는 주州가 있네. 그 주의 가장 큰 도시는 '사이스'라고 하지. – 아마시스 왕도 바로 그곳 출신이라네. – 그곳 사람들은 도시를 세워 준 수호 여신을 하나 모시고 있었는데, 이집트어로는 그 이름이 '네이트'지만, 헬라스(그리스)어로는, 그들의 말대로라면 '아테나'라고 한다네. 그래서 그들은 아테네인들에게 매우 우호적이었을 뿐만 아니라 어떤 면에서는 우리와 친족이라고 주장하기까지 했다지. 솔론이 말하기를 그가 그곳에 도착했을 때 그곳 사람들에게서 커다란 존경을 받았다고 하네. 그리고 한번은 그가 옛일과 관련하여 가장 정통한 사제들에게 그것들을 물어보았다가, 자신은 물론 다른 헬라스인 누구도 그런 일들에 관해서는, 말하자면 쥐뿔도 모른다는 사실을 깨닫게 되었다고 말했지. 그러니까 한번은 그가 그들을 옛일들에 관한 논의로 끌어들이기를 바라고서, 우리 고장의 일들 가운데 가장 오래된 것들에 관해 이야기하려 했다네. 그러니까 최초의 사람이라고 일컬어지는 포로네우스에 관하여, 또 니오베에 관하여, 그리고 이번에는 대홍수 이후에 데우칼리온과 퓌라에 관해 그들이 어떻게 살아남았는지 이야기하고, 또 그들의 계보를 더듬어 보려 했지. 그리고 그가 이야기한 사건들을 통해서 얼마나 많은 세월이 흘렀는지 그 시간들을 떠올리면서 계산해 보려 했다네. 그런데 사제들 중에서도 한참 연로한 누군가가 말을 꺼냈다네. "오! 솔론, 솔론이여! 그대들 헬라스인들은 언제나 어린애들일 뿐, 나이든 헬라스인이라고는 없구려." 그

지 지배권을 행사하고 있었소. 어느 날 그 세력은 전체가 하나로 결집하여 그대들의 고장과 우리 고장, 그리고 해협 안쪽의 전 지역을 단숨에 예속시키려 하였소. 그런데 솔론! 그때 그대들 도시의 능력은 탁월함과 무력에서 모든 사람들의 눈에 선명하게 드러났소이다! 왜냐하면 그대들 도시는 정신력과 전쟁 기술에서 모든 도시들에 앞섰기에, 처음에는 헬라스인들을 지휘하였고, 나중에는 다른 도시들이 이탈하는 바람에 어쩔 수 없이 자기 홀로 남아 극단의 위기에 봉착하였음에도 불구하고, 침략자들을 무찌르고 승전비를 세우는 한편, 그때까지 예속된 적이 없었던 사람들이 노예가 되는 것을 막아 주었고, 헤라클레스의 기둥 경계 안에 정착해 살고 있었던 우리를 비롯한 다른 모든 사람들을 주저없이 모두 자유롭게 해 주었던 것이오. 그러나 그 후에 가공할 지진과 홍수가 발생했소. 단 하루의 혹독한 낮과 밤이 지나가는 동안 그대들 고장의 전사들은 모두 함께 땅에 묻혀 버렸고, 아틀란티스섬도 마찬가지로 바다 밑으로 가라앉아 사라지고 말았소이다. 그리하여 오늘날 저 바다는 건널 수도, 탐사할 수도 없게 되었으니, 섬이 가라앉으면서 산출된 진흙이 수면 바로 아래에서 걸림돌처럼 막고 있기 때문이오." (《티마이오스》 24e~25d)

야만적인 침략자를 물리치고 평화를 가져다준 그리스의 지배력을 찬양함과 동시에 예기치 않게 전개되는 파멸, 즉 지진과 홍수로 재앙이 닥쳐왔음을 언급하며 이야기의 끝을 맺는다. 그런데 이 이야기가 《티마이오스》 전체의 주제에 어떤 위치를 차지하는지 조금 아리송하지만, 아마 초반에 언급된 '훌륭한 나라'로서의 과거 그리스 그리고 그와 상반된 위치에 있었던 야만적 세력에 대한 비교가 이야기의 핵심이 아닐까 싶다. 하여간 아틀란티스섬에 관련된 크리티아스의 이야기가 끝나고 나서, 순서에 따라 티마이오스가 우주의 탄생에서 인간 및 다른 생물들의 탄생에 이르기까지의 본격적인 주제를 이야기한다.

《티마이오스》 초반에 등장하는 '훌륭한 나라'라는 것은 플라톤이 《국가》에서 언급한 내용과 상당히 유사하게 묘사되어 있다. 물론 일부밖에 발췌되어 있지 않기 때문에 전체적으로 비교하기는 어렵다. 《국가》에서는 훌륭하고 아름다운 나라를 이루기 위한 올바름(정의)과 좋음(선)에 대한 사회 구조적 논의가 대상이라면, 《티마이오스》에서는 정의와 선이 우주 창조에서 '원리archē'가 되고 있음을 지적하고 있으며, 이는 우주가 '가장 위대하고 최선의 것이며 아름답고, 가장 완벽한 것으로서 탄생된 것'으로 선언되고 있는 것이다.■5

크리티아스

앞에서 살펴본 대로 플라톤의 대화편 3부작 《티마이오스》, 《크리티아스》, 《헤르모크라테스》는 소크라테스가 들려준 훌륭한 나라에 대한 이야기의 답례로 시작되어, 세 사람이 차례차례 자신의 주제를 풀어가는 식으로 기획되었다. 티마이오스 얘기가 끝나고 이어진 크리티아스의 대화가 《크리티아스》에 기록되어 있다. 《크리티아스》의 내용은 주로 고대 아테네와 아틀란티스의 전쟁을 주제로 하고 있는데, 아테네의 건국 배경, 지리적 환경의 우수성을 이야기하고 또한 아테네 사람들의 용맹함과 시민 의식을 계속 설명한다. 그리고 아테네의 정체성, 교육방식, 훌륭한 업적들을 찬양하고 있다. 《크리티아스》의 주제를 보면 예전에 굉장히 훌륭했던 자신들의 선조와 국가에 대한 동경, 그러면서 '왜 우리는 이런 나라를 만들지 못하는가'에 대한 회한, 이런 것들이 담겨져 있다고 볼 수 있다.

그런데 《크리티아스》의 기술을 보면 플라톤이 중년에 집필했다고 알려져 있는 《메넥세노스》의 내용과 상당히 유사하다. 이 《메넥세노스》라고 하는 책의 주요 내용은 아테네와 페르시아의 두 차례에 걸친 전쟁 이야기를 담고 있다. 아테네와 페르시아의 전쟁은 1차가 기원전 490년, 2차가 480년 정도에 일어났는데, 이 전쟁들은 과거에도 그리고 최근에도 영화로 제작되어 굉장히 유명해졌다. 몇 년 전 〈300〉이라는 타이틀의 영화와 그 속편의 영화가 나왔다. 첫 번째는 스파르타와 페르시아의 전쟁, 두 번째는 아테네와 페르시아의 전쟁을 그리고 있다. 영화의 결론은 뻔해서, 굉장한 어려움을 겪지만 결국 아테네가 페르시아를 물리치는 것이며, 그래서 페르시아를 물리친 선조들을 찬양하는 것이다. 당시에 페르시아로 상징되는 절대악을 물리친 자신들을 찬양하면서 페르시아의 어리석음을 비판하는 내용의 책이 플라톤이 중년에 쓴《메넥세노스》이다.《메넥세노스》에 서술된 아테네와 페르시아의 전쟁과 비슷한 서술이《크리티아스》에서는 아테네와 아틀란티스의 전쟁으로 묘사되고 있다.

《크리티아스》의 주제였던 고대 아테네와 아틀란티스 사이의 전쟁, 갈등, 파국과 같은 주제가 그 유명한 아틀란티스의 전설로 많이 회자되고 있는 내용이며, 그 이야기의 시작은 이렇다. 그리스의 개혁자 중에서 솔론이라는 상당히 유명한 사람이 있었는데, 그는 기원전 590년경에 이집트를 방문하게 된다. 그 당시의 이집트는 25왕조가 끝나고 아시리아의 침략을 받은 이후에 26왕조가 이집트에서 건국된다. 나일 델타(삼각주) 주변에는 사이티코스라는 지역에 '사이스'라고 하는 나라가 만들어지고 거기에 신을 모시는 사제가 있었다. 이 사제가 그곳을 방문한 솔론에게 이야기를 해 주는데 '당신네들은 왜 찬란했던 과거의 역사를 잊어버리고 이 모양이냐' 하는 식으로 이야기가 시작된다. 이때 솔론이 사이스의 사제에게서 들은 이야기를 그리스에 돌아와서 다시 전파시키는 것이 이야기의 발단이며,《티마이오스》와 중복된다.

잠깐 여기서 사이티코스, 즉 사이스Sais라는 지명에 대해 알아 둘 필요가 있다. 사이스는 사 엘 하가르Sa El Hagar라고도 불리며, 나일 델타의 서쪽에 위치한 이집트 왕조 중에서 24왕조(기원전 735~721년)와 26왕조(기원전 664~525년)의 중심 도시였다. 특히 솔론이 기원전 590년경 이곳을 방문했을 때의 26왕조는 사이트 왕조Saite Dynasty로 불리며 이집트의 르세상스 시기라고 알려져 있다. 이 왕조의 파라오 중에서 느고(네코) 2세(재위기간은 기원전 610~595년)는 유다의 요시아 왕과 므깃도에서 전투를 벌이고, 거기서 요시아 왕이 전사한다는 성경의 기록에 잘 알려져 있다.[6] 유다는 요시아 왕이 죽고 난 후 바빌론의 느부갓네살(네부카드네자르) 왕의 계속된 침공을 견디지 못하고 멸망하여, 많은 이스라엘 사람들이 바빌론으로 끌려가게 된다. 이런 커다란 국제 정세의 변화 속에 솔론이 사이스를 방문하여 자기 선조들의 고대 역사를 전해 듣게 된 것이다.

《크리티아스》의 대화 내용은 먼저 솔론이 이집트에 가서 듣고 온 이야기를 자기의 친족이었던 드로피데스에게 전해 준 것이다. 그리고 드로피데스는 자기의 아들인 크리티아스에게, 그리고 크리티아스는 손자 크리티아스(대화편의 화자)에게 전해 주었다, 《크리티아스》는 세 부분으로 나눌 수 있는데, 간추린 내용은 이렇다. 솔론의 시대로부터 9천 년 전 아테네와 아틀란티스 사이에 전쟁이 일어나고 아테네가 승리를 거둔다. 그다음에 아테네의 건국 배경과 환경의 우수성, 그리고 선조들이 이룩한 이상적인 사회와 행적에 대한 이야기를 1부에서 다루고 있다. 2부에서는 아틀란티스라는 나라에 대한 여러 가지 특징과 지리 및 자연환경 등을 다루고 있으며 바닷속으로 갑자기 가라앉아 사라져 버렸다는 전설이 포함되어 있다. 그리고 마지막 3부에는 아틀란티스가 왜 갑자기 사라져 버리게 됐는지 이유를 설명한다. 아틀란티스의 통치자들이 타락했으며, 제우스가 그들을 징벌하기로 마음먹었다. 그런데 여기서 이야기가 끝나버린다. 제우스가 어떻게 벌을 내리고 어떤 식으로 아틀란티스가 멸망했는지의 내용은 빠져 있다. 그래서 이 《크리티아스》가 미완성의 작품이라고 평가받는 이유다.

《크리티아스》의 이야기에 따르면 아틀란티스는 9천 년 전에 존재했고, 리비아와 아시아를 합한 것보다 컸는데, 지진 때문에 가라앉았다고 한다. 포세이돈이 바다를 다스리고 있었고, 어떤 지역의 원주민의 딸 클레이토와 결혼해서 다섯 쌍둥이의 아들을 낳았으며, 열 명의 아들 중 큰아들이 아틀라스이고 나중에 전체의 왕이 되었다. 아틀란티스라고 하는 나라는 둥근 고리 형태의 이상한 지형으로 생겼다. 그리고 도덕적인 타락으로 제우스가 징벌했다. 《크리티아스》에서 발췌할 수 있는 아틀란티스의 전설은 여기까지다. 갑자기 끝나버린 이야기만큼 마음을 불편하게 만드는 것은 드물다. 플라톤은 어떤 결말을 생각하고 있었을까? 조금 길지만 앞으로의 이야기 전개를 위해 필요한 《크리티아스》의 내용 일부를 읽어보기로 하자.■[7]

> 사실 옛날 이집트 사제들이 언급하고 솔론이 이곳 아테네에 전해 준 것을 잘 기억해 내 전달할 수만 있다면, 우리로서는 여기 계신 청중들에게 제대로 소임을 다했다는 생각이 들 거라는 걸 난 거의 알고 있거든. 그러니 이제 이 일을 수행해야 할 것 같네. 더 이상 지체해서도 안 될 것이고, 그러면 우리는 무엇보다도 헤라클레스의 기둥 바깥쪽에 살고 있는 사람들과 안쪽에 살고 있는 사람들 모두에게 이 전쟁이 일어났다고 전해진 이후, 대략 9000년이 지났다는 점을 기억해 두어야 할 걸세. 이제 그 전쟁에 대해 자세히 이야기해야겠네. 전해지기로, 우리나라는 그 한쪽 군대를 지휘하여 전쟁의 전 과정을 치러냈고 다른 쪽이었던 상대편 군대는 아틀란티스섬의 왕들이 지휘하였는데, 우리는 앞서 아틀란티스섬이 당시 리비아와 아시아보다도 큰 섬이었다고 말한 바 있네. 그런데 지금은 지진으로 가라앉아 이쪽에서 대양 쪽으로 항해하려는 사람들을 가로막는 뻘이 되어 버렸으며 결국은 더 이상 나아갈 수 없게 만드는 장애물이 되어 버렸지.
> …(중략)…
> 앞에서 신들이 땅을 배분한 것에 대해 이야기할 때, 그들이 땅 전체를 여기는 큰 몫으로 저기는 작은 몫으로 나누고 자신들을 위해 제물과 신전을 마련하였다고 언급했듯이, 포세이돈도 아틀란티스섬을 자신의 몫으로 받아, 사멸하는 자인 인간 여성에게서 자기의 아이들을 낳아 이 섬의 다음과 같은 곳에 살게 했던 것일세. 바닷가에서 섬 중앙에 걸쳐 전체가 평야였는데 그것은 실로 모든 평야들 중 가장 아름다운 곳이자 기름진 곳으로 일컬어졌으며, 또 평야 근처, 섬의

중앙 방향으로 50스타디온(약 9km) 떨어진 곳에는 사방 어디에서 봐도 나지막한 산이 있었네. 그리고 그곳에는 '에우에노르'라는 이름의 남자가 아내 에우킵페와 함께 처음부터 대지에서 태어난 토박이 주민들 중 하나로 살고 있었다네. 그런데 '클레이토'라는 외동딸이 이 부부에게서 태어났다네. 바야흐로 이 처녀가 혼인할 나이에 이를 즈음, 그녀의 아버지와 어머니가 돌아가셨지. 그러자 포세이돈은 그녀에 대한 욕망에 빠져 한 몸을 이뤄 살게 되었고, 그리하여 그녀가 사는 동산을 빙 둘러 돌아가며, 잘라 파내, 바닷물과 땅으로 된 크고 작은 고리형 띠들을 서로 번갈아 가며 둘러쳤네. 그 고리형 띠들 중 둘은 육지 띠이고, 셋은 해수 띠였는데 포세이돈은 그 고리형 띠들을, 이를테면 선반을 깎듯이 섬 중앙에서 전 방위로 같은 폭으로 잘라 냈지. 그리하여 결국 사람들에게 그곳은 접근할 수 없는 곳이 되었던 것일세. 왜냐하면 당시에는 아직 배가 없었고, 배를 모는 기술도 없었거든. 그리고 그는 신이었던 만큼 실로 아주 거뜬히 중앙의 섬을 다음과 같이 장식했네, 즉, 땅 밑에서 솟아오르는 두 개의 샘물을 끌어다 샘 하나에서는 뜨거운 물이, 다른 하나에서는 차가운 물이 흐르게 하여 땅에서 온갖 종류의 작물들이 풍성하게 여물도록 말일세.

그리고 그는 다섯 쌍의 쌍둥이 사내 아이들을 낳아 길렀다네. 그리고 아틀란티스섬을 모두 10개의 영지로 나누어 가장 나이 많은 쌍둥이 중 먼저 태어난 아이의 몫으로 모친의 거주지와 가장 넓고 좋은 그 주변 땅을 주어, 그를 그 외의 다른 아이들을 다스리는 왕으로 삼았고, 다른 아이들 각각에게는 수많은 인간들에 대한 지배권과 넓은 지역의 땅을 주어 통치자들이 되게 하였네.

그리고 그는 아이들 모두에게 이름을 지어 주었는데, 최연장자이자 왕이 된 자에게는 '아틀라스'라는 이름을 붙여 주었네. 그가 당시 최초로 왕이 된 자일세. 그래서 섬 전체와 대양도 그 이름을 따서 '아틀란티코스'라는 이름을 가지게 되었던 것이지. …(중략)… 이들 자신과 이들의 후손들 모두는 누대에 걸쳐 그 밖의 많은 섬들을 지배하였고, 나아가 이전에 언급된 바와 같이 이집트와 티레니아에 이르기까지 이 안쪽 사람들도 지배하였던 것이네.

…(중략)…

실로 그들은 이러한 생각과 신적인 본성을 유지하고 있었으므로 우리가 앞에서 말했던 모든 것들이 그들에게서 불어났던 것이네. 그러나 그 신적인 부분은, 여러 사멸하는 것들과 수차에 걸쳐 뒤섞여짐으로써 그들에게서 점차 줄어들게 되었고, 오히려 인간적 성정이 우위를 차지하기에 이르자 그들은 급기야 갖고 있는 재물을 감당해 내지 못하고 평정을 잃어, 사람을 볼 줄 아는 사람들에게는 파렴치한 자로 간주되었네. 가장 귀한 것들 중에서도 가장 훌륭한 것을 잃어버린 것이지. 그러나 참되고 행복한 삶을 볼 줄 모르는 사람들에게는 당시의 왕들이 가장 아름답고 복된 사람들이라고 여겨졌던 것이네. 사악한 탐욕과 권력으로 가득 찼던 사람들인데도 말일세.

그래서 신들의 신이자 법으로 다스리는 제우스는 이와 같은 것을 내려다볼 줄 아는 능력이 있었으므로 이 뛰어난 종족이 비참한 상태에 빠져 있음을 알고 그들이 자제력을 배워 한층 더 바른 사람들로 태어날 수 있도록 그들에게 벌을 내리기로 마음먹고, 실로 전체 우주의 중심에 자리하여 생성과 관련하여 일어나는 모든 일들을 굽어볼 수 있는 신들의 가장 존귀한 거처로 모든 신들을 불러들여, 그들이 다 모이자 이르기를….

플라톤의 의도

사실 아틀란티스에 대한 이야기 속에서 그것이 상징하는 현실을 추측해 보기란 그리 어려운 일이 아니다. 예를 들어 아틀란티스와 아테네 사이에 일어났던 전쟁은 플라톤이 이야기를 집필하기 100여 년 전 실제로 일어났던 그리스와 페르시아 혹은 그리스와 카르타고의 전쟁을 근거로 한 것일 수도 있다. 게다가 플라톤이 묘사한 역사 이전 시대의 아테네는 그가 《국가》에서 말하고 있는 이상 국가를 그대로 표방하고 있다. 그는 아틀란티스 역시 처음에는 아테네와 마찬가지로 이상적인 나라였다고 말하고 있지만, 그 신적인 부분이 사멸하는 것들과 섞이며 타락하고 물욕에 사로잡히게 되었다고 서술한다. 그리고 이야기 속 영웅인 아테네의 선조들은 거친 황무지에서 땀 흘려 일하면서도 절제 있고 격조 있는 생활을 유지하고 있었으나, 악역으로 등장하는 아틀란티스의 통치자들은 몇 세기 동안 비옥한 토지에서 편안한 삶을 누리면서도 격조는커녕 자신을 다스리지도 못하고 탐욕에 빠져 타락의 길을 걷고 있었던 것이다. 지도자 개인의 부패는 곧 나라의 부패를 낳고 결국 나라와 개인 모두를 파멸로 이끌었다.■8 아틀란티스에 관한 이 이야기는 《국가》에서 언급하고 있는 정치 체제의 변화 과정과 딱 들어맞는다.

그렇다면 플라톤이 《티마이오스》와 《크리티아스》에서 아틀란티스 이야기를 굳이 언급한 이유가 궁금해진다. 플라톤의 이 대화편들은 그의 만년의 작품이다. 아틀란티스를 묘사하면서 타락하기 이전의 아틀란티스 제국 통치자들의 덕성 그리고 정치 체제에 대한 묘사는 플라톤이 《국가》라고 하는 작품 속에서 그리려고 했던 모습을 재현하지 않았을까 생각한다. 그리고 《티마이오스》와 《크리티아스》를 통해서 플라톤은 전통적인 그리스 정신을 강조하려고 했고, 플라톤이 살았던 그 시대의 암울함에 대해 이야기하고 있다는 생각도 든다. 또한 《크리티아스》에서 마지막에 미완성으로 끝나는 제우스의 분노는 결국 제국화된 아테네에 대한 플라톤의 비판과 함께 당시의 사회적 강자에 대한 경고 메시지가 담겨 있다고도 생각된다. 그런데 이런 플라톤의 의도는 그 혼자만의 생각이었을까.

플라톤의 《티마이오스》와 《크리티아스》에 언급된 아틀란티스 이야기를 이집트에서 듣고 그리스로 처음 전달한 인물이 솔론이다. 아무런 의심 없이 플라톤이 그렇다고 했으니 그런가 보다 생각했다. 그런데 아틀란티스 이야기를 통해 플라톤이 무엇을 얘기하려 했을까 고민하다 문득 솔론의 정치적 행적에 대한 배경과 그의 철학이 관련되어 있을 가능성이 떠올랐다. 솔론은 아테네 민주

정의 기초를 만든 사람이고 다양한 개혁을 시도한 입법가로 알려져 있다. 그가 처음 민주정의 아이디어를 구상했을 때 저술했던 작품이 《유노미아Eunomia》라 불리는 시다.■9 현재 남아 있는 부분은 조각난 단편이지만 그 내용은 명확하다. 유노미아는 좋은 법, 좋은 질서를 뜻하고, 무법 상태를 의미하는 디스노미아Dysnomia의 반대어다. 솔론이 등장했던 기원전 600년경의 아테네는 디스노미아였다. 살라미스섬의 소유권 때문에 이웃인 메가라와 전쟁을 벌여 패배했고, 세습 귀족 계급들이 국토의 대부분을 소유하고 파벌싸움에 골몰했으며, 가난한 농민들은 노예로 전락했다. 이처럼 아테네가 어지러울 때 개혁하려 애쓴 이가 바로 솔론이었으며, 국가적인 재앙을 수습하고 공동체 내의 이기적이고 사악한 무리들의 무책임한 행동을 제거하려 했다.

솔론이 분석한 디스노미아의 원인은 명백했다. 인간의 탐욕이다. 부와 권력에 대한 욕심이다. 《유노미아》에서 언급하기를, "부에 대한 욕망과 지도자들의 부당한 사고방식으로 인한 시민들의 어리석음이 우리의 위대한 도시를 파멸시키고 그들의 오만함은 많은 고통을 주며…". 그리고 그 시에서 파멸과정이 세 단계로 식별된다. 첫째 시민들과 지도자들의 기질, 즉 그들의 악의, 오만, 탐욕 및 부에 대한 갈망은, 둘째 악행과 죄악으로 이어지고, 셋째 복수를 결심한 정의의 여신 디케Dike의 음모, 압제, 민중 봉기 및 내전 등에 의해 도시는 완전히 괴멸하고 만다. 솔론은 이런 혼돈의 아테네에서 정치 개혁을 통해 민주적인 도시 국가의 기틀을 마련하려 했고, 비록 성공하지는 못했지만 민주정의 초석을 다지는 데 기여했다고 평가되며, 이후에도 그의 민주정은 존중되었다.

솔론이 이집트의 사제들에게서 아틀란티스 이야기를 듣는 장면을 그려보면, 어지러운 아테네에 비해 찬란했던 과거의 유토피아는 상당히 매력적이었을 것이다. 그리고 그런 이상향이 졸지에 멸망하게 된 까닭이 무엇인지 궁금했을 터다. 단지 《티마이오스》에서 언급된 지진과 홍수의 자연재해라면 그러려니 생각할 수도 있지만, 《크리티아스》에서 지적된 사악한 탐욕과 권력이 원인이라면 솔론이 개혁하고자 했던 시대상과 흡사하다. 아마도 솔론은 이집트에서 들은 아틀란티스 이야기가 가슴에 와닿았을 것이다. 어쩌면 솔론이 전한 아틀란티스 이야기는 현재와 미래의 아테네에 전달한 경고였을지도 모른다. 사회악으로서의 탐욕이 위대한 제국조차 하룻밤 사이에 가라앉게 만든다는 메시지다.

이런 솔론의 경고는 150년이 지난 다음 무용지물이 되어버렸다. 비록 페르시아와 맞서 싸워 얻은 기적과 같은 승리는 정의가 세상을 지배하고 있다는 믿음을 주었지만, 제국화되어 가던 아테네에서는 모든 것이 변했기 때문이다. 그때까지의 악덕이 덕으로 평가되었고, 속임수는 기민함으로 칭송되었고, 무모함이 용기가 되었으며, 충절, 절제, 관대함은 나약함의 표상이 되어버렸다고 투키디데스는 기록했다(《펠로폰네소스 전쟁사》).■10 마침내 아테네는 기원전 404년 정복당했다.

솔론이 《유노미아》에서 묘사했던 개혁의 동기는 사실 플라톤의 철학에서도 그 맥이 상통한 것처럼 보인다. 덕이 기본이 되는 이상 국가의 건설이야말로 플라톤이 바랐던 목표다. 특히 이상적인 시민 사회에서 탐욕을 버려야 한다는 명제는 플라톤이 늘 추구하던 것이다. 플라톤은 펠로폰네소스 전쟁의 초창기에 태어났고, 청년기까지 그 전쟁의 한 가운데서 성장했기에 국가 간의 다툼 때문에 인간 사회가 어떻게 되는지 생생하게 목격한 셈이다. 그리고 《국가》를 포함한 여러 작품 속에 나타나는 플라톤의 정치 철학은 비이성적으로 결국 파멸하게 되는 전쟁에 대한 비판적 성찰을 토대로 한다고 볼 수 있다. 플라톤이 정의한 전쟁이란 인간이 더 많은 소유와 부에 대한 열망 때문에 내재된 폭력적인 성향을 분출하고, 이를 토대로 물질적인 소유와 타인에 대한 지배 그리고 권력의 욕구를 동시에 충족시키고자 하는 극단적인 욕망의 장이다.■11 비록 그는 이상주의자였지만, 현실적으로 전쟁을 피할 수 없는 경우에는 적절한 수단과 방법을 통해 준비하고 대응해야 한다고 보았다. 그러나 현실적으로 전쟁을 줄이고 평화를 정착시키기 위한 방편으로 통치자는 빈부 격차의 해소를 위해 힘쓰고, 이웃 나라의 욕망의 제물이 되지 않도록 국방력을 갖추어야 하며, 보다 본질적으로는 국민들의 소유욕의 절제와 물질적 부에 대한 의존성을 최소화해야 한다고 주장한다. 그런데 플라톤이 지적한 소유욕과 물질적 부에 대한 의존성은 앞에서 언급했듯이 솔론에 의해 이미 지적되었던 아테네의 문제점들이었다. 결국 솔론 시대로부터 인간의 탐욕에 대한 문제는 해결되지 않았으며, 플라톤이 추구하고자 했던 이상 국가의 기본 전제인 덕aretē과는 대척점에 있었다. 건전한 시민 사회가 제국으로 성장하고, 그 제국이 탐욕으로 둘러싸였을 때 종말은 피할 수 없는 역사가 되어버렸다.

플라톤은 스승 소크라테스의 최대 수혜자였다. 스승이 남긴 사상을 전달하여 유명해지고, 스승을 화자로 하여 많은 대화편을 저술했다. 어떤 이들은 플라톤의 아틀란티스 이야기는 그 동기가 소크라테스의 어이없는 죽음으로 인한 격정적 토로라고 해석하기도 한다. 그 가능성을 배제할 수는 없다. 이디스 해밀턴은 소크라테스의 죽음에 대한 배경이 펠로폰네소스 전쟁의 참패 이후 겪게 된 아테네의 정신적인 혼란기, 즉 정신적인 공황 상태에서 내려진 유죄 선고였다고 추측한다.■12 원래 아테네가 내세우던 개인의 자유에 대한 보장은 노예가 아닌 이상 누구나 자기 마음대로 말할 수 있는 권리로 대변되었다. 따라서 새로운 신들을 소개하고 젊은이들을 타락시킨다는 소크라테스의 죄목은 그 자체로도 정상이 아니다. 궤멸될 정도의 패배에 따른 정부의 급격한 변화와 총체적인 관리경영의 실수 때문에 겪게 된 가혹한 시기에 내려질 수 있는 예외적이고 비정상적인 선고 사례에 속한다고 볼 수 있다. 소크라테스는 아테네에서 자신의 견해 때문에 처형을 당한 유일한 인물이었다.

펠로폰네소스 전쟁을 정확히 이해하려면 그보다 앞서 일어난 두 전쟁을 살펴야 한다. 그리스 도시 국가들과 페르시아의 두 차례에 걸친 전쟁에서 결정적인 장면은 기원전 490년의 마라톤 전투와 기원전 480년의 살라미스 해전을 들

수 있다. 페르시아가 1차적으로 침공한 시기는 기원전 490년이며, 이때 유명한 마라톤 전투가 있었다. 필리피데스가 대략 35km 정도를 쉬지 않고 뛰어가서 "우리가 이겼습니다"라고 외치고 그 자리에서 숨을 거두었다는 전투다. 그다음 2차 페르시아 침공 때, 스파르타의 레오니다스왕과 그의 300 병사가 테르모필레 협곡에서 페르시아 1차 대군을 막는 장면은 영화로도 재현되었다. 페르시아가 재차 침공했을 때는 아테네가 살라미스 해전에서 페르시아의 해군을 괴멸시키고 엄청난 승리를 거두었다. 거대한 동양의 세력이 그리스라는 장벽을 넘지 못하고 패퇴한 이 전쟁들은 절대 이길 수 없을 것 같았던 그리스에게는 기적적인 승리였다. 그리고 아테네는 그 승리를 만끽할 자격이 있었다. 그들이 그토록 추구해 왔던 자유를 위한 승리였기 때문이다. 이후 아테네의 황금시대라 불리는 페리클레스의 시대가 열렸다. 그러나 아테네와 스파르타는 각각 해상과 육상에서 전력이 더욱 강성해지면서 기원전 431년 서로 충돌했다. 무려 27년간이나 지속된 두 세력 간의 무력 충돌은 펠로폰네소스 전쟁으로 알려졌고, 최고의 역사학자 투키디데스가 자세하게 기록하고 있다. 결국 아테네의 해군이 페르시아 해군의 도움을 받은 스파르타 연합군에 패퇴하면서 전쟁이 끝났고, 이후 에게해의 해상권은 페르시아로 넘어갔다. 이전까지 해상 제국의 중심이던 아테네가 몰락한 것이다.

강력한 해상 세력이었던 아테네가 몰락하면서 사실상 그리스의 문화 융성기는 거의 끝이 난다. 플라톤은 왜 이런 일들이 일어났을까 하고 생각했을 것이다. 아틀란티스는 아테네를 떠올리게 하는 알레고리일 가능성이 있다. 그리고 덕의 상실이 자신의 스승이었던 소크라테스를 죽음으로 내몬 결과로 이어졌을 것으로 생각했을 수도 있다.

펠로폰네소스 전쟁은 그리스를 퇴보의 길로 이끌었다. 투키디데스는 《펠로폰네소스 전쟁사》에서 사건의 표면 아래에 있는 인간 본성의 깊은 곳에서 전쟁의 원인을 찾았다. 그는 기원전 431년 전쟁의 발발 이전부터 국지적으로 일어났던 여러 사소한 동요, 멀리 떨어진 식민 도시의 반란, 협정의 파기 같은 것들은 그리 중요한 원인이 아니라고 보았다. 그것보다는 인간의 탐욕이 원인이라고 하였다(《펠로폰네소스 전쟁사》3.82). 아테네와 스파르타는 부족하고 약해서가 아니라 오히려 두 국가 모두 너무 강력해서 더 많은 것을 추구할 수밖에 없었기 때문에 전쟁이 일어난 것이라고 투키디데스는 해석했다. 펠로폰네소스 전쟁의 결말은 인간에게 무시할 수 없는 경고가 되었다. 인간이 깨달아야 할 중요한 사실은 거대한 권력이 스스로 파괴를 초래했다는 점이다. 제국 건설이라는 아테네의 비약적인 발전은 파멸로 끝이 난다. 엄청나게 부강했던 아테네의 해상 제국은 오랫동안 성공적인 권력정치의 본보기로 여겨졌지만, 그런 아테네가 지나치게 강력해지면서 권력을 남용했고, 결국 처참하게 패배했다.

부와 권력에 대한 탐욕은 타락과 법률에 대한 경멸을 불러일으켜 국가가 더 이상 기능할 수 없게 만든다. 이 장면은 플라톤의 《크리티아스》에서 아틀란티스의 마지막 장면에 대한 원인이다. 권력을 원하지 않는다는 조건하에서만 절대 권력이 주어지는 플라톤적 통치자의 개념은 바로 이러한 탐욕에 대한 조율이다. 플라톤이 아틀란티스 이야기를 통해 전달하는 메시지는 확실하다. 덕 이외에 모든 것을 경멸했고, 재산도 하찮게 여겼던 사람들이 갑자기 부와 사치스러움에 물들고 급기야 덕이 소멸하기에 이르게 되었을 때 아테네도 아틀란티스도 큰 대가를 치루어야만 했다. 인간의 탐욕이 가져온 결과다. 옳은 권력이란 없으며, 권력은 누가 사용하든지 간에 인간을 타락시키는 악이었다. 솔론의 경고가 플라톤의 대화편을 빌려 다시 한번 세상에 공표되었다.

제2장

고대 그리스 시대의 지리와 역사

고대 그리스의 지리관

플라톤의 아틀란티스 이야기를 좀 더 객관적으로 이해하기 위해서는 그 신화적 기원뿐만 아니라 플라톤이 당시에 갖고 있었던 지리관과 역사에 대한 지식도 살펴봐야 한다.■1 우선 호메로스에서 솔론 시대에 이르기까지 그리스인들은 유럽과 아시아와 아프리카가 합해져 원형을 이루고 있으며 그 주위에 대양이 있고, 다시 이 대양을 외부 대륙이 빙 둘러싸 세계를 이루고 있다고 생각했다. 그러나 솔론에서 플라톤에 이르는 사이, 그리스 식민지의 경계가 넓어지고 또 행동 범위가 넓었던 페니키아인들도 접하게 되자, 그리스의 지식인들은 대서양에 대해 꽤 많은 것들을 알게 되었다. 헤로도토스는 대서양을 현재와 동일한 이름으로 지칭한 최초의 인간이다. 그러나 그 후에도 수 세기 동안 '대해', '외해', '서해'라는 이름이 사라지지는 않는다.

플라톤은 분명 동시대 사람들이 널리 믿고 있던 이야기들을 자료로 삼았을 것이고, 그 자료들을 기초로 대서양에 그렇게 큰 섬이 있었고, 그러한 섬이 가라앉은 뒤에는 항해가 불가능할 정도로 얕은 여울이 남았을 것이라고 생각했을 것이다. 이러한 생각은 지진 때문에 대륙이 함몰했다는 생각과도 잘 어울린다. 사실 지중해에 살고 있던 사람들은 지진에 이미 익숙해져 있었다. 기원전 426년과 기원전 373년의 두 번에 걸쳐 꽤 큰 지진이 그리스를 덮쳤고, 플라톤보다 한두 세대 위의 사람인 투키디데스(기원전 471~ 380년경)는 지진으로 바다의 해안선이 물러났다가 다시 밀려온다거나 오푼티안 로크리 해안 근처의 아탈란테에서도 비슷한 홍수가 있었다는 기록을 남기면서 지진과 아틀란티스와의 관련성에 대한 단초를 제공했을지도 모르는 여운을 남겼다. 플라톤이 투키디데스의 《펠로폰네소스 전쟁사》를 읽고 영향을 받았을 가능성이 높고, 플라톤이 이 작은 아탈란테섬을 광대한 아틀란티스로 착각했을 수도 있다.

확실하지는 않지만 이집트에는 플라톤의 시대로부터 3000년을 거슬러 올라갈 수 있는 역사가 있었을 것이다. 그러나 3000년이라는 대단히 오랜 시간에도 불구하고 《크리티아스》가 언급한 9000년 전의 아틀란티스까지 거슬러 올라가기 위해서는 여전히 6000년의 역사가 더 필요하다. 아틀란티스가 플라톤이 말하는 시대에 존재했다고 해도 그 존재를 아는 데 필요한 역사적·지리적 지식은 부족했을 것이므로 그가 아틀란티스에 대해 안다는 것은 불가능했을 것이라는 말이다. 따라서 플라톤은 자신의 시대에 남아 있는 믿을 수 있는 자료를 활용한 것이 틀림없다. 투키디데스의 기록에 따르면 그리스를 덮친 실제 지진 중 하나는 펠로폰네소스 전쟁 6년째인 기원전 426년에 일어났다. 육지가 융기했다가 바닷속에 가라앉았다거나 하는 현상은 그리스 지식인들에게는 그다지 새로운 현상이 아니었다. 아마도 플라톤은 육지 함몰에 대한 기존의 지식을 바탕으로 대해(대서양)에 있던 육지가 얕게 가라앉아 뻘이 된 탓에 배가 통과하지 못하게 되었다는 생각을 떠올린 것이 아닐까? 어쩌면 이집트 여행에 대한 솔론의 이야기에서 그에 관한 소재를 얻을 수도 있지만, 그것이 주요한 자료가 되지는 않았을 것이다. 솔론의 시대에는 이야기의 중요한 요소인 대서양의 실제 존재가 그다지 널리 알려지지 않았기 때문이다.

헤로도토스의 《역사》와 아틀란티스

플라톤이 아틀란티스 이야기를 저술하는 동안 솔론의 이야기 외에 중요하게 참고했을 만한 문헌은 아무래도 자신보다 40년 정도 앞선 투키디데스의 《펠로폰네소스 전쟁사》와 60년 정도 앞선 헤로도토스의 《역사》[■2]일 가능성이 매우 크다. 투키디데스의 전쟁사의 경우 아테네와 스파르타 간의 전쟁을 주로 다루어 아틀란티스라는 주제와는 거리가 있어서 많은 인용을 기대하기 어렵고, 일부 지리적인 표현에서만 아틀란티스와 관련이 있다고 생각되는 곳이 발견될 뿐이다. 이와는 달리 헤로도토스의 《역사》에는 플라톤의 아틀란티스 이야기와 상당히 유사한 부분이 등장한다. 솔론에서 플라톤까지는 거의 200년 가까운 시간의 차이가 있지만, 헤로도토스는 기껏해야 60년 내외의 차이로, 그가 표현한 그리스와 주변 여러 나라의 지리와 역사에 대한 특징들이 플라톤의 이야기에 녹아들어 있는 것도 이상하지 않다. 다만 헤로도토스와 플라톤은 서술 방식에서 차이를 보이는데, 가장 대표적인 예는 이집트 신들의 이름을 적을 때 나타난다. 헤로도토스는 이집트 신들을 모두 그리스식으로 바꾸어 적었지만, 플라톤은 가급적 이집트 이름을 그대로 부르려고 했다. 그러나 그들이 서술하고자 하는 내용에 있어서는 진위 여부를 떠나 들은 대로 적어야 한다는 것, 즉 '믿기지 않지만 들은 대로 이야기해야만 한다'는 동일한 규칙을 유지한다(《역사》 7.152, 《크리티아스》118c).

헤로도토스는 아틀란티스 이야기의 역사적 전승에 관련 있는 사람과 장소를 직접 경험했다. 기원전 450년경 헤로도토스는 이집트로 여행하고 사이스를 방문했는데, 거기서 그는 네이트 여신의 신전을 방문했다. 헤로도토스보다 140년쯤 앞서 솔론은 이 신전에서 들은 아틀란티스 이야기를 그리스로 가져왔다. 그리고 헤로도토스보다 50년쯤 뒤에 플라톤 역시 이집트를 방문했다고 추정되고, 플라톤은 이집트 방문으로부터 40년이 지난 다음 아틀란티스 이야기를 집필했다. 플라톤의 시대에 헤로도토스의 《역사》는 누구나 알고 있었을 것이며, 그런 이유로 플라톤의 지리적 및 역사적 배경을 형성하는 데에 상당히 공헌했을 것이다.

헤로도토스의 《역사》에는 당시 알려진 모든 세계의 지역과 나라에 대한 지리적 정보를 구체적으로 묘사하고 있는데, 지리적 발견, 가라앉은 섬들 그리고 자연재해 같은 것들이 포함되어 있다. 또한 그는 방문한 나라와 사람들의 역사를 기술했으며, 특히 문화와 연대에 대한 통찰력이 뛰어났다. 방대한 헤로도토스의 지리와 역사에 대한 고찰이야말로 아틀란티스 이야기에 대한 실마리를 제공해 주지 않을까 하고 기대하는 것이다. 아니나 다를까 헤로도토스의 《역사》는 플라톤의 아틀란티스 이야기와 상당한 유사성을 가지고 있다. 예컨대 건물들, 도시 계획, 연대 자료 등이 유사하다. 어쩌면 플라톤이 헤로도토스로부터 아틀란티스 이야기의 일부를 베꼈을지도 모른다는 생각이 들기도 한다. 그리고 만약 헤로도토스의 《역사》에 대한 사실성을 인정한다면 플라톤의 아틀란티스가 단순한 판타지의 초현실적인 작품이 아니라 고대 세계의 실제 사건이었다는 기대를 가지게 된다.

하지만 《역사》에는 예기치 못한 실수와 오류들이 적지 않게 나타나는데, 그 이유로는 당시 사용되던 그리스어, 이집트어, 페르시아어 등 서로 다른 언어에서 오는 혼동과 신뢰성이 낮은 출처들, 그리고 종교적인 정당성 때문에 생긴 날조 등 매우 다양하다. 지리적으로는 가끔씩 방위 개념이 흔들리기도 한다. 대표적으로 중부 그리스의 동부 해안에 위치한 테르모필레 협곡의 방향이 잘못 기재되어 있다. 《역사》에 나타나는 오류들에 대한 연구에 따르면, 시간 규모에서는 최대 서너 배까지, 거리와 길이에서는 열 배 이상의 편차도 발생한다.[■3] 그러나 표현에서의 오류가 반드시 실체를 부정하는 것이 아니라는 점을 염두에 두어야 한다. 그렇지만 흥미로운 점은 《역사》에 나타난 이런 오류가 플라톤의 아틀란티스 이야기에도 그대로 나타난다는 것이다.

이집트에 관련된 사실에서 헤로도토스는 적어도 솔론보다는 불리한 입장이었음이 분명하다.■4 솔론이 사이스를 방문했을 때 왜 신전의 사제들은 솔론에게 아틀란티스 이야기를 들려주었을까? 먼저 솔론이 실제로 예전 시대에 대한 정보를 요구했을 것이다. 그리고 그는 평의회 의원으로서 그의 질문에 대답할 수 있는 사제들과 접촉했을 것이다. 게다가 솔론은 아틀란티스 이야기의 가치를 상상할 수 있는 현명한 사람으로 생각되었고, 당시 사이스의 이집트는 그리스와 사이가 좋았다. 그런데 헤로도토스는 사이스를 방문했을 때 아틀란티스에 대해 어떤 정보도 얻을 수 없었으리라 생각된다. 헤로도토스는 페르시아 정복 이후에 이집트에 왔다. 즉 사이스 왕조 이후 페르시아의 아케메네스 왕조 때 그리스는 이집트의 적이었다. 아틀란티스를 물리친 아테네의 승리를 이야기하는 것은 그리스에 패한 페르시아 왕조로서는 참을 수 없는 일이다. 게다가 헤로도토스는 사이스의 사제들에게 접근할 수 있는 특권도 없었다. 그는 사이스 체류 중에 역사에 대해 물어볼 수도 없었다. 이집트에서 사제들은 지식계급이었고 그들의 권력은 가공할 만하여 경우에 따라서는 왕들도 사제의 권력에 복종했다. 사제들은 알고 있는 것을 모두 철저하게 조직 내부에서만 간직했고 자신들을 제외한 그 누구도 그 지식이 있어서는 안 되었다.■5 따라서 헤로도토스로서는 사제들로부터 정보를 쉽사리 구하지 못했을 것이다. 하지만 헤로도토스가 아틀란티스에 대한 정보를 얻지 못했다는 사실만으로 아틀란티스가 순전히 허구라고 할 수 없다

한편, 헤로도토스는 그리스에서 이집트 연대를 이해하는 데 주요 출처가 되었다. 헤로도토스가 정리한 이집트 편년에서 인간의 성품을 가진 첫 번째 이집트 왕의 이름은 메네스이고 헤로도토스의 시대로부터 약 11500년 전에 살았다. 그런데 현대 이집트학에서는 메네스가 기원전 3000년경에 살았다고 추정한다. 이런 연대의 오류는 어떻게 생겨난 것일까? 그 이유는 아마도 헤로도

토스가 이집트의 여러 도시에서 사제들로부터 획득한 질 낮은 정보를 결합했기 때문일 것이다. 헤로도토스는 발로 뛰는 역사가로 알려져 있을 만큼 자신이 경험한 자료를 상당히 중시했다. 특히 그는 이집트인의 말을 크게 신뢰했는데 이집트인들을 인간들 중에서 가장 지혜로운 자들로 표현하기도 했다(《역사》 2.160). 이집트 멤피스의 헤파이스토스 신전 사제들에게서 정보를 얻은 다음, 그는 테베와 헬리오폴리스로 가서 추가적인 정보를 얻었다(《역사》2.3). 헤로도토스는 헬리오폴리스인들이 이집트인 중에서 가장 박식하다는 평판이 있기 때문이라고 적고 있다(《역사》2.77). 박식하다는 것은 과거에 대한 기록이 많다는 의미였다. 그런데 예기치 않게 테베의 한 사제에게서 그의 조상들에 대한 날조된 정보가 흘러나왔다. 후기의 이집트 사제들은 종종 신전에서 사제로서의 지위를 정당화하기 위해 그들의 족보를 조작했다. 현재 이집트학은 그런 조작된 족보의 몇 사례를 밝혀냈다. 멤피스, 헬리오폴리스 그리고 테베에서의 정보를 혼합하면서 헤로도토스는 이집트에 대해 10000년 이상의 연대를 부여했던 것이다. 이런 사실은 아틀란티스 관련하여 두 가지 측면에서 도움을 준다. 첫째 아틀란티스 이야기의 9000년이 당시 그리스인들에게 그리 낯선 연대가 아니었다는 것이고, 둘째 그런 오류의 출발이 이집트 사제들일 가능성이다. 모든 이집트 사제들이 역사 기록에 밝았던 것은 아니며, 오로지 신정적神政的인 이유로만 역사적 사건을 기록했다. 구전되어 오던 그들의 이야기 속 연대는 경우에 따라 조작되어도 아무런 거리낌이 없었을 것이다.

헤로도토스의 《역사》는 당시 존재하던 세계 지도에 대한 개선된 내용을 보여 주고 있어 지리적 지식의 발전에 대한 중요 출처라 해도 과언이 아니다. 그런 헤로도토스에게도 그리고 플라톤에게도 헤라클레스의 기둥은 지브롤터 해협이었다. 비록 플라톤이 아틀란티스 이야기에서 썼던 것과는 조금 다른 형태이지만 헤로도토스의 《역사》는 '아틀란티스 바다Atlantean Sea'라고 읽는 곳의 첫 출처이다. 헤로도토스는 또한 지브롤터 해협 앞과 홍해(Red Sea) 어귀에서

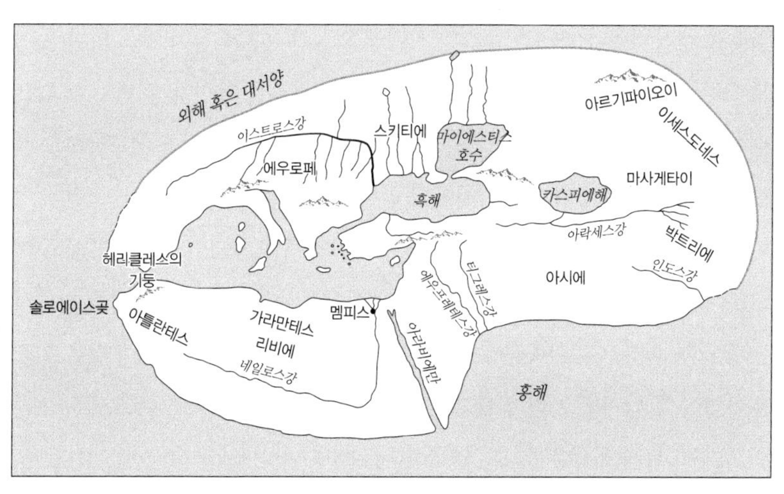

그림 1
헤로도토스 시대의 세계 지도

인도양 앞의 진흙으로 된 바다 같은 것을 언급했다. 헤로도토스는 당시까지 알려졌던 세계 지도를 비웃었다. "세계 지도를 그린 사람들이 이미 많은데도 그것을 조리 있게 묘사한 자가 없음을 보면 웃음이 나온다."(《역사》4.36)라고 표현하고는 자신이 생각하는 세계의 모습을 묘사하고 있다.

헤로도토스가 살았던 시기에 대륙이란 정의는 현재와 상당히 달랐다. 헤로도토스 직전 그리고 솔론의 시대에는 북쪽의 유럽과 남쪽의 아시아, 이 두 개의 대륙만이 알려져 있었다. 그래서 리비아, 즉 아프리카는 단순히 아시아의 일부로 생각되었다. 헤로도토스의 시대에 와서야 비로소 리비아는 하나의 대륙 자체로서 간주되기 시작했다. 헤로도토스는 세계를 아시아, 리비아, 유럽으로 나누었고(《역사》4.45), 아시아와 리비아의 경계를 오늘날의 수에즈만으로 설정했으며, 이집트가 단순히 아시아의 일부라는 생각에서 탈피했다. 그런데 정확히 이런 이중적인 관점이 아틀란티스 이야기에 포함되어 있다. 즉 "더욱이 그들이 갖춘 무장의 특징은 방패와 창인데, 아시아지역에 사는 사람들 중에서는 우리가 처음으로 그것들로 무장하였소"(《티마이오스》24b)라는 구절은 이집트인 스스로 아시아 지역에 살고 있음을 말하는 것으로 플라톤이 오래된 솔론의 시대의 관점에 의존했다는 단서이다. 그렇지만 아틀란티스 이야기는 기존에 두 개의 대륙으로 세상을 보던 이원적인 관점과 더불어 두 개보다 더 큰 하나의 섬을 만들면서 삼원적인 관점의 구절을 포함한다. 그것은 바로 "… 그 섬은 리비아와 아시아를 합친 것보다 더 컸으니 …"(《티마이오스》24e)라는 구절이다. 그러면 플라톤은 어떻게 이원적인 세계에 기초한 "아시아보다 큰"을 삼원적 세계관에 기초한 "리비아와 아시아보다 큰"으로 옮겨갔을까? 아마도 솔론의 정보에서 출발하여 저술 당시의 시대적 세계관을 반영한 결과, 두 관점이 부분적으로 중복되었을 가능성이 있다.■6

이집트에 대한 헤로도토스의 신뢰는 그리스 영웅 헤라클레스의 정체성 문제를 언급하는 데서 정점을 이룬다. 그리스 신화를 조금이라도 아는 사람들에게는 헤라클레스야말로 그 신화의 가장 대표적인 영웅이다. 하지만 헤로도토스는 이런 헤라클레스가 이집트의 신에서 유래했다고 주장한다(《역사》2.43, 145-146). 그 근거는 헤로도토스가 이집트를 방문했을 때 수집했던 전승 자료에 있는 게 분명하다. 만약 헤라클레스가 이집트의 신이 맞고, 플라톤의 아틀란티스 이야기가 헤로도토스의 영향을 받았다면, 이야기는 이상한 방향으로 흘러간다. 아틀란티스 이야기에 나오는 '헤라클레스의 기둥'이 전혀 엉뚱한 것이 되어버리기 때문이다. 아무튼 헤로도토스는 자신의 조국 그리스의 전승보다 이집트의 전승을 더 신뢰했으며, 그리스의 많은 문물들이 이집트에서 유래되었다고 주장한다(《역사》2.43, 49, 50, 55, 58, 145, 160, 171, 177, 4.180).

헤라클레스가 고대 이집트의 신이라면 어떤 신성이 있는 것일까? 고대 12신 중의 하나인 '슈Shu'로 생각되며, 그 속성은 평화, 사자, 공기 그리고 바람이다. 슈는 천지 창조 이후 분리된 땅과 하늘 사이의 건조한 공기 내지 대기로 그려지고, 항상 위치가 땅과 하늘 사이에 있기 때문에 바람으로도 알려져 있다. 후대의 신화에서는 이집트 고왕국 말에 엄청난 날씨 재앙이 있었으며, 그 때문에 슈와 그의 아내 테프누트가 다투었고, 테프누트는 이집트를 떠나 누비아로 가 버리는 사건이 일어난다. 한편, 슈는 머리에 하늘을 이고 있는 모습으로 종종 표현되는데, 이것은 그리스인들에게는 천구를 떠받치고 있는 타이탄족 거인 아틀라스에 비견된다.

이집트의 고대 신 슈의 모습에서 유추할 수 있는 사실은 그가 땅과 하늘 사이에 있으며, 대기와 바람의 속성과 함께 땅으로부터 하늘을 떠받치고 있다는 것이다. 무엇이 연상되는가? 만약 헤로도토스의 말대로 헤라클레스가 이집트 고대의 신 슈이고, 이 헤라클레스의 모습을 사이스 신전의 사제들이 '헤라클레스의 기둥'이란 표현으로 솔론에게 전한 것이라면, 그리스 신화와는 전혀 상관이 없는 이야기가 된다. 하물며 슈의 모습은 그리스 신화의 아틀라스와도 닮았다. 헤로도토스가 설명하는 이집트 신 헤라클레스를 플라톤이 몰랐을 리가 없고,

솔론이 전한 헤라클레스의 기둥이란 표현을 그대로 썼다면, 아마도 땅에서 하늘을 받치는 기둥이 이집트인들이 인식하고 있던 지중해 동쪽 어딘가 있고, 아틀란티스는 그 너머에 존재했다는 의미가 된다.

《티마이오스》24e에는

> 그대들이 말하듯이, '헤라클레스의 기둥'이라 불리는 입구 앞에 섬 하나를 가지고 있었기 때문이오.

헤라클레스의 기둥이란 말이 그리스에 있었다는 의미로 해석되어 그리스 신화의 내용을 사제들이 아는 듯한 느낌을 준다. 과연 기원전 6세기의 이집트에 그리스 신화가 알려졌을까? 그것도 기록물도 아닌 구전으로 말이다. 믿기 어려운 일이다.

한편 《크리티아스》113a에는

> 솔론은 이집트 사람들이 그 이름들을 문자로 처음 기록하면서 자기네 말로 바꾸어 놓았다는 것을 알아차렸다네. 그래서 그는 다시 본래 뜻을 되살려 그 이름들 각각을 우리말로 바꿔 기록해 두었지.

사이스의 사제들이 인명이나 지명을 이집트어로 말했을 때 솔론이 그리스어로 바꾸었다고 확실히 기록되어 있다. 따라서 인용된 것은 원래 명칭이 아닌 그리스 번역이었던 것이다.

헤로도토스는 《역사》2.53에서 이렇게 말한다. "나는 헤시오도스와 호메로스가 나이로 보아 나보다 400년 전에 살았고 그보다 더 오래되지는 않았다고 생각하기 때문이다. 바로 이들이 헬라스(그리스)인들을 위해 신의 계보를 만들고 신들에게 호칭을 부여했고 또 각 신들에게 영예와 기술을 부여하고 그들의 형상을 표현했던 자들이다." 여기서 헤로도토스는 호메로스와 헤시오도스가 그들의 시를 통해 그리스 신화를 창시한 것으로 보고 있다. 즉 그리스 신화를 구전에 의해 장기간 축적된 역사적 산물이 아니라 몇몇 시인들의 창작물로 보는 것이다.

헤로도토스의 《역사》는 플라톤의 아틀란티스의 묘사들과 유사하게 보이는 많은 부분을 포함한다. 예를 들면 도시들, 배와 운하들, 다리, 관개 수로, 섬, 평원, 식물, 동물, 코끼리, 온천, 자연 재앙, 정치 조직, 정부 구조, 사원, 종교와 종교 계율, 무기 및 군대 등이다. 이런 유사성으로부터 헤로도토스와 비교할 때 플라톤의 아틀란티스에 대한 여러 묘사가 비현실적인 게 아니라는 것이다.

플라톤의 의도가 무엇이었건 그는 여러 자료로부터 《티마이오스》와 《크리티아스》 속의 아틀란티스를 나름대로 묘사했다. 이 아틀란티스가 플라톤의 창작인지 그 속에 역사적 사실이 포함되어 있는지 검증해 보기로 하자.

제3장

아틀란티스 전설의 팩트를 찾아서

플라톤의 《티마이오스》와 《크리티아스》에 묘사되어 있는 가라앉은 섬 아틀란티스 이야기는 어디까지가 사실일까? 허구냐 팩트냐를 추정해 볼 때 결론은 두 가지이다. 첫째, 그 의도와는 별개로 아틀란티스가 플라톤이 당시 주변에 있던 여러 정보들을 이용하여 완전히 꾸며낸 이야기라는 것이다. 오늘날 작가들이 창작 작품을 쓸 때에도 배경과 상황에 대한 묘사는 그들이 수집한 정보들을 활용하는 경우가 대부분이다. 플라톤 역시 그리스와 주변국들의 역사와 환경 그리고 정치적 상황 등을 고려하여 아틀란티스 이야기를 꾸며냈을 수 있다. 둘째, 아틀란티스를 묘사하고 있는 대부분의 내용은 이집트의 사이스 사제를 통해 실제로 당시의 아테네 사람들에게 전해져 내려왔고 이를 플라톤이 옮겨 적었을 수 있다. 이 경우 누구를 통해 전달되었느냐의 문제가 남는다. 《티마이오스》와 《크리티아스》에서는 전달자가 솔론으로 되어 있지만, 플라톤 자신일 가능성도 완전히 배제할 수는 없다.

만약에 아틀란티스의 이야기가 플라톤이 창작한 완전 허구라고 하면 왜 그토록 오랜 세월 사람들이 그 이야기에 열광하고 사라져 버린 그 대륙을 찾아 헤매었는지 허탈하기 그지없을 것이다. 오히려 허구를 사실처럼 꾸며놓은 플라톤의 천재적 창작력이 돋보인다고 해야 하는 것일까. 그런데도 아틀란티스 이야기를 들을 때 뭔가 가슴을 울리고 아득히 먼 옛날의 기억이 아스라이 떠오르는 듯한 기분이 드는 것은 왜일까? 이 이야기 속에는 인류가 잃어버린 옛 기억이 스며들어 있기 때문은 아닐까? 적어도 일부는 역사적인 사실이기 때문은 아닐까?

아틀란티스 이야기가 허구이든 부분적인 팩트이든 간에 묘사된 내용에는 당시까지 알려진 원형이 되는 이야기가 있을 것이다. 신화나 전설 또는 역사적 배경이 아틀란티스 이야기에 녹아 있을 가능성이 있다는 얘기다. 특히 《크리티아스》에 등장하는 인물 중 포세이돈과 아틀라스는 그리스 신화에도 등장하고 있다는 점에서, 그 관련성이 궁금하다.

그리스 신화의 아틀라스와 포세이돈

아틀란티스섬 최초의 왕인 아틀라스는 그리스 신화에 등장해 친숙한 인물이다. 신화에서 그는 티탄족 이아페토스(뱀의 다리를 가진 티탄족의 한 명으로 올림포스의 신들을 공격했다고 전해진다)의 아들이며, 프로메테우스나 에피메테우스의 형제이다. 호메로스는 그에 대해 "모든 바다의 깊이를 알고 있는 아틀라스, 하늘과 땅을 떼어 놓은 높은 기둥을 떠받치고 있는 아틀라스여"라고 노래하고 있다. 신화에 따르면 아틀라스는 오케아노스의 딸 중 한 명인 플레이오네 사이에서 아틀란티데스라고 하는 일곱 명의 딸을 낳는다. '아틀란티스'라는 말 역시 아틀라스의 딸이라는 의미가 있다. 지금의 대서양과 아틀라스산맥의 이름은 모두 아틀라스와 관련된 신화로부터 나온 것으로 여겨진다.

그리스 신화의 또 다른 내용에도 아틀라스가 등장한다. 영웅 페르세우스의 전설이 그것이다. 종종 왼손에 괴물 메두사의 대가리를 들고 있는 페르세우스의 조각상을 볼 수 있다. 신화에서 메두사를 처치한 페르세우스는 사실 제우스의 아들이다. 페르세우스가 메두사를 처치하고 난 다음 아틀라스 왕의 나라에 가서 휴식을 취하는데 그때 아틀라스의 나라는 매우 풍요롭고 굉장히 큰 세력의 나라라고 알려져 있었다. 그런데 이 아틀라스 왕은 페르세우스의 방문이 굉장히 못마땅했다. 자기 나라에 해코지할까 봐, 아니면 뭔가 귀중한 보물을 훔쳐갈까 봐 굉장히 불안해하다 이내 싸움이 붙었다. 그런데 페르세우스는 아틀라스를 이기지 못한다. 그래서 페르세우스는 아틀라스를 이기기 위해 메두사의 대가리를 이용한다. 도저히 힘으로는 안 될 것 같아 주머니 속에 있던 메두사의 대가리를 꺼내 들었다. 그러자 아틀라스는 몸이 굳어 돌이 되었다. 어마어마하게 커다란 돌산이 되어 버린 아틀라스. 신화 속에 돌이 되어 하늘을 떠받치고 있는 이가 바로 아틀라스다. 여기에 완결되지 못한 《크리티아스》의 마지막 장면이 있는 것은 아닐까? 제우스의 아들 페르세우스가 아틀라스를 돌로 만들어 버렸다. 《크리티아스》 마지막 부분에 나오는 제우스의 징벌은 과연 무엇일까? 자기 아들로 하여금 아틀라스에게 벌을 내렸다고 본다면, 두 이야기는 연결될 수도 있다.

《크리티아스》에서 아틀라스는 포세이돈과 클레이토 사이에 태어난 10명의 아들 중에 장남이다. 그런데 포세이돈과 클레이토 신화와 비슷한 이야기는 로도스섬에서도 전해지고 있다.■[1] 이 이야기에서 포세이돈은 텔키네스의 여동생인 할리아에게 매료되어 그녀와의 사이에 여섯 명의 아들과 한 명의 딸을 두었다고 한다. 클레이토의 이야기는 포세이돈이라는 신과 할리아라는 인간의 비밀스러운 결합이라는 일반적인 신화에 착상한 이야기일 것이다. 포세이돈이 클레이토를 위해 마련했다는 온천이나 냉천 역시 땅 밑을 흐르고 있다고 여겨지던 알페이오스(그리스 신화에 나오는 강의 신)와 그 밖의 강에 관한 이야기에 기인한 것이라 상상할 수 있다.

《크리티아스》에서 플라톤이 아틀란티스와 아테네 사이에 일어난 전쟁이라고 말하는 것 역시, 그 원형이라고 볼 수 있는 사건이 그리스 신화에 있다. 잘 알려져 있는 것처럼 아테네의 소유권을 둘러싸고 여신 아테나와 바다의 신 포세이돈 사이에서 벌어진 싸움이 그것이다. 포세이돈은 삼지창으로 아크로폴리스의 한 지점을 찍어 거기서 얻은 샘을 아테네에게 주지만, 아테나는 올리브 나무를 가져와 승리를 거머쥔다. 이 싸움에서 아테나가 승리한 것은 포세이돈이 자식들에게 물려준 아틀란티스가 아테네에 패배함에 대한 원형적 이야기가 될 수 있다.

어떤 식으로든 그리스 신화의 내용이 부분적으로 《크리티아스》의 아틀란티스 이야기에 녹아 있음이 확인된다. 여기서 잠시 그리스 신화와 《크리티아스》의 아틀란티스 이야기가 현대 소설의 원형이 된 경우를 살펴보기로 하자.

미노스의 궁전에서

현대 소설 중에 아틀란티스와 고대 아테네와의 관계를 상당히 극적으로 묘사한 작품이 있다. 그리스의 유명한 작가 니코스 카잔차키스의 《미노스 궁전에서》■[2]라는 작품이다. 이 작품을 쭉 읽어 보면 사실 소설적인 요소가 강하다 해도 《크리티아스》에 나오는 내용의 상당 부분을 답습하고 있다. 이 소설의 배경은 미노아로 대표되는 크레타와 아테네이며, 아테네는 당시 크레타의 속국이었다. 크레타에는 괴물 미노타우로스가 있었고, 아테네는 미노타우로스에게 매년 제물을 바쳐야 했다. 미노타우로스를 물리치기 위해 스스로 제물이 되어서 크레타로 들어가는 아테네의 왕자가 테세우스이며, 이 테세우스란 이름도 《크리티아스》에서 유래된 것으로 생각된다. 소설은 테세우스가 미노타우로스를 죽이며, 크레타가 멸망하는 내용으로 전개된다.

미노타우로스라고 하는 괴물의 존재는 미노스라는 크레타의 왕과 포세이돈의 약속에서 출발한다. 왕이 되기 전에 미노스는 포세이돈에게 자신을 지지한다는 징표를 달라고 요청하고, 포세이돈은 미노스에게 황소를 준다. 미노스는 받은 황소를 포세이돈에게 제물로 바쳐야 했으나, 왕이 되고 난 다음 생각이 바뀌어서 포세이돈에게서 받은 황소 대신에 다른 황소를 제물로 바쳤다. 화가 난 포세이돈은 미노스의 부인과 황소 사이에 괴물, 즉 머리는 황소이고 몸은 인간인 미노타우로스를 만들어 낸다. 미노타우로스라는 괴물이 탄생하고 그에게 사람을 제물로 주게 되는데, 미노타우로스를 가두게 되는 미궁, '라비린토스'라고 하는 구조물이 크레타에 만들어지게 된다.

어느 날 미노스 왕의 아들이었던 안드로게우스가 아테네의 한 행사에 참여했다가 죽게 되고 미노스 왕은 아테네가 자기 아들을 일부러 죽인 거라고 오해한다. 그러나 복수 대신에 협정을 맺어 용서의 대가로 9년마다 7명의 아리따운 소년과 7명의 아리따운 소녀를 바치게 한다. 그 소년 소녀들이 바로 미노타우로스의 제물이 되는 것이다. 이 상황을 정리하기 위해서 테세우스가 크레타로 들어가 미노타우로스를 죽이게 되는 아주 유명한 이야기가 만들어졌다. 미노스 왕에게는 두 딸이 있었고, 둘째 딸 아리아드네가 실타래를 이용하여 테세우스를 돕는다. 테세우스는 실타래를 몸에 감고 미궁에 들어가 미노타우로스를 죽인 다음에 다시 실타래를 거두면서 빠져나온다는 이야기다.

실제로 이 미궁, 라비린토스가 있었느냐 하는 부분에 대한 논란은 많았다. 그런데 1900년부터 6년 정도 아서 에번스가 크레타에서 궁전이었던 크노소스를 발굴했는데, 그 궁전의 구조 자체가 굉장히 복잡하게 되어 있었다. 아마 그때 사람들은 크노소스 자체가 미궁이지 않았을까라는 생각을 했던 것 같다.

카잔차키스의 소설 《미노스 궁전에서》에 나오는 이야기의 상당 부분은 《크리티아스》의 내용과 중첩된다. 그중에서도 테세우스와 등장인물 중 대장장이가 나오는데, 그들의 대화를 잠시 들어보자.

> 대장장이: 크레타 왕국은 굉장한 강국이다. 누가 맞설 수 있겠느냐. 수천 척에 달하는 배와 엄청난 부를 가지고 있어서 부족한 게 하나도 없는 나라다.

테세우스: 아니 부족한 것이 있다. 그게 바로 영혼이다. 영혼이 중요한데 영혼이 없는 거대한 괴물이 되어 버렸다.

크레타를 깎아내리는 테세우스의 말에서 떠오르는 것이 있다. 아틀란티스의 통치자들이 도덕적으로 굉장히 타락했기 때문에 제우스가 징벌을 내리겠다는 《크리티아스》110b의 내용과 맥을 같이 한다. 카잔차키스는 테세우스의 말을 빌려 크레타의 멸망 원인이 바로 영혼의 소실에 있다고 표현한 것이다.

한편, 플라톤의 아틀란티스 이야기가 허구라는 주장은 전혀 근거가 없는 것은 아니다. 왜냐하면 그 이야기 속에 나오는 시공간적인 무대가 현대의 인식과는 너무나도 거리가 멀기 때문이다. 우리네 설화에서 '호랑이가 담배 피우던 시절에 울산에서 금강산으로 가던 바위가 설악산에 머물렀다'는 식이라고나 할까. 하지만 구두 전승 자료의 오류가 계통적으로 나타나면 생각이 조금 달라진다. 만약 오류가 생긴 원인을 찾을 수 있다면 바로 잡을 수도 있다. 아틀란티스 이야기의 문제점과 오류의 원인에 대해 알아보기로 한다.

아틀란티스의 존재 시기

《크리티아스》에 나오는 아틀란티스의 이야기에서 문제로 지적되는 것 중 하나는 아틀란티스의 존재 시기다. 사이스 신전의 사제는 솔론에게 아틀란티스가 9000년 전에 있었다고 얘기했다. 그런데 솔론이 9000년이라고 전했지만 솔론의 시대로부터 9000년 전으로 되돌아가면 그 장소에는 아무것도 없었다. 아틀란티스 왕국에 대한 내용은 청동기 시대 에게해, 즉 미노아 문명을 생각게 한다. 그러나 기원전 590년경에 이집트를 방문했다고 생각되는 솔론보다 9000년 이전에 청동기 시대가 있었다고는 생각되지 않는다. 기원전 9600년에는 미노아 문명이 있을 수 없는 것이다. 9000년에 대한 학자들의 해석에는 두 가지가 있는데, 첫째 솔론이 당시 이집트의 수 또는 연월 개념에 대해 오해했다는

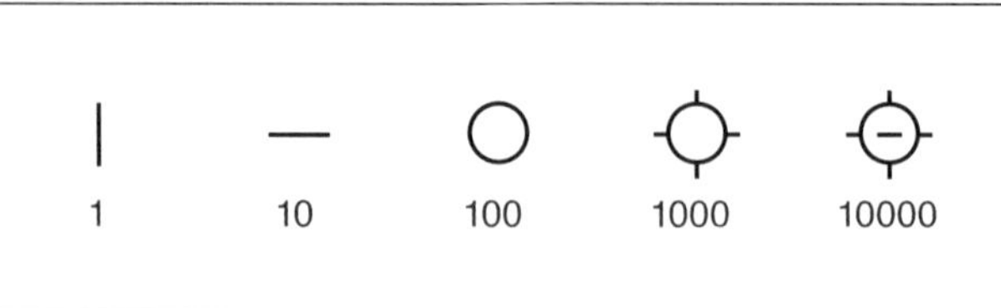

그림 2
선문자 B에서의 숫자 표기

것이다.■3 즉, 9000이 아니라 900이라는 것 또는 9000년이 아니라 9000개월이라는 것이다. 만일 900이라 한다면 솔론의 시대에서 900년을 빼야 하고, 만약 9000개월이라 하면 750년을 빼면 되는데, 그리하여 구해지는 시기는 기원전 1500년 또는 기원전 1350년 무렵이 된다. 그런데 당시 이집트에서는 상당히 정확한 천문 지식을 가지고 있었고 나일강의 범람 시기에 맞춘 달력을 이용했기 때문에 연과 월을 착각했을 가능성은 크지 않다고 생각된다. 오히려 수에 대한 오해에서 비롯된 기원전 1500년이라는 것이 좀 더 설득력이 있는 듯하다.

미노아 문명의 정보가 이집트에 전해졌을 때, 미노아인들은 선문자 A로 불리는 문자를 사용했었다. 미노아의 선문자 A는 아직 해독이 안 된 문자이지만, 그로부터 유래한 선문자 B는 미케네 그리스어의 원형이 되고, 마이클 벤트리스와 채드윅이 해독하였다. 이 선문자 B의 숫자를 보면 1, 10 및 100을 각각 세로 막대, 가로 막대 및 둥근 원으로 나타낸다. 1,000은 둥근 원주 위의 네 점으로부터 짧은 막대를 그린 것이고, 10,000은 천의 중심에 점을 찍은 것으로 나타낸다. 이렇게 100, 1,000과 10,000을 나타내는 기호는 너무 혼동하기 쉽다. 만약 닮은 문자를 잘못 인식하여 사용한 것이라면 숫자의 크기에서 계통적인 오류가 나타날 수 있다. 바로 실제 수보다 10배 더 큰 수로 오인했을 가능성이다.

플라톤의 아틀란티스 이야기에서는 평야의 크기를 나타내는 숫자도 모두 천을 단위로 썼다. 예를 들어 평야의 크기는 동서 3,000스타디온, 남북 2,000스타디온이라고 썼다. 1스타디온이 약 0.18km이므로, 평야의 동서 및 남북의 길이를 10분의 1로 하면, 그것은 각각 54km 및 36km가 된다. 이는 크노소스 궁전, 그 항구였던 암노소스 및 말리아, 훨씬 남쪽의 페스토스 및 바기아 트리아다를 포함하는 크레타섬의 중심부 평야와 거의 같은 크기다.

아틀란티스 전설 중에서 천이나 만을 단위로 하여 쓰인 다른 숫자도 한번 살펴보자. 아틀란티스 왕국에서 왕의 직할 구역의 수로 전장(10,000 스타디온), 구역의 수(60,000구역), 전차 및 배의 수(10,000대 및 1,200척) 등이 있다. 이들 모두를 10배 줄이는 것이 적당한 수라고 생각된다. 이렇게 하면 왕의 직할구 가운데 수로의 전장은 180km, 구역수는 6,000, 전차 및 배의 수는 각각 1,000 및 120이 된다. 《크리티아스》의 기록에는 전쟁 때 각 구역에서 약 20인의 병사가 동원되었다. 가령 구역의 수를 아틀란티스 전설 중에 있는 6만이라고 하면 병사의 총 동원 인원수는 120만이 된다. 이는 너무나도 큰 숫자다. 크노소스를 발굴한 에번스에 따르면 부근의 사람들을 포함한 당시 크노소스의 인구수는 약 8만이었다. 이로부터 상상하면 왕의 직할구의 인구수는 기껏해야 50만 정도였을 것인데, 거기서 120만 명의 병사를 동원하는 것은 불가능하다. 만약 구역의 수를 10배 줄여 6천으로 하면 병사의 수는 12만 명이 된다. 전쟁 때 왕의 직할구로부터 이 정도의 병사를 동원하는 것은 불가능하지 않았을 것으로 생각된다.

솔론이 전한 아틀란티스의 이야기에서 숫자의 오류가 숨어 있었다. 그렇지만 그 오류는 10배 크다는 계통적 차이를 보이고 이를 수정하면 비교적 합리적인 시간과 공간 그리고 각종 정량적 크기와 비슷하게 된다.

아틀란티스의 장소

에게해의 남쪽에 크레타섬이 있다. 그리고 그 북쪽으로 산토리니섬을 비롯하여 여러 섬이 있고, 육지를 향해 계속 북상하다 보면 펠로폰네소스반도와 그리스반도에 도착하게 된다.《크리티아스》와 카잔차키스의 소설《미노스 궁전에서》의 내용들은 바로 이 에게해를 배경으로 한 사건들이다. 에게해는 기원전 1100년 전까지는 세 개 정도의 문명이 있었다고 알려져 있다. 에게해 주변의 많은 섬은 키클라데스 제도라고 불리는데, 기원전 3000년에서 기원전 2000년까지 키클라데스 제도의 섬을 위주로 하는 문화가 발현했고 부흥하다가 기원전 2600년부터 기원전 1500년까지의 기간 동안 크레타를 중심으로 하는 크레타 문명, 즉 미노아 문명이 발달했다. 그리고 기원전 1600년에서 1100년 정도에 그리스반도 북부에 있던 사람들이 그리스반도로 내려와 미케네 문명을 만들었다고 알려져 있다.

그런데 여기서 호메로스의 서사시《오디세이아》■4에 나오는 내용을 살펴볼 필요가 있다.《오디세이아》의 저자 호메로스에 대해서는 그 활동 시기가 정확하지 않지만, 고대 그리스의 역사가 헤로도토스(기원전 484~425년)의 기록에서 호메로스가 헤로도토스보다 약 400년 전인 기원전 9세기경 살았다고 한다(《역사》2.53).《오디세이아》의 내용 중에는 검붉은 바다 가운데 부유한 땅 크레타가 있으며, 많은 도시와 많은 인구가 있었고, 가장 큰 도시가 크노소스이며, 통치자인 미노스왕은 9년마다 제우스를 만난다고 묘사되어 있다(《오디세이아》19.180).

이 표현들 속에서 당시 크레타의 위상을 알 수 있으며, 이는《크리티아스》의 내용이나 카잔차키스의 소설《미노스 궁전에서》의 배경에 대한 설명과 다르지 않다. 그리고 제우스와 미노스가 9년마다 회합을 가졌는데, 미노스 쪽이 상대적으로 우위에 있었던 느낌이 강하다. 《미노스 궁전에서》에 나오는 아테네가 크레타의 미노타우로스에게 소년과 소녀를 제물로 바쳤던 주기가 9년이다. 그러니까 크레타의 왕 미노스와 아테네의 신 제우스의 회합이 9년 주기이며 그 때마다 아테네는 미노타우르스에게 제물을 바쳤던 것이 아닐까.

헤라클레스의 기둥

《크리티아스》에서 아틀라스의 나라는 '헤라클레스 기둥'의 너머에 있다고 한다. 헤라클레스의 기둥이란 그리스 신화에서 헤라클레스가 세웠던 두 개의 기둥에서 유래한다. 헤라클레스가 큰 모험을 떠나던 중 지중해를 가로막고 있던 거대한 바위들을 쪼개어 길을 만들었는데, 이때 생긴 2개의 큰 바위 언덕을 헤라클레스의 기둥이라고 하며, 스페인 쪽의 바위는 칼페Calpe(현재의 지브롤터), 아프리카 쪽의 바위는 아비두스Abydus라고 부른다. 그러니까 그리스 신화의 내용이 《크리티아스》에 접목된 것이며, 《크리티아스》에 신화적인 요소가 다분함을 부정할 수는 없다. 그리고 그리스 신화의 지리적 정보를 찾던 많은 사람들은 지중해의 가장 서쪽, 즉 대서양과 접하는 지브롤터 해협의 그 양쪽 해안이 헤라클레스가 세운 두 개의 기둥을 의미한다고 생각했다. 이런 생각은 물에 가라앉은 신비의 섬 또는 신비의 대륙 아틀란티스가 지브롤터 해협 너머의 서쪽에 있을 거라는 단서를 제공하는 듯했다. 사람들이 아틀란티스를 대서양에서 찾게 된 것이다. 대서양의 이름이 '아틀란틱 오션'인 것 역시 아틀란티스에서 유래했기 때문이다.

헤라클레스의 기둥 문제는 아틀란티스 왕국의 크기와 관계가 있을 수도 있다. 《티마이오스》에 의하면 아틀란티스 왕국 중심부의 평야의 크기는 동서 530km, 남북 350km의 장방형이었다. 이 평야는 왕의 직할지며, 그곳을 벗어나면 지위가 약간 낮은 왕들이 다스린 아홉 지역이 있었다. 따라서 왕의 직할

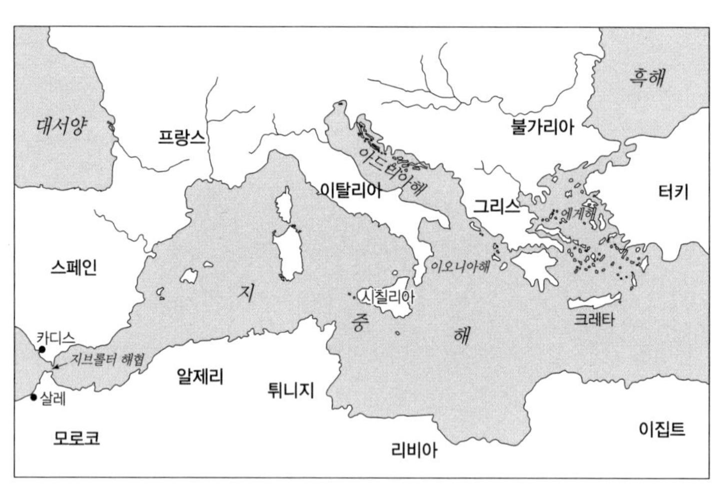

그림 3

지중해와 지브롤터 해협의 위치

구역의 크기와 나머지 아홉 지역을 더하여 아틀란티스 왕국의 크기를 상상하면, 그것은 동서 5,000km, 남북 3,000km에 이르고, 에게해와 지중해에 위치시키는 것은 불가능하다. 따라서 어찌해서라도 헤라클레스의 기둥을 지브롤터 해협 부근으로 하지 않으면 안 되는 것이다. 물론 이 추정은 위에서 살펴본 숫자의 오개념을 수정하지 않았을 경우에 해당한다.

헤로도토스의 《역사》에는 헤라클레스의 기둥이란 지명이 여러 군데 나온다. 가장 먼저 나오는 곳을 발췌해 보면 "카스피해는 독자적인 바다이며 다른 바다와 연결되어 있지 않다. 그리스인들이 항해하는 바다와 헤라클레스 기둥들 너머의 아틀란티스라 불리는 바다, 그리고 홍해는 모두 하나로 연결되어 있기 때문이다"(《역사》1.203). 이 구절은 두 가지의 중요한 의미가 있는데, 하나는 현재 우리가 대서양이라 부르는 바다의 이름에 대한 출처이고, 다른 하나는 그 바다가 헤라클레스 기둥 너머에 있다는 지리정보이다. 그런데 이 둘의 조합은 두 가지 가능성을 시사한다. 즉 만약 아틀란티스 바다가 어딘지 알면 헤라클레스 기둥들의 상대적 위치가 결정되고, 헤라클레스 기둥의 위치가 설정되면 자연스럽게 아틀란티스 바다가 어디를 말하는지 알게 된다. 그러나 이런 조건부 해석은 상당한 오해를 불러일으켰다. 헤로도토스의 아틀란티스 바다가 현재의 대서양이라고 하면 헤라클레스의 기둥들은 그리스인들이 삶의 터전으로 삼고 있던 바다, 즉 지중해의 서쪽 끄트머리가 될 것이기 때문이다. 실제로는 헤라클레스 기둥의 위치가 어딘지 모르고서는 아틀란티스의 바다도 어딘지 모르게 된다.

그런데 《역사》4.8에서 헤로도토스가 언급하는 헤라클레스의 기둥은 조금 다르다. "게리오네스는 폰토스에서 먼 곳에 살았는데, 헤라클레스 기둥들 너머 오케아노스 연안 가데이라 부근의 섬, 즉 그리스인들이 에리테이아라고 부르는 섬에 거주했다고 한다."라는 서술이 나온다. 여기서 폰토스는 흑해를 말하고, 가데이라는 오늘날 스페인 남부 도시 카디스Cadiz를 가리킨다. 또한 《역사》4.42에서 이집트 왕 느고(네코)가 페니키아인들에게 명령한 내용이 나온다. "그(느고 왕)는 나일강에서 아라비아만으로 이어지는 수로 사업을 중단한 후 페니키아인들을 배에 태워 보내며 그들에게 이르기를, 귀환할 때 헤라클레스 기둥들을 통과하여 북쪽 바다에까지 항해하고 그렇게 하여 이집트로 돌아오라 했던 것이다." 여기서 북쪽 바다는 지중해를 가리킨다. 따라서 페니키아인들은 자신들의 고향에서 서쪽의 지중해로 나갔다가 헤라클레스의 기둥을 돌아 이집트로 귀환하게 되는데 항로 중간에 리비아에서 곡물을 수확하곤 했다는 것이 기록되어 있다. 위 두 부분의 설명을 조합하면 헤라클레스의 기둥은 지금의 지브롤터 해협에 있을 수 없다. 헤라클레스 기둥들 너머에 가데이라 부근의 섬이 있다는 것은 스페인 남부보다 더 동쪽에 헤라클레스의 기둥이 있다는 것이고, 헤라클레스 기둥을 통과하여 북쪽 바다까지 갔다가 되돌아오라는 것은 지중해를 벗어나기 전에 헤라클레스의 기둥이 있음을 지시한다. 따라서 헤라클레스의 기둥은 지중해 바깥에 있지 않음을 알 수 있다.

하여간 헤라클레스의 기둥에 대해 다양하게 생각해 볼 수 있는데, 우선은 헤라클레스의 기둥이 지브롤터 해협 양쪽 해안의 지형이 아닐 가능성이 크다. 지도에서 그리스반도를 찾아보고 거기서 지브롤터 해협까지 거리를 가늠해 보자. 그리스반도에서 지브롤터 해협이 보일 리가 없다. 그리스의 지진학자인 갈라노포울로스는 그 동료와 함께 출판한 1969년의 저서■5에서 헤라클레스의 기둥이라고 하는 것이 지브롤터 해협을 의미하는 것이 아니라 그리스반도 남서쪽에 위치한 고대 미케네에 위치한다고 밝혔다. 즉, 플라톤과 그 이전 그리스인이 그리스 본토의 남단에 있는 말레아곶Cape Maleas과 테나론곶Cape Tainaron을 '헤라클레스의 기둥'으로 불렀다고 주장했다. 그들이 말하는 것이 맞다면, 테라섬과 크레타섬은 '헤라클레스의 기둥'의 바깥에 있었던 것이 된다. 또한 그들은 아틀란티스가 다름 아닌 에게해 남쪽에 있던 미노아의 일부였으며, 기원전 1500년경에 테라섬의 화산 폭발로 멸망했다고 주장했다. 만일 헤라클레스의 기둥이 지형적으로 높은 장소가 아니고 화산과 관계된 지형이나 현상이라면 화산이 폭발하면서 만들어지는 화산 분출의 기둥, 즉 '분연주eruption column'를 의미할 가능성이 있다. 그렇다면 아틀란티스가 멸망했다고 생각되는 그 시기에 에게해에는 화산 활동이 있었을 것이다.

헤라클레스의 기둥이 과연 많은 사람들이 생각하듯 지브롤터 해협에 속한 지형적인 부분인지, 아니면 단순히 또 다른 높은 산을 의미하는 것인지 정확하지 않다. 한편 기둥pillar이라고 하는 표현이 그리스 신화 이외의 고대 문서에 아주 중요하게 등장하는 이야기가 있다. 성경이다. 구약성경을 보게 되면 이스라엘 민족이 이집트에서 빠져나올 때 그 사람들의 안내자 역할을 한 두 개의 기둥이 나온다(출애굽기 13:21~22). 하나가 불의 기둥이고 다른 하나가 구름의 기둥이다. 성경 속에 나오는 이 기둥들의 의미가 헤라클레스의 기둥과 어떤 관계가 있을지 전혀 생뚱맞은 비교지만, 책의 제2부에 가서 살펴보기로 한다.

아틀란티스의 크기

아틀란티스의 크기에 대해서는 리비아와 아시아보다 크다고 했다. 앞에서 살펴보았듯이 플라톤 시대 사람들의 지리관은 지금과는 전혀 다른 것이었다. 리비아라고 하는 곳은 크레타섬 남쪽에 있는 아프리카의 특정 장소였을 것이며, 아시아라고 하는 곳도 수에즈만 동쪽의 어디쯤이었을 것이다. 그런데 아틀란티스의 전설이 궁금한 사람들은 리비아와 아시아보다 크다라는 내용을 현대적으로 해석해 버렸다. 그러면 아틀란티스는 대륙이 되어야만 한다. 그래서 사람들은 대서양에서 가라앉은 대륙을 찾기 시작했고 지금도 찾고 있다. 하지만 실제로 대륙이 가라앉는 것은 지질학적으로 불가능하다. 물에 떠 있는 스티로폼과 마찬가지로 대륙은 절대로 가라앉지 않는다. 그리고 플라톤은 《티마이오스》와 《크리티아스》에서 아틀란티스를 대륙이라고 표현한 적이 한 번도 없다. 전부 섬, 그냥 큰 섬이라고만 표현했다.

플라톤이 언급한 사실만 봐도 아틀란티스는 대륙이 아니었고, 크기보다는 오히려 비유적으로 커다란 세력을 의미했을 가능성은 있다. 《티마이오스》와 《크리티아스》 그리고 카잔차키스의 《미노스 궁전에서》 등의 작품에서 나온 고대 그리스(미케네)의 적이 가졌던 엄청난 세력을 크기로 비유했을 가능성이 다. 그 당시 에게해 주변에서 가장 강력한 제국, 그게 아틀란티스였던 것이 아닐까? 한편, 고대 언어를 연구하는 학자들은 표현이 뒤바뀌었을 가능성을 제기했다. 즉 고대 그리스어로 '크다'라는 말과 '사이'라고 하는 말의 발음이 비슷하다고 한다. 만약 '크다'가 아니라 '사이'가 맞다고 하면, 아틀라스의 나라는 리비아와 아시아를 합한 것보다 큰 게 아니라, 리비아와 아시아 사이의 어딘가에 있게 된다. 그러면 남쪽의 아프리카와 동쪽의 소아시아 사이의 에게해에 어떤 큰 섬이 있었고 그 큰 섬이 아틀란티스이다.

1967년 영국의 역사학자 P. 앤드루스는 아틀란티스의 크기에 대해 재미있는 제안을 한다.[■6] 그가 주목한 것은 '아틀란티스가 아프리카와 아시아를 합친 것보다 크다'는 서술(《티마이오스》24e, 《크리티아스》108e)이다. 우선 그리스 원어에서 합친ἅμα이란 단어는 《티마이오스》에는 등장하지만 《크리티아스》에서는 사용되지 않았으며, 그 이유로 플라톤의 잘못된 주석이라고 주장했다. 또한 땅덩어리의 크기와 관련하여 역사와 지질학적으로도 증명되지 못한다는 전제하에 아틀란티스 크기를 설명하는 고대 그리스어 문장을 분석했다. 앤드루스의 가정은 실제 크기를 모르는 하나를 다른 둘과 비교해 크다고 얘기하는 것은 의미가 없고, 합친 땅 덩어리에 대해 섬nesos이라는 용어를 사용한 것은 부적절하다는 것이다.

앤드루스는 문제의 출발점으로 어려운 고대 문자를 플라톤이 잘못 읽은 데 있다고 지적한다. 플라톤은 솔론의 아틀란티스 이야기가 크리티아스 가족 내에서 구두로 전해져 내려오던 내용이라고 했다. 그러나 이는 문학적인 표현에 불과하고, 솔론 혹은 드로피데스가 기록한 것을 크리티아스 가문의 문서에서 발견했을 개연성이 높다는 것이 앤드루스의 생각이다. 그리고 그 기록물에 사용된 오랜 아티카식Attic 알파벳과 서기 5세기에 아테네에서 채택된 이오니아식 알파벳 사이의 차이에서 해석의 오류가 생겼다고 설명한다.

앤드루스는 플라톤이 MEIZONμείζων, 즉 '더 크다'라고 쓴 것은 사실 솔론의 기록에서는 MESONμέσον, 즉 '사이의 중간midway between'이란 뜻이라고 추정했다. 만약 이것이 사실이라면 아틀란티스는 리비아와 아시아보다 더 큰 것이 아니라, 리비아와 아시아 사이의 중간이라는 표현이 된다. 그는 더 나아가 플라톤이 이런 오류를 저지른 원인이, 아틀란티스가 지중해가 아니라 대서양 쪽에 있는 것이 머나먼 서쪽에 관한 그리스의 신화나 전설에 더 부합하리라 생각했기 때문이라고 주장했다. 앤드루스는 더 과감한 제안을 하는데, 《티마이오스》를 집필하고 난 이후 《크리티아스》에서 이야기를 이어 나가던 도중 플라톤은 그의 잘못을 인지했을 가능성이 있다고 했다. 그리고 그 오류로 말미암아 더 이상 집필을 할 수 없게 되었고, 《크리티아스》가 미완성인 채 마무리되었다는 것이 앤드루스의 주장이지만, 많은 플라톤 연구자들은 이 주장을 일축해 버린다.

한편, 플라톤이 '크다'라는 표현으로 쓴 그리스어 MEIZONμείζων을 리들 앤 스콧의 그리스어 어휘사전에서 찾아보면 '더 크다greater'의 뜻으로만 쓰인다. 아틀란티스 이야기가 나오는 《티마이오스》의 부분들에서 '크다'는 표현은 그리스어로 megasgreat, meizongreater, megitosgreatest로 나타나는데 유독 아틀란티스의 크기에서만 MEIZON이 사용되었다. 이 문제는 그리스어로 된 플라톤의 《티마이오스》를 영어로 번역하면서 발생했을 가능성이 있다. 영문판 《티마이오스》는 대표적으로 1871년 벤자민 조웻■7과 1929년 로버트 베리■8의 번역본이 가장 널리 인용되었다. 그리고 이 두 번역본에서 MEIZON은 크기가 넓다는 의미의 'larger'를 사용했다. 영어적인 표현에서 greater가 larger의 의미일 수 있으나, 《티마이오스》에서는 그렇게 쓰면 안 된다는 지적들이 많다.

가령 그리스어로 '알렉산더 대왕Alexander the Great'을 나타낼 때 megas가 사용되지만 이는 그 사람의 크기를 나타내는 것이 아니라 권력과 영향력을 의미한다는 것이다. 따라서 '아틀란티스가 리비아와 아시아보다 크다'라는 의미는 그들보다 훨씬 더 큰 권력과 영향력을 가지고 있었다는 의미로 해석해야 한다는 것이다.

하지만 아틀란티스가 주는 신비로움 때문에 그 크기가 대륙에 해당할 것이라는 믿음은 쉽게 사그라들지 않았다. 그리고 대서양 어딘가에 존재했었다는 믿음 역시 남아 있다. 결국 플라톤이 묘사한 아틀란티스의 크기 문제는 지형적인 것일까 정세적인 것일까로 구별되는 듯하다. 2008년 아테네에서 개최된 아틀란티스 컨퍼런스에서 토르발트 프랑케는 자신의 2006년 연구 결과를 요약하며 아틀란티스의 영향력에 대해 이렇게 해석했다.■9 솔론에게 이야기를 전해 준 이집트인 입장에서 보면, 당시까지 이집트의 전통적인 대적들은 두 부류로, 하나는 서쪽의 리비아인들이고, 다른 하나는 동쪽의 아시아인들이었다. 그리고 만약 이집트인이 이들 전통적인 대적들보다 더 강력한 적을 지칭한 것이라면, 아마 그들은 청동기 시대 말에 등장한 '바다의 사람들Sea People'일 테고, '리비아와 아시아를 합한 것보다 더 강력한' 나라였을 거라는 표현이 타당하리라는 것이다

아틀란티스의 지형

《크리티아스》에서 아틀란티스의 중앙부는 평원이고 둥근 고리가 여러 차례 감고 있는 듯한 형태로 서술되어 있다. 이런 지형적 특징을 동심원 형태의 고리 구조라고 할 수 있는데, 현재 지구의 표면에서 이런 형태의 구조에 유사한 지형은 두 종류밖에 없다. 화산 지형이거나 아니면 운석이 충돌한 지형이다. 운석충돌구impact crater는 지구 바깥에서 강한 에너지를 가진 채 지표에 충돌한 운석으로 말미암아 생긴 지형이다. 현재 육상에서 관찰되는 운석충돌구는 백

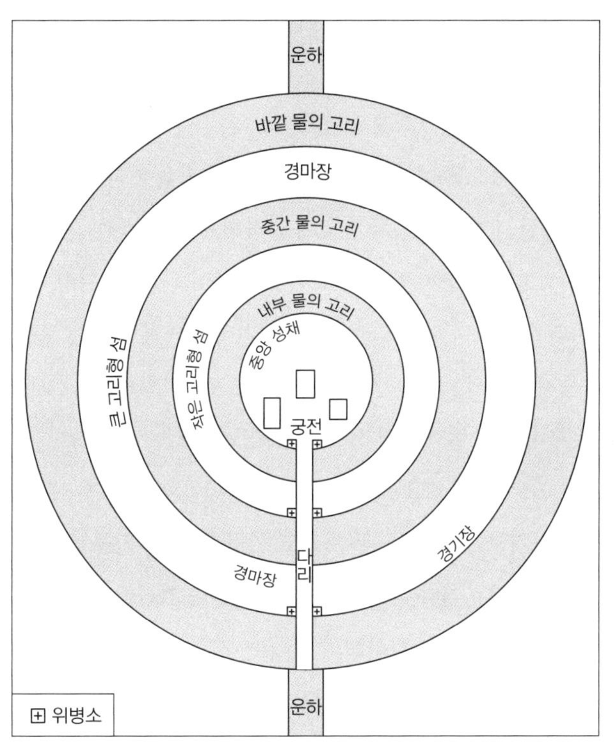

그림 4

고리 형태의 아틀란티스 지형

여 개나 되며, 가장 큰 캐나다의 매니쿠어간Manicuagan 운석충돌구는 직경이 무려 100km에 달한다. 그런데 플라톤의 《티마이오스》와 《크리티아스》에서 아틀란티스가 섬이라고 표현했기 때문에 운석충돌 지형은 배제된다. 왜냐하면 바다에 남아 있는 운석 충돌 지형 중 육안으로 관찰되는 것은 없기 때문이다. 나머지 하나는 화산 지형이다. 종종 커다란 화산 폭발 후 화산 정상부에 가보면 동심원의 구조를 볼 수 있다. 킬리만자로 화산의 정상부에 가면 이런 둥근 고리 형태의 동심원 구조가 보인다. 따라서 아틀란티스를 설명한 지형적 특징은 화산 지형이 아니면 생각하기 어렵다.

그리고 《크리티아스》에 나오는 아틀란티스의 지형에 대한 좀 더 구체적인 설명을 보면 화산 지형이라는 확신이 더욱 강하게 든다. 특히 화산의 칼데라나 화산의 함몰 지형과 굉장히 유사한 표현들이 많이 나온다. 가령 육지 띠의 가장자리가 바다 수면보다 꽤 높다는 표현이 있다. 섬의 중앙부는 모두 함몰되고 그 바깥의 육지 쪽이 측벽을 만들며 둘러싸고 있는 형태를 나타내는데, 이는 화산 폭발로 만들어진 칼데라의 전형적인 모습이다.

한편, 《티마이오스》에서도 지형적인 특징이 언급되어 있다. 예를 들면 바다를 빙 둘러 있다거나, 좁은 입구를 가지고 있다거나, 그 입구를 통해서 들어갈 수 있다거나 하는 부분이다. 그리고 가운데 부분이 가라앉았다거나 하는 표현들은 전형적인 바다에 있는 화산섬의 형태다. 지구에는 이런 화산섬이 드물지 않으며, 필자의 경험으로는 1989년 겨울 지질 조사를 위해 방문했던 남극반도 근처에 있는 화산섬, 디셉션Deception섬이 바로 이런 형태의 섬이다. 이와 비슷한 화산섬이 에게해에 있었던 것일까?

아틀란티스는 화산섬인가

플라톤의 대화편에 등장하는 아틀란티스의 전설이 만약 사실이라면 그 나라는 역사적으로 존재했을 것이고, 또한 어느 시점에선가 멸망했을 것이다. 그 나라

그림 5
산토리니의 모습(현재)

의 존재 시기, 장소, 크기 및 지형 등을 종합적으로 풀어 보았을 때 이렇게 정리된다. 아틀란티스는 기원전 1500년 무렵에 에게해에 있던 세력이 큰 나라였으며, 거기에는 화산섬이 있었고 그 화산의 폭발은 아틀란티스가 멸망하게 된 원인이 되었다. 과연 기원전 1500년경에 폭발한 화산섬이 그리스반도와 크레타섬 사이에 있을까? 지질학적으로 그 무렵에 폭발한 화산섬이며, 플라톤의 《티마이오스》와 《크리티아스》에서 설명한 지형을 가지고 있는 섬이 하나 있다. 그 이름은 테라섬이다. 산토리니라고도 알려져 있으며,[■10] 최근에는 세계적인 관광지로도 알려져 있다.

산토리니를 위에서 내려다보면 한 입 베어먹다 남긴 도넛 형태다. 가운데 뚫린 부분은 폭발로 가라앉아 바다물로 채워져 있고, 그 주위로는 칼데라의 측벽들이 둘러싸고 있다. 수직 측벽은 여러 차례 화산 활동을 통해 만들어진 다양한 색깔의 암석이 분포되어 있다. 이 산토리니가 화산섬이고 기원전 1500년 무렵에 엄청난 화산 폭발이 일어났다는 것은 현대과학이 밝히고 있는 사실이다. 하지만 과연 이 산토리니가 플라톤이 자신의 대화편에서 그 존재를 얘기한 아틀란티스인가에 대해서는 조금 더 검증해 볼 필요가 있다. 산토리니에서 기원전 1500년 무렵 미노아 시대에 화산이 폭발했으며, 그 이후에도 화산 활동은 계속되었다.[■11] 이어진 화산 폭발 때문에 바다 가운데 새로운 땅들이 생겨났다. 산토리니는 활화산이기 때문에 언제든 폭발할 가능성이 있으며, 새로운 땅과 지형이 만들어질 수 있는 화산섬이다. 이 산토리니의 남쪽에 아크로티리 Akrotiri라 이름이 붙여진 고대 도시가 하나 있는데 기억해 두기로 하자.

에게해 가운데 동서로 길게 뻗은 섬이 바로 크레타섬이다. 그 북쪽에 산토리니가 있고, 다시 산토리니의 북쪽에 그리스반도가 있다. 그러니까 산토리니는 그리스반도와 크레타섬 사이에 놓인다. 고대 문명의 발굴사에서 크레타섬의 발굴은 너무나 유명하다. 1900년대 초 크레타섬에 있던 청동기 문명의 흔적들이 아서 에번스에 의해 발굴되었다. 그리고 산토리니의 고대 도시 아크로티리는 화산재에 묻혀 있다가 1900년대 중반에야 발굴되었다. 아크로티리에 사람들이 살았다는 것은 19세기 후반에 알게 되었지만, 체계적인 발굴은 훨씬 뒤인 1960년대에 시작되었다. 아크로티리는 전체 도시가 화산재로 덮여 있었고, 화산재를 건축 자재로 사용하기 위해 개발하다가 처음 발견된 것이다. 화산재로 덮여 있다 발견되었다는 점에서 '미노아의 폼페이'라고도 불린다. 아크로티리의 발굴은 청동기 시대에 에게해 주변 문명의 상세한 모습을 밝힐 수 있는 아주 중요한 사료들을 제공해 주었다. 크레타섬과 산토리니의 발굴이 이어지고, 학자들은 크레타섬의 암니소스와 산토리니의 아크로티리 두 도시에서 묘한 공통적인 사실을 깨닫게 된다. 암니소스와 아크로티리 두 고대 도시는 해안가에 위치해 있다.

그리스 고고학자 스피리돈 마리나토스는 이미 1930년대에 미노아 문명의 붕괴가 테라섬의 화산 폭발 때문이라고 주장해 왔다.■12 그 증거를 찾기 위해 아크로티리에 대한 발굴에 힘을 쏟았으며, 그 도시를 폐허로 만들었던 그런 자연적인 현상은 물론 화산 폭발이 원인이었지만 직접 타격을 준 것은 지진과 쓰나미였다는 사실을 발견하게 된다. 즉 아크로티리의 유적에서 지진과 쓰나미의 흔적을 많이 발견한 것이다. 화산 폭발, 지진 그리고 쓰나미 모두가 아크로티리에 영향을 미친 것이다. 실제로 화산이 분화하게 되면 폭발 이전에 지하의 뜨거운 마그마가 요동치게 되고 화산성 지진이 발생한다. 즉, 지진에 영향을 주게 된다. 그다음에 화산 분화 때문에 땅의 일부가 물속으로 가라앉거나 많은 화산 분출물이 물속으로 떨어지면 쓰나미가 발생하게 된다. 이런 연쇄적인 현상들이 아크로티리를 폐허로 만들었다고 생각하게 된 것이다.

과연 테라섬이 아틀란티스인가 하는 부분은 여러 가지로 해석을 해 볼 수가 있는데, 특히 아크로티리의 발굴로 드러난 프레스코 벽화는 그 가능성을 짐작하게 한다. 벽화 중 한 그림에는 왼쪽의 커다란 섬, 오른쪽의 작은 섬 그리고 그 사이를 항해하는 많은 배들이 그려져 있다(이 프레스코에 대해서는 제5장에서 자세

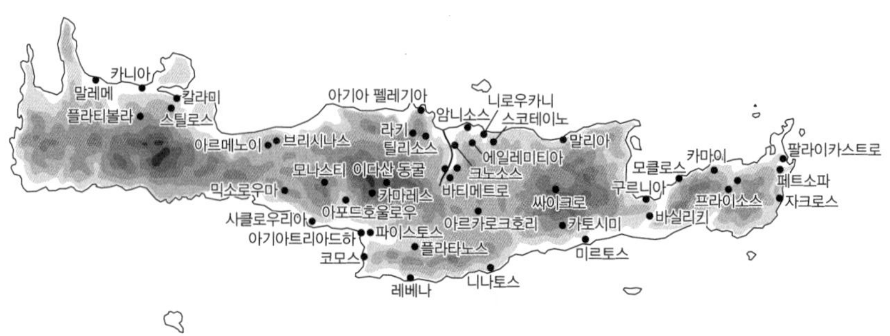

그림 6

크레타섬과 주요 유적지

하게 언급한다). 아크로티리에서 발굴된 프레스코 벽화의 그림들은 크레타와 산토리니가 당시 청동기 시대에 엄청난 해상 제국이었을 가능성을 보여 준다. 에개해를 무대로 번성하던 해상 제국이 있었다는 것은 역사적으로도 부정할 수 없는 사실이다. 그런데 바다를 지배하던 제국의 이야기가 나오면 바다를 관장하던 그리스의 신 포세이돈과 연결되고, 포세이돈의 아들인 아틀라스와 다시 연결하는 것은 단순히 문학적인 발상이라고 할 수만은 없다. 아틀란티스가 거대한 해상의 제국이었고, 크레타섬과 테라섬을 잇는 에게해는 엄청난 무역의 중심지였을 것이다. 그리고 《티마이오스》와 《크리티아스》에 언급되어 있는 아틀란티스의 여러 가지 생활상, 생산되고 있던 식물과 농산물, 여러 동물과 다양한 물품들은 그 지역을 중심으로 외부와의 활발한 교역이 있었음을 나타낸다. 따라서 청동기 시대 때 크레타섬과 테라섬을 중심으로 엄청난 무역이 성행했었고 그 지역이 바로 아틀란티스였을 것이다.

마리나토스의 주장대로 미노아 문명이 테라섬의 화산 분화로 멸망했다면, 그 당시에 그런 화산 폭발이 있어야 하고, 또한 그 영향이 어느 정도였으며, 과연 하나의 제국을 멸망시킬 정도였는지 알아보아야 한다. 우선 테라섬의 청동기 시대 화산 분화의 시기는 아직 최종적인 결론에 이르렀다고는 볼 수 없으나 대략 기원전 1500년에서 1600년 사이이다. 테라섬 화산 분화의 크기는 폭발해서 공중으로 뿜어져 올라간 분출물이 30km^3 이상으로 추산된다. 폭발적인 화산 분출 시 터져 올라가는 화산재의 기둥은 성층권까지 도달하는데, 테라섬의 경우 높이가 36~38km 정도로 생각된다. 장거리 비행기가 운항하는 높이가 10km 내외임을 감안하면 엄청나게 높이 화산재가 솟구쳤음을 알 수 있다. 솟구친 화산재는 시간이 지나 지표로 쏟아져 내린다. 그리하여 아크로티리는 수 m 정도의 화산재로 덮여버린 것이다. 그리고 당시 테라섬의 가운데 60km^3 정도의 공간이 바다로 가라앉았다. 지형적인 침강은 곧이어 쓰나미로 이어졌다. 이렇듯 테라섬의 화산 폭발은 그 영향이 연쇄적이었다. 화산 폭발이 일어나고 지진이 일어나고 쓰나미가 몰려와서 연속적으로 피해를 입혀, 무역항이었던 암니소스와 아크로티리는 완전히 쑥대밭이 되어 역사에서 사라져 버렸다.

그렇다면 왜 산토리니 지역에 이렇게 화산 분화가 일어날까? 이를 알기 위해서는 지구과학적인 고찰이 조금 필요하다. 우선 산토리니 지역이 위치한 에게해의 지리적 환경을 보면, 남쪽에 아프리카 대륙이 있고, 북쪽에 유라시아 대륙이 있다. 이 두 대륙이 위치한 경계부에 에게해가 위치하는데, 경계부라는 것이 그냥 지도 위에서의 경계가 아니라 두 대륙이 충돌하여 만들어진 경계다. 좀 더 자세히 들여다보면, 아프리카 대륙이 유라시아 대륙을 밀어붙이고 있는 양상으로, 아프리카 대륙 아래 있는 맨틀이 북쪽 유라시아 대륙 아래로 기어내려 가고 있다. 이러한 경계에서는 지진과 화산이 자주 발생한다. 우리가 상식적으로 알고 있는 불의 고리와 비슷한 양상이지만, 조금 다른 점은 불의 고리라고 하는 태평양 주위는 해양 지각과 해양 지각, 그리고 해양 지각과 대륙 지각 경계부에서 일어나는 지진과 화산 활동이며, 에게해는 대륙 지각과 대륙 지각 사이의 경계에서 일어나는 지진과 화산 활동이기에 비슷하면서도 조금 다른 모습이다. 하여간 두 대륙의 경계부에서는 엄청난 스트레스가 쌓이게 되고, 그 스트레스를 말미암아 지진과 화산이 발생하는 것이다. 청동기 시대 테라섬의 폭발도 그런 결과이다. 그리스반도의 남동부에 있는 사람들에게 지진의 기록은 드문 게 아니다. 예를 들어 플루타르크, 스트라본, 그 외 많은 그리스의 역사가들의 기록을 보더라도 굉장히 많은 지진이 에게해 주변 지역에서 일어났다. 에게해는 청동기 시대 이전부터 화산과 지진이 빈번한 지역이었다.

아크로티리의 유적을 조사하던 마리나토스가 문명의 멸망을 가져온 자연재해로 지진과 쓰나미를 지적했다. 테라섬의 경우를 살펴보자. 테라섬이 폭발하기 시작했을 때 섬의 가운데 화구에서 엄청난 화산재와 용암이 솟구쳐 오르고 흘러내렸다. 섬의 지하에는 이 물질들을 공급하던 마그마의 방이 있었고, 분출이 계속되면서 물질들은 빠져나가고 마그마의 방에는 빈 공간이 생겼다. 그러면 위에 쌓여가던 물질들은 중력적으로 불안정해지고, 어느 순간 가운데 부분이 풍덩 가라앉게 된다. 섬 표면에 있던 물질들이 바닷속으로 가라앉으면 거기에는 커다란 함몰 웅덩이가 생긴다. 바다이기 때문에 웅덩이가 생기면 그 공간을 채우기 위해 사방에서 물이 모여든다. 생각해 보자. 바다 한가운데 웅덩이가 생기고 그곳을 채우기 위해 물이 모여들면, 육지 쪽 해안에서는 물이 바다 쪽으로 빠져나가게 된다. 이 현상은 굉장히 중요하다. 화산 때문이든 지진 때문이든 쓰나미의 처음은 대부분 육지의 해안에서 물이 바다 쪽으로 빠져나가는 것이다. 그렇게 빠져나간 물이 웅덩이를 채우고 나면 넘쳐서 다시 해안 쪽으로 되돌아온다. 그렇게 쓰나미는 육지로 몰려가는 것이다.

쓰나미는 일반적인 파도나 풍랑하고는 다르다. 파도나 풍랑은 주로 바람에 의해 물의 위치가 위아래로 변하는 현상이다. 물 자체가 육지 쪽으로 몰려가는 것이 아니라 물의 높이가 변해가는 것이다. 그런데 쓰나미는 물 자체가 이동하는 것이다. 풍랑은 아무리 거세도 해안가를 넘치는 정도지만, 쓰나미는 계속 몰려와 산기슭까지 바닷물이 넘친다. 동일본 쓰나미에서 배들이 육지에 올라가 있는 장면을 본 적이 있을 것이다. 이처럼 테라 화산섬 역시 폭발하여 한가운데 칼데라를 형성했고 그 빈 공간에 주변 바닷물이 모여들었다. 그리고 물이 넘쳐나 쓰나미가 되어 크레타섬, 테라섬 그리고 주변 해안을 덮쳤다. 암노소스도 아크로티리도 그로 인해 타격을 입었다고 마리나토스는 주장했다.

사실 이런 쓰나미의 흔적은 산토리니 주변의 에게해 지역에 많이 남아 있다. 즉, 에게해를 배경으로 하는 과거의 전설, 신화, 경전 등의 자료들을 자세히 들여다보면 쓰나미라고 생각될 만한 것들이 굉장히 많다는 얘기다. 예를 들어 포세이돈의 아티카Attica, 사로닉만Saroinc Gulf, 아르골리드 평원Argolid Plain 신화라든지 아니면 제우스에 의한 데우칼리온Deucalion의 홍수, 그리스 신화의 아르고선원 이야기The Argonauts 라든지, 히타이트 경전의 울루쿠미의 노래Song of Ullikumi 등도 쓰나미와 관련있어 보인다. 그리고 구약성경의 예레미야

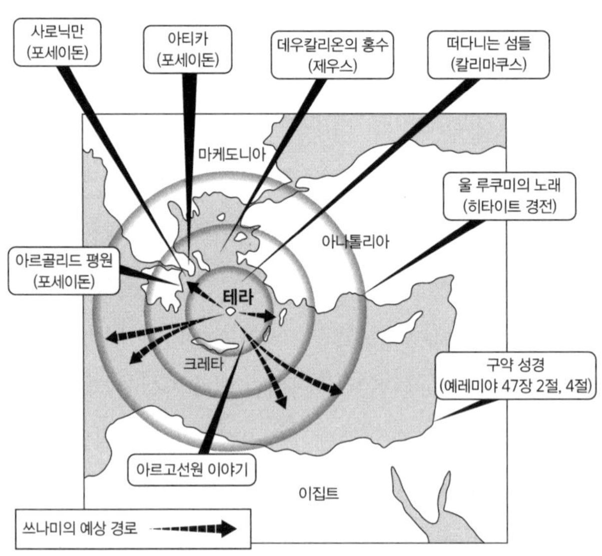

그림 7
에게해 주변 쓰나미에 관련된 장소들

47장 2절에도 기록이 있는데 조금 있다가 살펴보기로 한다. 그 외 여러 가지 이야기들이 있는데 하여간 에게해에서 쓰나미의 흔적들이 아주 오랜 기억에 남아서 기록된 부분들이 많이 있으며, 이들은 청동기 시대 테라섬의 화산 분화 그리고 쓰나미와 무관하지 않다.

이렇듯 에게해 주변 지역에 살던 사람들에게 지진은 그리 낯선 현상은 아니었다. 가령 투키디데스의 《펠로폰네소스 전쟁사》(3.89)■[13]를 보게 되면 다음과 같은 구절이 있다.

> "… 많은 지진이 계속 되었고 그래서 그 해에는 침략이 일어나지 않았다. 같은 해 모든 지진들이 발생하면서 에우보이아의 오로비아이 바다는 해안선이었던 곳이 물러났다가 파도가 되어 다시 밀려와 그 섬의 일부를 삼켰다. 몇 군데는 물이 빠졌지만, 다른 곳들은 물이 넘쳐 마른 땅이 바다가 되었다. 그리고 파도로 인해 높은 지대로 제때 기어오르지 못한 사람들은 죽었다. 오푼티안 로크리 해안에서 떨어진 섬 아탈란테에서도 비슷한 홍수가 있었고 …"

여기에는 아주 중요한 두 가지 사실이 포함되어 있다. 그리스반도의 에우보이아 지역에서 일어난 현상으로 지진이 발생했을 때 바다는 해안선이었던 곳이 물러났다가 다시 밀려왔다는 표현은 과학적으로 매우 정확한 기록이다. 앞에서 살펴본 것처럼 쓰나미는 물이 해안에서 먼저 빠져나갔다가 다시 되돌아온다. 여기서 나오는 아탈란테섬은 그리스반도 에우보이아의 맞은편 지역에 있는 작은 섬을 가리키는 것으로 아틀란티스와는 상관이 없다. 투키디데스의 지진과 쓰나미에 대한 묘사는 바로 기원전 426년 여름에 있었던 그리스반도 중부에서 일어난 지진 때문이다. 그 당시 파괴적인 쓰나미가 세 차례 있었다고 알려져 있으며, 쓰나미는 오로비아이를 덮쳤고, 아탈란테섬을 완전히 쓸어 버렸던 것으로 밝혀졌다.

스트라본(기원전 63~서기 24년경)의 《지리학》(1권 3.20)에서도 비슷한 내용이 나온다.■14

"그들이 또한 기록하기를 [물 때문에] 에우보이아 맞은편 아탈란타섬의 가운데로 커다란 틈이 생겼으며 그 사이로 배들이 항해하기 충분했으며, 수로는 장소에 따라 그 너비가 20 스타디아(3,552m)나 되고 …"

이 표현 역시 투키디데스의 기원전 426년의 지진과 쓰나미로 말미암은 피해를 가리키는 것이다. 투키디데스의 아탈란테와 스트라본의 아탈란타는 동일한 섬을 가리킨다. 여기서 이 섬의 명칭이 아틀란티스와 유사한 것에 대해 의미를 부여할 필요는 없지만 테라섬의 모습이 떠오르는 것을 막을 수는 없다. 어쨌든 에게해 주변에서 일어났던 지진과 쓰나미 현상에 대한 아주 정확한 역사적인 기록들이 있음은 놀라운 일이다. 쓰나미에 대해 현대 과학이 그 전모를 밝혀내기 이전에 이미 고대 그리스 사람들은 쓰나미의 실체를 깨닫고 있었던 것이다. 아틀란티스의 이야기가 팩트일까 아니면 허구일까 하는 부분은 아직도 논쟁의 대상이지만, 에게해, 더 나아가 지중해 지역에서 역사와 자연의 변화를 기록했던 사람들, 그중에 플리니우스와 플루타르크와 같은 저술가들도 아틀란티스는 팩트에 가깝다는 이야기를 계속했었다. 현대 과학으로 설명할 수 있는 기록들은 분명 팩트를 기반으로 한 현상이 아니고서는 어렵다. 오히려 현재 우리가 알고 있는 지식을 넘어선 기록에 대해서는 경탄을 금치 못하기도 한다.

쓰나미 기록에 관련하여 마지막으로 성경의 기록을 찾아보면, 우선 예레미야 47장 2절과 4절의 표현이다.

"물이 북방에서 일어나 창일하는 시내를 이루어 그 땅과 그중에 있는 모든 것과 그 성읍과 거기에 거하는 자들을 엄몰시키리니 사람들이 부르짖으며 그 땅 모든 거민이 애곡할 것이라 … 이는 블레셋 사람을 진멸하시며 두로와 시돈에 남아 있는 바 도와줄 자를 끊어버리시는 날이 이름이라, 여호와께서 갑돌섬에 남아 있는 블레셋 사람을 멸하시리라."

이 기록에서 볼 것은 우선 물이 북쪽에서 와서 넘쳐 흘렀다는 것이고, 그 장소는 갑돌섬Caphtor이다. 갑돌섬으로 해석되는 지명 중 하나가 바로 크레타섬이다. 청동기 시대 크레타섬의 해안을 휩쓴 쓰나미는 그 북쪽에 있었던 테라섬의 화산 분화 때문에 발생하였다. 쓰나미가 북쪽에서 와서 크레타를 덮쳤다. 성경의 기록과 청동기 시대 쓰나미의 기록이 우연의 일치인지, 다른 고대 문서와 마찬가지로 성경의 기록이 에게해 쓰나미의 표현인지 그 관계가 흥미롭다.

《크리티아스》에 나타난 아틀란티스의 지형에 대해 다시 한번 살펴보면, 중앙부는 평원이고 둥근 고리가 여러 차례 감고 있는 듯한 동심원 형태의 고리 구조다. 그리고 육지 띠의 가장자리가 바다 수면보다 꽤 높다는 표현도 있다. 현재 산토리니의 지형을 보면 가운데는 가라앉아 바닷물로 채워져 있고 그 주위를 높은 벽들이 빙 둘러 서 있다. 지질학적 용어로 칼데라 측벽이라 부르는 이 지형은 과거 화산 분출의 기록과도 같다. 산토리니의 경우 칼데라 측벽을 보면 색깔이 다른 여러 화산재의 층이 겹겹이 쌓여 만들어져 있다. 이는 산토리니 화산의 폭발이 여러 차례 있었음을 나타낸다. 산토리니 화산섬은 처음 생성 이후에 여러 차례 화산 폭발을 거치면서 오늘까지 이르고 있다.

지질학자들은 현재 야외에 남아 있는 증거들을 수집하여 과거부터 현재까지 산토리니의 모습이 어떻게 변해 왔는지를 밝혀낸다. 과학 수사대와도 같은 어려운 작업이지만, 지구의 과거사를 복원해내는 과학적인 기법은 지질학자들이 가져야 하는 특기다. 산토리니의 경우 우리가 유심히 봐야 하는 것은 청동기 시대 이전과 이후의 모습일 것이다. 왜냐하면 고대 그리스 사람들이 보고 기록에 남길 수 있었던 두 가지 형태이기 때문이다. 테라/산토리니 화산섬의 진화 과정에는 분명 지형적으로 환상의 고리 구조가 있었다. 그리고 커다란 화산 폭발 이후 화산섬의 중심부가 가라앉아 칼데라를 만들고, 거기에 바닷물이 흘러넘쳤다. 이 모습들이 바로 《크리티아스》에 기록된 아틀란티스의 지형이다. 이 테라섬은 청동기 시대 폭발 이후에도 크고 작은 화산 분출이 있었고, 현재에는 칼데라 가운데 새로운 화산섬 카메니가 만들어져 있다.

테라섬의 화산 폭발을 구체적으로 이해하기 위해서 화산에 대해 알아야 하는데, 자세한 것은 제3부에서 설명하기로 하고 여기서는 간략히 알아보기로 한다. 화산이 폭발하게 되면 그 분출 중심부에서 하늘로 희뿌연, 때로는 잿빛의 연기가 뭉게뭉게 피어오르는 모습을 흔히 볼 수 있다. 그런데 연기처럼 보이지만 실제로는 작게 부서진 돌가루와 가스가 섞인 재와 같은 것이다. 뭉게뭉게 피어오르는 화산재의 기둥을 분연주라 부른다. 이 기둥은 무려 30km 이상의 성층권까지 올라간다. 대기권은 주로 날씨 변화가 일어나는 지상으로부터 약 10km까지의 대류권이 있고, 그 위가 성층권이다. 그러니까 화산의 폭발로 생긴 화산재가 하늘 높이 엄청 올라가는 것이다. 이 화산재는 대류권에서는 지상풍, 즉 지상의 바람을 타고 운반되기고 하고, 성층권에서는 위도에 따라 지구 전체를 덮기도 한다. 화산 바로 부근이라면 올라갔던 화산재의 기둥은 일정 시간 머물다 아래로 와르르 무너진다. 그러면 화산 주변의 들과 가옥들은 모두 이 화산재 아래에 묻혀버린다. 그것도 뜨거운 돌가루 아래에 묻혀버린다. 사람을 비롯해 동식물은 모두 타버리기도 하고 묻혀 돌가루가 된다. 테라섬의 아크로티리는 이탈리아반도의 폼페이처럼 이렇게 화산재에 묻혀 있었던 것이다.

지진이 발생했을 때 그 크기를 규모와 진도의 숫자로 표현한다. 규모는 지진 발생 때의 에너지 크기를 나타내며, 진도는 땅의 흔들림 정도를 나타낸다. 그와 유사하게 화산 폭발의 크기도 숫자로 표현할 수 있다. 다만, 화산 폭발의 경우 폭발 때문에 생기는 분출 기둥의 높이와 터져 나오는 분출물의 양으로 결정하며, 그렇게 구한 것이 바로 화산 폭발지수volcanic explosivity index, VEI이다.

이 지수는 가장 작은 0에서 가장 큰 8까지로 구분하는데 화산 폭발지수 8이라는 것은 역사 시대에는 존재하지 않는다. 최소 수만 년 이전에 엄청나게 큰 화산 폭발이 있었고, 소위 슈퍼화산supervolcano라 일컬어지는 것들이 이에 속한다. 화산 폭발지수 0이라는 것은 거의 매일 용암만 뿜어내는 조용한 폭발을 의미한다. 흔히 하와이에서 용암만을 토해내는 듯한 화산이다. 화산 폭발지수 7이 역사상 가장 큰 화산 폭발이며, 이전까지 잘 알려져 있던 것이 1815년에 폭발했던 인도네시아의 탐보라 화산이다. 1815년 탐보라 화산이 폭발하고 엄청난 화산재가 하늘로 올라가 지구 대기를 덮었으며, 그 때문에 태양빛이 차단되어 그 이듬해인 1816년 지구에 여름이 없었다. 그러면 아틀란티스를 멸망시켰다고 생각되는 산토리니는 어떨까? 20세기까지만 해도 청동기 시대 미노아 분화의 폭발지수가 6 내외로 추정되었다. 하지만 계속된 지질 조사의 결과로 최근 들어 폭발지수가 7로 수정되었다. 한편, 화산 폭발지수는 화산 폭발의 빈도수와도 관련이 있다. 즉 큰 화산일수록 다시 분출할 시간 간격이 길고, 작은 화산일수록 거의 매일 분출 가능할 수 있다는 말이다. 폭발지수 7인 화산의 재분출 주기는 약 1000년 정도로 알려져 있다.

화산 분화 때문에 생기는 재앙의 형태는 여러 가지이며 경우에 따라 조금씩 다르다. 1815년 탐보라 화산의 폭발 같은 경우는 약 92,000명 정도가 죽었다고 기록되어 있는데, 대부분이 굶어 죽었다. 그리고 200년 이전의 통계이기에 신빙성이 조금 떨어지고 더 많은 사상자가 있었을 가능성도 배제하지 못한다. 화산 분화로 인해 생긴 화산재나 용암, 쓰나미는 재산과 인명에 직접적인 피해를 주지만, 화산 폭발의 후폭풍 또한 그리 간단히 해소되는 것이 아니다. 삶의 터전이 황폐해지고, 경작지가 없어져 버리고, 각종 질병이 발생하면 2차적인 타격도 엄청나다. 청동기 시대 에게해 테라 화산섬에서 일어난 폭발은 다양한 형태로 그 문명을 파괴했을 것이다.

제4장

미지의 대륙 아틀란티스

아틀란티스 이야기는 호사가들에게는 상당히 매력적이다. 과거 지구상에 찬란한 문명을 꽃피웠던 제국이 있었고, 하루아침에 사라져 버렸다. 사라진 제국을 찾아 그 실체를 밝히고 싶은 모험가들이 한둘이 아니다. 아직 인류가 풀지 못한 많은 수수께끼의 정답이 거기에 있다고 믿는 사람들이다.

플라톤의 아틀란티스 이야기가 대중에게 알려지기 시작하면서 다양한 형태의 작품들이 나왔다. 아틀란티스라는 이름을 제목으로 한 초기 작품 중에는 프랜시스 베이컨이 1626년에 출판한 《새로운 아틀란티스》[■1]가 있다. 이 작품은 미지의 섬 벤살렘에 건립된 이상적인 나라와 그 풍요로운 문명을 소개하는 내용으로, 토마스 모어의 《유토피아》[■2]나 토마소 캄파넬라의 《태양의 나라》[■3]와 같은 유토피아 소설 가운데 하나로 알려져 있다. 19세기 이후 오늘날까지 아틀란티스를 소재로 하여 출판된 책이 셀 수 없을 정도다. 그 가운데는 아틀란티스의 실체를 찾아 대서양을 샅샅이 뒤지게끔 동기를 부여한 작품도 있고, 아틀란티스를 보다 과학적으로 증명하려고 시도한 작품도 있다. 아틀란티스라는 지명을 사용한 베이컨의 작품과 지금까지 아틀란티스 관련 영향력이 가장 컸던 몇 작품을 살펴보기로 한다.

프란시스 베이컨의 《새로운 아틀란티스》

페루에서 출항하여 중국과 일본을 향해 항해하던 선박이 갑자기 강풍을 만나 표류하게 되면서 지도에도 없는 한 섬에 도착하게 된다. 그리고 그 섬나라의 인간적인 행복과 물질적인 풍요함 그리고 과학 기술의 발달을 마치 지구상의 유일한 유토피아로 소개하며 과거에 홍수로 사라진 아틀란티스의 뒤를 잇는다는 의미로 《새로운 아틀란티스》로 명명한 작품이다.

벤살렘이란 이름의 섬나라에는 위대한 통치자와 자신들의 문명을 보호하는 법률, 그리고 모든 지식을 창출하고 보존하며 국가 지성의 근본이 되는 솔로몬 학술원이 있어 낙원과 같은 행복한 삶을 영위하고 있다. 이 나라의 역사와 문화 그리고 과학기술에 이르기까지 다양한 모습을 소개하는 것이 이 책의 목적이다. 그리고 이런 사회는 결코 세상에 없었기 때문에 새로운 아틀란티스라는 것이다.

17세기 초에 쓰인 베이컨의 작품으로 당시까지 알려진 세계관과 지리관이 반영되어 있으며, 르네상스 시대인 만큼 호기심에 그치지 않고 실험적이며 관찰적인 묘사에서 베이컨의 철학이 잘 묻어나 있다. 그런데 아틀란티스라는 제목과는 다르게 플라톤의 《티마이오스》와 《크리티아스》에 묘사된 아틀란티스와는 별로 상관이 없다. 아주 일부에서 플라톤의 작품에서 발췌했을 듯한 내용이 나오는데 헤라클레스의 기둥이라든지, 매우 풍요로운 삶이었다든지, 아틀란티스 관련 기록을 허구라고 유럽 사람들이 생각한다든지, 포세이돈의 자손이 거기에 살았다든지, 신전, 궁전, 도시, 언덕, 여러 강과 같은 표현들이 나오지만, 그 이상의 내용은 없다.

결국 새로운 대륙이라는 의미로 아틀란티스가 사용되었고, 더구나 15세기

아메리카 대륙의 발견에 영향을 받아 아틀란티스가 아메리카 대륙이라고 정의하고 있다. 그리고 그 아틀란티스가 지진이 아니라 홍수로 멸망했다고 얘기하고 있다. 이야기의 초반에 등장하는 페루에서의 출항 역시, 과거 아틀란티스를 대표하는 장소가 페루라고 생각했기 때문이다.

비평가들은 베이컨의 《새로운 아틀란티스》를 토마스 모어의 《유토피아》와 비교해 볼 것을 권한다. 모어의 《유토피아》가 인간의 내면적인 행복을 중시하고 엄격한 규율 속에서 균형 잡힌 사회를 지향하는 반면, 베이컨의 《새로운 아틀란티스》는 풍요로운 물질 문명 속의 낙원적인 삶을 그리고 있다. 일부 비평에서는 베이컨의 이상향이 현재 우리가 겪고 있는 산업 사회의 후유증을 전혀 모르는 상태에서 만들어 낸 것으로, 결코 이룰 수 없음을 지적한다. 산업과 기술의 혁명을 거치는 동안 인류가 안게 된 심각한 문제를 베이컨의 《새로운 아틀란티스》에서 미처 예상하지 못한 점은 인정하지만, 간과할 수 없는 부분이 있다. 21세기의 과학기술적인 측면에서 볼 때 과거 400년 전에 쓰인 이 책의 내용은 놀라울 따름이다. 벤살렘의 문명을 소개하면서 나오는 내용을 현대적인 용어로 바꿔 쓰면 이런 것들이 등장한다. 신물질 합성, 토양 비옥화, 해수의 담수화, 인공강우, 인공 과실 재배, 해부학, 동물 성장호르몬 조절, 종간 교배, 건강 음료, 자양 강장제, 인공 태양, 태양열, 지열, 레이저, 네오디뮴 자석, 비행기, 잠수함 등이다. 믿을 수 있는가? 아무리 실험과 관찰에 입각한 학문의 길을 모색했던 베이컨이라 할지라도, 마치 400년 후를 경험한 듯한 표현은 놀랍기 그지 없다.

이 책은 기본적으로 기독교 종교관을 바탕으로 깔고 있다. 그리고 하나님의 은총으로 새로운 아틀란티스가 만들어지고 번성한다는 종교적 관념이 확실하다. 그러다 보니 다른 종교에 대한 이질감이나 동양에 대한 편견이 간혹 드러나, 경우에 따라서는 약간 불쾌할 수도 있다.

이그나시우스 도넬리의 《아틀란티스: 대홍수 이전의 세계》

1882년 전 세계에 커다란 반향을 불러일으킨 아틀란티스 이야기가 출판되었다. 미국의 정치가로 미네소타주 국회의원이었던 이그나시우스 도넬리는 《아틀란티스: 대홍수 이전의 세계》[■4]를 펴냈다. 총 5부로 이루어진 이 책의 내용은 당시까지 알려진 고고학적 및 지질학적 정보를 바탕으로 아틀란티스에 관한 그의 생각을 풀어내고 있다.

도넬리는 플라톤의 아틀란티스 이야기가 경이롭지도 않으며 신화적이거나 전설적이지도 않다고 말하면서, 납득할 수 있는 역사적 사실로 받아들인다. 《티마이오스》와 《크리티아스》에 나오는 아틀란티스에 대한 지리적 서술을 바탕으로, 아틀란티스 제국이 아프리카의 이집트까지 그리고 유럽의 이탈리아까지 정복했으며, 반대쪽 대륙인 아메리카 대륙까지 지배했다고 생각했다. 아메리카 지역은 중앙아메리카, 페루 그리고 미시시피 계곡 등지다. 이런 생각에 대한 증거로서 《크리티아스》에 나오는 아틀란티스의 묘사 중 뜨거운 샘물, 땅속에서 캐낸 흰색, 검은색, 빨간색 돌 등을 열거하고, 그들이 대서양 중앙에 위치한 아조레스 제도의 지질학적 현상에 대응한다고 주장했다. 그뿐만이 아니라 호메로스와 플루타르크와 같은 고대 작가들이 언급한 헤라클레스 기둥으로부터 수천 스타디아 떨어져 있는 아틀란틱해의 섬들이 바로 아조레스 제도를 가리킨다고 생각했으며, 구약성서의 이사야와 에스겔 서에 기록된 '바다의 섬들' 역시 아조레스 제도라고 주장했다.

아틀란티스가 솔론 시대로부터 9000년 전에 존재했다는 시기에 대한 문제에서, 도넬리는 인간의 흔적이 50만 년 전 유럽의 동굴에서 발견되었음을 주지시키며 그리 오랜 세월이 아니라고 항변했다. 그리고 아틀란티스를 현대 세계가 전설로 간주하고 있음을 못마땅하게 생각했다.

플라톤의 아틀란티스의 멸망에 지진과 화산 같은 자연 재앙이 묘사되어 있는데, 도넬리는 그런 재앙을 자신이 이해하고 있던 당시의 지질학적 지식으로 풀어냈다. 도넬리의 지구 변화에 대한 주관은 아주 뚜렷했다. 지구의 표면이 땅의 연속적인 융기와 침강의 기록이란 것이다.

> 현존하는 모든 대륙들은 한때 바닷속에 있었고, 그 대륙을 구성하는 암석들은 그 바다 아래에서 퇴적되었다고 알려져 있다. 더욱이 그렇게 가라앉은 암석들 대부분은 다른 대륙들의 잔해물이거나 물에 씻겨 내려간 것들이었다. 그런 다음 현재 바다가 있는 곳에 쌓여졌고, 산과 평원들은 화산과 지진활동으로 그리고 서리, 얼음, 바람, 비의 작용으로 뭉개져 내려앉았고, 그것이 바다로 씻겨 들어가서 현재의 나라들이 그 암석 위에 자리잡게 되었다. 그 결과 땅과 바다의 상태를 변화시켰다. 현재 육지가 있는 곳은 한때 바다였고, 현재 바다인 곳은 이전에는 육지였다.

땅의 융기와 침강은 지표 변화에 수반되는 현상임은 분명하다. 하지만 모든 암석들이 모두 퇴적되어 만들어지는 것은 아니며, 융기와 침강의 반복이 그 장소에서만 일어나는 수직적인 힘의 변화에만 기인하는 것은 아니다. 아틀란티스의 침몰에 대한 도넬리의 이야기를 더 들어보자.

> 지금의 아틀란틱해가 있는 곳에 있었던 그 거대한 대륙이 사라져 버렸을 때 아메리카와 유럽 대륙들이 생겨났다. 아마도 오래전부터, 그 새로운 육지들의 지속적인 융기가 있었고, 여전히 계속되면서 고대의 그 대륙을 침수시켰던 것으로 보인다. 5천 년 이내에 또는 석기 시대 이후, 스웨덴, 덴마크, 노르웨이의 해안은 200피트에서 600피트까지 융기되었다.

이 표현에서 확실하게 아틀란티스가 대서양에 있었고, 아틀란티스가 침강하면서 주변 대륙들이 융기하여 지표에 드러나는 과정을 설명한다. 그리고 대륙의 융기를 북유럽의 스칸디나비아반도의 융기를 사례로 들어 설명하고 있다. 그러면서 이 표현에 대한 부가적인 서술이 이어진다.

> 지질학적으로 말해서 아틀란티스의 침몰은 역사적 시대 안에서 단지 수많은 변화의 최후였다. 한때 아틀란틱해 대부분 지역을 점유했던 그 대륙은 점점 바닷속으로 잠겼고, 새로운 육지들이 그 옆에서 융기되었다.

도넬리는 당시까지 알려진 여러 화산 분출의 영향을 소개하고 있는데, 예를 들어 1783년 아이슬란드의 화산 폭발과 지진, 1822년 인도네시아 갈룽궁 화산 폭발과 지진, 그리고 에게해의 산토리니 화산 폭발 등이다. 재미있는 것은 아직 산토리니와 아틀란티스가 연계되기 이전에 도넬리는 산토리니에서 일어난 화산 폭발을 언급한 것으로, 그는 80여 년이 지난 다음 이 화산이 아틀란티스와 연결되리라고는 상상도 못했을 것이다.

한편, 도넬리가 역사상 가장 커다란 화산 폭발이었던 1815년 인도네시아의 탐보라(그의 책에는 톰보로라고 기록되어 있음) 화산 폭발을 소개하면서 산산조각 난 나무들이 주변 해역을 덮어버려 배들의 항해가 어려워졌고, 화산재가 대기를 뒤덮어 낮이 밤보다 더 어두워졌으며, 해안의 마을들이 바닷물로 침수된 현상들을 소개하고 있다. 그리고 1775년 포르투갈의 리스본 지진의 충격을 전하면서, 그곳이 아틀란티스와 가장 가까운 유럽의 지점이라 지적했다. 사실 리스본 지진은 인류에게 지진의 위험성을 알리고, 본격적으로 지진을 연구하게 만든 지진으로 당시 유럽 사람들에게는 엄청난 충격을 안겼다. 이 리스본의 서쪽 대서양 쪽에 아조레스 제도가 위치한다. 그렇기 때문에 도넬리는 이 지진의 진원지가 아틀란티스의 바닥이거나 침몰된 아틀란티스섬 주변일 것으로 해석했다. 리스본 지진 이외에도 도넬리는 계속하여 대서양 연안에서 일어난 지진과 화산들을 소개하며 그 재앙들이 모두 침몰된 아틀란티스 대륙 부근이라고 설명했다.

아틀린티스의 침몰에 대한 도넬리의 결론은 아주 단순했다. 첫째, 지질학적 증거로 볼 때 플라톤이 언급한 아틀란티스의 위치에 광활한 육지가 존재했음은 의문의 여지가 없다. 둘째, 하루 밤낮 사이에 아틀란티스가 지진 때문에 멸망하는 것도 불가능하지는 않다. 그런데 도넬리가 지질학적 증거로부터 위의 결론에 도달했다는 사실은 시사하는 바가 있다. 하나는 당시의 보편적인 지질학적 지식이 그릇된 정보를 제공할 수 있겠다는 것이고, 다른 하나는 검증되지 않은 과학적 지식은 큰 오류를 불러일으킬 수 있겠다는 것이다.

우선 도넬리의 대륙의 융기와 침강에 대한 설명을 보면 18세기에 지구 형성에 관한 이론을 주도했던 두 사람이 생각나는데, 한 사람은 독일의 지질학자 아브라함 베르너이고 다른 한 사람은 스코틀랜드의 제임스 허턴이다. 베르너의 지구관에서는 전 세계적인 대양에서 물질이 침전하여 암석이 만들어진다. 그리고 암석이 오래되고 뒤틀려 산맥이 만들어지고 지구 내부의 열로 인해 화산 활동이 일어난다. 육지의 암석이 침식되어 다시 바다에 퇴적되면 새로운 성층의 암석이 만들어지는 식이다. 이 이론을 '수성론水成論, Neptunism'이라고 부른다. 하지만 수성론적 지구관은 18세기 후반 스코틀랜드의 제임스 허턴에 의해 반박되고 서서히 모습을 감추게 된다. 허턴은 육지는 과거의 성층 암석으로 구성되고, 열과 압력으로 굳어지고, 융기에 의해 새로운 육지가 형성된다고 생각했으며, 오랜 시간 동안 융기와 침식 과정이 순환적으로 일어난다고 주장했다. 지구 내부에서의 열과 압력 작용을 강조한 그의 지구관을 '화성론火成論, Plutonism'이라고 부른다. 특히 허턴의 생각 중에서 가장 잘 알려져 있는 것은 "현재는 과거의 열쇠다"라는 동일 과정에 대한 전제로, 현재 일어나고 있는 지구 표면의 현상이 과거에도 동일하게 진행되었다는 가정이다. 지구 표면에서의 땅의 융기와 침강은 과거로부터 지금까지 계속 반복되고 있는 것이다.■5

허턴의 생각은 지구를 보는 관점에서 상당히 혁신적인 것이었고, 수성론을 밀어내면서 점차 지질학계의 주류로 자리잡는다. 이를 이어받아 19세기 초반에 찰스 라이엘은 새로운 지구관을 정리한 《지질학의 원리》를 출판하게 된다. 그리고 도넬리는 라이엘의 《지질학의 원리》를 그의 《아틀란티스: 대홍수 이전의 세계》에서 인용하고 있다.

하지만 허턴의 생각도 라이엘의 생각에서도 지구의 운동은 상당히 정상적定常的인 것이었고, 현재 우리가 알고 있는 역동적인 지구의 모습과는 달랐다. 오랜 기간에 걸친 비교적 작은 규모의 침식과 융기는 물질의 순환으로 설명할 수 있지만, 거대한 땅, 대륙이 융기하고 침강하는 원동력에 대해서는 설명할 수 없다. 비록 당시에 유럽에서 지향사 조산론地向斜 造山論, Geosyncline Orogeny과 같은 새로운 지각 변동에 대한 이론들이 제기되었으나, 이 이론은 도넬리의 아틀란티스 침몰과는 전혀 관계없는 생각이다. 어쩌면 땅의 융기와 침강이 수면의 높이 변화가 아니라 땅 자체가 오르락내리락거린다는 라이엘의 생각을 충실히 반영한 결과일지 모르겠으나, 그렇다고 커다란 대륙을 갑자기 침강시킨다는 것은 아무래도 무리다. 도넬리가 제시하고자 했던 지질학적 증거는 잘못된 당시의 지식에서 비롯된다고 보아야 한다.

그리고 스칸디나비아반도의 융기가 아틀란티스의 침강에 따른 주변 대륙의 융기에 대한 사례로 거론되었는데, 이 역시 잘못된 인용이다. 스칸디나비아반도는 지난 1만 년 동안 최소 50m에서 최대 250m까지 융기되었다. 이는 과거 대륙빙하가 반도 전체를 누르고 있었을 당시 빙하의 무게를 지탱하기 위해 지반이 내려앉아 있었기 때문이다. 그러다 기온이 상승하여 빙하가 녹아내리면 빙하의 무게도 줄어들어 지반이 서서히 상승하게 된다. 마치 물 위에 떠 있는 빙산이 수면 위의 높이가 낮아지면 물에 잠긴 깊이도 얕아지는 원리와 유사하다. 이런 현상을 설명하는 이론이 '지각 평형설isostacy'이다. 따라서 도넬리가 제시한 스칸디나비아의 융기 사례는 완전히 잘못된 지식 때문이다.

마지막으로 아조레스 제도가 아틀란티스일 것이라는 도넬리의 설명이다. 과학적인 신빙성을 더하기 위함인지 몰라도, 대서양 가운데서 섬이나 군도가 형성되고 있는 중이라는 찰스 다윈의 말을 언급하고 있다. 물론 당시의 지식으로서는 아조레스의 화산 활동이 신기했을 것이다. 그리고 지질학적 발견들을 인용하면서 아조레스에서 분출된 용암의 색상들을 플라톤의 《크리티아스》에 나오는 흰색 돌, 검은색 돌, 붉은색 돌과 대응시키려는 노력마저 서슴지 않았다. 분명 아조레스는 대서양 한가운데를 남북으로 가로질러 형성되고 있는 해저산맥 위에 위치하며, 이 연결을 우리는 '대서양 중앙해령Atlantic Mid-Oceanic Ridge'이라고 부른다. 이 해령은 가라앉은 것이 아니라 해양 지각 위로 새로 생성되어 해저 위로 우뚝 솟아 있는 것이다. 도넬리가 들으면 허무하겠지만, 아조레스 아래의 산맥은 아틀란티스가 아니다.

도넬리의 《아틀란티스: 대홍수 이전의 세계》는 처음 출판된 이래 1963년까지 50쇄 넘게 출간되었으며, 아틀란티스를 찾는 사람들에게 가이드북 역할을 했다. 다루지는 않았지만, 이 책에는 성서에 나오는 노아의 홍수 역시 아틀란티스 이야기라는 것도 포함되어 있다. 어쩌면 황당할 수도 있는 도넬리의 주장이 그럴듯하게 여겨진 데에는 그가 그 당시까지 알려진 과학과 고고학의 자료들을 상당히 광범위하게 이용했기 때문일 것이다.

드 캠프의 《잃어버린 대륙》

1954년에 스프레이그 드 캠프는 그의 저서 《잃어버린 대륙》■6에서 그때까지 과거에 존재했으나 지금은 물 속에 가라앉은 고대 문명에 대한 많은 주장들에 대해 정리하여 설명했다. 그중 가장 유명한 대륙은 아틀란티스였고, 테라 화산의 미노아 분출의 기억일 것으로 생각했다. 그 외 무Mu 대륙이 마야 고문서인 마드리드 코덱스에서 유래한다든지, 질란디아Zealandia가 태평양의 뉴질랜드와 뉴칼레도니아 지역에 둘러싸인 94%가 가라앉은 대륙이라든지, 인도와 남아프리카를 잇는 육교가 있었다든지 하는 추측들을 묘사하였다.

드 캠프의 책은 1970년에 일부 개정되면서 대륙 이동의 가설을 통해 잃어버린 대륙들의 사실 여부를 파악하려고 시도했는데, 사실 그는 대륙 이동설을 의심스러운 것이라며 신뢰하지 않았다. 또한 테라섬의 고고학적 발굴과 지진, 화산 분출과 같은 자연재해의 연관성을 지적하기도 하였다. 지질학, 지형학, 문학, 과학 등 여러 방법을 동원하여 아틀란티스와 잃어버린 대륙들의 전설을 검증하려는 드 캠프의 시도는 그 이전의 주장들과는 사뭇 다른 것이었다.

드 캠프의 저서에서 가장 눈에 띄는 것은 당시까지 주장되던 아틀란티스의 위치에 대해 일목요연하게 정리한 것이다. 그에 따르면 아틀란티스의 위치가 대서양이라는 주장이 압도적으로 많고, 그 외로 아메리카, 아프리카, 북해, 지중해 등 다양하며, 실제 존재하지 않는 가상의 장소라는 주장도 적지 않다. 드 캠프 자신은 아틀란티스에 관련된 다양한 전설과 신화를 부정하면서, 아틀란티스는 존재하지 않고 플라톤이 시적인 파격어법으로 만든 정교한 이야기라는 점을 지적하고 있다. 그리고 신화와 전설은 종종 사실을 기반으로 하지만 신화의 사실적인 부분은 아주 작고 혼란스러워 전설로부터 역사를 재구성하기가 어렵다고 말하고 있다.

드 캠프의 아틀란티스 이야기가 동시대의 다른 책들과 뚜렷이 다른 점은 플라톤의 아틀란티스 이야기의 배경이 되는 고대 그리스의 정치·사회적 배경을 해석하고, 다양한 문학의 출처로서 아틀란티스 이야기를 소개하고 있는 것이다. 플라톤이 아틀란티스 이야기를 저술한 목적은 역사적인 것도 과학적인 것도 아니며, 단지 도덕적이고 철학적인 이슈였다는 주장을 펼친다. 그것은 플라톤의 이상적인 《국가》가 실제 어떤 모습일지를 추구했지만 기획에 문제가 생겨 미완성으로 끝나 버렸다고 드 캠프는 생각했다. 그리고 아틀란티스와 같은 이상향은 과거 인류가 지향했던 완벽하고 아름다운 꿈일 뿐이지만, 어딘가에 언젠가는 그런 풍요롭고, 아름다움과 정의가 가득한 땅이 있으리라는 기대를 갖게 하며, 그 이름이 아틀란티스이든, 판카이아이든, 신의 왕국이든, 유토피아이든 상관없이 항상 우리와 함께 있을 것이라는 희망을 전하고 있다.

벌리츠의 《아틀란티스의 신비》

1920년대 활동했던 미국인 예언가 에드가 케이시는 1968년 또는 1969년에 바하마 제도 비미니Bimini섬 근처의 해저에서 아틀란티스가 다시 솟아오를 것이라고 예언했고, 그 근처를 지나던 비행사들이 수면 바로 아래에서 고대 사원을 발견했다고 증언하기도 했다. 사람들은 가라앉았다가 다시 떠오르는 이 고대 문명이야말로 플라톤이 그의 저서에서 언급한 '아틀란티스'가 아닐까 궁금해했고 그런 생각에 불을 지핀 책이 등장한다. 찰스 벌리츠는 케이시의 예언에 호응하여 한 권의 책을 저술하기 시작했고, 1969년에 《아틀란티스의 신비》■7라는 제목으로 출간한다. 벌리츠의 이 책에는 '여덟 번째 대륙?'이라는 부제가 붙어 있는데, 마치 아틀란티스가 대륙이라고 플라톤이 서술한 듯한 표현이다.

벌리츠는 도넬리의 아틀란티스 이야기에 매료된 듯하다. 새로운 아틀란티스 이야기를 하기 전에 가장 먼저 도넬리가 제안한 아틀란티스의 결론을 살펴보며, 자기 나름의 새로운 이야기를 덧붙이고 있다. 그도 그럴 것이 1900년대 들어서 지구를 보는 시각이 바뀌게 되었고, 좀 더 역동적인 지구의 운동, 그리고 생각보다 오래된 지구의 나이가 과학 토론의 중심에 자리잡았기 때문이다. 도넬리의 아틀란티스 이야기에 익숙했으며, 케이시의 예언에 주목한 벌리츠는 《아틀란티스의 신비》에서 당시 알려져 있던 해저 지형의 모습을 떠올렸다. 그리고 대서양 한가운데를 지나는 기다란 바다의 산맥, 즉 해령이 아틀란티스일 가능성을 제기했다. 이런 주장의 근거로는 당시까지 알려졌던 대서양의 해저 지형이 큰 몫을 하게 된다.

비록 벌리츠가 당시까지의 과학적 발견에 대해 구체적으로 언급하지 않았지만, 해저 지형에 대한 탐사는 제2차 세계 대전을 거치면서 발전한 기술의 진보 덕분이었다. 특히 음향 측심echo-sounding의 방법이 발달하는데, 1920년대부터 개발되던 음향 측심법은 음파를 쏘아 그 파가 되돌아오는 현상을 이용하여 수심을 측정하는 것이다. 음향 측심의 기술이 발달하면서 바다 아래의 지형들이 속속 그 모습을 드러내게 되었다. 해저 지형에 대한 자세한 이해로부터 과학자들은 해저가 확장된다는 사실을 발견했고, 그것이 1960년 초 해롤드 헤스와 로버트 디츠가 주창한 '해저 확장설'[■8]이라는 아주 중요한 가설로 발전했다.

벌리츠는 당시까지 지구의 대륙이 과거에 하나로 모였다가 다시 떨어지게 되었다는 알프레드 베게너의 '대륙 이동설'[■9]을 깊이 음미했으며, 대서양의 해저가 가운데 위치한 해령을 중심으로 대칭적으로 분포한다는 사실도 감안했다. 그리고 대서양에 대한 보다 구체적인 해저 탐사가 아틀란티스의 존재를 밝히는 중요한 과정임을 강조한다.

벌리츠의 책에서 흥미로운 점이 하나 발견된다. 그것은 당시까지 아틀란티스를 소재로 출판되었던 수천 권의 책을 분석하여 아틀란티스 위치에 대한 통계를 구한 것이다. 가장 많은 것이 대서양에 가라앉은 섬이나 대륙이고, 다음으로 많은 것이 지리적으로 존재하지 않는 전설에 불과하다는 것이었다. 그다음이 북아메리카 혹은 남아메리카 그리고 북아프리카 순이다. 그런데 그 통계에는 흥미롭게도 크레타섬과 테라섬이 아틀란티스라고 주장한 책도 적은 수이지만 포함되어 있었다. 벌리츠는 그리스의 고고학자 스피리돈 마리나토스와 지진학자 앙겔로스 갈라노포울로스의 연구 결과를 소개하고, 같은 해 출판된 제임스 메이버의 책(아래에서 언급)도 소개하면서 그들의 주장에 대해서는 반대 의사를 분명히 하고 있다. 벌리츠는 테라섬이 아틀란티스라고 해석되는 이유가 재앙적인 사건이었기 때문이라고 인정하고 플라톤이 지리적으로 혼동했을 가능성이 없지 않다고 생각했다. 하지만 테라섬과 크레타섬은 어디까지나 지중해 내에 있기 때문에 헤라클레스의 기둥 바깥쪽이라는 플라톤의 묘사와는 다르고 테라가 분출 때문에 파괴된 것이 아틀란티스가 대서양에 있다는 생각을 버려야만 할 정도의 증거는 되지 못한다고 항변한다. 벌리츠는 테라섬이 아틀란티스라면 아틀란티스라는 이름 그 자체를 설명해야 하고, 자신이 살펴본 콜럼버스 이전에 대서양 양쪽에서의 전승과 종족적인 유사성, 동물과 사람들의 분포 및 예술과 건축에서의 유사성 등을 설명할 수 있어야 한다고 주장한다. 하지만 대서양 양쪽에서 벌리츠가 말한 유사성 역시 과학적 검증에서는 상당한 문제를 내포하고 있다.

벌리츠는 아틀란티스의 이야기를 좀 더 발전시켜 1974년 《버뮤다 삼각지대 The Bermuda Triangle》로 베스트셀러 작가의 반열에 오른다. 벌리츠는 도넬리와 마찬가지로 아틀란티스가 대서양(아틀란틱 오션)에 있다는 사실은 부정하지 않았는데, 플라톤이 서술한 헤라클레스 기둥의 저편, 즉 지중해 반대쪽이라는 고정 관념에서 떠나지 못했기 때문이다.

메이버의 《아틀란티스로의 항해: 전설적인 땅의 발견》

1969년에 또 한 권의 아틀란티스 이야기 《아틀란티스로의 항해: 전설적인 땅의 발견》■[10]이 나왔는데 우연히도 벌리츠의 아틀란티스 이야기와 같은 해이다. 저자인 제임스 메이버는 세계적으로도 유명한 연구 기관인 미국의 우즈홀 해양 연구소의 해양기술자였으며, 심해 잠수정 '앨빈Alvin'의 설계에 참여하기도 했다. 누구보다 해저 지형에 정통했던 메이버는 플라톤의 아틀란티스 이야기의 무대가 되는 동지중해의 지형적 환경을 들여다보고서 아틀란티스는 대서양이 아니라 동지중해에 있다고 결론을 내린다. 그리고 그는 해양 기술자답게 다양한 관측 자료와 직접 수집한 주변 자료를 바탕으로 아틀란티스는 대륙이 아니라 동지중해의 화산섬 테라라고 주장했다.

만약에 메이버의 주장이 맞다면, 멸망한 문명 그리고 크레타에 가까운 섬이라는 관계에서 볼 때 청동기 시대 말에 사라진 미노아 문명이 바로 아틀란티스의 고대 문명이 되어야 한다. 메이버의 1969년 저서에서는 지형과 지질 그리고 남겨진 문명의 흔적으로 자신의 주장을 펼쳐 나갔지만, 구체적인 과정과 시간에 대한 문제는 해결하지 못했다. 메이버는 이후 20년간 추가로 발표된 과학적인 증거를 모아 1990년에 1969년 저서의 수정판을 내게 된다. 추가된 자료의 상당 부분은 테라에서 일어난 화산 활동과 그 연대를 가리킨다. 이는 아틀란티스와 테라섬의 화산 활동이 직접적인 연관이 있음을 보여 준다. 이 시기의 사건이 이집트에서의 유대인의 탈출 엑소더스와 관계가 있을 가능성도 던지고 있다.

메이버의 아틀란티스 이야기는 1965년 그가 가족과 함께 그리스를 방문했고 거기서 운명적으로 앙겔로스 갈라노포울로스를 소개받는 데서 시작한다. 그리고 갈라노포울로스가 그때까지 해온 아틀란티스에 대한 연구 결과들을 접하게 된다. 아틀란티스가 에게해에 존재해야 하고, 테라섬과 깊이 연관되어 있다고 하는 갈라노포울로스의 이론에서 영감을 받은 메이버는 자신의 전공분야의 지식을 살려 아직 해결 못 한 몇 가지 문제를 풀어 보고자 했다. 테라의 지질과 화산 활동에 대한 주제였다. 그의 첫 관심은 플라톤이 묘사한 아틀란티스의 지형적인 특징이 만약 테라섬을 대상으로 한 것이라면 그것은 분명히 청동기 시대 화산 분화 이전 테라섬의 모습이어야 한다는 것이다. 이를 밝히려면 화산 분화 때문에 수면 아래로 가라앉은 테라섬의 지형을 살펴보아야 한다. 해저에 대한 조사를 하기 위해서는 지층 탐사가 가능한 장비(탄성파 탐사기, 자력 탐사기 등)를 탑재한 해양 탐사선이 필요했다.

메이버가 근무하던 미국 우즈홀 해양 연구소에는 당시 2천 톤급 해양 연구선 체인Chain호[■11]가 있었고, 마침 동지중해 쪽으로 연구 항해를 계획 중이었다. 테라섬에서의 해양조사를 위해서는 그에 대한 연구 주제가 심사를 통해 인정받아야만 했는데, 여러 동료들의 도움으로 천신만고 끝에 테라섬에서의 조사가 연구항해 스케줄에 포함되었다. 그리하여 체인호는 1966년 8월 27일과 28일 양일간 테라섬 주변의 해저를 처음으로 조사하게 된다. 해저 지층에 대한 조사결과는 놀라움의 연속이었다. 테라섬 가운데 바다는 화산 폭발 마지막 단계에서 섬 중앙부가 함몰되어 만들어진 칼데라 지형이며 그곳에 바닷물이 채워져 있는 것이다. 그리고 해저에는 상당수 화산의 화도volcanic vents가 있음도 밝혀졌다. 또한 해저 지형을 복원해 보면 플라톤이 묘사한 아틀란티스의 지형과 비슷했고 갈라노포울로스가 플라톤의 묘사를 바탕으로 그려놓은 지도와 아주 유사했다. 아틀란티스의 실체가 드러나기 시작한 것이다. 체인호가 조사할 수 있는 기간이 제한적이었고 테라섬 중앙 만의 수심이 낮은 곳은 조사할 수도 없었기 때문에 메이버는 작은 보트를 이용하여 추가적인 조사를 수행하면서 육상에서의 지질학과 고고학적 조사도 함께했다.

메이버와 연구팀은 테라의 분출과정에 관해서 그때까지의 자료를 취합하여 정리했다. 테라섬 곳곳에 쌓인 분출물의 두께와 특성을 살피고, 분출한 화구를 특정했으며, 남쪽의 크레타섬에 어떤 영향을 미쳤는지를 살폈다. 화산 폭발 당시의 화산재의 이동과 퇴적을 조사했고, 화산재 때문에 생긴 기후의 영향을 깊게 살폈다. 한편, 화산 폭발과 지진으로 발생한 쓰나미의 영향을 조사하면서 당시 크레타를 덮친 쓰나미의 높이는 크노소스 궁전에는 별 영향이 없었다 하더라도 암니소스 항구에는 충분히 영향을 주었을 것이라고 예상했다.

테라섬 화산 분화에서 가장 활발하게 논의된 부분은 언제 분출했는가 하는 연대 문제이다. 당시까지 발표된 여러 종류의 연대들을 소개하고 있는데, 전통 고고학적 방법으로 추정한 연대, 나무 나이테(연륜)로부터 추출한 연대, 방사성 탄소법에 의한 연대, 그린란드의 얼음 코어로부터의 연대 등이다. 하지만 테라 분출에 대한 연대는 폭이 매우 넓어 기원전 1800년대부터 1400년에 이른다. 그런데 메이버는 굉장히 재미있는 한 가지 예를 덧붙인다. 그것은 화산 분출에 의한 대기의 영향을 멀리 떨어진 다른 나라의 고기록에서 찾은 것이다. 메이버는 1989년에 발표된 고대 중국에 대한 논문 한 편에 주목했다.■12 그에 따르면

걸왕 때 태양은 희미했고, 세 개의 태양이 나타났다. 겨울과 여름이 불규칙했으며, 여섯째 달에 서리가 내렸다. 아침에 얼음이 얼었다. 소나기가 내렸고 사회는 붕괴되었다.

이 기록은 중국의 고대 왕조에 대한 연대로 보면 기원전 1630년에서 1570년 사이로 추정된다. 메이버는 중국의 이 기록이 테라섬 화산 분화의 영향 때문에 생긴 대기 효과를 나타낸 것이라 생각했다.

메이버는 아틀란티스 이야기의 팩트로서 또 다른 사례를 들고 있다. 그것은 테라섬의 화산 분화가 동지중해의 다른 쪽, 즉 이집트에 영향을 미쳤다는 것인데, 이것이 바로 이스라엘 자손들이 이집트를 탈출한 엑소더스와 관련이 있다는 것이다. 테라가 폭발하고 칼데라가 만들어지면서 쓰나미가 발생했는데, 그때 쓰나미의 높이가 8~12m 정도로 계산되고, 그 높이라면 충분히 이집트 해안가에서 파라오의 군대를 익사시킬 수 있었을 것이라고 보았다. 엑소더스의 연대가 당시까지의 자료로 범위가 너무 넓기는 하지만(기원전 1600년에서 1200년 사이), 엑소더스의 과정에 묘사된 내용들은 화산 활동의 영향이라고 판단할 수 있다고 했다. 그리고 특히 하트셉수트 여왕(기원전 1472~1457년 재위)의 칙령이라고 생각되는 〈스페오스 아르테미도스Speos Artemidos〉의 비문에 기록된 내용을 근거로, 이집트에서 아시아계 사람들이 떠난 때가 여왕의 재위 기간보다 100년 정도 앞선다고 주장했다. 이렇게 해서 다음과 같은 결론을 내린다. 하트셉수트보다 1세기 이전, 즉 힉소스의 마지막 시기였던 기원전 1600년경에 엑소더스가 일어났고, 그 주인공은 이스라엘인이었다. 만약 테라 분출과 칼데라 붕락이 기원전 1600년 부근에 일어났다면 힉소스(이스라엘인)의 축출에 대한 전통적인 이집트 연대기와 일치한다. 테라 분출, 아틀란티스의 종말 그리고 엑소더스 모두가 이집트의 연대로 제2중간기의 말이며, 엑소더스 당시의 파라오는 아흐모세 1세다.

한편, 메이버의 아틀란티스 이야기에서 조금 엉뚱한 내용으로는 테라섬의 화산 분화로 인한 자연 재앙이 미노아와 그 주변에 상당한 영향을 주었다고 해석하면서 또 다른 재앙적 이벤트 하나를 소개하고 있다. 그것은 바로 지구에 떨어졌거나 또는 스쳐 지나간 소행성과 혜성에 관한 것이다. 혜성 운동을 연구하는 천문학자들의 계산을 토대로 적어도 선사 시대에 이들이 커다란 영향을 주었을 가능성이 있으며, 그런 오랜 기억들이 그리스반도 주변의 여러 곳에서 신화와 전설로 연결되었다는 것이다. 물론 플라톤이 《파에돈》, 《정치가》와 같은 다른 대화편에서 천체 운동의 이상 현상을 기록하고 있기는 하지만, 그 직접적인 영향에 대해서는 추정할 뿐이다. 과거 6500만 년 전 공룡을 멸종시켜 지구사에 엄청난 재앙을 일으킨 운석 충돌에 비하면 그 정도가 약하더라도 그런 충돌은 인류사에 큰 영향을 줄 수 있는 것은 사실이다. 하지만 그런 충돌의 영향은 화산 분화와 유사하면서도 다른 측면이 있기 때문에 그 영향에 대한 평가는 조금 더 조심스러워야 한다.

메이버는 고대 이집트와 크레타와의 역사적 연결 고리에 대한 의견을 제시하고 있다. 즉 고대 이집트인들이 크레타의 미노아인들이나 케프티우Keftiu■13를 이미 알았을 것으로 추정했는데, 그 이유는 이집트의 무덤벽의 그림들이나 그들이 이집트로 가져온 물건들 때문이다. 그리고 크레타인들이 이집트에 전해 준 미노아 분화와 테라섬 붕괴에 관한 이야기는 후일 사이스 사제들에 의해 시간과 장소가 각색되었을 것이며, 솔론에게 전달되고, 결국 플라톤이 다시 이야기를 꾸미게 되었다고 생각했다.

마지막으로 메이버는 테라 분출의 절대 연대를 기원전 1650년과 1600년 사이로 설정했고, 고고학적 기록과 더불어 이집트, 바빌로니아, 가나안(시리아-팔레스타인) 연대기가 수정되어야 한다고 주장한다. 그리고 이런 연대 해석에 엑소더스와 그 안에 포함된 이집트의 재앙들은 좋은 소재가 될 것이며, 또한 혜성과 소행성의 지구 근접 통과가 기원전 2000년대 자연 재앙 사건들의 원인의 일부였을 가능성에 대해서도 강조하고 있다.

매사추세츠 공과 대학MIT 출신의 해양 기술자인 메이버의 저서는 상당히 과학적으로 접근한 아틀란티스의 이야기다. 비록 1960년대 말에 출판되기는 했으나, 이후 새로운 자료를 보강하면서 그가 내린 결론은 시사하는 바가 매우 크다.

루스의 《아틀란티스의 종말》

존 빅터 루스는 아일랜드 더블린 출생으로 글래스고 대학에서 그리스어를 가르쳤고, 트리니티 칼리지에서 고전학을 가르쳤다. 아틀란티스 관련하여 1969년에 영국에서는 《아틀란티스의 종말》이란 제목으로 출판했다가, 같은 해 미국에서는 《잃어버린 아틀란티스: 옛 전설에 대한 새로운 견해》■[14]라는 다른 제목으로 출판했다. 이 책에서 그는 다양한 그리스 신화와 전설들이 실제 역사적 요소를 가지고 있으며, 플라톤의 아틀란티스 이야기도 그런 맥락에서 이해해야 한다고 밝히고 있다. 그의 생각을 잠시 엿보자면, "나는 아리스토텔레스가 본질적인 구성이라 부르는 것을 생각한다: 위대하고 고상하게 문명화된 섬 제국이 세계 지배를 노렸지만 초기 그리스인들, 즉 아테네인들에게 패망했고, 나중에 자연 재앙에 무릎을 꿇었다. 이런 체계에서 플라톤은 많은 뛰어난 구체성으로 장식한 것이다."

이 책은 아틀란티스가 무엇이고, 어떻게 파괴되었고, 어떻게 신화가 발생했는지를 보여 준다. 아틀란티스 이야기는 남부 에게해의 키클라데스 화산도호의 테라 화산섬에서 있었던 크라카타우(1883년 분화로 유명한 인도네시아 화산) 타입의 청동기 시대 분화에서 그 근원을 찾을 수 있다고 밝히고 있다. 그리고 그 사건은 그의 시대로부터 3450년에서 3650년 정도 거슬러 올라간 어디쯤에서 일어났다고 설명하면서도 저자 개인의 생각으로는 기원전 약 1470년경에 화산 분화가 일어났다고 강력하게 주장한다. 그 분화는 엄청나게 격렬했으며 거대한 쓰나미가 발생하고 엄청난 양의 화산재가 낙하하여 화산섬의 거주지를 완전히 초토화시켰고, 그 장소에 거대하고 깊게 물로 채워진 칼데라를 남겼다는 지질학적 현상을 구체적으로 다루고 있다.

또한 크레타에서의 미노아 문명의 성질을 보여 주고 화산 폭발로 파괴된 이후의 영향에 대해 고고학적 해석을 곁들여 설명해 준다. 특히 화산재로 묻혀버린 테라섬의 도시 아크로티리에 대한 논의에서 화산 재앙에 대한 경고와 대비책 덕분에 어떤 희생자도 나오지 않았음을 강조하고 있다. 그 도시는 잘 보존되었고 발견된 유물들은 정말로 대단한 것이었다. 화산은 다가올 재앙에 대한 경고를 주었고, 그 때문에 어떤 유해도 소유물도 발견되지 않았다.

이 책은 1969년에 출판되었고 그 이후에 많은 정보들이 추가되었지만, 새로운 정보가 이 책 내용에 크게 영향을 주지 않을 정도로 당시까지의 정보를 잘 분석한 것으로 생각된다. 특히 흑백이지만 우수한 사진들과 지도들은 당시의 지리적 정보를 얻는 데 큰 도움이 된다. 한편, 당시에 논란이 되고 있었던 아틀란티스가 있다는 장소들, 예를 들어 비미니, 일본, 위스콘신, 신만이 아는 장소 등이 터무니없는 추측성 이론임을 신랄하게 논박하고 있다.

아틀란티스에 관한 루스의 관심은 지속되었고, 1969년 이후에도 끊임없이 관련 주제에 대해 탐구하였다. 공교롭게도 벌리츠, 메이버 그리고 루스의 아틀란티스 관련 책이 출판된 1969년은 테라섬의 화산 분출에 세계의 관심이 집중되어 그 첫 번째 컨퍼런스(테라 컨퍼런스)가 열렸던 해이기도 하다. 그리고 이 컨퍼런스는 이후 두 차례 더 열렸고, 각 컨퍼런스에서 발표된 논문들이 《Acta(Athenes)》에 1971, 1978, 1990년에 출판되었다.

세 차례의 컨퍼런스를 경험한 루스는 자신의 최종적인 의견을 담은 논문을 1994년에 출판한다.■15 아일랜드에서 발간한 《Classics Ireland》에 〈테라 문제의 변모하는 모습〉이란 제목의 논문이다. 루스는 1969년 자신의 주장을 담은 책 이후의 테라 문제를 언급하며 특히 화산 분화가 언제 일어났는가의 문제가 최대의 논쟁으로 비화되면서 겪게 되는 고고학과 자연 과학의 입장을 소개한다. 특히 연륜 연대학과 방사성 탄소 연대가 제시하는 테라섬의 분화는 고고학에서 주장하는 편년보다 무려 100년 이상 오래된 것이어서, 둘 사이의 전쟁은 지금도 불가피하게 진행 중이다. 그런데도 루스는 화산 분출과 미노아 문명 괴멸 사이의 관계를 푸는 방법은 고고학적 발견, 특히 크레타섬과 테라섬에서 발굴된 도기의 시기적 진화를 기초로 해야 한다고 강력하게 주장하고, 그가 1969년 그의 저서에서 밝혔던 테라의 분출 시기 기원전 1470년경을 포기할 생각이 없다고 분명하게 밝히고 있다.

1970년대 이후로도 아틀란티스를 주제로 한 책과 논문의 발표는 그 수를 헤아리기 힘들다. 여기서 그들을 다루는 것은 이 책의 본질과는 거리가 멀다. 지금까지 소개한 책들은 아틀란티스 이야기의 진행에 커다란 변곡점이 될 만한 내용을 포함하기 때문이다. 그 이후 중요한 출처들은 앞으로 전개할 내용에서 인용할 것이다.

제5장

미노아 문명의 비밀

크레타섬의 발굴

어느 시대, 어느 지역을 막론하고 신화나 전설은 사람들의 마음을 상상의 세계로 이끌고, 그 속에서 현실에서는 꿈꾸지 못하는 자신만의 서사시를 지어보려 한다. 그런데 마음으로만 믿었던 신화나 전설이 실존했던 역사적 사실로 밝혀진다면 기분이 어떨까? 애석하기도 하지만 그 사실 여부를 살피려 하지 않을까? 실제로 그런 일이 있고서 묻혀 있던 인류 역사가 빛을 보게 되는 일이 19세기 후반에 일어났다.■[1] 하인리히 슐리만의 트로이(1870년)와 미케네(1874년) 발굴 때문에 여러 고고학자와 역사학자가 기존 주장과 태도를 바꾸게 되었다. 호메로스의 영웅적 서사시에 등장하던 그 장소들에서 슐리만은 역사적 진실을 찾아냈다. 미케네의 보물들이 발굴되면서 호메로스 시대의 것이라고 볼 수 있는 풍부하고 발달된 선사 시대의 문명이 역사의 한 시대로 자리매김하게 되었고, 고대 문명에 대한 기존 지식은 완전히 뒤엎어졌다.

유럽사람들은 호메로스의 다른 서사시의 한 구절에 주목했다. 호메로스는

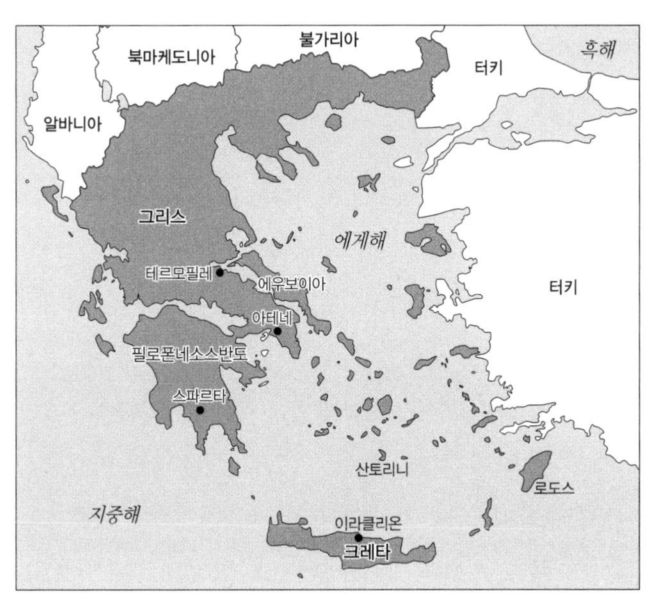
북마케도니아
불가리아
흑해
터키
알바니아
그리스
에게해
테르모필레
에우보이아
터키
아테네
필로폰네소스반도
스파르타
산토리니
로도스
지중해
이라클리온
크레타

그림 8
에게해 주변 지도

이렇게 기술했다.

> "포도주처럼 검붉은 바다 가운데 크레타라 불리는 땅이 있는데, 부유하고 사랑스러운 물에 둘러싸인 땅이다. 90개의 도시에 여러 다른 언어를 말하는 많은 사람들이 있다. 가장 먼저 아카이아인이고, 다음으로 원주민임을 자랑스럽게 생각하는 진짜 크레타인이며, 다음은 키도니아인, 세 부족을 거느린 도리아인과 마지막으로 고귀한 펠라스기인이다. 90개 도시 가운데 가장 큰 도시가 크노소스이며 거기서 미노스왕이 통치했으며, 9년마다 제우스 신과 담화하였다." (호메로스 《오디세이아》 19.180)

슐리만이 훌륭하게 증명한 것처럼 미케네와 트로이에서 전설이 사실로 증명되었다면, 크레타섬에서도 그것을 증명 못할 이유가 없지 않은가? 고고학자들은 호메로스가 《일리아스》에서 언급한 90개의 도시를 크레타섬에서 찾을 수 있다고 생각했다. 특히 호메로스가 언급한 크레타의 수도 크노소스에 사람들의 관심이 집중됐다. 슐리만을 포함해 많은 사람들이 앞다투어 크레타를 파헤치기 시작했다. 미노아 문명의 존재를 최초로 예감한 것은 역시 슐리만이다. 슐리만은 1885년 크레타섬에 가서 현재 크노소스의 유적이 발굴되고 있는 케파라의 토지를 매입하려 했다. 그러나 늙은 지주와 협의가 되지 않고, 또 발굴한 모든 귀중품을 돌려주어야 한다고 오스만제국(현재의 터키)이 요구했다. 당시 크레타섬은 오스만제국 지배하에 있었고, 트로이에서 발굴한 귀중품에 대해서도 이전에 오스만제국이 같은 요구를 했던 것이다. 이런 저런 일로 싫증이 난 슐리만은 크레타섬 발굴을 포기했다.

크레타섬 발굴은 당시의 정치적 혼란으로 쉽지 않았다. 그리스는 1830년 이후 독립을 이룩했지만 크레타섬은 1898년까지 소요와 군중 봉기가 계속되고 여전히 오스만제국에 예속되어 있었다. 오스만제국의 점령이 계속되는 한 크레타섬의 주민들은 발굴작업을 달가워하지 않았으며, 유물들을 이스탄불에 빼앗길 것을 염려했다. 오스만 정부의 무성의와 섬 주민들의 적개심 때문에 발굴작업이 여의치 않았던 상황에서 슐리만이라고 예외는 아니었으며 1886년과 1898년 두 차례의 발굴 이후에는 자신의 추가 계획을 접어야 했다. 1898년 우여곡절 끝에 크레타는 자치권을 획득했지만, 이탈리아, 영국, 프랑스, 러시아의 네 나라가 섬을 네 부분으로 나누어 분할 통치했다. 그러고 나서 1913년 그리스령이 되었다.

슐리만을 대신하여 이 유적을 발굴하고, 미노아 문명을 세상에 소개한 사람이 아서 에번스다. 에번스는 1851년에 태어났는데 그의 아버지는 영국의 학사원 회원이며 유명한 지질학자 및 고고학자인 존 에번스였다. 아서 에번스는 옥스퍼드대학에서 역사를 공부하고 독일의 괴팅겐대학에 유학한 적도 있다. 여행을 즐겼던 그는 각지로 돌아다녔다.

1893년 아테네 체제 중에 그는 어떤 고물상 상점에서 상형 문자 같은 것이 파여 있는 삼면 혹은 사면의 인장印章 같은 돌(스카라베)을 발견했다. 크레타에서 나온 것이었다. 1894년 드디어 크레타섬으로 가서 이라클리온의 마을을 돌아다녔다. 아테네에서 발견된 스카라베를 크레타의 여성들은 '유석乳石'이라고 부르고 있었다. 가지고 있기만 하면 아기에게 줄 모유에 문제가 없다는 의미다. 원형과 타원형의 것이 많고, 그 표면에는 상형 문자 같은 것이 새겨져 있었다. 크레타섬에 발붙인 그는 장래의 발굴을 생각해 후일 크노소스의 유적이 발굴된 지역 일부를 지주로부터 매입했다.

1900년에는 오스만제국의 군대가 크레타에서 철수하며, 크레타는 영국과 다른 나라의 관리를 받게 되었다. 그리스의 왕자가 총독으로 부임해 오고서야 비로소 크노소스에 대한 발굴이 이루어진다. 기다렸다는 듯이 각국의 고고학자가 크레타에서 발굴을 시작했다. 에번스 자신도 같은 해 3월 23일 30인의 인부를 고용하여 크노소스의 케파라 언덕을 발굴하기 시작했다. 발굴을 개시하자마자 30cm에서 3m 정도의 얕은 곳에서 24,000m^{2}의 언덕 거의 전역에 걸쳐 궁전의 흔적이 발견되었다. 많은 방, 피토스라 불리는 커다란 항아리가 쌓인 창고, 스카라베와 점토판, 프레스코화 등이 발견되었다. 6월에 들어서 더위가 심해지고 말라리아의 우려도 있어서 작업은 중지되었다. 그러나 그때까지 크노소스 궁전 서쪽 부분의 전모가 거의 밝혀졌다. 그리고 그곳에서 6년에 걸쳐 대궁궐의 터(약 13,000㎡)를 찾아냈다. 그는 또 근처 건물 몇 채 외에도 북서쪽에서 230m가 넘는 미노스의 길과 소궁전, 북동쪽의 별궁, 북쪽의 공동묘지 일부와 중요한 묘지 사원을 탐사했다.

에번스는 발굴 초기에 크레타섬에서 찾고자 했던 것들을 발견했다. 그것은 나중에 선문자 B라고 부르게 된 문자가 기록되어 있는 100여 개의 점토판이었다. 이어서 상형 문자와 선문자 A로 쓰인 많은 문서가 발견되었다. 에번스의 주장에 따르면 그 문서들은 왕실의 기록, 법령집, 서신, 계약서, 법정 판결문이나 상품 목록이라고 한다. 그는 궁전에서 18개의 창고를 발견했는데, 그중에 몇몇 창고에는 아직도 저장용 항아리들이 남아 있었다.

1901년 궁전에서 가장 발굴하기 어렵고 가장 웅장한 부분인 동쪽 측면의 중앙 계단을 발굴했는데, 회랑을 나무로 보강해 가며 파헤쳤다. 1902년 같은 구역에서 창문이 있는 2층 집과 나무, 동물들을 나타내는 도기 조각들을 발견했다. 그리고 1903년에 서쪽 측면에서 두 개의 굴을 발견했다. 그곳에서는 많은 양의 귀중품들, 금, 상아, 크리스탈을 비롯하여 특히 에번스 자신이 크레타의 여신으로 인정한, 양손에 뱀을 든 유명한 여신상이 나왔다. 또한 대벽화의 파편들을 많이 찾아냈으며 매년 수백 개의 항아리를 찾아냈다. 1903년 이후 에번스는 옥스퍼드와 크노소스 사이를 왕복했다. 이른 봄에 크노소스에 돌아와서 작업을 지휘하고 여름 끝자락에는 옥스퍼드로 돌아갔다. 1906년에는 크노소스 유적의 가까이에 '빌라 아리아드네Villa Ariadne'라 불리는 집을 짓고, 그곳을 발굴의 근거지로 삼았다.

크노소스의 발굴은 금세기의 가장 풍요로운 발굴 가운데 하나였던 만큼 수많은 발견들이 이루어졌다. 에번스와 그의 작업장을 둘러본 사람들은 누구나 이 지역을 폼페이와 비교하곤 했다. 사실 그 지역은 무궁무진하게 많은 유물을 간직하고 있는 것 같았고, 거기에서 발굴해낸 것들은 놀라울 정도로 잘 보존되어 있었다. 그들은 모두 몇몇 발굴품이 지닌 역사적 중요성에 깊은 인상을 받았다. 그런데 에번스는 곧 자신이 발견한 것들이 미케네 문명의 것이 아니라는 사실을 깨달았다. 즉 궁전은 요새의 성격을 지니고 있지 않았고, 발굴해낸 수백 개의 유물 가운데 전쟁이나 군대와 관련이 있는 것은 극히 적었다. 대부분의 도기가 그리스 본토에서 발견된 도기와는 다른 특성을 지니고 있었다. 에번스는 점차 이 라비린토스 궁전의 주인이 미케네인일 것이라는 생각에 의심을 갖기 시작했다. 어쩌면 세월이 더 흐른 후에 미케네인들이 그곳에 살았을 수도 있다. 그래서 그는 자신이 다른 문명을 상대하고 있다는 확신이 생겼다. 에번스는 그것이 미케네 문명의 지역적 변종이거나 미케네인들에게 순식간에 정복당한 토착 문명(에테오크레타 문명)일 수도 있다고 생각했다. 그러나 그리스 본토 문명과의 유사점이 없는 많은 유물들을 보면서 이것이 미케네 문명과는 무관한 문명, 특히 미케네 문명보다 앞선 시대의 문명일 것이라고 생각하게 되었다.

에번스는 그가 발굴해낸 것들이 슐리만의 것보다 더 중요하다는 사실을 널리 알리기 위하여 1905년에 열린 제13회 선사 시대 고고학 및 인류학 국제회의에서 다음과 같이 선언했다. "미케네 문명은 크레타 문명을 계승한 후계자에 불과하다." 이것이 바로 상고 시대에 대한 연구에서 진전을 이룬 바이다. 슐리만의 발굴 이후 미케네 문명의 기원을 둘러싸고 의문이 제기되었다. 에번스는 더욱 오랜 옛날의 문명 세계를 발견함으로써 북유럽 기원론과 근동 기원론을 일축해 버렸다. 일단 이 문명의 독창성이 인정되자 남은 일은 그것을 기술하는 것이었다. 슐리만은 미케네 문명을 이해하기 위해서 고대의 원전들과 호메로스의 작품에 의존했다. 하지만 에번스는 고대의 어떤 원전도 활용하지 않았다. 왜냐하면 그가 발견한 세계는 사람들의 기억 속에서 거의 사라졌으며, 그나마 기억하고 있는 것조차도 매우 변질되고 전설과 뒤섞여버려 자료로서의 가치가 없었다. 그는 신대륙을 발견한 탐험가와 같은 입장이었다.

1866년 우연히 테라 화산섬의 잿더미 속에서 선사 시대의 도시 유적이 발견되었을 때부터 고고학자들은 당황하기 시작했다. 보충 발굴 작업으로 아주 오랜 옛날의 도시, 틀림없이 미케네의 도시들보다 앞선 시대의 도시가 확인되었지만, 발견된 유물들이 당시 알려져 있던 어떤 문명의 것과도 유사성이 없었으므로 그 연대를 정확히 추정하기가 어려웠다. 지질학자가 겨우 신뢰할 만한 연대인 기원전 2000년을 제안했다. 몇몇 학자들은 이렇게 신중한 결론을 내렸다. "아무도 의심할 수 없는 선사 시대의 미개한 폼페이가 여기 있습니다." 그곳을 전설에 나오는 아틀란티스로 믿고 싶어하는 학자들도 있었다. 게다가 1896년에서 1899년까지 영국인들은 밀로스섬의 필라코피에서 테라섬의 유적과 같은 시대의 것으로 보이는 선사 시대의 또 다른 도시의 폐허를 발굴했다. 수년 전부터 이집트와 아시아의 거대한 문명의 영향을 받지 않은, 미케네 문명보다 앞선 지중해 고유 문명의 존재를 보여 주는 일련의 징후가 많이 발견되었다. 1893년 이집트학의 권위자인 플린더스 페트리 경은 파이윰Faiyum의 카훈Kahun으로부터 에게해에 이르는 지역에서 이집트 12왕조와 동시대의 유물을 발견했다고 발표했다. 이것으로 테라섬과 밀로스섬에 선사 시대의 도시가 존재했다는 사실이 입증되었다. 1900~1905년 사이에 크레타섬에서 많은 발견, 특히 동시에 진행된 크노소스 궁전과 파이스토스 궁전의 발굴이 이루어지면서 에게해의 선사학이 탄생하게 되었다.

그런데 에번스에게 닥친 첫 번째 문제는 이 문명의 이름 자체에 관한 것이었다. 미케네 문명의 선례를 따라서 크노소스 문명이라고 부를 것인가, 아니면 독일식으로 크레타-미케네 문명이라고 부를 것인가? 에번스는 미노스에서 파생된 '미노아 문명'을 선택했다. 즉 고대 전설에 의하면 미노스는 크레타섬에서 가장 오래되고 가장 신망받던 왕의 이름이었다. 그리고 미노아 문명에 대하여 묘사할 때에 에번스는 발굴에서 나온 풍부한 출토품을 활용했다. 그러기 위해서는 이 유물들을 정리해서 논리적인 견해를 제시해야 했다. 에번스는 이 작업을 성공적으로 해냈으며 결국에는 미노아 문명을 찾아낸 것이다.

에번스는 1935년까지 계속 실시한 발굴 이외에 1921년부터 1935년까지 《미노스 궁전》이라는 6권으로 된 불후의 총서를 발행했다. 에번스는 그 총서에서 연대표, 크레타섬의 의복, 건축물, 대벽화, 비문, 예술품이나 간단한 도기 항아리, 지진, 크레타섬의 농산물에 대하여 우수한 고증학적 지식을 동원하여 기록했다. 그는 자신이 발굴에서 찾아낸 것들을 발표했을 뿐만 아니라 말리아Malia를 비롯해 크레타섬의 다른 유적에서 찾아낸 주요 발굴품들을 소개하면서 그것들을 자신의 의도대로 분류하고 통합했다. 헤아릴 수 없는 많은 그림, 크로키, 수채화, 도면, 사진들이 실려 있는 이 책은 미노아 문명에 관한 백과사전이나 다름없었다. 그 총서의 방대함은 현대인을 놀라게 한다. 그것은 활용 가능한 모든 문헌들을 파악할 수 있었던 선구자의 작품이었다. 에번스는 미노아 문명의 고고학적 기초를 마련하였으며, 이 총서는 그 분야에서 최고의 걸작이었다. 에번스는 미노아 문명에 특별한 가치를 부여하고 미케네 문명을 단순한 식민 문명으로 격하시키면서 에게해의 선사학 연구분야, 특히 선문자 B로 쓰인 고문서 해독에서 독보적인 역량을 발휘했다.

에번스는 참고할 만한 책이 없었기 때문에 미노스 문명 세계를 부활시키기 위해 발굴 자료들과 유물을 활용할 수밖에 없었다. 이러한 상황에서 그는 발굴 작업에 현대적인 방법을 도입하게 된다. 즉, 건축가가 항상 작업현장을 지키는 것은 당시로서는 새로운 시도였는데, 그 덕분에 정확한 스케치와 도면을 기록하는 관찰이 이루어질 수 있었다. 에번스는 당시 이른바 '건축적인 층위학'을 실천한 선구자의 한 사람이다. 이것은 특히 에번스가 그 궁전의 상태에 대한 연대표를 만들 수 있게 해 주었다. 그는 제1궁전 시대와 제2궁전 시대로 구분하고 미케네의 점령기를 그 궁전이 결정적으로 유기되기 직전의 아주 짧은 기간으로 축소시켰다. 그는 계속 조사를 하여 층위학을 확립했는데, 층위학에서는 각 층의 물질이 그 단계의 양식을 결정한다. 마침내 그 궁전에서 이집트 유물이 발견되자 에번스는 미노아 문명 세계를 고대 이집트와 연결시킬 수 있게 되었다. 이러한 작업으로 에번스는 1905년부터 절대적이고 상대적인 연대학을 확립하게 되었다. 그것은 크게 세 시기로 구분되는 미노아 문명 시대에 대한 최초의 상대적인 시간 부분이었다.■[2] 세 시기란 초기, 중기, 후기 미노아 시대를 말하며 그것들은 다시 각각 세 시기로 나누어진다. 에번스의 작업은 다윈의 진화론에서 많은 영향을 받았다. 1923년 귀스타브 글로츠는 《에게문명》에서 이렇게 기술했다. "에번스는 확실히 성층 자료들을 진화의 보편적 법칙과 인간의 정신적 요구와 결합시켰다." 이런 맥락에서 이 연대표는 오늘날에도 여전히 사용되고 있다.

제2차 세계대전이 시작되고 크레타섬은 나치 독일에 점령당했다. 대전 중에 이라클리온 박물관의 일부가 폭격당했고, 런던에 있었던 에번스 자신의 집도 폭격으로 불타 버렸다. 1941년 7월에 에번스는 90세로 생을 마쳤다.

테라섬의 발굴

1858년에 프랑스인 레셉스가 '만국 수에즈 해양운하회사'를 설립하고, 수에즈 운하의 굴착을 시작했으며, 1869년에 그것을 완성했다. 레셉스는 이 운하를 만드는 시멘트의 재료로 산토리니 제도의 서남부에 위치한 작은 섬인 아스프로니시섬의 화산재(포졸라나)를 사용했다. 그곳은 테라섬의 분화 때 분출된 화산재가 섬을 덮고 있었고 거기서 사람의 거주 흔적도 발견되었다. 이 사실을 근거로 프랑스의 지질학자 푸케가 테라섬의 아크로티리 발굴을 시작했다. 1867년의 일이었다. 그리고 깨끗한 프레스코와 양질의 도기를 발견하였다. 그것은 전부 '그리스(미케네) 이전'의 것이었다. 당시에 발굴된 집은 화산재에 파묻혀 있었고, 또 심하게 변형되어 있었다.

테라섬에 대해 본격적으로 발굴을 시작한 사람은 그리스의 고고학자 스피리돈 마리나토스인데, 발굴의 직접적인 계기가 된 것은 1939년의 크레타섬 조사였다. 당시 마리나토스는 크레타섬의 북쪽 해안에 있는 암니소스를 발굴 조사했다. 그곳은 크노소스의 바로 근방에 있었고 크노소스의 항구라 해도 좋은 곳이었다. 앞 바다에 있는 작은 디아섬 덕분에 북풍으로부터 보호받는 자연의 양항이고, 여기는 산토리니의 정남쪽에 해당한다.

암니소스의 궁전 발굴■3 때, 마리나토스는 여러 프레스코를 발견했는데 그 중 백합을 그린 아름다운 프레스코도 있었다. 이 프레스코를 기념하여 그 궁전은 프레스코의 궁전이라 불리고 있다. 프레스코의 가운데에는 2단으로 된 제단이 있는데 위의 제단에 백합이 그려져 있으며, 제단의 횡폭은 아래 제단이 위의 제단보다 길다. 마리나토스는 이 프레스코가 두 섬으로 이루어진 미노아 왕국을 상징하는 것으로 생각했다. 횡폭이 넓은 아래 제단이 크레타섬을, 위의 제단이 테라섬을 가리킴은 말할 나위도 없다. 요컨대, 테라섬은 크레타섬과 함께 하나가 되어 미노아 왕국을 만들었다는 것이다. 이러한 추론을 바탕으로 마리나토스는 테라섬의 발굴을 시작하게 된 것이다. 그리고 마리나토스가 발굴을 시작한 당시에는 아크로티리의 어디서 푸케가 발굴했는지조차 알지 못할 정도였는데, 그 정도로 산토리니 제도는 내버려 둔 채로 있었다.

아크로티리는 산토리니 제도 가운데 가장 큰 테라섬의 최남단 도시이며, 산토리니 제도 가운데서는 크레타섬 가까운 곳에 있다. 아크로티리 발굴은 남북 방향으로 약 200m, 동서 방향으로 약 100m 정도의 규모다. 마리나토스가 1967년에 최초로 선정한 발굴 장소에는 재미있는 일화가 있다. 테라섬에서의 첫 발굴을 앞두고 마리나토스가 발굴 장소의 선정에 고민하던 어느 날, 그 주변에서 풀을 뜯던 당나귀가 우연히 구멍 속으로 떨어졌다. 그리하여 그 구멍이

그림 9
백합 프레스코
출처: ©Olaf Tausch_Wikimedia Commons

'당나귀 동굴Donkey Cave'이라 불린다. 그 구멍 아래에는 마리나토스가 찾던 유적들이 펼쳐져 있는 듯 보였다. 마리나토스는 그 장소로부터 발굴을 시작하였고 수 시간 후에 미노아 풍의 항아리가 몇 개 발견되었다.

테라섬에서의 발굴로 당시 주민들이 프레스코로 장식된 2층 내지 3층의 건물을 지었던 증거를 찾을 수 있었고 미노아 시대 건축 양식을 확인하게 되었다. 아크로티리에서의 주거지는 남북으로 이어진 텔키논Telchinon 스트리트로 이름 붙여진 포장도로를 기준으로 두 구역으로 나뉜다. 남쪽에서 출발하여 처음 만나게 되는 밀 스퀘어Mill Square에서는 하나의 방에서 영양羚羊(안틸로프)의 프레스코와 권투하는 아이들의 프레스코가 발견되었다. 한쪽 벽면의 프레스코에 여섯 마리의 안틸로프가 아주 생생하게 그려져 있었고 다른 쪽 벽면의 프레스코는 아마 6~7세 정도로 보이는 아이들이 장갑을 끼고 권투하는 듯한 모습이었다. 다른 방에는 산이 있는 배경에 하늘을 나는 원숭이가 그려져 있었다. 당시 테라섬에는 안틸로프와 원숭이가 살지 않았기 때문에 그런 풍경은 아열대 지방을 묘사한 것이다.

좀 더 북쪽에 트라이앵글Triangle 스퀘어가 위치하고 그 정면에 웨스트하우스West Houose가 위치한다. 웨스트하우스의 2층에서는 유명한 어부와 함대의 프레스코가 나왔다. 이 함대 그림 속에는 제독이 탄 기함에 사령관용 캐빈이 그려져 있으며, 이 캐빈을 확대한 프레스코 역시 같은 건물 내에서 발견되었다. 웨스트하우스가 아크로티리에서도 너무 훌륭한 건물이고 함대의 프레스코가 구체적으로 묘사된 것을 함께 고려할 때, 이 건물은 아마도 당시 함대를 지휘하던 '제독의 집House of Admiral'이었다고 추정된다.

아크로티리의 발굴에서 확인되는 것은 뛰어난 건축 양식, 다양한 종류의 프레스코와 그 수를 감안하면 테라섬의 문명 수준이 상당히 높았을 것이라는 점이다. 그리고 함대의 웅장함, 다양한 풍경, 희귀한 동식물, 일상의 평온함 등을 묘사한 프레스코에서 그들의 삶이 풍요롭고 행복했으며, 어떤 정치적인 권력이나 종교적인 위압감을 느끼게 하는 것은 없었다. 이 부분은 크레타섬에서 발견된 것과는 조금 차이가 있다.

마리나토스가 추측한 대로 테라섬은 상당히 번영했었고, 미노아 문명 가운데 크레타섬에 버금갈 정도로 중요한 위치를 가지고 있었다는 것이다. 테라섬의 발굴은 그만큼의 내용을 담은 유적을 충분히 보여 주었다. 만약 미노아 문명이 크레타와 테라 두 섬을 한 쌍으로 하여 성립되었다고 한다면, 이는 또한 상당히 아틀란티스 전설과 유사한 것이다. 아틀란티스 전설 중에 있는 왕 중의 왕이 있었던 섬과 그 주위의 평야와의 관계를 이 두 섬의 관계에서 판단할 수 있기 때문이다. 요컨대, 왕 중의 왕이 있던 섬을 테라섬이라고 하면, 평야를 크레타섬으로 생각하는 것이 가능하고, 이를 상징적으로 표현한 백합의 프레스코는 묘하게도 아틀란티스의 지형을 나타내고 있다고 말할 수도 있다.

웨스트하우스의 비밀

아크로티리는 후기 청동기 시대 동지중해에서 미노아 무역의 중요한 역할을 수행했지만, 미노아의 화산 분화로 화산재가 테라섬을 덮었을 때 도시는 그 재앙을 피할 수 없었다. 이 아크로티리의 고고학적 유적지는 1967년 이래로 발굴되었다. 아크로티리의 발굴에서 알게 된 사실 중 하나는 청동기 시대 테라섬의 주민들은 매우 예술적이었다는 것이다. 발굴된 주택에서는 최소한 하나 이상의 프레스코 벽화가 발견되었다. 특히 한 저택에서는 독특한 프레스코 프리즈(띠 모양의 장식물)가 나타났는데, 여기에는 예기치 못한 뜻밖의 정보들이 숨어 있었다.

1971년과 그 이듬해 스피리돈 마리나토스는 아크로티리에서 웨스트하우스 혹은 제독의 집이라 불리는 저택을 발굴했다. 웨스트하우스의 5번 방에서 발견된 미니어처 프리즈는 특별히 흥미롭다. 그 방 사면의 벽에 벽화가 이어져 있고, 창틀의 윗부분을 가로질러 연속적인 조각으로 되어 있다. 프레스코들은

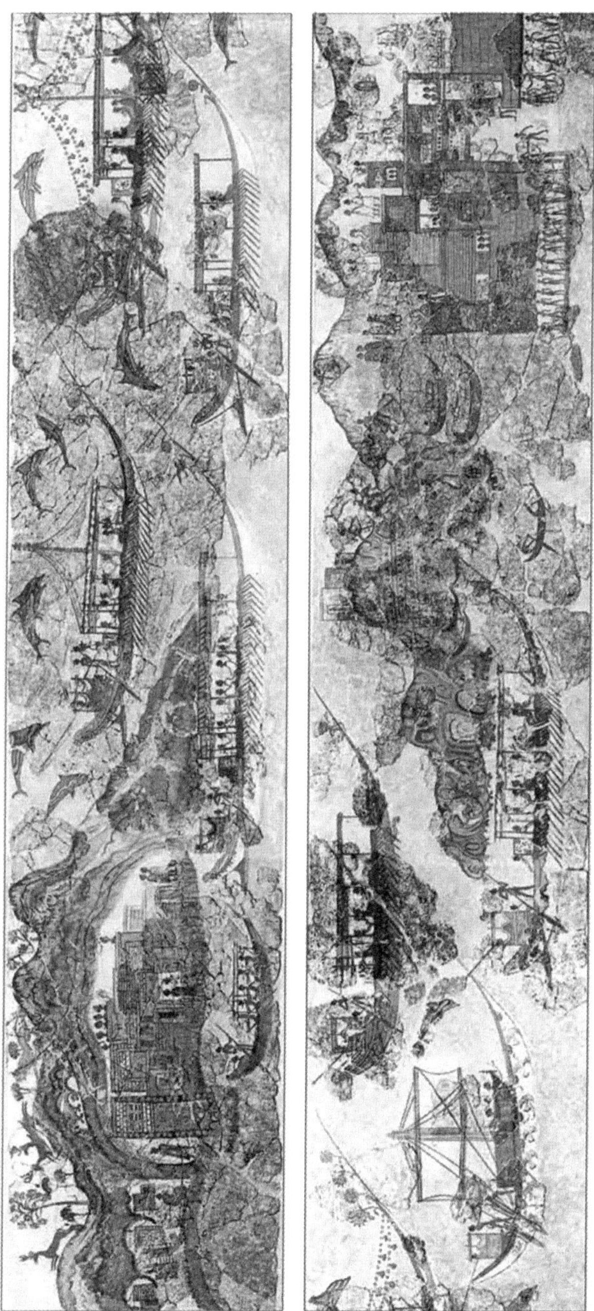

그림 10■4
선박 행렬의 프레스코 프리즈
원래는 길다란 하나의 띠 모양으로 전체 그림의 좌측(위)과 우측(아래)에 해당함.

선박의 선단, 항구의 선원들, 구경꾼들, 식생, 동물들, 그리고 해변의 지형 등을 또렷하게 그리고 있다. 그림은 상당히 구체적이지만, 배경, 위치 그리고 장면들의 사실 여부 등에 대해서는 뜨거운 논란이 계속되고 있다. 그림 자체는 모든 벽을 채울 만큼 그리 크지는 않고, 차지하는 공간이라 해야 제한적이고 계획적이다. 이는 그 장면들이 상당히 자세히 그려야 할 만큼 중요하지만, 원래 공간을 아름답게 꾸밀 목적이 아니었음을 나타낸다. 게다가 세밀한 부분 부분들은 얼핏 보아 구체적으로 이해하기 쉽지 않고, 그저 전체적인 느낌만 받을 뿐이다. 하지만 이 프리즈의 장면들은 당시 웨스트하우스의 주인뿐만 아니라 테라섬의 주민들에게는 문화적으로 중요한 내용이었음이 분명하다.

이 미니어처 프리즈의 프레스코는 상당히 서사적이면서도 서정적인 그림이다. 특히 좌우 양쪽 끝의 섬 또는 육지가 보이고 그 사이를 많은 선박들이 열을 지어 항해하고 있으며, 배에는 노 젓는 사람, 키잡이, 승객들이 타고 있다. 자세히 보면 왼쪽의 항구에서 배들이 출항하여 귀착지인 오른쪽 항구로 이동하는 모습이다. 왼쪽 항구는 섬처럼 보이는 지역에 두 개의 수로에 둘러싸인 해변 정착지로 보인다. 이 프레스코에서 섬 또는 육지로 보이는 장소들은 개별적으로 뚜렷한 지형적 특색을 가지고 있다. 그러면 왼쪽 항구가 있는 장소와 오른쪽 항구가 있는 장소는 과연 어디를 묘사한 것일까? 이 항구들의 지형적 위치에 관해 추측들이 난무했다. 가령 마리나토스는 선단이 리비아로부터 귀환 중이고, 오른쪽 항구는 아크로티리라고 제안했다. 그 이유로는 그림 왼쪽 위에 나타난 지형에 안틸로프를 뒤쫓는 사자의 모습이 그려져 있고 풍경이 아프리카적이며, 인물의 생김새와 의상 또한 리비아인에 닮았다는 점을 들었다. 갈라노포울로스는 왼쪽 지형에서 흐르는 강이 나일강이라고 생각하여 선단이 이집트로부터 귀환 중이라고 생각했는데, 다분히 당시의 미노아와 이집트의 무역과 문화적 관계를 고려한 해석이다.

한편, 웨스트하우스의 이 선박 행렬의 프레스코에서 왼쪽이 크레타섬이고 오른쪽이 테라섬의 아크로티리라는 해석은 미노아 전문가인 피터 워렌이 1979년에 처음 제시했다.[■5] 그는 형태와 노 젓는 방식에서 선박들이 테라의 배이며, 배의 행렬로부터 고향으로 향하는 모습으로 해석한 것이다. 이후 왼쪽 항구가 로도스섬이라는 주장도 나왔다. 하여간 오른쪽의 항구가 아크로티리라는 것은 선박 행렬 프레스코에 대한 초기 해석부터 공통적으로 지적되던 부분이다. 항구에 보이는 사람들의 외견상의 특징이나 지형과 건물들의 형태가 오늘날 바다에서 보이는 서쪽 아크로티리의 지형과 아주 유사하다고 생각했기 때문이다. 정리하자면, 오른쪽 항구를 테라섬의 아크로티리로 정해 놓고, 왼쪽 항구는 아프리카의 리비아, 이집트, 크레타섬 또는 로도스섬으로 다양한 주장들이 대두되었지만 선박들은 어찌 되었건 열린 바다를 항해하여 고향인 테라섬으로 귀환하고 있는 중이다.

그런데 이 선박 행렬이 산토리니 내부의 칼데라를 건너는 장면이라는 주장이 나왔다. 1984년 그랜트 하이켄과 플로이드 맥코이는 아크로티리의 선박 행렬 프레스코와 산토리니 칼데라를 처음 연결시킨 사람들이다.[■6] 당시 지질학자와 고고학자들은 미노아 분화 이전에 칼데라는 없었고, 테라섬 중앙부에 거대한 산이 있었을 것으로 생각했다. 그런 이유로 선박 행렬의 프레스코가 테라섬의 칼데라 내부의 일이라고는 어느 누구도 생각하지 못했다. 미노아 분화 이전에 가운데 산은 이미 사라져 버렸고, 거기에 물로 채워진 칼데라가 있었음이 지질학자들에 의해 밝혀진 것은 1980년대 후반의 일이었다. 그리고 누구보다도 테라섬의 지질과 그 형성 과정에 대해 자세하게 연구했던 월터 프리드리히는 아크로티리의 선박 행렬 프레스코에 대해 새로운 접근을 시도했다.[■7] 프리드리히는 2000년대 초반에 테라섬의 칼데라 절벽 안쪽에 대한 지질학적 및 고고학적 조사 결과를 바탕으로 하고, 위성 기술까지 접목하여 지형적 특징을 살펴보았다. 그리고 테라섬 칼데라 내부의 남북으로 떨어진 두 장소가 프레스코에 묘사된 두 항구임을 찾아내게 된다.

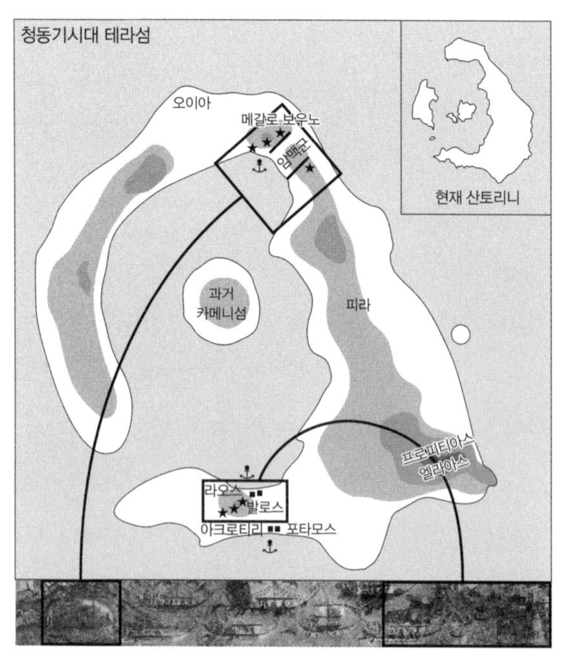

그림 11

선박 행렬의 프레스코에 나타난 항해의 출발지와 목적지

청동기 시대 테라섬의 칼데라는 현재와 상당히 유사한 형태였을 것으로 추정된다. 하이켄과 맥코이가 관찰한 바에 따르면 메갈로 보우노Megalo Vouno 지역은 심하게 풍화되어 있어 미노아 분화 이전부터 노출되어 있었고, 접근이 가능했음을 나타낸다. 선박 행렬 프레스코에 나타난 두 항구의 배경이 되는 지형은 화산과 닮은 언덕을 보여 주고 있기 때문에, 자연스럽게 두 항구와 화산이 연결될 수 있었다. 테라섬에는 크게 세 군데의 언덕 지역이 있는데, 먼저 북쪽의 오래된 화산 언덕, 그리고 남쪽 아크로티리 반도의 화산 언덕, 마지막으로 섬 동쪽의 비화산성인 프로피티아스 엘리아스Profitias Elias산 주변이다. 프레스코가 해수면의 높이에서 바라다 본 장면임을 고려하면, 프로티아스 엘리아스는 배경 지형이 될 수 없어 항구로서의 가능성은 배제된다. 왜냐하면 그 뒤로 더 높은 칼데라 벽이 보여야 하는데 그렇지 않기 때문이다. 테라섬의 북쪽에는 여러 방향으로 관입해 있는 90여 개의 암맥군dyke swarms이 분포하고 있다. 암맥군은 지하의 마그마가 지각을 뚫고 올라온 흔적에 해당하며, 보통 폭이 수십 cm에서 수 m에 이르기까지 다양하다(물론 폭이 더 좁기도 하고 더 넓은 경우도 허다하다). 현재의 산토리니 칼데라는 미노아 분화 이후 지하 공간의 꺼짐으로 인해 붕괴된 화산성 구조를 이루고 있다. 이와 유사한 붕괴로 인하여 칼데라 주위에 작은 틈이 열렸고, 그곳에 마그마가 채워져 암맥군이 형성된 것으로 생각된다.

테라섬 남쪽의 발로스Balos 지역은 19세기 말에 프랑스 발굴팀에 의해 실체가 드러난 유적지다. 세 개의 방이 있는 가옥이 잘 보존되어 있으며, 이 구조는 프레스코에서 언덕 위의 건물로 그려진 부분과 같은 위치에 있다. 또한 칼데라 주변부에서 해안으로 연결되는 길이 아직 남아 있고, 프레스코에서 언덕을 오르락내리락하는 사람들의 이동 경로와 비슷하다. 발로스 유적은 칼데라 벽 위 용암의 꼭대기에 위치하며 2000년대 들어 재발견되었다. 주변의 경로는 발로스 유적지를 가로질러 바다, 즉 발로스 항구로 내려간다. 그리고 주변에 청동기 시대의 고고학적 발굴지가 네 개 이상 존재하며, 라오스Raos 지역은 최근까지 발굴이 진행되었다. 그리고 아크로티리는 이 발로스 항구로부터 고작해야 1km 정도 떨어져 있다. 프리드리히와 그 동료들은 테라섬의 북쪽 메갈로 보우노 지역과 남쪽의 발로스 지역이 웨스트하우스 5번 방에 장식된 선박 행렬 프레스코의 왼쪽과 오른쪽의 항구에 해당할 것으로 생각했다. 특히 프레스코에 묘사된 지형적 특징과 현재 해당하는 지형 및 지질의 특징을 상호 비교했다.

선박 행렬 프레스코에 나타나 있는 왼쪽 항구는 테라섬의 메갈로 보우노 지역에 위치했고, 도시의 여러 건물 벽들은 화산 암맥일 것이라고 생각된다. 반면 항구 주변의 다른 종류의 암석들은 메갈로 보우노 칼데라 절벽에 있는 다른 형태의 용암일 것이다. 보통 화산 암맥들은 단단하기 때문에 침식에 잘 견디고 상대적으로 약한 응회암에 비해 돌출되어 있다. 이런 암맥들은 인공적인 '벽'과 닮았고, 자연스런 암맥의 벽은 집의 담벼락으로 상당히 매력적이었을 것이다. 일부 암맥군은 칼데라 벽에서 반구형semi-globular 구조를 이룬다. 집중 호우 기간에 빗물은 암맥군이 돌출된 칼데라 벽을 타고 흘러내린다. 그리고 해수와 대조적으로 맑고 푸른색으로 표시된 담수가 두 개의 아치 모양의 급류로 가파른 경사면을 흘러내리고 있다

오른쪽 프레스코 항구는 두 개의 만을 보여 주는데, 배를 해안에 끌고 올 수 있는 모래 백사장이 있고, 또 좀 더 깊은 해안이다. 두 개의 항만은 서로 떨어져 있고 그 사이에 암석 노두가 나타나는데 이 암석은 검은색 암맥의 가운데 부분을 나타낸다. 비록 프레스코에서는 그 모양이 재구성되었지만, 암맥의 형상에서 용암의 아치형 모양을 볼 수 있고, 발로스에서 바다를 향한 두꺼운 기둥 모양의 주상 용암이 잘 나타난다. 방이 세 개인 가옥이 용암류의 꼭대기에 그려져 있다. 또한 프레스코는 오른쪽 항구 배경에 피라미드 모양의 언덕이 줄지어 있음을 보여 주는데, 이 경관은 칼데라 내측의 발로스의 이중 항구와 비슷하다. 두 채의 가옥은 여기서 발굴되었는데, 주상 용암류 꼭대기와 피라미드 모

양 언덕 꼭대기에 위치한 것이다.

왼쪽 항구에서 오른쪽 항구 사이로 선박들이 항해하고 있다. 두 항구, 즉 왼쪽의 메갈로 보우노와 오른쪽의 발로스 사이의 거리는 대략 13km 정도다. 아마도 이 프레스코를 그린 작가는 두 항구 사이 어딘가에서 배를 타고 선박의 행렬을 관찰했을 수도 있다. 그리고 그 주위로 돌고래들이 신나게 뛰어놀았을 것이다. 테라섬에서 공동체의 삶이 재앙으로 종말을 맞이하기 한 세대 이전에 보였던 서정적인 모습일 거다.

미노아 분화 이전에 칼데라가 존재했고, 해수로 채워졌었다는 지질학적 및 고고학적 증거는 확실하다. 남쪽으로부터 칼데라의 입구가 있었고, 가운데 원형의 섬이 있었다. 이 칼데라의 면적은 약 $85km^2$였다. 물로 채워진 칼데라는 청동기 시대 산토리니 주민들에게는 여러모로 장점이 있었다. 입구인 남쪽을 제외하고 사방으로 막혀 있었기 때문에 칼데라 내부는 상당히 평온한 바다가 유지되었을 것이다. 칼데라의 높은 벽은 강한 바람을 막아주었고, 또한 물밑에서 용승해오는 마그마로 데워진 따뜻한 물로 인해 좋은 어장이 형성되었을 것이다. 그리고 화산 활동에 의한 유용 광물의 형성과 화산재로 만들어지는 좋은 건축 자재는 이 섬의 주민들이 평화롭고 윤택한 삶을 영위하는 데 진정 도움이 되었을 것이다. 그리고 이런 천혜의 환경을 가진 섬이 바로 아틀란티스였을 것이다.

제6장

미노아와 아틀란티스의 멸망

침입자들

지중해 문명사에서 미노아 문명이 왜 멸망했는지에 대해서는 의견이 분분하다. 왕국 내부의 문제 때문에 쇠약해졌다든지, 외부인들 침입으로 정권이 교체되었다든지, 또는 자연적 재앙으로 인해 회복 불능의 상태에 이르렀다는 의견들이 있다. 그런데 문명의 전환기에 있어 인간과 자연의 역할 중 인간의 행위를 우선해 본다면, 미노아 문명은 그 뒤를 이은 미케네 문명의 주인공들에 의해 멸망했다고 표현할 수 있다. 문명의 순차적인 전개에서 보면 틀린 말은 아니다. 하여간 미케네 자체의 세력만으로 미노아를 쟁취할 수 있을까 하는 점은 상당히 의문이지만, 전환기 전후에 사용된 문자 체계에서는 점진적인 세력 교체의 정황이 어느 정도 감지된다. 고대 크레타 문자인 선문자 A 및 선문자 B의 이야기다.■1

이미 언급한 것처럼, 에번스가 크레타섬에 흥미를 가졌던 처음의 이유는 아테네에서 발견했던 인장석이었고 그 표면에는 상형 문자 같은 것이 조각되어

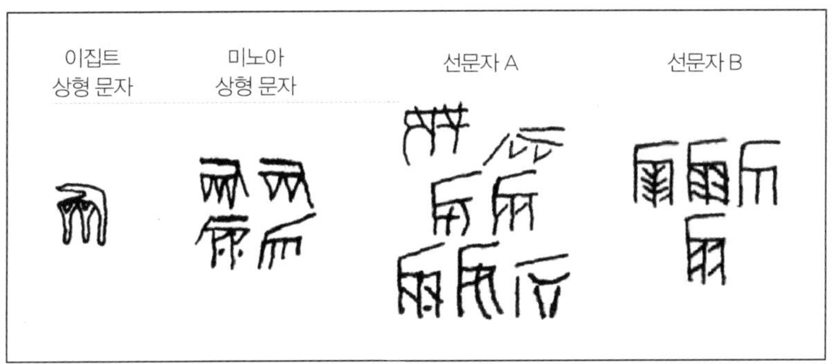

그림 12
이집트 상형 문자, 미노아 상형 문자, 선문자 A와 B

있었다. 이윽고 크레타섬에 와서 크노소스 궁전을 발굴하기 시작하자마자 바로 이 문자에 세 가지 형태가 있음을 알았다. 오래된 것부터 순차적으로 상형 문자, 미노아 선문자 A와 선문자 B로 이름 붙였다. 그들 중 어떤 것은 에번스가 보아왔던 것처럼 인장석의 면에 새겨져 있었으나 점토판에 새겨진 것도 발견되었다. 이들을 정리하여 1909년에 그는 '미노아 문자'의 제1부를 출판했다. 그 중에는 상형 문자와 선문자 A가 수록되어 있다. 선문자 B에 대한 리스트가 발표된 것은 에번스 사후의 1952년의 일이다. 중기 미노아 시대에 들어서서 이미 상형 문자가 사용되고 있었다. 그중에 어떤 것은 이집트 문자와 닮아 있다. 인장석에 쓰인 상형 문자는 그 인장석 소유자의 지위와 직업을 나타내고, 또 점토판에 쓰인 것은 거래 때 물품과 수량을 나타내고 있다고 추정되고 있다. 상형 문자 중에서 다른 지방에서 발견된 것과 완전히 다른 것으로 주목을 받고 있는 것이 1908년에 크레타섬 남쪽에 위치한 파이스토스Phaistos의 궁전 북서부 방에서 발견된 점토 원판(파이스토스의 원판)에 새겨진 상형 문자이다. 그 출처와 의미에 대해서 현재 활발한 논의가 진행되고 있다.

선문자 B는 1950년대 초에 영국의 건축기사인 벤트리스와 언어학자 채드윅의 협력으로 해독되었다. 1936년에 이 불가사의한 선문자에 관한 에번스의 강의를 듣고 벤트리스는 먼저 흥미를 가졌다. 1939년에 그리스의 펠로폰네소스 반도 남서쪽에 있는 필로스의 유적에서 선문자 B가 쓰인 다수의 점토판이 발굴되었다. 1952년에도 같은 필로스와 미케네의 성곽에 있는 기름 상인의 집에서도 선문자 B가 발견되었다. 이들은 모두 그리스와 크레타의 교류를 이야기하고, 따라서 선문자 B가 그리스어일 가능성을 암시하는 것이었다. 결국 벤트리스와 채드윅이 이를 해독하여 정말 그 예상대로임을 확인하였다. 그들에 따르면, 선문자 B는 선문자 A의 음을 빌려 그리스어를 음절 문자로 표현하기 위하여 미케네인(그리스 본토인)이 발전시킨 것이다.

선문자 B가 해독됨과 동시에 선문자 A도 어느 정도 읽을 수 있게 되었다. 양자의 기호 대부분이 공통적이었기 때문이다. 읽을 수는 있게 되었지만, 그 내용은 전혀 모른다. 크레타인이 어떤 인종이고, 그들이 당시 어떤 언어로 이야기했는지를 모르기 때문이다. 이 사실은 다음과 같은 것을 얘기해 주고 있는 것은 아닐까. 요컨대 미노아 문명을 세운 크레타인은 어디의 누구인지 알 수 없는 미지의 인종이고, 그들의 문자가 선문자 A이다. 그리고 그들의 뒤를 덮친 그리스계의 사람들이 크레타에 와서 미노아 문명을 계승했다. 그들이 사용한 그리스화된 미노아 문자가 선문자 B이다. 이전의 크레타인은 어디로 사라져 버렸는지 알 수 없다. 이렇게 생각하면 그리스계 인종에 의한 크레타 침입설이 근거가 있는 것처럼 보인다. 확실히 미노아 문명의 말기를 그리스인들이 노렸던 것은 사실인 듯하다. 그러나 그것이 침입의 결과이긴 하지만, 그들의 침입이 미노아 문명의 붕괴를 초래했던 직접적인 원인이라고는 단정하기 어렵다. 아래에서 설명하겠지만, 미노아 문명은 스스로를 방어하기에 부족함이 없었다. 외적의 침입에 대비한 어떤 방어시설조차 만들지 않을 정도로 막강한 군사력을 보유했던 것으로 추정된다. 그런 왕국이 외부로부터의 단기간의 침공으로 하루아침에 사라졌으리라고는 보기 힘들다.

파괴의 흔적들

아서 에번스의 크노소스 발굴에 함께 했던 해리엇 보이드■[2]는 1901년에서 1904년까지 크레타섬의 한 장소에서 중요한 미노아 시대의 고대 도시 유적 하나를 발굴했다. 그 도시의 이름은 알려져 있지 않으나, 속이 빈 항아리에서 유래된 '구르니아Gournia'라고 부른다. 이 도시는 사람들이 거주했던 흔적이 기원전 3000년경까지 거슬러 올라간다. 기원전 1700년경에 현재 발굴된 모습의 도시 형태가 만들어졌을 것으로 생각된다. 발굴된 궁전은 크기가 크노소스와 크레타섬의 다른 지역 궁전들과 비교해서 훨씬 작았으며, 50×37m의 면적을 차지하고, 남쪽을 향해 바깥쪽으로 40×15m의 마당이 있다. 구르니아에서 발견된 도기들 중에는 이집트의 묘실 벽화에 그려진 케프티우 관련 그림에 나오는 도기와 동일한 모양을 하고 있어 당시 미노아와 이집트 사이의 교역 관계를 생각게 하는 중요한 자료가 된다.

구르니아 발굴에서 보이드가 주목했던 사실은 이전 수천 년 동안 아무런 방해 없이 안정적인 삶을 영위해 왔던 고대 도시에 무언가 갑작스럽고 끔찍한 재앙 같은 사건이 발생했던 정황이다. 목공이나 구리장식 장인들은 그들의 작업장에 도구를 그냥 내팽개치고 어디론가 사라진 것이다. 그리고 그 사건의 실마리가 될 만한 단서에는 엄청난 화재가 있었다. 보이드는 다음과 같은 기록을 남기고 있다.■[3]

> 도시를 파괴시킨 대화재가 발굴의 여러 부분에서 강력한 증거들을 남겼다. 나무 기둥과 계단들이 완전히 타버려 목탄으로 쌓여 있고, 연기에 그을린 흔적들

이 남았는데 벽돌은 선홍빛으로 굽혔다. 궁전의 1층 방에는 위층을 받치고 있던 커다란 나무줄기가 누워 있는데, 완전히 목탄이 되어버렸지만 원래 형태는 남아 있다. 궁전의 가운데 홀은 그런 나무들로 채워져 있다. 석회암은 타서 생석회가 되었고, 활석은 바스러져 조각났으며, 궁전의 입구에는 형체가 없는 한때 문을 장식했던 청동 덩어리들이 널려 있다.

언제 이런 일이 일어났을까? 구르니아에서 발견된 도기의 형태는 후기 미노아 IBLate Minoan IB라고 알려진 형태로 문어, 앵무조개, 불가사리와 같은 생생한 해양 모티프가 전형적이다. 일정한 시간이 흐른 다음 후기 미노아 IILM II 도기를 사용한 사람들이 짧은 기간 다시 점거했다. 고고학적으로 청동기 시대 후기 미노아 IB 시기까지는 도시에서 침략자들의 방화가 있었던 적이 없고 구르니아에는 외부 침입자를 방어하기 위한 성벽이 없었다. 그런데 1906년 해리엇 보이드와 처음에 함께 일했던 사진사 리처드 시거가 구르니아 동쪽에 위치하고 해안에서 수 마일 떨어진 지금은 버려져 사람이 살지 않는 프세이라Pseira 섬에 대한 시험 발굴을 했다. 거기서 그는 미노아 항구 도시를 발견했는데, 그곳 역시 후기 미노아 IB 때의 갑작스런 사건이 있기까지는 오랫동안 외침을 경험하지 않은 안정적인 장소였다. 2년 뒤 시거는 프세이라섬 동쪽으로 약 5km 떨어진 모클로스Mochlos에서 역시 후기 미노아 IB에 갑작스럽고 격렬하게 종말을 맞이했음을 발견했다. 모클로스의 주택들도 커다란 화재에 의해 소실되었다.

더 많은 미노아 유적지가 동부 크레타에서 계속 발굴되면서 후기 미노아 IB 때 갑작스런 재앙의 동일한 양상이 드러났다. 1920년대 초에 그리스 고고학자 크산투디데스는 이라클리온 동쪽 약 13km에 니로우 카니Nirou Khani라는 한때 훌륭했던 석조 빌라를 발굴했는데, 이 역시 화재로 파괴되었다. 크레타의 다른 지역과 마찬가지로 니로우 카니 역시 방어를 위한 구조물이 없었다. 그리고 만약 이 장소가 침략자들에 의해 약탈되었다면, 왜 귀중한 전리품을 가져가지 않았을까? 또한 만약 원 거주민들이 생존했다면 왜 그들은 약탈자들이 떠난 뒤 남겨진 물건들을 수습하러 되돌아오지 않았을까? 동일한 미스테리는 1960년대에도 제기되었다. 그리스 고고학자 니콜라스 플라톤 교수는 크레타의 동쪽 가장자리에서 미노아 궁전의 잔해를 발견했고 또 카토 자크로스Kato Zakros로 불리는 해안에서 가까운 도시도 함께 발견했는데, 이들 모두 화재로 소실되었던 흔적이 남아 있었다. 화재의 흔적은 엄청났다. 거의 모든 것이 재로 변해 있었고, 돌은 석회로 변했고, 나무는 목탄이 되었으며, 진흙 항아리는 부서지거나 변형되었다. 귀중품들은 그대로 남아 있고, 작업 도구와 작업 중이던 재료들, 주방의 음식과 주방 도구도 그대로였다. 후기 미노아 IB의 대부분의 크레타 도시들은 외부로부터의 약탈자를 방어하기 위한 성벽과 같은 구조물이 없었다. 이는 일부러 방어할 필요가 없었다는 얘기다. 약탈자에 의한 파괴가 아니라면 원인은 다른 데 있는 것이 아닐까?

일찍이 스피리돈 마리나토스는 파괴된 후기 미노아 IB 유적지이며 크노소스의 항구 도시였던 암니소스를 발굴했다. 암니소스에서 마리나토스가 발굴하기 전인 1925년에 산토리니에서는 소규모의 화산 분화가 있었다. 그리고 그 이듬해 1926년 6월 26일 로도스섬의 지진으로 45초 만에 로도스섬에서는 수천 채의 가옥이 무너졌고, 사상자도 발생했다. 크레타에서는 수도 이라클리온에서 50채 건물이 붕괴되었고, 300채 정도가 심하게 부서졌으며 많은 인근 마을들이 피해를 입었다. 카르파토스Karpathos와 카스텔로리조Kastellorizo 같은 그리스 섬들도 유사한 피해를 입었다. 터키 본토 북쪽에서는 모스크와 가옥들이 붕괴되었다. 멀리 남동쪽으로 이집트에서도 광범위하게 파괴되었고 카이로와 알렉산드리아에서만 600채의 가옥이 붕괴되었다. 마리나토스에게는 화산과 지진이 수시로 발생하는 키클라데스 주변 지역에 대한 정보가 이미 머리 속에 자리잡고 있었음은 분명하다.

마리나토스는 테라와 같은 바다에 있는 화산섬은 한 시간에 수백 km를 움직이는 거대한 파도, 즉 쓰나미를 생성시킬 수 있음을 깨달았다. 그 근거는 예를 들어 암니소스 궁전의 서쪽 벽의 커다란 돌덩이가 바깥을 향해 떨어져 있고, 또한 바다와 평행한 남쪽 벽의 돌덩이가 행방불명되어 있는 것이다. 이는 지진이 일어난 시기에 쓰나미가 궁전을 덮치고, 그 쓰나미가 물러날 때 돌덩이들이 빠져나와 같이 쓸려간 것으로 생각할 수밖에 없다. 이런 피해는 크레타의 북쪽 해안에 위치한 니로우 카니, 말리아, 구르니아 및 자크로스에서도 유사하게 나타난다.

크레타섬에 발견되는 화산, 지진 그리고 쓰나미의 피해는 서로 관련이 깊은 지질 재해다. 그런데 크레타섬에는 화산 활동이 전혀 없다. 그 이유는 분명하다. 화산이 활동하는 장소와 무관한 위치에 있기 때문이다. 따라서 크레타에서 화산재와 부석이 발견되었다고 한다면, 그것은 크레타 이외의 어딘가에서 날아온 것이다. 크레타로부터 북쪽 약 110km 떨어진 테라섬에서 그것들이 날아왔다고 생각하는 것은 자연스러운 일이다. 물론 크레타섬에 가까운 다른 장소에서도 화산은 있지만, 이 암니소스로부터 훨씬 가까운 테라섬을 생각하는 것은 자연스런 일이다. 테라섬과 크레타섬을 중심으로 하는 미노아 문명이 테라섬에서 일어난 재앙이라 할 만한 화산 분화로 말미암아 붕괴되었다고 추론한 것이다. 마리나토스는 기원전 1400년경에 일어난 테라섬의 분화와 미노아 문명의 붕괴를 연결시킨 논문을 발표했지만, 이 생각을 입증하기 위한 산토리니섬의 발굴은 제2차 세계대전의 발발과 함께 불가능해졌다. 이후 마리나토스의 가설을 이어받은 같은 그리스인 갈라노포울로스가 산토리니의 조사를 수행하게 된다.

1956년 7월 9일, 산토리니에 피해를 줄 정도의 지진이 발생했다.[■4] 이 부근은 지진과 화산 활동이 그다지 드물지 않다. 산토리니 중심부에 있는 네아 카메니는 지금도 증기를 뿜어올리고 있다. 1866년에도 산토리니에서 분화가 일어나 그것이 사람들의 눈을 이 지방으로 모았고, 미노아 문명의 발굴 계기가 되기도 했다. 1956년의 지진도, 이와 유사한 계기를 만들었다. 아테네대학의 지진학 교수 갈라노포울로스가 이 지진의 조사를 위해 산토리니를 방문하고, 그것이 새로운 아틀란티스학을 낳는 결과가 되었던 것이다.

1956년 아모르고스Amorgos 지진은 남부 에게해 키클라데스 제도의 테라-아모르고스-아스티팔라에아를 잇는 해저 지각이 파괴되면서 발생했고, 당시 계측 기기로 지진 관측을 실시한 이래 지중해 지역에서 일어난 가장 커다란 지진의 하나로 규모 7.8의 강진이었다. 주변 섬들에 엄청난 영향을 주었으며 테라섬에서만 53명의 희생자가 발생했다. 강력한 쓰나미가 뒤이어 발생하여 에게해 남부 지역에 영향을 주었는데, 초기에 보고된 인근 지역에서의 쓰나미의 높이는 30m에 이르렀으며, 여러 해안에서의 피해가 기록되었다. 그리고 쓰나미는 지중해 동부의 팔레스타인 해안까지 퍼져나갔다. 쓰나미의 높이가 조금 과장되었다는 반론들이 있었지만, 2009년 연구에 따르면 아모르고스 지진에 의한 쓰나미 피해를 주변 16개 섬들에 대해 조사한 결과, 쓰나미의 높이는 최대 20m에 이르고 진앙에서 80km 떨어진 곳에서도 14m 높이의 쓰나미가 확인되어 주변 해안에 심각한 영향을 준 것은 사실이었다.

1956년 7월에 갈라노포울로스가 산토리니를 방문했을 때, 테라섬의 피라 마을 부근 포졸라나 채굴장의 소유자로부터 포졸라나층 아래에 유적 같은 것이 있다고 들었다. 테라섬의 절벽의 최상부 30 내지 40m는 부석과 화산재로 이루어진 백색의 층으로 포졸라나로 불리고 있고, 이것이 시멘트의 재료로서 채굴되었다. 갈라노포울로스가 확인해 보니 채굴장의 세로 갱 바닥엔 불에 탄 석조 가옥의 폐허가 있었다. 집은 그것이 원래 있던 상태로 세워져 있었다. 그 벽 속에 도기, 석기, 올리브 이파리, 불탄 소나무 조각 등이 발견되었다. 이렇게 발견한 나무 조각을 그는 콜롬비아대학의 라몬트 지질 연구소에 보내, 거기서 방사성 탄소법에 의한 연대 측정을 의뢰했다. 그 결과 이 나무가 불탄 것은 기원전

1410년 정도임을 알았다. 이것은 당시로는 미노아 문명 붕괴의 연대라고 해도 좋을 그런 연대였다.

1965년 영국 브리스톨의 콜스턴 연구회의 제17회 심포지엄에서 두 명의 미국 지질학자 닌코비치와 히젠이 의미 있는 논문을 발표했다.■5 그들은 해저 지질 및 지구물리 분야에 대한 연구발표에서 '산토리니 테프라'의 논문을 발표했다. 동지중해에서 채취한 21개의 심해 코어 시료에는 아주 뚜렷한 두 개의 화산재 층이 있었고, 각각의 층에는 화산 기원의 유리 입자가 포함되어 있었다. 유리 입자들은 형태에 따라 빛에 대한 굴절률이 달라지는데, 그 형태는 화산에서 분출한 마그마의 특징, 즉 화학 성분과 냉각 속도 등에 따라 다르게 형성된다. 서로 다른 굴절률의 유리 입자는 생성 환경이 다른 것이다. 닌코비치와 히젠이 굴절률로 구분한 두 개의 화산재층 중에서 아래층은 약 2만 3000년 전 즈음에 일어났던 화산으로부터 유래된 것이었고 상부층은 기원전 약 1400년경의 미노아 시대의 칼데라 형성 분화에서 유래한다고 해석하였다. 그리고 아래의 오래된 층은 산토리니에서 서쪽으로 확장되어 가고, 상부의 젊은 층은 남동부쪽으로 확장하며, 양쪽 모두 산토리니에서 멀어질수록 두께가 감소함을 지적했다. 한편, 칼데라의 크기를 비교할 때 미노아 시대의 분화가 1883년의 인도네시아 크라카타우의 분화보다 훨씬 더 크고 재앙적이었다고 지적하며 당시 지중해 문명에 커다란 영향을 주었을 것으로 생각했다.

갑작스럽게 마리나토스의 이론은 중요한 과학적 지지자를 얻었고, 1년 후 닌코비치와 히젠은 그들의 논문을 학술지에 게재했다. 테라섬의 동쪽 해안을 탐사하는 과정에서 미국인 에드워드 로링은 검은색 돌 조각을 발견했는데, X선 조사 결과 반쯤 화석화된 원숭이 머리로 화산 분출물의 일부가 표면을 얇게 덮고 있었다. 그 원숭이에 대한 종 분석에서 열대 아프리카, 콩고 서부에서 이디오피아에 걸쳐 서식하는 종류로 밝혀졌다. 테라에 원숭이가 있었다는 것은 그리 놀라운 일이 아닌데 크노소스의 프레스코에도 유사한 원숭이들이 그려져 있기 때문이다. 당시 케프티우에 의한 미노아와 이집트의 교역 관계를 생각해 보면, 원숭이들은 이집트에서 데려왔을 가능성이 높다. 이집트는 그 남부의 푼트Punt 지역과 무역을 했고, 그 상품 중 일부가 다시 미노아로 왔을 개연성은 충분하다. 크레타섬과 주변 지역의 갑작스런 파괴에 대한 실마리가 테라섬에 있을지도 모른다. 이런 생각에 1967년 마리나토스는 테라행 배에 올랐던 것이다.

테라섬의 아크로티리는 20세기의 가장 중요하고 웅장한 고고학적 발견이다. 쌓여 있던 화산재와 부석을 들어내자 미노아 시대 도시가 나타났다. 그러나 실망스럽게도 아직은 테라섬에서의 발굴이 모든 의문에 대한 정확한 답을 들려주지는 않는다. 서기 79년에 일어난 베수비오의 화산 폭발은 테라 화산의 10분의 1 정도에 불과했지만, 폼페이에서 재앙은 매우 빨라서 거리에 수백 명이 쓰러졌고 화산재에 의해 질식되었다. 화산재에 파묻힌 사람들은 그 열기로 타 버렸거나 재로 만들어진 회반죽이 신체를 채워 죽은 모습 그대로 캐스트가 되었다. 그러나 테라섬에서는 화산 분출로 인한 어떤 인명 피해도 발견되지 않았다. 그리고 발굴된 주택에는 금, 은 및 가치 있는 물건은 별로 없었는데, 이로부터 크레타섬의 경우와는 달리 재앙이 닥치기 전에 사람들이 귀중품을 챙겨 모두 피신했을 것으로 추정할 수 있다. 분명 어떤 경고가 있어 테라섬의 주민들은 혼란을 직감했을 것이다. 경고는 폭발 직전의 우레와 같은 소리나, 화구에서 피어오르는 연기 또는 땅의 진동 등이었을 것이다.

커다란 지진은 확실히 있었다. 테라섬의 아크로티리 발굴에서 지진의 징후는 여러 곳에서 나타난다. 웨스트하우스 부근 여러 곳에서 주택과 여러 건물의 벽과 계단이 깨져 있으며, 탈락된 돌무더기 아래에는 화산재의 흔적이 없다. 이는 화산재와 부석이 낙하하기 이전에 건물들이 파괴되었음을 얘기하는 것이다. 화산 분화 전에 큰 지진이 있고, 위기를 느낀 대부분의 주민들은 그들의 귀중품들을 챙겨 테라섬으로부터 대피했을 것이다. 그들이 자랑하던 바다의 함대는 큰 재앙에 앞서 주민들의 생명을 보전하는 중요한 수단이 되었음에 틀림없다.

1970년대 초반 마리나토스는 그의 조력자로 국제적으로 유명한 학자들을 모았는데, 그중에는 테라섬의 분화와 아틀란티스 종말을 연계시킨 《아틀란티스의 종말》의 저자였던 아일랜드의 루스 교수와 고대 그리스 전문가로 당시 브리티시 아카데미의 회장이었던 데니스 페이지 경이 있었다. 마리나토스는 아크로티리에서 계속된 발굴을 통해 깨달은 바가 있었다. 그의 원래의 관점, 즉 테라섬의 화산 분화로 인해 크레타가 멸망한 때가 후기 미노아 IB 시기라는 것에 의문을 가졌던 것이다. 크레타섬의 모든 파괴된 도시에 후기 미노아 IB로 알려진 해양 스타일 문양이 그려진 도기들의 흔적이 있으며, 그로부터 재앙의 시기는 후기 미노아 IB가 확실하다. 하지만 테라섬에서는 그런 후기 미노아 IB의 도기는 발견되지 않고, 바로 앞의 시기인 후기 미노아 IA의 도기만이 발견된다는 사실이다. 이는 테라섬에서의 재앙과 크레타에서의 파괴가 시기적인 간격이 있음을 나타내는 것이다. 마리나토스는 이 문제를 풀어야만 했다.

도기의 형태가 후기 미노아 IA에서 후기 미노아 IB로 완전히 변화하는데 짧게는 20~30년, 길게는 30~50년의 시간이 필요하다.■6 마리나토스와 그 동료들은 그 시간 간격이 테라섬에서 발생한 지진과 본격적인 화산 분화 사이의 간격이라고 생각했다. 그러나 지질학자들은 화산 분화와 관련된 지진은 수년에서 수십 년이 아니라 몇 달 정도로 상당히 짧은 시간에 일어나야 했다고 주장한다. 그렇다면 크레타섬의 여러 곳에서 발견되는 후기 미노아 IB 시기의 화재에 의한 파괴는 화산 분화와는 상관이 없고 다른 원인을 찾아야만 한다. 계속된 논란과 반론의 와중에서 비극적인 사건이 일어났다. 마리나토스가 갑자기 죽은 것이다. 1974년 10월 그는 발굴지에서 방문객 그룹과 얘기하던 중에 그만 아래로 떨어져 버렸다. 마리나토스는 풀지 못한 미스테리를 남긴 채 낙상한 바로 그 지점에 묻혔다.

후기 미노아 IA 시기에 일어난 테라섬의 화산 분화는 화산성 지진의 발생과 더불어 전조가 되는 선행 분화(제3부 참조)로부터 시작되었다. 본격적인 1단계의 강력한 폭발에 앞서 일어난 전조 현상으로 말미암아 테라섬의 모든 주민들은 안전하게 대피할 수 있는 약간의 시간적 여유가 있었을 것이다. 그러고서 얼마 후 엄청난 화산 분화가 일어났다. 테라섬의 주민들이 어디로 대피했는지 알 수는 없으나 크레타섬을 비롯한 인근 도서 지역으로 흩어졌을 것이다. 하지만 화산 분화는 계속 이어졌고, 그 과정에 발생한 쓰나미는 주변 지역에 심각한 영향을 주었다. 특히 크레타섬의 경우 쓰나미에 의한 피해가 결코 작지 않았으며, 적어도 해상 무역의 상당 부분이 타격을 입었다. 테라섬의 화산 분화가 진정 국면에 접어들자 크레타섬의 주민들은 피해 지역을 복구하며 다시 안정된 생활에 접어들고, 새로운 형태의 도기를 탄생시켰는데, 이 시기가 후기 미노아 IB다. 쓰나미로 인해 다양한 해양 생물들이 해안이나 육지에 올라왔을 테고, 이로부터 해양 모티프의 문양들이 만들어졌을 가능성도 있다. 하지만 그것도 잠시, 원인 모를 또 다른 재앙, 즉 대화재가 크레타섬의 여러 지역을 덮쳤다. 너무나도 순식간에 당한 것이라 사람들은 주변을 챙길 여유도 없이 정박해 둔 배를 타고 달아났을 것으로 유추된다. 그 장면 그대로 폐허로 남겨졌고, 그 수수께끼 같은 재앙의 원인이 무엇인지는 아직 풀리지 않았다. 후기 미노아 IA의 거대 화산 분화에 이어 발생한 후기 미노아 IB의 화재 사건들은 미노아 문명이 다시 일어설 기회를 완전히 앗아가버린 것으로 생각할 수 있다.

찬란했던 문명의 종식

아틀란티스는 어떤 제국이며 어떻게 멸망하였을까? 조금 짓궂은 짓을 해보기로 했다. 본문에 인용되었던 호메로스의 《오디세이아》와 플라톤의 《티마이오스》의 일부를 붙이고 크레타를 아틀란티스로, 미노스를 아틀라스로 대체해 보았다. 그러면 다음과 같이 읽힌다.

"포도주처럼 검붉은 바다 가운데 아틀란티스라 불리는 땅이 있는데, 부유하고 사랑스러운 물에 둘러싸인 땅이오. 90개의 도시에 여러 다른 언어를 말하는 많은 사람들이 있었소. 가장 먼저 아카이아인이고, 다음으로 원주민임을 자랑스럽게 생각하는 진짜 아틀란티스인이며, 다음은 키도니아인, 세 부족을 거느린 도리아인과 마지막으로 고귀한 펠라스기인이라오. 90개 도시 가운데 가장 큰 도시가 크노소스이며 거기서 아틀라스 왕이 통치했으며, 9년마다 제우스 신과 담화하였소. 아틀란티스섬에는 왕들에 의해 거대하고도 놀라운 세력이 형성되었고, 그 세력은 섬 전역을 지배하는 한편 다른 많은 섬들과 심지어 대륙의 일부까지도 지배하고 있었소. 그런데 어느 날 가공할 지진과 홍수가 발생했소. 단 하루의 혹독한 낮과 밤이 지나가는 동안 그곳의 전사들은 모두 함께 땅에 묻혀 버렸고, 아틀란티스섬도 마찬가지로 바다 밑으로 가라앉아 사라지고 말았소이다. 그리하여 오늘날 저 바다는 건널 수도, 탐사할 수도 없게 되었으니, 섬이 가라앉으면서 산출된 진흙이 수면 바로 아래에서 걸림돌처럼 막고 있기 때문이오."

과연 아틀란티스, 아니 크레타는 지진과 쓰나미로 파괴되었는가? 수 세기 동안 특히 20세기 시작 무렵 에번스 경이 크레타의 크노소스에서 미노아 문명의 초기 유적을 발견하면서 이 의문은 과학자들의 관심사였다. 1860년대 산토리니에서 발견된 도기의 스타일로부터 크노소스의 파괴가 후기 미노아 IA와 거의 동시기임을 알게 되면서, 에번스는 테라섬의 분화와 크노소스의 파괴 사이의 가능한 관련성을 추론했다. 크레타섬에서 작업하던 마리나토스는 크레타섬에서의 미노아 문명의 종말이 화산 분화의 결과였다는 가설을 제안함으로써 많은 논란을 불러일으켰다. 그의 설명에 따르면 분화는 강한 지진과 연관되고, 지진은 크레타섬에서의 미노아 거주지에 막대한 피해를 주었다. 게다가 크레타섬 북쪽 해안의 거주지는 분화로 촉발된 쓰나미에 의해 아주 황폐해졌다. 그는 산토리니와 많은 점에서 유사한 1883년 크라카타우 분화의 특징을 언급했다. 오늘날 크레타섬은 광범위한 화산재의 피해는 대부분 모면했다. 단지 크레타섬의 동쪽에서 수 cm의 부석이 쌓였을 정도인데, 동쪽 끄트머리에 위치한 모클로스, 프세이라와 팔라이카스트로에서는 15cm에 이르는 부석이 후기 미노아 1A 도기와 함께 발굴지에서 발견되기도 한다. 하지만 최근의 조사에 따르면 크레타섬은 테라섬의 화산 분화에 의한 직접적인 영향은 미미했고, 대신 화산 분화에 연관된 쓰나미에 의해 심하게 파괴되었음이 드러났다. 사실 쓰나미 때문에 황폐하게 된 흔적은 프세이라와 팔라이카스트로를 비롯한 크레타섬의 북동 해안에서 집중적으로 나타난다. 미노아인들은 상인이었기 때문에 인구 대부분은 해안 근처의 도시에 살았다. 이 인구가 심각한 손실을 입었을 것이다. 높은 범람은 최소한 크노소스의 대표적 항구 중 하나인 암니소스에서 북쪽 해안 항구를 완전히 뒤덮었을 것이다. 하지만 크노소스의 궁전이 쓰나미로 파괴된 것 같지는 않은데, 그곳은 해수면에서 약 60m의 높이에 있기 때문이다. 크레타 북쪽 해안의 낮은 지대에서 해안 거주지는 완전히 쓸려나갔다. 정박 중이던 배들은 부서지거나 파랑에 의해 내륙으로 이동했다. 그러나 크레타에서 비교적 높은 지대에 있던 도시의 파괴를 설명하기 위해서는 강력한 지진이나 화재와 같은 다른 황폐 사건을 주시해야만 한다. 일부 학자들은 그리스 본토의 미케네인들이 약해진 정착지를 정복했다고 결론짓지만, 내부 정치 문제들 역시 미노아 문명의 종말을 초래했을 수도 있다.

테라섬의 미노아 분화는 너무 강력해서 동지중해의 주요 지역에 심각한 피해를 주었다. 엄청난 화산재의 분출 때문에 지구적 기후 변화가 일어났을 것이며, 화산재가 지표로 낙하한 지역에서 곡식을 수확할 수 없게 되어, 그 결과 사람들은 자신의 터전을 떠나야 했다. 화산 분화는 또한 많은 부석을 뿜어냈고, 바다의 표면을 덮었으며, 테라섬 주변에서는 오랫동안 어떤 항해도 할 수 없게 되었다. 그리고 최소 네 차례에 걸친 테라섬의 화산 분화 중 세 차례 정도는 쓰나미가 발생했을 것으로 생각하며, 테라섬을 마주한 연안 지역에 재앙이라 할 만한 피해를 초래했을 것이다. 우리는 최근 일어난 2004년 인도네시아 수마트라 지진과 2011년 동일본 지진에에 의한 쓰나미의 재앙을 익히 잘 알고 있다. 미노아 쓰나미도 마찬가지였을 것이다. 그리고 해상 제국 아틀란티스, 즉 미노아와 그 주변 섬들은 바다를 통한 무역이 중요 산업이었기 때문에 연안 항구와 선박들이 쓰나미 때문에 피해를 입는다는 것은 너무나도 엄청난 재앙이다. 20~30m에 이르는 파랑에 선박들은 육지로 올라가 부서졌다. 당시 그 지역에 머무르던 외국 상선들도 마찬가지 운명이었을 것이며, 이 거대한 재앙이 전체 지역의 무역 관계와 문화적 발전에도 심각한 영향을 주었을 것이다. 연안 지역에서의 선박과 많은 인구의 손실은 최소한 몇 세대에 걸쳐 무역의 심각한 붕괴로 이어졌을 것이다. 결과적으로 새로운 상인들이 시장에 진입할 기회를 가졌을 것이고 인근 그리스 본토에서 사람들이 건너왔다.

플라톤은 《티마이오스》와 《크리티아스》를 통해서 전통적인 그리스 정신을 강조하려고 했고, 아무리 부강한 제국을 건설해도 결국 탐욕 때문에 멸망하게 된다는 교훈을 아틀란티스 이야기를 통해 전달하려 했다고 생각한다. 플라톤은 아틀란티스를 펠로폰네소스 전쟁에서 처참하게 패배한 아테네 제국에 대한 알레고리로 언급했을지 모르나, 실제로 아틀란티스는 청동기 시대 말 에게해를 중심으로 동지중해 문명을 이끌었던 해상 제국 미노아였음을 부정할 수는 없다. 비록 자연재해 앞에서 무너져간 미노아였지만, 플라톤은 제국이 멸망하는 근본적인 원인은 인간의 탐욕, 특히 권력을 가진 자들의 탐욕에 있다고 보았다. 전쟁에서 패하건 재해로 무너지건 필요 이상의 탐욕은 어떤 경우에라도 큰 대가를 치루어야 한다는 경고다.

한편, 테라섬의 미노아 분화 같은 엄청난 화산 폭발은 그 영향이 화산 인근에서만 나타나는 것은 아니다. 고대 문헌들의 기록에서도 저 멀리 근동 지역까지 영향이 미쳤음을 확인할 수 있다. 그리고 그 기록들 가운데 역사서가 아닌 종교의 경전에도 나타난다는 주장도 있는데, 그 기록물이 바로 역사성과 비역사성의 논란에 항상 등장하는 경전 '성경'이다. 구약성경의 출애굽기에 모세가 이스라엘 자손들을 이끌고 이집트를 탈출하는 장면이 나온다. 그 시기와 그 장면에 테라섬의 화산 분화가 관련이 있으며, 탈출에 도움이 되었다는 주장이다. 만약 그렇다면 하나의 문명을 종식시킨 테라섬의 분화가 다른 곳에서는 구원의 역할을 한 것이다. 이 또한 쉽지 않은 문제이지만 어찌 된 일인지 알아보기로 하자.

제2부

엑소더스

제7장

엑소더스의 성경적 배경

동지중해에서 미노아 문명이 멸망하는 커다란 사건이 벌어지고 있었을 무렵에 이집트-팔레스타인 지역에서도 엄청난 사건이 기다리고 있었다. 이집트에 거주하던 이스라엘 민족이 탈출하여 팔레스타인 땅을 향해 전진하던 사건, 이른바 '엑소더스Exodus'가 그것이다. 하지만 이 사건의 경우는 그 사실 여부가 엄청난 논란의 대상인데, 그 까닭은 이 이야기가 고고학적 유물이나 기록물이 아니라 바로 종교의 경전에 기록되어 있기 때문이다. 만약 엑소더스가 미노아 멸망과 동시기의 사건이었다면 어딘가에는 그 흔적이 남아 있으리라는 기대와 함께 그 증거들을 찾아보고자 한다.

엑소더스의 가장 기본적인 전제 조건은 두 가지이다. 첫째는 이스라엘 민족이 이집트에 들어가 살고 있었어야 하고, 둘째는 자신의 민족을 이집트에서 데리고 나오는 모세라는 인물이 존재해야 한다. 그럼 이스라엘 민족이 이집트에 들어가는 여정부터 모세가 엑소더스를 실행하는 장면까지 우선은 성경에 기록된 내용을 살펴보자.

아브라함에서 요셉까지

모세와 엑소더스 이야기가 성경 전편을 통해 차지하는 비중은 엄청나다. 이는 이스라엘의 정체성과 바로 연결되기 때문이다. 구약성경 창세기는 초반이 창조와 인간의 타락으로 되어 있는데, 창세기 7장 노아의 홍수로 시작하여 10장의 노아 후손의 족보를 통해 1차 정리된다. 그리고 11장부터는 이스라엘 고대사의 출발점이라고 할 수 있는 아브라함의 이야기가 시작된다. 아브라함-이삭-야곱-요셉으로 이어진 이 4대의 가족 이야기는 그들의 이주 경로뿐만 아니라 엑소더스 이후 가나안에 정착할 때까지 이스라엘(히브리)이라고 불리는 한 민족의 정체성과 구약성경의 역사성에 관한 중요한 정보를 담고 있다.

창세기 11장 26절을 보면, 아브람(나중의 아브라함)은 데라의 아들로 갈대아 우르(갈대아는 시대착오적인 지명이며, '우르'가 당시의 지명)에서 태어나는데, 그는 대홍수 때 살아남은 노아의 아들 셈의 후손이다. 그리고 데라는 아들 아브람과 며느리 사래(나중에 사라로 개명), 그리고 아브람의 조카인 롯을 데리고 우르를 떠나 가나안 땅으로 가는 도중 하란에 잠시 머물게 되고 거기서 데라는 죽는다. 그리고 여호와가 아브람에게 약속을 한다(창세기 12장 1~3절).■1 "여호와께서 아브람에게 이르시되 너는 너의 본토 친척 아비 집을 떠나 내가 네게 지시할 땅으로 가라. 내가 너로 큰 민족을 이루고 네게 복을 주어 네 이름을 창대케 하리니 너는 복의 근원이 될지라. 너를 축복하는 자에게는 내가 복을 내리고 너를 저주하는 자에게는 내가 저주하리니 땅의 모든 족속이 너로 인하여 복을 얻을 것이니라". 이 언약을 받고서 아브람은 아내와 조카 롯을 데리고 하란을 떠나 가나안 땅으로 이주한다. 아브람이 하란을 떠날 때 칠십오 세였다. 가나안 땅에서 여호와는 다시 아브람에게 새 언약을 공표한다. "내가 이 땅을 네 자손에게 주리라". 그가 땅에 대한 언약을 받고 장막을 친 곳은 서쪽의 벧엘과 동쪽의 아이 사이의 세겜이다. 아브람은 점점 남쪽으로 이동하였으나 기근이 들어 이집트로 옮겨간다.

이집트의 파라오가 사래를 취하고자 하나 여호와가 나서 막았고, 파라오는 아브람을 후대하지만, 아브람은 이집트에서 다시 가나안 남쪽으로 이동한다. 그리고 결국에는 세겜으로 돌아온다. 소유한 가축이 많아진 아브람과 롯은 같이 있지 못하고 헤어지는데, 롯은 물이 넉넉한 요단 들판을 선택하여 그 지역의 평지 성읍에 머물렀고, 아브람은 가나안 땅에 머물렀다. 롯이 떠난 후에 여호와가 다시 아브람에게 "너는 눈을 들어 너 있는 곳에서 동서남북을 바라보라. 보이는 땅을 내가 너와 네 자손에게 주리니 영원히 이르리라. 내가 네 자손으로 땅의 티끌 같게 하리니 사람이 땅의 티끌을 능히 셀 수 있을진대 네 자손도 세리라. 너는 일어나 그 땅을 종과 횡으로 행하여 보라 내가 그것을 네게 주리라"라고 말하고, 아브람은 헤브론으로 장막을 옮겨 마므레 상수리 수풀에 거주하며 마므레의 아모리 족속들과 동맹을 맺는다.

아브람이 가나안 땅에 있을 때 그곳의 아홉 왕이 넷과 다섯으로 나뉘어 서로 싸웠는데, 그 싸움터가 사해Dead Sea 부근으로 싯딤 골짜기, 세일 산 등이다. 이 싸움의 와중에 조카 롯이 네 왕의 연맹군에 의해 사로잡히고 재물을 잃는 사건이 벌어진다. 아브람은 소식을 듣자마자 집에서 양성하던 318인의 가병을 거느리고 단까지 쫓아가 빼앗겼던 재물과 조카 롯을 구해낸다. 그 후에 여호와가 나타나 아브람의 자손이 하늘의 별처럼 셀 수 없을 것이라고 하며, 그들이 이방에서 객이 되어 400년 동안 괴로울 것이며, 사대 만에 돌아올 것을 얘기한 후, 다시 한번 나일강에서 유프라테스강에 이르는 땅을 주겠다고 약속한다.

자손이 별처럼 많을 것이라 했으나, 아브람에게는 아직 후사가 없었기에 아내 사래는 이집트인 여종 하갈을 아브람에게 첩으로 준다. 그리고 하갈은 잉태하여 이스마엘을 낳는다. 이스마엘이 출생하고 13년 뒤, 아브람이 구십구 세 때 여호와는 아브람에게 다시 나타나 언약을 재확인하는 한편, 아브람의 이름을 아브라함으로 고치고, 언약의 징표로 자손들의 할례를 요구했다. 또한 아브람과 사래 사이에 아들을 낳게 할 것이며, 그 이름을 '이삭'으로 정해 주고, 사래의 이름도 사라로 개명한다. 또한 여호와는 이스마엘 역시 번성하고 큰 나라를 이루리라고 아브람과 약속한다.

아브라함이 마므레 상수리 수풀에 머물러 있을 때, 여호와는 죄악이 넘치던 소돔과 고모라를 멸망시키기 직전에 그에게 나타난다. 아브라함은 소돔성에 의인이 열 명만 있더라도 멸하지 말라고 간청한다. 소돔성에 거주하던 롯은 그 곳을 멸하려는 두 천사를 영접하고 후대한다. 천사들은 롯에게 가족을 데리고 피하라고 권한다. 롯과 그의 아내 그리고 두 딸은 근처의 소알성으로 대피하고 여호와는 유황과 불로 소돔과 고모라를 멸망시킨다. 뒤돌아보지 말라는 천사들의 말을 어긴 롯의 아내는 소금 기둥이 되었다. 후일 롯과 두 딸 사이에서 모압 족속과 암몬 족속의 뿌리가 태어났다.

아브라함은 헤브론에서 남쪽의 그랄로 이사했는데, 아내 사라를 누이라 하여 그랄왕 아비멜렉을 속였으나, 다시 여호와가 아비멜렉에게 현몽하여 남의 아내임을 알게 했다. 그리고 아비멜렉은 아브라함을 후대하고, 그 땅에서 거주하게 했다. 여호와의 약속대로 사라는 잉태하여 이삭을 낳게 되는데 아브라함이 백 세 되던 때다. 그런데 하갈이 낳은 아들 이스마엘이 이삭을 조롱하는 장면이 사라의 눈에 들어 왔고, 사라는 아브라함에게 하갈과 이스마엘을 내쫓게 한다. 아브라함은 근심했으나 여호와의 얘기를 듣고 그 두 사람을 내보내게 된다.

이삭이 성장하고서 여호와는 아브라함을 시험한다. 여호와는 아브라함에게 이삭을 데리고 모리아 땅으로 가서 여호와가 지시하는 산에 올라 그를 번제로 드리라고 요구한다. 아브라함은 그 말대로 이삭을 데리고 가서 단을 쌓고 아들을 해하려는 순간 여호와가 가로막는다. 아브라함은 아들 대신 단 주위에 있던 숫양을 번제물로 드렸으며, 여호와는 다시 아브라함과의 약속을 되새긴다.

사라가 늙어 백이십칠 세에 가나안 땅 헤브론에서 죽었고, 아브라함은 사라를 위하여 헷족속에게서 매장지를 구하고, 막벨라 굴에 사라를 장사하였다. 아브라함도 나이가 많아 늙었고, 자신의 모든 소유를 맡은 늙은 종(다메섹 엘리에셀)으로 하여금 가나안 땅에서 이삭의 아내를 구하지 말고, 자신의 고향으로 가서 이삭의 아내 될 여인을 구해 오라고 부탁했다. 그 종은 메소포타미아의 나홀 성에 도착하여 아브라함의 동생 나홀의 손녀인 리브가를 만나고, 그녀를 데리고 브엘 라해로이로 돌아와 이삭과 재회한다. 이삭은 사십 세에 리브가를 맞이하여 아내로 삼았는데, 리브가는 밧단아람의 아람족속 중 브두엘의 딸이요, 라반의 누이였다. 아브라함은 나이가 많아 기진이 쇠하여 죽어 자기 조상에게로 돌아갔으며, 아내 사라가 장사된 막벨라 굴에 장사되었다. 향년 백칠십오세였다. 아브라함 사후에도 여호와는 이삭을 축복하고 이삭은 브엘 라해로이에 거주하였다.

이삭의 아내가 된 리브가도 임신이 어려워 여호와께 기도하고 쌍태아를 잉태하는데, 먼저 나온 에서는 붉고 전신이 털옷 같았고, 나중인 야곱은 손으로 에서의 발꿈치를 잡고 나왔다. 이 둘은 모든 면에서 달랐는데 에서는 사냥꾼이었고, 야곱은 조용한 사람으로 장막에 거주했다. 리브가는 야곱을 더 사랑했으며, 후일 장자로서의 권리와 축복을 가로채는 과정에서 야곱을 돕게 된다.

그 땅에 흉년이 들어 이삭과 가족은 그랄로 이주하는데, 거기서 여호와는 아브라함에게 약속한 것과 마찬가지로 이삭에게도 "복을 주고 땅을 주고 자손을 번성하게 하겠다"고 반복하며 그 이유를 언급한다. 아브라함이 순종하고 명령과 계명과 율례와 법도를 지켰기 때문이다. 그랄에서 큰 복을 받아 부유하게 된 이삭은 아비멜렉의 권유로 그곳을 떠나 브엘세바로 이주하는데, 여기서도 여호와는 이삭에게 나타나 복을 주리라고 약속한다.

이삭이 늙고 눈이 어두워져 맏아들인 에서에게 복을 내리고자 하였으나, 야곱은 어미 리브가와 짜고 자신이 에서인 양 장자의 복을 가로챈다. 형의 노여움을 피하기 위해 야곱은 그의 외삼촌이 있는 하란으로 도망간다. 이삭은 야곱 역시 가나안의 여인이 아닌 외삼촌의 집에서 아내를 맞이하라고 권한다. 야곱이 브엘세바를 떠나 하란으로 가는 길에 유숙하다가 꿈을 꾸고, 여호와가 나타나 아브라함과 이삭에게 약속한 축복을 야곱에게도 주겠노라 확인하는데, 야곱은 그 곳을 벧엘이라 부른다.

하란에 도착한 야곱은 외삼촌 라반의 집에서 그의 두 딸 레아와 라헬을 아내로 맞이한다. 두 아내를 위해 14년, 외삼촌의 양 떼를 위해 6년 합계 20년의 봉사를 끝으로 야곱은 고향으로 돌아온다. 도중에 야곱은 마하나임에서 여호와의 사자를 만나고 또한 브니엘에서는 사람으로 변신한 여호와와 씨름하여 허벅지 관절을 다치고 다리를 절게 되었다. 거기서 여호와는 야곱의 이름을 '이스라엘'이라 부를 것을 명한다.

야곱은 그의 형 에서와 화해하였으며, 밧단아람에서부터 가나안 땅 세겜에 이르러 거기서 장막을 치고 거주하였다. 야곱은 모두 12명의 아들을 낳았는데, 레아에게서 여섯 명의 자녀, 르우벤, 시므온, 레위, 유다, 잇사갈과 스불론을, 라헬에게서 요셉과 베냐민을, 라헬의 여종 빌하에게서 단과 납달리를, 레아의 여종 실바에게서 갓과 아셀을 낳았다. 이삭은 나이가 들어 기운이 쇠하여 백팔십 세에 헤브론에서 죽었고, 야곱과 에서가 그를 장사하였다.

야곱은 열두 명의 아들 중에서 노년에 얻은 아들 요셉을 유독 사랑하여 채색 옷을 지어 입힐 정도로 편애했다. 형들에게 밉보였던 요셉은 부모와 형들이 자신에게 엎드려 절한다는 꿈 이야기를 하는 바람에, 아버지로부터 꾸지람을 듣고 형들의 시기는 극에 달한다. 형들이 세겜에 가서 양 떼를 칠 때 야곱은 요셉에게 형들과 양 떼들이 잘 있는지 보고 오라고 한다. 형들을 만난 요셉이지만, 형들은 그를 이집트로 가는 이스마엘 사람들에게 은 이십을 받고 팔아버린다. 그리고는 아버지 야곱에게 요셉이 들짐승에게 잡아먹혔노라 거짓말을 한다.

이집트로 팔려간 요셉은 파라오의 친위대장 보디발의 집에 종살이를 하게 된다. 여호와가 함께하여 매사에 형통했던 요셉은 보디발의 신뢰를 얻고 그 집의 모든 소유물을 주관하게 된다. 어느날 주인의 아내가 요셉을 유혹하고 이를 뿌리친 요셉은 오히려 희롱죄를 덮어쓰게 되어 감옥에 갇히게 된다. 옥중에서도 요셉은 재기를 발휘하여 제반 사무를 처리하며 간수장의 신임을 얻게 된다. 그 후에 파라오에게 죄를 지은 관원장 두 사람이 투옥되는데, 한 사람은 파라오의 술을 맡은 자이며, 또 한 사람은 떡 굽는 자였다. 이 두 관원장은 어느날 밤 꿈을 꾸게 되고, 요셉은 그 꿈을 해석해 주었는데, 그들은 요셉의 해몽처럼 서로 다른 운명이 되었다.

그리고 이 년 뒤에 파라오는 두 가지 꿈을 꾸게 되고 그 두 꿈 때문에 마음에 근심이 가득해졌다. 이집트 내의 모든 점술가와 현인들을 모아 해몽하려 했으나, 누구도 제대로 해석하지 못했다. 그러던 중 요셉의 해몽으로 살아난 술을 맡은 관원장이 파라오에게 요셉의 이야기를 들려주게 되고, 파라오는 즉시 요셉을 부른다. 그리고 요셉은 파라오가 번민하는 꿈이 앞으로 있을 7년의 풍년과 7년의 흉년임을 말해 주고, 명철하고 지혜로운 자로 하여금 이집트 땅을 다스리게 하여 풍년 때 곡물을 저장하고 흉년을 대비하여야 함을 지적한다. 이에 탄복한 파라오는 요셉을 총리로 임명하여 이집트를 관리하게 하며, 요셉의 이름을 '사브낫바네아'라 하고, 또 온(헬리오폴리스)의 제사장 보디베라의 딸 아스낫을 아내로 삼게 했다. 요셉과 아스낫 사이에 두 아들, 즉 므낫세와 에브라임이 태어난다.

일곱 해의 풍년이 끝나고 흉년이 시작되자 온 땅에 기근이 들었으나, 이집트 백성뿐만 아니라 각국 사람들도 이집트에 들어와 요셉에게 양식을 사러 왔다. 야곱이 거주하던 가나안 땅도 예외는 아니었기 때문에, 야곱은 아들들을 이집트로 보내 곡식을 사게 한다. 형제들을 만난 요셉은 처음에는 모른 척하였으나, 나중에는 그들을 용서하고 아버지 야곱과 모든 식구를 이집트로 불러들인다. 야곱의 식구들은 목자들이라 양과 소 등 모든 소유를 가지고 왔으며, 파라오는 그들을 고센 땅에 살게 하며 그의 가축을 관리하게 했다. 그리고 요셉은 파라오의 명령대로 그의 아버지와 형들에게 이집트의 좋은 땅 라암세스를

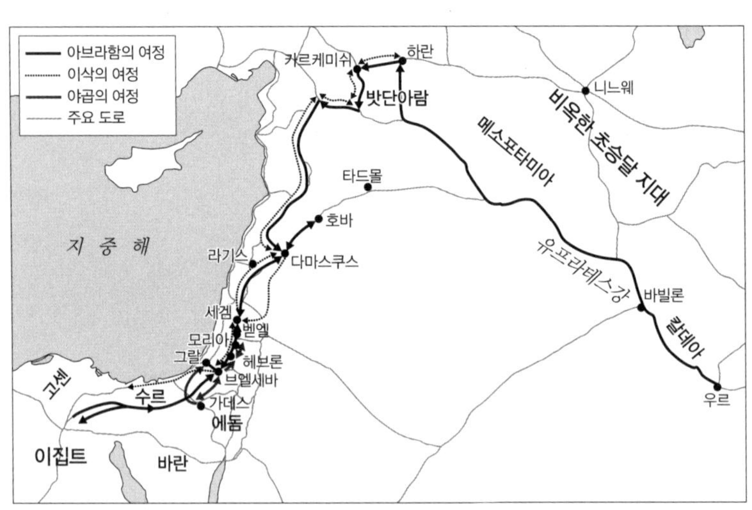

그림 13
아브라함, 이삭, 야곱의 여정

주고 온 식구들을 봉양했다. 야곱과 함께 이집트로 들어간 사람은 요셉이 낳은 두 아들까지 더하면 모두 칠십 명이었다.

기근이 더욱 심해지고 이집트와 가나안 땅이 황폐해지는 와중에, 요셉은 곡식을 팔아 돈을 거둬들였고, 돈이 고갈되자 가축과 바꾸어 주었으며, 나중에는 제사장들의 토지를 제외한 이집트의 모든 토지를 사들인 후 파라오에게 바치고 토지법을 세웠다. 야곱이 이집트 땅에 거주한 지 십칠 년, 백사십칠 세가 되던 해에 죽을 날이 가까웠음을 느끼고는 모든 자녀들을 축복한 후 숨을 거두었다. 요셉은 의원에게 명하여 40일 동안 아버지의 몸을 향으로 처리하게 했으며, 이집트 사람들은 그를 위하여 칠십 일 동안 애곡하였다. 아들들은 야곱의 유언을 받들어 아브라함과 사라, 이삭과 리브가, 그리고 야곱의 아내 레아가 묻힌 막벨라 굴에 그를 장사했다.

요셉은 그의 아버지의 가족과 함께 이집트에 거주하며 백십 세까지 살았으며, 이스라엘 자손에게 맹세시켜 자신의 유골을 여호와가 선조들에게 주리라 약속하신 땅으로 메고 올라가게 했다. 요셉이 죽으매 그들이 그의 몸에 향 재료를 넣고 이집트에서 입관하였다.

엑소더스의 과정

옛날 이집트의 총리가 되었던 요셉의 일을 모르는 새로운 파라오가 이집트에 나타나, 이집트에 있던 이스라엘 사람들을 박해했다. 파라오는 이스라엘 사람들을 이용해 국고성 비돔과 라암셋를 세우게 했다. 이러한 박해에도 불구하고 인구가 늘어난 이스라엘 사람들을 두려워한 파라오는 이집트인에게 명하여 태어난 이스라엘인의 남자아이를 보는 즉시 나일강에 던져버리도록 명령했다. 이때 이스라엘 사람 중 레위 족에 속하던 아므람과 요게벳 사이에 태어난 남자아이가 모세이다. 그들은 3개월간 아기를 숨겼지만, 이윽고 결심하여 파피루스로 짠 상자 속에 아기를 넣고 이것을 나일강 기슭 수풀 속에 두었다. 네 살이었던 모세의 누나 미리암은 그 상자를 강기슭에서 지켜보고 있었다. 거기에 파라오의 딸이 나와서 목욕을 하고, 상자 속의 모세를 발견했다. 파라오의 딸은 아기가 이스라엘 사람인 것을 알았지만 우는 모습을 보고 불쌍히 여겼다. 그때 미리암이 나타나 아기를 위한 유모를 데려오겠다고 했다. 파라오의 딸에게 미리암은 모친인 요게벳을 데려왔다. 그리하여 요게벳은 자신의 아들의 유모가 되었다. 모세는 이집트 궁정에서 자랐다. 그 사이에 그는 자신이 이스라엘 사람인 것을 알았음에 틀림없다.

어느날 모세는 이스라엘인 노예를 학대하고 있는 이집트 감독을 죽였다. 파라오의 눈을 피해 그는 미디안의 땅으로 도망가서, 미디안의 사제인 르우엘(이드로라고도 함)과 함께 지내며 그의 딸 십보라와 결혼했다. 미디안에 있는 호렙산(시나이산) 가까이에서 양치기하던 시절에 모세는 여호와의 목소리를 들었다. 이스라엘 자손을 이집트인으로부터 구해내 약속의 땅으로 데려 가도록 하느님은 모세에게 명령했다. 자신은 말도 어눌하고 이스라엘 자손을 지도할 힘이 없다면서 모세는 여호와의 말씀을 거절하려 했다. 그러나 여호와는 그것을 용납하지 않았고 모세의 형 아론이 도울 것임과 그가 마중나올 것을 알려주었다. 광야에서 아론을 만난 모세는 이스라엘 자손의 모든 장로들을 모아 여호와의 말씀을 전하고 그들 앞에서 여호와의 이적을 보여 주니, 이스라엘 자손들은 여호와를 경배하고 모세를 따르기로 했다.

모세와 아론은 파라오를 만나, 여호와의 명령에 따라 자신들이 이집트에서 떠날 수 있게 해달라고 요구했으나 파라오가 그 요구를 들어줄 리가 없었다. 거기서 모세는 소위 '열 가지 재앙'을 일으켜 파라오의 마음을 흔들었다. 구약성경에 언급된 열 가지 재앙은 다음과 같다. ①강물이 핏빛으로 변하고, 냄새나고 고기가 죽고 이집트인은 강물을 마실 수 없었다. ②개구리가 나타나서 이집트 땅을 뒤덮었다. ③땅 먼지가 전부 이가 되었다. ④엄청난 파리가 나타나 이집트 전역에 해를 끼쳤다. ⑤이집트인의 가축 전부가 죽었다. ⑥모세가 아궁이의 검댕을 하늘에 흩뿌리자 사람과 짐승에 고름이 생기는 종기가 되었다. ⑦우박이 내려 사람과 짐승을 상하게 하고 작물을 망치게 했다. ⑧메뚜기가 나타나 이집트 전역을 덮었다. ⑨짙은 암흑이 이집트를 덮어 사람들이 서로의 얼굴을 보지도, 서 있지도 못하게 되었다. ⑩이집트인의 장자(맏아들)와 가축의 처음 난 것(초태생)이 전부 죽었다.

파라오는 결국 이스라엘 자손들이 이집트에서 나가도록 허락했다. 이를 출애굽, 즉 엑소더스라 부른다. 430년 동안 이집트에 있은 다음, 이스라엘 자손들은 여러 족속과 함께 라암셋을 출발하여 숙곳으로 나아갔다. 여자와 아이를 제외하고 남자의 수는 약 60만이었다. 그들은 요셉의 유해를 운반했다. 하느님이 이스라엘 사람들에게 약속한 가나안의 땅에 들어가기에는 블레셋 사람의 나라를 통과하는 것이 가까웠지만, 모세는 블레셋 사람과 싸우지 않으려고 홍해를 따라 황야의 길을 선택했다. 황야의 끝 에담을 거쳐, 바알세본 앞에 있는 비하힐롯 주변 바다 근방에서 캠프를 쳤다. 여호와는 무리의 맨 앞에 서서 낮에는 구름 기둥, 밤에는 불기둥으로 그들을 인도했다.

출애굽을 허락한 파라오는 곧 후회하고 군대를 이끌고 그 뒤를 쫓아 비하힐롯 근처에 이르렀다. 도망치자니 바다에 가로막힌 모세는 손을 바다 위로 내밀었다. 그러자 여호와가 큰 동풍으로 밤새도록 바닷물을 물러나게 하니 바다가 양쪽으로 갈라져 육지가 드러나고 이스라엘 사람들은 그 육지를 건넜다. 쫓아가던 파라오의 군대가 건너려고 하자 물러났던 바닷물이 되돌아와 그들은 전멸했다. 모세의 누나 미리암을 비롯한 여자들은 탬버린을 손에 들고 함께 축하의 노래를 불렀다.

다음에 그들은 수르 광야에 들어가 3일간 돌아 다녔지만 물을 구하지 못했다. 3일 째 도착한 마라의 물도 써서 마실 수가 없었다. 모세가 불평을 하는 사람들 앞에서 여호와가 말씀하신대로 나무를 물에 던져 넣자, 물은 달게 되었다. 다음 그들은 엘림과 시나이 사이에 있는 신 광야에 들어갔다. 거기서 또 사람들이 불평하기 시작했다. "우리가 애굽 땅에서 고기 가마 곁에 앉았던 때와 떡을 배불리 먹던 때에 여호와의 손에 죽었더라면 좋았을 것을 너희가 이 광야로 우리를 인도하여 내어 이 온 회중으로 주려 죽게 하는도다." 모세는 여호와께 기도하고, 그날 저녁 엄청난 메추라기 떼가 날아와 사람들은 그 고기를 구워 먹었고, 다음 날에는 구우면 단 맛의 빵이 되는, 어떤 식물이 내는 일종의 즙 '만나'라고 불리는 가루로 주변이 서리가 내린 양 하얗게 덮였다. 이후 가나안 땅에 들어가기까지 40년간 그것이 사람들의 주식이 되었다. 르비딤에서는 물이 없어 사람들이 "어찌하여 우리를 애굽에서 인도하여 내어서 우리와 우리 자녀와 우리 생축으로 목말라 죽게 하느냐"고 불평하기 시작했다. 그 불평에 모세가 지팡이로 단단한 바위를 두드리자 거기서 물이 솟아났다.

출애굽 후 3개월에, 일행은 시내(시나이) 광야에 들어갔다. 모세는 시내산(시나이산)에 올라 거기서 여호와와 사이에 언약을 맺었다. 율법과 계명이 쓰인 돌판을 받기 위해 모세와 여호수아가 40일간 시나이 산을 올라갔던 사이에, 사람들은 아론을 협박하여 주물로 송아지를 만들게 하여 그것을 경배하고 이교의 춤을 추고 예배했다. 모세가 죽었다는 소문까지 돌았다. 시나이 산에서 돌아온 모세는 사람들에게 명하여 그 금송아지를 태워버리고 언약의 돌판을 깨뜨려 버렸다. 다시 시나이 산으로 돌아가 새로운 언약의 증거판을 받아온 모세는, 이스라엘 자손을 모으고 여호와가 자신에게 일러준 내용을 전달했으며, 그 증거판을 넣어 둘 언약궤를 만들게 했다. 이 궤는 그 후의 여정에서 이스라엘 자손들과 함께 하게 된다. 출애굽으로부터 이미 3개월이 지났다. 병력 조사를 수행하고, 또 행진 순서를 결정한 후에, 모세는 시나이 산을 출발하여 북쪽으로 향해, 오아시스가 있는 가데스 바네아에 도착했다. 출애굽 후 2년이 지났을 때다. 여기는 가나안 땅의 남쪽 입구에 해당한다.

모세는 정찰대를 보내어 가나안 땅을 조사시킨다. 그들의 보고에 따르면, 거기는 틀림없이 젖과 꿀이 흐르는 약속의 땅이었다. 그러나 거기에 있는 원주민들은 키가 크고 강하여, 이스라엘 사람들이 상대할 수 없을 것 같았다. 불안과 동요가 일어나고, 하느님의 약속에 대한 불신을 품는 사람도 나타났다. 이를 본 모세는 가나안 땅으로의 돌입을 피하고, 여기서 38년간의 세월을 보냈다. 이 사이에 여호수아를 지도자로 하는 새로운 세대가 성장하고 있었다. 계율을 어긴 사람에게는 엄격한 벌을 내려 불만이 있는 집단을 모세는 진압했다.

가데스를 떠나 목적지로 돌입할 때 신중한 모세는 남쪽으로부터 가나안으로 침입하는 것을 피하고, 멀리 동쪽으로 우회했다. 즉 에돔, 모압을 거쳐 사해의 북쪽에 있는 헤스본을 점령했다. 여기서 모세는 여리고 맞은 편에 있는 비스가의 정상에 올랐다. 눈 아래에는 요단강이 흐르고 그 맞은 편에 여리고의 평원이 펼쳐져 있었다. 그러나 약속의 땅을 눈 앞에 두고 모세의 사명은 끝났다. 여기 모압 땅의 계곡에서 죽은 모세의 묘를 오늘까지 아는 사람은 없다. 요단강을 건너 여리고로 돌입하는 일은 여호수아가 인솔하는 새로운 세대에 맡겨졌다.

이것이 구약성경 출애굽기에서 얘기되는 엑소더스의 과정이다.

제8장

엑소더스의 시대적 환경: 역사와 자연

이 장에서는 엑소더스가 있어야 했던 과거 역사의 개연성에 대해 살펴보려고 한다. 우선은 이스라엘 민족이 이집트에 있어야 하는데, 아브라함이 우르를 떠나 이주하는 과정과 그 자손 야곱이 이집트에 들어가 정착하는 기록은 성경 이외에는 없다. 따라서 아브라함의 이주 과정에서 드러나는 당시의 시대적인 환경을 살펴보고, 그 정황적인 증거들을 찾을 것이다.

아브라함과 그 자손들이 어디서 무엇을 했는가에 대한 내용은 구약성경 창세기를 참조하면 된다. 그런데 그 시기가 언제였는가를 물으면 참으로 곤란해진다. 성경 본문에는 그 시간이 기록되어 있지 않기 때문이다. 일단은 성경 연대기를 참조하여 기원전 2000년경부터 기원전 1200년경까지 성경의 무대가 되는 근동, 즉 메소포타미아, 팔레스타인 그리고 이집트의 시대적 환경에 대해 살펴보기로 한다.

고대 근동의 역사적 환경

프롤로그에서 고대 근동의 오리엔트 문명에 대해 간략히 언급해 두었지만, 엑소더스의 배경을 보다 자세히 고찰하기 위해서는 좀 더 구체적인 시대적 배경을 알아야 한다. 기원전 3000년대로부터 기원전 4세기에 이르는 역사의 진행 과정은 다음과 같다.■[1]

이집트는 동서로 불모의 사막, 북쪽은 바다, 남쪽은 누비아의 대밀림에 둘러싸여 고립되어 있었지만, 자연자원이 풍부했기 때문에 거의 자급자족을 할 수 있는 하나의 완성된 세계를 이루고 있었다. 이집트는 '선물'이라고 불리는 나일강 양안에 경작지가 있었고, 일찍부터 저수지 관개를 시행하여 생산을 높이고 있었다. 좁고 긴 하곡지대(상이집트)에 이민족의 침입은 거의 없고, 지중해에 접한 델타지대(하이집트)도 서아시아와 북아프리카로부터 이민족의 침입이 간혹 있는 정도였다. 따라서 국토를 하나로 통치하기 쉬웠기 때문에 처음부터 통일국가의 형태를 띠고 있었다. 그 문명은 지리적 환경 때문에 생긴 폐쇄성과 전통을 중시하는 강한 보수성이 특징이다. 이집트인은 국내에 확고한 통일 정권이 수립되어 있는 한, 식민지를 따로 두거나 다른 나라를 침략하지 않는 평화를 사랑하는 보수적이면서도 현실적인 정착 농경민이었다. 신이 된 왕 파라오에 의한 국토 지배, 피라미드와 미라, 거기에 신왕국시대의 '사자의 서' 등에서 발견되는 내세관, 건축, 회화, 조각 등에 나타난 예술의 전통주의 등, 이집트 문명의 여러 특징은 고왕국 시대(기원전 2584년경~2117년경)에 거의 갖추어졌다. 그리고 이집트인에 의한 3000년의 역사가 시작되었다.

한편, 메소포타미아는 티그리스, 유프라테스 두 강이 흐르는데, 지류가 많고, 남부의 대부분은 소택지沼澤地이다. 경작지와 마을은 여기저기 흩어져 있었는데, 주위의 사막과 스텝 그리고 소택지는 자연의 장벽이었다. 수메르 문명은 기원전 3200년경부터 도시 국가의 형태로 출현했다. 메소포타미아의 충적 평야는 이집트와는 다르게 금속, 석재, 목재 등 문명 생활에 필요한 필수품이 부족하여 역사의 여명기부터 교역이 필요했다. 게다가 사방으로 개방되어 있던 이 지방은 '인종의 용광로'라고 말할 정도로 주위 산악 지대와 스텝 지대로부터 많은 민족이 침입하여 피가 섞였다. 민족의 이동, 항쟁, 정복, 협조 등에 의해 상호 자극하면서 끊임없이 변화를 계속하고, 여러 국가가 흥하고 망했으며 여러 민족이 성쇠하기를 반복했다. 또 홍수는 종종 재해를 초래할 정도로 격렬했다. 그래서 내세에 대한 사상은 부정적이고, 문화의 성격은 개방적, 동적, 다원적, 현실적이었다. 바그다드 이북의 퇴적층은 아시리아, 바그다드 이남의 평야는 바빌로니아로 불리고, 바빌로니아는 다시 북부의 아카드, 남부의 수메르 지방으로 나뉘며, 수메르 지방은 최고最古 문명의 요람이었다. 두 강 지방에는 수메르인, 바빌로니아인, 아시리아인, 카시트인, 엘람인, 후르리인, 페르시아인 등이 계속 침입하여 이어서 지배권을 장악했다. 오리엔트 전역은 일찍이 한 번도 전체가 하나로 통일된 적이 없었으나, 대통일이라 일컬을 수 있는 것은 몇 차례 있었다. 고대에 있어서는 아시리아, 페르시아, 그리고 그 뒤로 알렉산더 대왕이 대통일을 이루었던 것이다.

메소포타미아 문명의 기초는 수메르 문명이었다. 수메르인의 인종에 대해서는 밝혀지지 않았지만, 문화적으로는 기원전 5000년경부터 두 강의 중·상류 지역에서 남하하여 바빌로니아 남부를 개척한 사람들이 중심이 되어 세운 문화가 점점 발전하였고, 이것이 수메르 문명의 근간이 되었다. 도시 국가의 중심은 도시의 신을 모시는 신전이었는데, 그곳은 정치적, 사회적, 경제적으로도 국가의 중추였다. 그리고 복잡하게 분기된 신전 경제를 능률적으로 처리하는 데 필요했던 문자가 발명되었다. 문자의 발명은 정신적인 혁명의 첫 번째 성과였다. 이것은 국왕의 이름과 업적, 그리고 종교적 목적을 후세에 기록으로 남기기 위해 창안된 이집트의 상형 문자와 비교하면 아주 대조적이었다. 문자는 기호로 시작해서 그림 문자(기원전 3200년경)로 발전하였고, 일의 형편이나 사건 그리고 그 경과까지 나타낼 수 있게 되었으며, 이윽고 설형 문자의 형태를 가졌다. 이 문자는 그 후 오리엔트 전역으로 퍼져 3000년에 걸쳐 널리 사용되었다. 도시 국가가 서로 패권을 다투었던 초기 왕조 시대(기원전 2800년경~기원전 2350년경)는 금속, 귀금속, 석재, 목재 등의 원료를 구하려고 시리아, 아나톨리아, 엘람 등과의 교역이 성행하여 수메르 문화는 각지에 전파되었다.

수메르의 도시 국가는 기원전 2350년경 셈족의 사르곤 1세가 통일하면서, 아카드 왕조가 형성되었다. 이집트에 비해 통일 국가는 약 반세기 정도 늦게 출현했다. 사르곤 1세는 강력한 군대와 정비된 관료 조직으로 중앙 집권을 완성했고, 그 영토는 동쪽으로는 엘람, 서쪽은 시리아 및 지중해에까지 이르러, 각지와의 교역을 통해 대정복 제국을 건설했다. 그는 자신을 '키시의 사계四界의 왕, 수메르·아카드의 왕'이라고 칭했는데, 이것은 이후 메소포타미아의 지배자의 정식 칭호가 되었다. 아카드인은 일찍부터 수메르, 그중에서도 북쪽 도시 국가를 차지하고, 문자를 비롯해 신의 관념, 신들의 계보, 세계관, 신화, 문학, 기술, 예술 등의 면에서 수메르적인 요소를 널리 받아들였으며, 인종적으로도 양자는 점차 융합해서 바빌로니아 세계가 형성되어 갔다. 아카드왕조의 멸망과 더불어 수메르인은 기원전 2113년경 한때 부흥했던 우르 제3왕조를 세웠으나 다섯 명의 왕, 107년 만에 엘람인에 의해 멸망했다.

그 후는 마리, 바빌론 등의 여러 도시가 패권을 다투었고, 시리아로부터 이주해 온 셈족의 아무르인이 각지에 왕국을 건설했다. 유프라테스강 중류의 고도古都 마리도 그중 하나이다. 1933년 이래 프랑스의 학술 조사대가 왕궁터와 신전터를 발굴하였는데, 이곳에서 당시의 국제 관계를 전하는 약 2만 장 남짓의 점토판에 기록된 '마리 왕실문서'가 출토됨으로써 널리 알려지게 되었다. 한편, 바빌론 제1왕조(기원전 1894년경~기원전 1595년경)의 제6대 왕 함무라비는 그 땅을 통일하고 이집트에 필적하는 국가를 건설하였으며, '함무라비 법전'을 발표하고, 신들의 계보를 통합하는 등 바빌로니아 문명을 부흥시켜, 이후 바빌론이 오랫동안 중심 도시로서의 역할을 맡게 되었다.

이 무렵부터 이란, 아나톨리아 고원으로부터 시리아 대지에 걸쳐있는 산악 지대에는 아무르, 히타이트, 후르리, 카시트, 미탄니 등 소위 '산악 민족'이 활동을 시작하며, 서아시아 세계는 열강들의 대립 시대를 맞이한다. 그들의 공통점은 인종, 지도층, 종교에서 인도·유럽어족의 요소가 보인다는 것이다. 그들은 큰 강 유역의 농경민과는 달리, 평시에는 목축에 종사하고, 유사시에는 말과 전차를 사용하여 농경 지대를 침입, 약탈했다. 그들 중 히타이트인과 후르리인의 상층 계급은 인도·유럽족 또는 인도·유럽어족의 민족 이동과 깊은 관련이 있었다. 약 300년 동안 계속된 바빌론 제1왕조는 히타이트 군대의 급습을 받고 기원전 16세기 초에 멸망했다.

한편, 이집트에서는 기원전 1994년경 중왕국 제11왕조에 이어 제12왕조가 흥했고, 제1중간기의 혼란에서부터 겨우 국가의 질서를 회복했다. 이어서 기원전 1700년경부터 힉소스가 서아시아로부터 남하하여 침입하면서 다시 혼란기를 맞이하게 되는데, 힉소스는 후르리인이 중심이 되고 이에 셈족 유목민이 포함된 혼성 민족이었다. 이처럼 기원전 2000년대 전반의 한 시기에 오리엔트 대부분이 민족 대이동의 흐름에 휩싸였고, 여러 민족에 의한 동란의 시기가 출현했다. 그러다가 기원전 15~14세기가 되면, 오리엔트 세계에 여러 국가를 상대로 성립된 국제 관계의 화려한 시대가 도래한다. 아나톨리아의 하투샤슈에 수도를 정한 오리엔트 최대의 강국이 된 히타이트 신왕국, 인도·유럽족의 미탄니인을 지배 계급으로 하고 소속 불명의 후르리인이 주민의 대다수를 차지하고 있던 동쪽의 미탄니, 거기에 카시트가 먼저 세력의 균형을 이루고, 그다음에 한때 쇠퇴했던 엘람과 아시리아도 부흥했다. 한편, 아라비아로부터 메소포타미아 및 시리아 방면으로 아람인이 이동했고, 거기에 힉소스를 추방하여 신왕국 제18왕조를 세우고 시리아, 팔레스타인의 지배를 계속하고 있던 이집트도 추가되어, 때로 항쟁하고, 때로 조약을 체결하여 잠시나마 평화가 도래하던 시대였다.

카이로 남쪽 약 300km 떨어진 곳에 있는 나일강 중류 지역의 텔 엘-아마르나에서 380여 통의 아카드어로 기록된 설형 문자 점토판 문서군(아마르나 문서/서간)이 발견되었다. 그 대부분이 이집트왕 아멘호테프 3세, 아멘호테프 4세(나중에 아케나텐으로 개명)와 바빌로니아, 아시리아, 미탄니, 히타이트, 아루자와(소아시아 서해안), 아라시야(키프로스)의 여러 국왕 이외에, 이집트에 복속되었던 시리아, 팔레스타인의 많은 소군주들 사이에 교환되었던 왕복 서간들인데, 당시의 국제 관계를 여실히 보여 주고 있다. 이 서간들은 텔 엘-아마르나의 궁정의 기록 보존국에 보관되어 있던 복사본이긴 하지만, 세계 최고最古 외교 문서의 하나로 귀중한 사료이다.

다른 한편, 동지중해 연안에 흥했던 셈족 가나안인의 도시 국가 중 가장 잘 알려진 것은 라스·샤므라Ras Shamra(키프로스의 맞은편 해안으로 시리아 서부)의 발굴로 확실해진 우가리트 왕국이다. 기원전 14세기 초반 거기에서 설형 문자의 알파벳이 고안되었음에 주목할 만하다. 당시 우가리트에서 출토된 점토판 문서에 기록된 여러 언어는 수메르어, 아카드어, 후르리어, 히타이트어, 이집트어, 우가리트어 거기에 에게 음절 문자로 표현되어 있다고 생각되는 언어다. 이들 점토판 문서들은 20세기에 이르기까지 발견된 것 중에서 가장 중요하고 귀중한 사료이다. 이들은 문학, 행정, 외교 등에 관한 문서로 되어 있고, 우가리트 문학은 이스라엘인이 가나안에 이주하기 이전 가나안의 농경과 종교 등의 모습을 전해 주고 있다. 이런 출토 문서에 대한 실증적인 연구 덕분에 기원전 2000년대 중반부터 후반에 걸쳐 크레타, 미케네, 우가리트, 이집트(신왕국) 및 히타이트 등을 아우르는 세계가 형성되고 다양한 민족과 다양한 문화로 대변되는 사회, 즉 '동지중해 세계'라고 이름할 수 있는 문화 복합체가 형성되었음이 밝혀지고 있다.

기원전 1200년경부터 아람인과 페니키아인의 활약이 두드러지는데, 아람인은 동서 교역, 페니키아인은 지중해 교역의 중계 상인이 되어 부를 축적했다.

특히 페니키아인의 알파벳은 그들이 후세에 남긴 최대 문화유산이다. 아시리아와 엘람이 독자의 지위를 확립한 것도 이 무렵이다. 이스라엘 자손들은 위대한 종교, 정치, 군사 지도자 모세를 따라 이집트를 탈출하여 약속의 땅 가나안에 이주하였고, 그곳에 정착한 이스라엘 자손은 유일신 야훼 신앙을 중심으로 결집하여, 기원전 11세기 말에 바다 사람 펠리시테(블레셋)인의 침입에 대항하면서 가나안 땅에 처음으로 왕국을 수립했다. 초대 왕 사울에 이어 다윗, 솔로몬 두 왕의 활약으로 가나안 땅에 남북 통일 왕국을 수립하기에 이르렀다. 기원전 9세기가 되면, 아시리아는 철제 병기를 갖춘 강력한 군사력을 바탕으로 각지를 정복해 나가 사르곤 2세로부터 앗수르바니팔의 시대에 걸쳐 전성기를 맞이하였다. 한때는 이집트를 병합하고 오리엔트 세계를 통일해서 최초의 세계 제국을 건설하고, 새로운 시대를 열기도 했다. 당시의 이집트는 소위 왕조 말기로 예전의 모습을 찾아볼 수 없었다.

아시리아의 문화는 그때까지의 바빌로니아 문화를 집대성하고, 정복한 여러 민족의 문화를 융합한 것으로, 오리엔트의 일체화는 한 단계 더 진전되었다. 이 경향은 칼데아(신바빌로니아)를 거쳐 페르시아에까지 이어졌다. 칼데아의 제2대 왕 느부갓네살(네부카드네자르) 2세는 유대왕국을 정복하고(기원전 587년경), 예루살렘을 포위, 파괴하였으며, 유대의 지도층을 전부 붙잡아 바빌로니아로 이송했다(바빌론 유수). 왕은 수도 바빌론을 정비하고, '바벨탑'으로 유명한 지구라트(신전탑)를 재건했다. 그러나 기원전 538년 아케메네스 왕조의 페르시아(페르시아제국)에 멸망하자 서아시아의 정치, 경제, 문화의 중심은 이란으로 옮겨갔다. 페르시아제국은 기원전 559년 키루스(고레스) 2세에 의해 창시되었다. 그 아들 캄비나스는 이집트, 누비아, 에티오피아까지 원정하여, 에게해에서 인도양까지 지배했고, 아시리아를 능가하는 세계 제국을 수립했다. 수도 페르세폴리스의 위용은 페르시아 문화의 뛰어난 예술성과 높은 국제성을 전하고 있다. 그리고 왕궁 유적에서는 이란 민족의 전통과 함께 엘람, 우랄투, 바빌로니아,

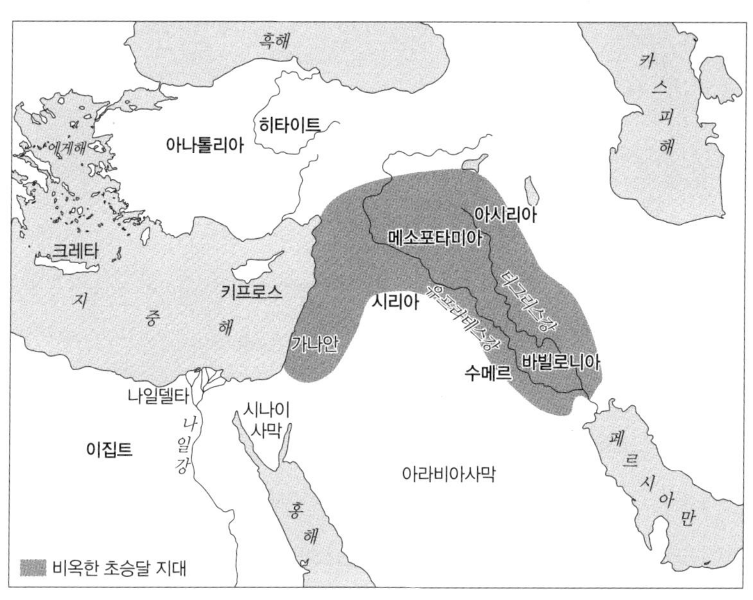

그림 14
고대 근동의 지리적 환경

아시리아, 이집트의 여러 요소뿐만 아니라 그리스적 요소도 받아들인 것으로 알려져 있다.

페르시아제국이 통일하고 지배한 오리엔트 세계는 기원전 331년 마케도니아의 알렉산더 대왕에 의해 점령당해 결국 그 막을 내렸다. 여기서 헬레니즘 시대가 도래했고, 3000년에 걸쳐 독자 문명을 구축해 온 고대 오리엔트 문명은 크게 변모하여 세계 문명의 중심은 오리엔트로부터 헬라스(그리스)로 이동하고, 그 유산은 현대 우리들의 생활에까지 널리 기여하여 영향을 미치고 있음은 말할 나위도 없다.

메소포타미아의 지리적 환경

아브라함의 고향은 나중에 칼데아 우르라고 불리는 우르다. 엑소더스 이야기는 아브라함의 자손이 오랜 유랑 생활을 거쳐 이집트에 들어가고 거기서 탈출하는 과정을 다루는데, 첫 출발지가 아브라함의 고향이던 메소포타미아 지역이고 거기서 야훼(여호와)의 부름을 받는 것이 이야기의 발단이다. 우선은 메소포타미아의 지리적 상황에 대해 알아보자.

문명의 발상지로 알려진 메소포타미아 하면 금방 떠오르는 것이 유프라테스와 티그리스 두 강이다.■2 이 두 강은 터키의 아나톨리아에서 발원하며 티그리스강이 약 1,900km, 유프라테스강이 더 긴 약 2,800km의 길이다. 실제로 이 두 강은 그 길이에 비해 강폭이 놀랄 정도로 좁다.

유프라테스와 티그리스라는 이름은 항상 붙어 다니지만, 실제 두 강은 상당히 다르다. 유프라테스강은 길기도 하지만 완만히 흐르는 것이 특징인 반면, 티그리스강은 직선적으로 페르시아만으로 유입되는 비교적 급한 흐름을 보인다. 티그리스강은 때로 그 흐름이 매우 난폭하여 종종 범람한다. 두 강 모두 지형적인 고저차가 작아지는 남쪽에 도달하면 토사가 쌓여 하상이 지면보다 높아지는 천정천을 이룬다. 이 때문에 남부 지역에서는 조금이라도 물이 불어나면 바로 제방이 무너지고 저지대로 흘러 넘쳐버린다. 메소포타미아의 문명과 두 강을 연결시키지만, 지금까지의 문명이 만들어진 것은 거의 유프라테스강 유역이다. 강을 잘 이용하여 관개용수를 만들기도 한 것은 거의 유프라테스강 쪽이고, 티그리스강은 가끔 몹시 거칠게 흘러서 그냥 내버려 둘 수밖에 없는 상황이었다.

메소포타미아에서는 4월경 물이 불어나기 시작한다. 아나톨리아의 눈이 녹으면 녹은 물이 남쪽을 향해 내려와 4월, 5월에 걸쳐 물이 불어나는 것인데, 마침 그때가 수확기이다. 12월경에 씨를 뿌리고 나면 우기가 시작된다. 우기라고 해도 비가 많이 내리는 것은 아니다. 적은 양의 비가 곡물을 성장시키면 5월경에 수확을 하는데, 그때 운 나쁘게 물이 불어나 강이 범람하게 되면 그때까지 영근 보리와 밀이 한꺼번에 상하게 되는 경우가 있다. 그렇기 때문에 연작을 피해서 휴경지를 남기고, 거기에 범람한 강물을 흐르게 한다든지 해서 하천을 제어했다. 제방을 만들면 되지 않을까 생각하기 쉽지만, 천정천이기 때문에 제방을 만들어도 얼마 못 버티고 무너져버린다. 그래서 관개 수로를 이용하여 물길을 돌리는 방법을 사용한다. 즉, 넘쳐난 물이 경작지 쪽으로는 가지 않도록 하는 것이다. 휴경지 쪽으로 흘러 들어간 물은 거기에 양분을 포함한 토사를 퇴적시키게 되는데, 그로 말미암아 휴경지는 옥토가 된다. 인공적인 수로를 사방에 파서 강을 제어하는 것이 메소포타미아에서는 왕의 임무였고 지배자의 임무였다.

유프라테스강의 경우는 지류가 많지 않은 반면, 와디(비 올때만 물이 흐르는 계곡)가 있다. 요컨대 시리아 사막이라든가 사우디아라비아 북쪽 가장자리의 사막지대 등으로부터 몇 개의 와디가 유프라테스 유역을 향해 열려 있다. 이 와디에는 1년에 한두 차례 정도 비가 내려서, 그 물이 일시적으로 흘러든다. 이 와디와 사막의 오아시스가 유목민을 먹여 살리고, 그 유목민이 메소포타미아에 많은 영향을 주었던 것이다. 유프라테스강의 경우는 또 하나 내륙부의 북시리아 쪽, 즉 북쪽의 터키 국경 부근에서 남쪽으로 몇 개 되지 않는 지류인 발리크Balikh강과 카부르Khabur강이 흘러들고 있으며, 이 지류들의 강 유역은 각각 지역 문화의 특징을 가지고 있다. 한편, 티그리스강의 경우는 자그로스 산맥으로부터 몇 개의 지류, 즉 바트만Batman강, 작은 사브Little Zab강, 큰 사브Great Zab강 등이 있으며 각각 지역성이 있다. 따라서 전부를 합해서 하나의 메소포타미아라고 하는 지리적 개념으로 묶는 것은 꽤 어려운 부분이 있다. 시대에 따라서는 북쪽과 남쪽으로 나뉘는 경우도 있는데, 그런 점에서는 지리적 환경의 차이가 문화에도 상당한 영향을 주었다고 말할 수 있다.

우리는 종종 메소포타미아, 서아시아, 그리고 오리엔트라는 개념을 혼용하기도 한다. 그런데 유프라테스와 티그리스의 두 강이 있는 지역을 지리적으로 말하면 서아시아라고 하는 것이 맞다. 그리스어에서 유래된 메소포타미아는 '두 개의 강 사이'라는 의미로, 그 유역을 가리키며, 현재의 이라크와 시리아의 일부를 포함한다. 북부는 아시리아, 남부는 바빌로니아라고 불리고, 다시 바빌로니아는 북쪽의 아카드와 남쪽의 수메르로 나뉘어 생각하고 있다. 오리엔트란 용어는 로마 시대에 로마인이 본 일출 지역(동방)이라는 의미로 사용되었다. 지금은 중동 혹은 중근동이라는 용어를 자주 사용하고 있는데, 이것도 유럽의 시각으로 본 지명이라 할 수 있다.

지구의 역사에서 마지막 빙하기는 대륙에 따라 조금 차이는 있지만 대략 11만 년 전에서 1만 2천 년 전 사이에 있었다. 이 빙하기가 끝나면서 거대한 빙하가 녹아 해수면이 상승했고, 빙하의 무게로 내리눌렸던 육지 지역들이 서서히 융기하기 시작했다. 육지의 지형이 몰라보게 변화되는 것은 말할 것도 없다. 빙하기가 끝난 뒤에 가장 뚜렷하게 나타난 특징은 전 세계적으로 기온이 상승한 것이었다.[■3] 대부분의 지역에서 기원전 5000년 무렵과 기원전 3000년 사이의 기온은 일반적으로 현재보다 약 1~3℃ 정도 높았다. 한편, 해수면 상승이 가장 두드러졌던 시기는 기원전 8000년경과 기원전 5000년경 사이로 보고 있으며, 기원전 2000년경에는 현재보다 아마도 1~2m 정도 해수면이 높았을 것으로 생각한다. 동지중해 지역에서도 빙하기 말에 해수면이 크게 상승하는 동안 내륙으로 인구가 이동하였다는 뚜렷한 지표가 있다.

마지막 빙하기의 얼음이 다 녹아버린 후 기온은 상승하여, 지금으로부터 약 8000~6000년 전에 최고가 되었다. 현재보다도 기온이 높았던 이 시기를 '고온기hypsithermal' 혹은 '기후 최적기climatic optimum'라고 부르고 있다. 기온이 높을수록 살기 쉽다는 의미로, 고온기를 기후 최적기로 부르는 것이다. 기온이 올라가면 육상에 있는 얼음이 녹고, 그만큼 해수면이 높아진다. 이와는 반대로 기온이 내려가면, 해수의 일부가 얼음이 되어 육지에 붙어 버리기 때문에 해수면은 내려간다. 기후 최적기에 최고였던 기온이 내려가기 시작하면서 그와 함께 해수면이 내려가 육지가 드러나게 된다.

지구상에서 비가 많이 내리는 곳은 중위도에 있는 한대 전선 연변부 및 적도 연변의 열대 수렴대(또는 적도 수렴대 Intertropical Convergence Zone)로 불리는 부분이다. 북반구의 한대 전선 및 열대 수렴대가 있는 위도의 범위를 조금 넓게 말하면, 한대 전선은 북위 30°와 50° 사이, 열대 수렴대는 북위 0°에서 20° 사이이다. 한대 전선 및 열대 수렴대는 계절에 따라 그 장소를 바꾼다. 이를 북반구 중심으로 설명하자면, 북극에 있는 한기의 세력이 강한 겨울에는 한대 전선 및 열대 수렴대가 남하하고, 이와 반대로 여름에는 북상한다. 앞에서 언급한 한대 전선 및 열대 수렴대의 위도 중에서 낮은 쪽이 겨울, 높은 쪽이 여름에 가깝다. 그러나 지구상에는 1년 중 어떤 계절에도 한대 전선 및 열대 수렴대가 영향을 미치지 않는 지역이 있다. 이러한 지역에는 비가 적게 내리고, 사막이 생긴다. 바그다드를 대표로 하는 메소포타미아에 비가 적은 것은 이 때문이다.

위도 23.5°의 주변을 북회귀선 및 남회귀선이라고 부른다. 이 부근의 위도를 중심으로 하는 대상帶狀의 부분이, 한대 전선 및 열대 수렴대가 어떤 계절에도 영향을 미치지 않아 강수량이 적은 지역이다. 세계의 사막 대부분이 북회귀선

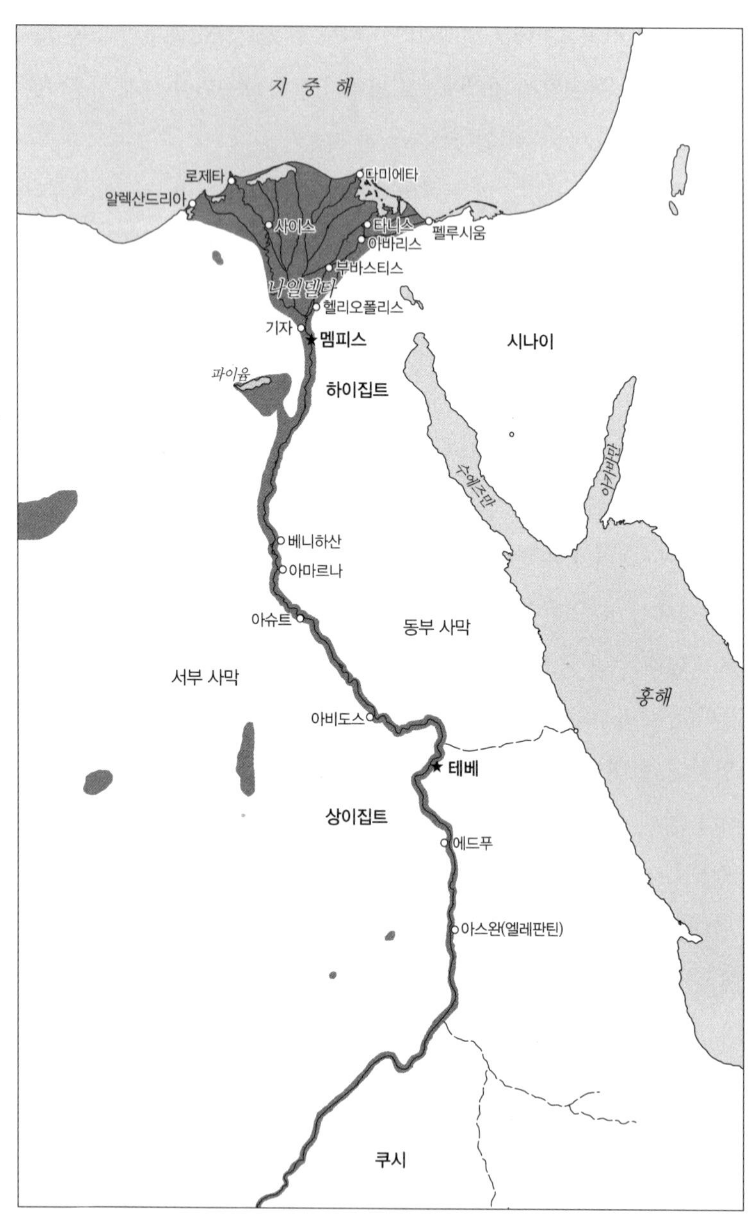

그림 15
고대 이집트의 지리적 환경

과 남회귀선의 위도 중심으로 많은 것도 이 때문이다. 우리가 지금 여기서 살펴보고 있는 메소포타미아의 사막이 바로 그 좋은 예이다. 그러나 역사 시대를 통해 항상 이 지역들이 건조했었느냐 하면, 그렇지가 않다. 예를 들면 기온이 현재보다도 높았던 기후 최적기에는 적도의 세력이 강하게 되고, 북반구에서는 한대 전선 및 열대 수렴대가 북상하여, 이 중에서 열대 수렴대가 이 지역들에 비를 가져다준다. 또 기온이 현재보다도 낮았던 빙기에는 극의 세력이 강해져, 북반구에서는 한대 전선 및 열대 수렴대가 남하하고, 이 중에서 한대 전선이 이 지역에 비를 가져다준다. 결국, 이 지역들은 현재가 최저 강우량의 상태이며, 현재보다 기온이 높아지면 남쪽에서 올라오는 열대 수렴대가, 낮아지면 북쪽에서 내려오는 한대 전선이 이 지역들에 비를 가져다준다.

하란으로부터 아브라함 일행이 남하하게 된 이유를 기후 변화에서 찾자면, 기후 최적기를 지나면서 기온이 점차 내려가기 시작했다는 것이다. 기온이 높았을 때는 적도 수렴대가 북상하여, 그로 인한 비가 이 부근을 적셨다. 그러나 기온이 내려가 열대 수렴대가 남하하면, 이 부근은 건조하게 된다. 남하하는 열대 수렴대의 비를 좇아 아브라함과 그 자손들은 가나안 땅, 그리고 더 나아가 이집트로 간 것이 아닐까?

이집트의 지리적 환경

고대 그리스 역사가 헤로도토스는 "이집트는 나일의 선물"이라고 말했지만, 최근은 이런 말투가 그리스적인 오만함이라는 것으로, "이집트는 이집트인의 선물이다"라고 말하는 이집트학자가 있다. 어쨌든 실제 이집트 문명은 나일강이 없었으면 성립되지 않았을 것이다.

이집트의 첫 번째 특징은 거의 치수治水를 하지 않았다는 사실이다. 제방과 댐이라는 것을 만들지 않고, 매년 여름철 4개월간 강이 범람하도록 내버려 두었다. 물론 연못을 만들고, 호수에 운하를 도중에 끌어들이기도 하여 물을 저장해둔 경우는 있었지만, 나일강이 범람하지 않도록 하여 경작지를 보호한다든지 하는 정치적인 노력은 없었다. 치수를 하려고 했으면 길이가 남북 1,500km 정도로 길지만 강력한 왕권이 있었기 때문에 불가능하지는 않았을 것이다.

나일강의 범람은 상류로부터 운반해 온 비옥한 토양을 녹지 및 경작지에 침전시켜 토지를 비옥하게 만들었다. 이런 자연 현상 덕분에 이집트에서는 수확을 안정적으로 올릴 수 있었다. 나일강의 발원지는 열대우림의 바로 옆에 있어 물의 공급은 항상 안정적이었다. 그리고 홍수로 토지의 경계가 전부 사라지기 때문에 그때마다 토지의 경계를 확정할 필요가 있었으며, 따라서 측량 기술을 향상시키는 한편, 매년 토지의 소유자를 재검토함으로써 왕권을 유지하는 방법이 생겼다. 고대 이집트인은 여러 의미에서 나일강의 범람을 잘 이용했던 것이다.■4

고대 이집트의 일 년은 세 계절로 나뉘는데, 홍수기인 아케트Akhet, 성장기인 페레트Peret, 그리고 수확기인 셰무Shemu이다. 이 중 7월부터 10월까지 4개월간의 홍수기인 아케트 계절에는, 인구의 99% 이상을 점하는 농민이 완전히 실업 상태가 되기에 그런 시기를 잘 이용하여 피라미드, 신전, 운하를 만드는 등 인프라를 정비하거나 상징적인 사업을 벌였다. 홍수라는, 일반적으로는 나라에 결코 도움이 되지 않는 자연 현상을 정치 수단으로 잘 활용했기 때문에, 당시 권력자를 지탱하는 관료 조직이 상당히 현명한 수완을 발휘했다고도 할 수 있다. 따라서 나일강이 없었으면 이집트 문명은 존재하지 않았을 것이다.

그런데 홍수라니까 엄청나게 많은 물이 하천을 통해 갑자기 흘러내릴 것 같지만, 나일강의 경우는 다르다. 나일강의 수위는 5월 정도부터 조금씩 불었다가, 가을이 되면 점차 내려간다. 따라서 홍수라는 표현보다는 강 수위의 계절적 변화폭이 커져 범람하는 상태라고 해야 된다. 범람의 시기는 매년 정기적으로 정해지고, 물은 서서히 증가한다. 게다가 태양과 시리우스 별이 함께 동쪽에서 떠오르는 이른바 헬리어컬 라이징heliacal rising이 그 신호가 되는데, 누구나 확인할 수 있었다. 이때가 파종(씨뿌리기)의 계절이다. 이집트는 여름철이 범람기이기에 가을에 씨를 뿌려 겨울에 수확한다. 작물의 중심은 보리다. 여름철에 나일강이 범람한다니까 여름에 비가 많이 내릴 것이라고 생각하기 쉽지만, 여름에는 이집트에 비가 전혀 오지 않는다. 상류에서 봄에 비가 내리고 여름에 물이 하류로 운반되는 물의 순환이 범람의 원인이다.

나일강이 흐르는 지역은 기후적인 특성에 따라 네 지대로 나눌 수 있다. 첫째, 동아프리카 호수 고원East Africa Lake Plateau으로 적도상에 있어 비가 많이 내리는 지대이며, 둘째, 수단Sudan으로 여름이 우기이며 중~저의 강우량을 가지는 지대다. 셋째는 아비시니아 고원Abyssinian Plateau으로 여름에 많은 몬순 강우가 특징이고, 마지막으로 건조하여 강우가 전혀 없는 사하라Sahara 사막이다. 우리가 흔히 나일강이라 부르지만, 그 수원水源에 따라 셋으로 구별하여야 한다.■5 먼저 백나일로부터 운반되는 수량(초당 m^3)은 동아프리카 호수 고원을 출발해서 3월 최저 1,110m^3, 9월에 1,780m^3의 수량을 보이지만 습지인 수단 동부 지역을 계속 지나면서 수량을 잃어버리고, 하류로 내려오면서 4월에는 380m^3, 11월은 1,040m^3에 그친다. 한편, 청나일은 아비시니아고원에서 출발하여 도중에 습지가 없기 때문에 수량을 잃어버리지 않는다. 오히려 때때로 산지에서의 눈 녹은 물이 추가되어 늘어난다. 3~5월에 최저인 170~190m^3에 불과하지만 9월에는 급증하여 최대 7,580m^3를 보이기도 한다. 그리고 또 하나의 수원이 있는데 나일의 유일한 지류인 아트바라Atbara강이다. 이 강은 청나일과 마찬가지로 아비시니아 고원에서 출발해, 경로가 청나일과 비슷하다. 11월에서 7월까지의 건기에는 물이 흐르지 않는 간헐천으로 9월이 되면 최대 1,950m^3의 수량을 보인다. 1년을 기준으로 보면 나일강의 수량 증가는 처음에는 백나일에 의한 것이지만 점차 청나일의 영향을 받는다. 청나일이 완전 범람하여 내려오면 백나일 계곡의 물들은 흐르지 못하고 막혀버리기 때문에 나일 범람에 백나일은 큰 역할을 하지 못한다. 따라서 고대 이집트에서 나일강이라고 하면, 적도 아래에 기원이 있는 본류 백나일강이 아니라, 에티오피아에서 발원하는 청나일이라고 으레 정해져 있었다. 청나일의 물은 아비시니아 고원에 내리는 몬순의 비가 근원이다. 나일의 수위는 매년 이 몬순의 발달 강약에 의해 불규칙하게 변동해 왔으나, 수원이 고갈되는 경우는 없다. 몬순의 발생을 잠시 알아보면, 커다란 히말라야 산맥이 남북 대기의 순조로운 열교환을 방해하여 기압 경도력■6이 크게 되는 것이 몬순 발달의 원인이고, 히말라야산맥이 만들어지기 시작된 지금으로부터 250만~1500만 년 전 이후에 활발하게 되었다.

메소포타미아는 티그리스강과 유프라테스강의 유역 전체를 가리키는 말이다. 이에 비해 이집트의 경우는 나일강의 전장 6,700km 중의 1,500km 부분만이 이집트를 흐르고 있고, 아스완으로부터 지중해 사이의 고저차가 거의 없이 평평한 구간을 이집트의 나일강이라 생각해도 좋을 것이다. 나일강 전체를 얘기하게 되면, 상류의 빅토리아호라든지 타나호의 주변으로부터 낙차가 큰 장소를 낙하하여 가는 장소와, 그로부터 사이드Sa'id 지대라고 하는 우묵해서 물이 흐르기 어려운 지대와, 다시 하류의 이집트 영역이라고 하는 세 개의 부분에 대해 이야기하지 않으면 알기 어렵다. 따라서 나일강이 이집트라는 표현은 이집트 영역에 있는 나일강이 이집트인 것이지, 나일강의 6,700km 전부가 이집트라는 뜻은 아니다. 어쨌든 이집트의 존재는 나일강을 빼놓고는 있을 수 없다.

나일강은 세계 최장이며 그 유역 면적은 아프리카 대륙의 10분의 1에 이른다. 20세기 중반 미국의 저널리스트이자 작가인 존 간서는 그의 저서 《인사이드 아프리카》■7에서 나일강에 대해 이렇게 썼다. "세계에서 가장 고독하고 자급자족이 가장 강력한 강" 그리고 "이 강이 없으면 나라 전체가 죽고 말 것이다." 또한 그는 이 강의 원천에 대해서도 거침없이 써내려갔다. "이 격렬한 탁류의 세찬 흐름도, 원래는 콩고의 하늘이었다고 돌이켜 볼 정도로 인상깊지는 않다. 그 성품은?… 인도양과 남대서양의 강우였던 것이다." 지리학자가 아닌 간서의 표현이 그저 시적인 표현만은 아니다.

나일강의 기원을 얘기할 때, 역사를 거슬러 올라가면, 의외로 커다란 변화가 있었음에 놀란다. 인류 탄생 전에는 나일강이 지금보다 훨씬 서쪽에 치우친 경로를 가지고 있었던 것 같다. 중류의 아슈트Asyut 부근에서부터 북서로 향하는 하도가 위성 사진의 화상 분석에서 알려졌다. 룩소르 부근에서는 서에서 동으로 움직이고 있다. 상류 쪽은 아직 잘 모르지만, 현재의 나일강과 평행하게, 약 400km 서쪽의 리비아 모래 바다 아래에 역시 위성 화상으로 커다란 강의 흔적이 확인되고 있다.

미국 고고학의 중진이며 지형학자인 버처는 아슈트 부근의 나일 하곡의 지질을 조사하여, 나일 백성의 생활 기반인 충적 평야(범람원)의 기원이 기껏해야 수천 년 전 이후에 성립되었음을 밝혔다.[■8] 현재의 나일 계곡은 해발 고도 200m의 등고선에 의해 그려지는 요지凹地 속을 흘러내리고 있다. 그리고 나일강이 이 경로를 잡기 시작한 것은, 1만 3000년 이후라는 것이 최근 확인되었다.

백나일의 경우, 빅토리아호로부터 흘러넘친 물이 수원이 되고 있지만, 그 유량과 경로도 상당히 큰 폭으로 변화하고 있다. 그것은 초기의 인류 진화, 게다가 고대 문명의 발달과도 관계해 왔고, 거의 닫힌 지중해 해수의 화학 조성에도 영향을 미쳐 왔다. 또 빅토리아호에 서식하는 어족魚族과 같은 고유종의 진화, 발전과도 관계가 있음이 알려져 왔다. 현재 나일의 수원이 빅토리아호라고 판명된 것은, 19세기 탐험가들의 노력 덕분이다. 그러면, 나일강이 그 빅토리아호를 수원으로 하여 출발한 것은 언제부터일까?

탈보트와 그 동료들은 나일 강변에 퇴적되어 있는 오랜 시대의 하성 퇴적물 속의 어류 화석과 조개 화석을 발굴하여, 스트론튬Sr 동위 원소 조성을 측정했다.[■9] 그 결과 빅토리아호의 물은 호수 특유의 스트론튬 동위 원소비를 가지고 있다. 거기서 앞의 화석 속에 그와 동일한 조성이 있는가를 살펴본 것이다.

만약 동일한 것이 발견되면, 그 화석을 포함한 퇴적물의 지질연대가 나일강의 기원을 제공하게 된다. 탈보트 등이 얻은 연대는 1만 3000년 이후라는 것이다. 결국 현재 나일강의 협의의 기원은 1만 년 정도였다.

지금으로부터 약 2500년 전 그리스인들은 여름철에 자신들의 모든 강이 숨을 멈추려 할 때 나일강만이 왜 넘치도록 탁수를 운반하고 작열하는 대지를 치유하는지 도무지 이해할 수 없었다. 나일이 출발한 그곳을 몰랐기 때문이다.

가나안(시리아-팔레스타인)의 지리적 환경

지중해와 시리아–아라비아 사막 사이에 놓인 가나안 지역■[10]은 아프리카(이집트)에서 메소포타미아와 아나톨리아로, 지중해를 거쳐 유럽으로, 아라비아 반도를 가로질러 더 먼 아시아 지역으로, 또는 그 반대 방향으로 움직일 수 있는 매우 중요한 교차로다. 지중해 동부 해안을 끼고 올라가는 가장 중요한 도로인 '해변길Via Maris'과 요르단 동편의 고원 지대를 관통하여 아라비아 사막과 다마스쿠스를 잇는 '임금의 큰길King's Highway'은 모두 이 지역을 가로지르는 대표적인 국제 도로였다. 이곳에 있었던 고대 이스라엘의 역사는 한 민족의 개별 역사가 아니라 근동 전체를 배경으로 이루어진 제국의 역사와 긴밀하게 연결되었다.

가나안은 지형상 수십 군데로 나눠져 있어 지역이 통합되기보다 개별 지역의 특성이 다양하게 존재했다. 그러다 보니 넓지 않은 지역에 여러 나라가 경쟁했다. 게다가 천연자원도 빈약하여 전반적인 물질 문화 수준이 상당히 낮았다. 농업도 비에만 의존했기에 10년에 3~4년은 불규칙한 강우나 가뭄, 우박 등으로 고통받았다. 가나안의 농업 위험도는 보통 이상으로 평가된다. 그래서 목축과 과수를 겸하는 혼합 농경을 해야 생존할 수 있었다. 농업에서 나오는 잉여가 크지 않으므로 국가의 부는 국제 교역을 통해 얻을 수 있었다. 교역을 하려면 주변 국가들과의 유대가 중요했고, 특히 가나안 지역에서 핵심적인 해외 교역 창구였던 페니키아와의 관계가 매우 중요했다.

가나안의 지형을 개괄해 보면 그 중앙부에 있는 사해를 통과해 거의 남북으로, 사해단층이라 불리는 단층이 달리고 있다. 단층을 따른 움직임은 좌수향형左手向型이다. 좌수향형 단층이라는 것은 단층의 이쪽에 서서 저쪽의 지면 움직임을 봤을 때, 그 움직임이 단층을 따라 왼쪽 방향이다. 일반적으로 말해, 단층을 따라 일어나는 이러한 움직임이 지진의 원인이 된다. 따라서 여리고를 포함한 사해 부근에서 일어난 지진은 이 사해단층을 따라 일어난 지면의 움직임이다.

좀 더 커다란 규모로 보아도, 이 부근은 어떻게든 지진이 일어날 것 같은 지역이다. 에티오피아 고지로부터 출발하여 세 방향으로 달리는 커다란 지구의 균열이 있다. 거기에서 남쪽을 향해 달리는 아프리카 대지구대, 동쪽을 향해 달라는 아덴만의 균열, 북쪽을 향해 달리는 홍해의 균열이다. 아프리카 대지구대의 균열에 의해 아프리카가 동서로 분리되고 있다. 또 아덴만 쪽의 균열과 홍해 쪽 균열이 열려서 아라비아 반도가 아프리카로부터 멀어지고 있다. 이것은 모두 현재 일어나고 있는 대륙 이동이다. 홍해 북쪽에는 시나이 반도가 있고, 그 시나이 반도의 동쪽 끝을 따라 아카바만이 북을 향해 달린다. 그 연장상에 사해가 있다고 해도 좋다. 아라비아 반도가 아프리카로부터 멀어져 가고 있는 운동과 관계하여, 사해단층을 따라 일어나는 움직임이 좌수향형으로 되어 있는 것이다. 아덴만도, 홍해도 아카바만도 사해도, 이러한 대륙 이동과 관계하여 새롭게 만들어져가는 바다이다.

가나안 지역은 매우 좁은 땅(한반도의 12% 정도)이지만 서로 다른 여섯 가지 지형대, 즉 해안평야, 갈릴리 산악 지대, 중앙 산악 지대, 요르단 지구대, 동부 산악 지대, 네겝 등으로 구분되어 각각 고유한 특성을 나타낸다.

해안 평야는 지중해와 붙어 있는 길이 270km 해안 지역이다. 전형적인 충적토라 농경과 목축이 활발했다. 또 가장 중요한 국제 교역로인 해변길이 지나가

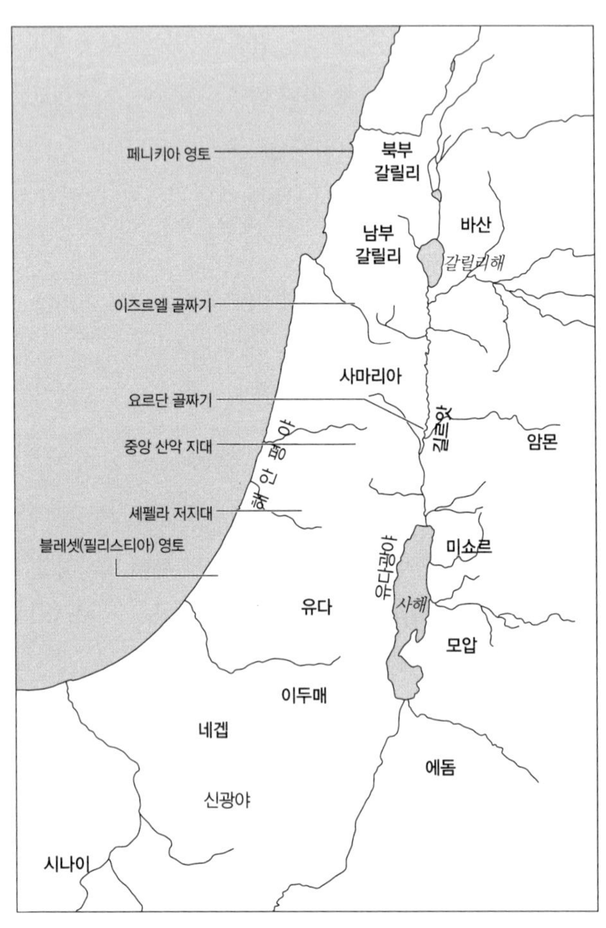

그림 16

가나안의 지리적 환경

예전부터 인구가 밀집되었다. 가나안에서 가장 많은 사람들이 정착하여 농경 생활을 하였으며, 이스라엘 역사의 초기에는 블레셋(필리스티아)인과 가나안인이 이곳 성읍들을 중심으로 거주하였다. 다윗 시대에 처음으로 가나안인이 거주하던 해안 평야를 이스라엘이 점령하였다. 기원전 1만 년경에 이 해안 평야는 현재보다 더 넓었으나, 기원전 8000년경에 이미 그 면적이 급격하게 좁아졌다. 이스라엘 네겝 사막에 있는 건조지대연구소의 블로흐는, 기원전 9000년경 여리고Jericho에 세계 최초의 '도시'가 출현한 것이 해수면이 급격히 상승하여 해안 평야가 침수되기 시작한 것과 시기가 거의 일치한다고 지적했다.

갈릴리 산악 지대는 가나안 북부 지역으로, 북쪽은 해발 1,000m 이상의 높은 산악 지대로 인구가 희박했다. 반면에 남쪽은 산이 낮고 들이 넓은 평원이라 가나안 전역에서 가장 비옥했다. 특히 갈릴리와 중앙 산악 지대 사이에 있는 이즈르엘 골짜기는 최대의 곡창 지대이면서 해안 평야와 요르단 지구대를 잇는 유일한 교통로라 전략적 요충지로 꼽혔다. 그래서 이곳을 차지하기 위해 다툼이 치열했다. 이즈르엘 골짜기 남단부터 헤브론까지 145km에 달하는 중앙 산악 지대(해발 500~700m)가 이어진다. 세겜과 사마리아, 벧엘이 속한 에브라임 산악 지대는 비옥한 골짜기가 여럿 있어 소출이 많고 교통이 편했다. 예루살렘(해발 762m)과 헤브론(해발 914m)이 속한 유다 산악 지대는 산세도 험하고 토질이 좋지 않아 목축이 발달했다(주로 석회암 지대). 산악 지대의 능선을 따라 세겜-예루살렘-헤브론-브엘세바로 이어지는 내륙 도로가 중요했다. 유다 산악 지대의 서쪽 구릉 지역을 세펠라('낮은 땅'이란 뜻으로 해발 200~300m)라 부른다. 골짜기가 많고 비옥한 지역이라 평야 지대와 산악 지대 주민 간의 충돌과 전쟁이 잦았다. 이곳에 라기스 등 중요한 성읍이 여럿 있었다. 고대 이스라엘 역사의 핵심 무대는 중앙 산악 지대이다. 왕정 시대에 평야 지대까지 다 차지한 뒤에도 큼직한 역사적 사건들이 벌어진 곳이 이스라엘과 유다 왕국의 수도와 주요 성읍이 위치한 중앙 산악 지대였다.

요르단 지구대에는 아프로-아라비아 지구대(터키 남동부에서 아카바만까지, 홍해 남단에서 모잠비크까지 길이 총 6,500km, 폭 50km)의 북단인 요르단 협곡 지대가 놓여 있다. 헤르몬산(해발 2,814m)에서 흘러내리는 물이 파니아스를 거쳐 훌레 호수, 갈릴리 호수, 요르단강과 사해로 이어진다. 사해 북단의 여리고 주변은 가나안에서 가장 먼저 사람이 정착한 뒤 줄곧 주민들이 거주했으나 역사의 무대에서는 비껴 있었다. 동부 산악 지대는 요르단 동편의 건조한 산악 고원 지대인데, 여러 강으로 지역이 나뉜다. 제일 북쪽이 목축으로 유명한 바산, 야르묵강 이남이 길르앗, 얍복강 이남이 암몬, 아르논강 이남이 모압, 제레드강 남쪽이 에돔 땅이다. 이스라엘 민족과 비슷한 시기에 정착한 암몬, 모압, 에돔족이 이 지역에 줄곧 거주했으며, 이스라엘과 유다 왕국은 이들을 지배하려고 여러 차례 싸웠다. 네겝은 가나안 남부로 매우 건조한 광야와 사막 지대이다. 오아시스(가데스 바네아)와 계절 하천인 와디 근처에서나 초목을 볼 수 있다. 유다 왕국의 영토인 이 일대는 유목민이나 대상들의 교역로로 쓰였는데, 유다 왕국 후기에 본격적인 정착이 이루어졌다.

가나안은 좁은 땅이지만 서쪽의 지중해, 동남쪽의 아라비아-사하라 사막 지대, 북쪽의 이란-우랄알타이 스텝 지대의 영향을 받아, 여러 기후대의 모습을 보인다. 가나안 대부분은 지중해 기후대에 속하며 삼림이 우거지고 관개 없이 자연 농법이 가능할 정도로 비가 내린다. 반면에 네겝의 북부 브엘세바 주변은 건조한 스텝 기후대로 강수량이 적어 목축과 건지 농업만 가능하다. 네겝의 남부는 아열대 건조 기후대라 강우량이 매우 적어 관개 없이는 농사를 지을 수 없어 장기 거주를 할 수 없었다. 동아프리카 지구대의 여리고 주변은 아열대 기후대에 속해 날씨가 온화하고 열대작물이 잘 된다.

연중 기후는 건기와 우기로 뚜렷이 나뉜다. 5월부터 10월에 해당하는 건기는 시리아 사막에서 뜨겁고 건조한 모래바람이 불어오면서 시작된다. 낮에는 뜨겁고(30~35℃) 밤에는 서늘하다(일교차 10℃ 정도). 반면에 11월부터 3월에 해당하는 우기에는 이른 비부터 늦은 비까지 비가 많이 내려 곡식이 잘 자란다. 지중해 쪽에서 오는 차고 습기가 많은 열대성 저기압(한랭 전선)이 사하라에서 올라오는 고기압의 온난 전선, 중앙아시아에서 밀려오는 고기압과 부딪쳐 비가 쏟아진다. 이른 비가 오는 11월에 보리와 밀을 파종하여 보리와 아마는 3~4월에, 밀은 5~6월에 수확한다. 우기인 1~2월의 최저기온은 6~7℃로 떨어져 춥다.

가나안에는 큰 강이 없고 지형의 높낮이가 심해 관개 농업을 할 수 없어서 강우량은 농업 생산량에 결정적인 영향을 미쳤다. 북서쪽에서 불어오는 몬순 계절풍의 습도가 높아 지표면이 냉각되는 밤에 일교차로 인해 이슬이 많이 내린다(해안 평야에는 연간 250일, 중앙 산악 지대의 경우 150~180일). 이슬은 포도 같은 여름 작물이 익는 데 중요하다. 환절기는 대략 6주 정도로 매우 짧은데(3월 하순~5월 초; 9월 중순~10월 말) 보리와 밀, 포도 수확을 기념하는 이스라엘의 축제인 무교절, 추수절, 초막절이 모두 이 기간에 열린다.

엑소더스의 기록 시기

성경은 언제 기록되었나

엑소더스에 대한 사실 여부를 어떻게 볼 것인가에 대해 수많은 논쟁이 있었고 지금도 진행 중이다. 이집트에서 이스라엘 자손들이 빠져나온 흔적이 거의 없다는 것이 논란의 출발점이고, 결국 엑소더스 이야기에는 역사성이 없다는 것이다. 한 종교의 경전이 모든 역사적 사실을 기록해야 할 의무는 없다. 그런데 성경에 기록된 내용 이외에 어떤 다른 형태의 기록물이나 유물도 나오지 않는다면, 그 내용의 진위에 대해 의문이 생기는 것은 당연하다. 그래서 여기서는 그 의문을 풀기 위해 엑소더스가 기록되어 있는 성경이 언제 쓰인 것인지, 그리고 엑소더스에 기록된 내용들이 검증할 만한 것인지에 대해 살펴보기로 한다.■1

엑소더스 이야기가 기록된 성경의 출애굽기(공동번역 성경에서는 탈출기)는 창세기, 레위기, 민수기, 및 신명기와 더불어 모세오경Pentateuch이라 부른다. 그런데 모세오경의 저자로 모세를 지적하는 것은 성경을 읽어본 사람이라면 당장에 고개가 갸우뚱해진다. 모세 스스로 기록했다는 내용이 전혀 없을뿐더러 문장 구조에서도 모세는 집필자의 위치가 아니기 때문이다. 그런데도 모세를 저자로 생각하는 이유는 성경을 신앙의 경전으로 생각하는 이스라엘 자손들의 사상에서 모세는 너무나도 중요한 위치에 있기 때문이다.

모세오경에 대한 최종적인 편집이 완료된 것은 기원전 3세기 무렵으로 추정된다. 최종적인 편집이란 말은 그 내용에 대한 집필과 편집 과정이 여러 차례 있었다는 의미이고, 그 과정에서 내용이나 표현에 개선이 있었을 가능성을 포함한다. 구체적으로 들어가기 전에 알아 둘 것은, 현재 책의 형태로 되어 있는 모세오경은 원래는 입으로 전해지던 구두 전승의 형태였는데 그것이 문자를 사용하게 되면서 두루마리 형태의 기록물로 만들어져 보관되었다가, 현재의 책과 같은 형태가 되었다는 것이다. 그리고 구약성경의 말과 글의 역사를 온전히 추적하는 것은 너무나도 어렵다는 것이다.

구두 전승의 전통은 특히 유대교에서 아직도 강하게 남아 있다. 사실 구약성경의 내용은 유대교, 기독교, 그리고 이슬람교에서 공유하는 부분이 상당하다. 이슬람교의 경우 조금 다른 내용들로 채워져 있어 예외이긴 하나, 유대교와 기독교는 거의 같은 구약성경을 경전으로 삼는다. 다만, 유대교는 구약성경 이외에도 전통적으로 사용하는 미슈나, 탈무드 같은 책들이 구약성경에 나오지 않는 내용들을 설명하면서 마치 경전과 대등한 취급을 받는다. 이는 랍비라 불리는 유대교의 선생들이 말을 매개로 하여 그 민족을 가르쳐 온 오랜 전통에서 원인을 찾을 수 있다. 유대교에서는 말의 전승이 글에 못지않다는 의미다. 그러기에 구약성경이 언제 글로 쓰였는가는 유대교인들에게는 별로 중요한 일이 아닐지 모른다. 글로 쓰인 책 이전에 이미 말로 전해져 내려오던 것이 있고, 또한 그것이 언제 얘기된 것이냐 보다는 어떤 내용이냐를 더 중시하기 때문이다.

구약성경의 집필 연대는 크게 두 가지 의견으로 나뉘는데, 그 대립되는 의견들을 이해하려면 이스라엘의 역사를 조금 알아야 한다. 특히 기원전 6세기 전후의 역사를 잘 살펴보아야 하고 필요에 따라서는 그보다 수백 년 정도는 더 거슬러 올라가야 한다.

성경에 문외한이라 할지라도 알 만한 이야기 중 하나가 다윗과 골리앗의 싸움으로 유명한 다윗왕의 이야기다. 고대 이스라엘의 왕의 계보는 사울에서부터 출발하지만, 대략 기원전 1010년경에 다윗이 통일된 이스라엘 왕국의 왕이 되었다. 다윗과 그 아들 솔로몬이 왕이었을 때가 이스라엘 자손들에게 가장 영화로웠던 시절이었다. 그리고 그 세월이 오래 지속되었더라면 야훼■2가 이스라엘의 선조 아브라함에게 약속한 그 약속이 온전히 이루어졌다고 믿었을지도 모른다. 하지만 솔로몬이 죽고 난 후, 그 나라는 남과 북 양쪽으로 갈라져, 남유다와 북이스라엘이란 두 개의 나라가 존재했다고 성경은 기록하고 있다. 그런데 유다라는 지명은 페르시아 시대 때 그 지역을 예후디Yehudi로 부르면서 생겨난 이름이기에 당시에 어떻게 불렸는지는 사실 알 도리가 없다. 하여간 남과 북 두 개의 왕국은 서로 싸우기도 하고 화친하기도 하면서 세월이 흘렀다.

이 시기에 메소포타미아와 팔레스타인 그리고 이집트의 정치 역학적인 관계를 보자면 마치 중국 전국 시대의 합종연횡을 생각나게 한다. 북쪽의 아시리아와 신바빌로니아, 그리고 남쪽의 이집트 사이에 끼어 있는 가나안의 힘없는 두 왕국이 어느 쪽에 붙느냐에 따라 운명이 바뀌곤 했다. 그러다 북쪽에서 강성해진 아시리아가 먼저 북이스라엘을 멸망시킨다. 그러자 많은 북이스라엘의 난민들이 남유다 쪽으로 흘러들어 왔다. 두 개의 왕국이었지만 북쪽은 메소포타미아의 영향을 받은 탓인지 도시화되고, 문화적으로 성숙했으나, 남쪽은 조금 낙후된 작은 나라에 지나지 않았다. 이때가 기원전 8세기 말에서 7세기에 접어들던 때다. 당시 남유다의 왕이 히스기야 왕이었는데, 그는 북이스라엘의 난민들을 모으고 두 개의 왕국을 하나로 만들어 다윗과 솔로몬의 영화를 재현하고자 했다. 그러기 위해 종교적인 일체감이 필요했고, 그래서 전승으로 내려오던 신앙을 글로 남기고자 했던 것 같다. 즉 히스기야의 시대에 성경의 기초 자료들을 모으고 편집하기 시작했다는 관점이 있다. 그리고 히스기야보다 조금 후인 기원전 7세기 중반에 요시야 왕이 등장하는데, 이 시기에 성전에서 율법의 두루마리가 발견된다.

성경 열왕기하 22장에는 대제사장 힐기야가 성전에서 율법책을 발견하였다는 기록이 나온다. '책'이라 번역되어 있지만 실상은 요즘 우리가 아는 책(코덱스 codex)의 형태가 아니라 두루마리 형태이다. 양면에 글을 써놓은 종이들을 한데 묶어 만든 코덱스라는 형태는 서기 1세기에 처음 출현하여 4세기에 보편화되었다. 그러나 성경은 원래 각 권을 기록한 두루마리들을 모아 놓은 것이다. 두루마리로 제작된 율법이 발견된 때가 요시야 왕 십팔 년의 일이니까 기원전 약 624년의 일이다. 따라서 여기서 알 수 있는 것은 율법의 두루마리는 기원전 7세기 이전에 이미 문자로 쓰여 있었다는 얘기다.

고대 근동에서 문자의 사용은 기원전 11세기 후반에 널리 확산되기 시작했다. 시리아 북쪽의 지중해 해안에 있었던 우가리트라는 고대 도시에서 알파벳이 처음으로 사용되어, '우가리트어'라고 불리게 되었다. 우가리트 이외의 도시에서도 이 문자 체계가 사용되었는데, 실제로 가나안의 여러 도시에서 설형 문자 알파벳이 새겨진 점토판이 사용되었으며, 이 알파벳 문자는 지금의 가나안(시리아-팔레스타인) 지역에서도 사용되었음이 분명하다. 그런데 당시의 문자를 읽고 쓰는 사람들은 아주 소수에 불과했고, 그들은 '서기관'이란 직책으로 도시국가의 중요한 요직을 담당하고 있었다.

기원전 10세기에서 기원전 7세기에 이르는 기간 동안 아시리아 제국이 메소포타미아와 가나안 지역 그리고 나중에 이집트까지 점령하면서 가장 중요하게 생각한 것은 바로 '언어의 병합'이었다. 아시리아인들은 복잡하고 어려운 자신들의 언어인 아카드어를 대신하여 보다 쉽게 습득하고 쓸 수 있는 알파벳, 즉 아람어를 제국 전역에 걸쳐 사용토록 하였으며, 이는 곧 고대 근동 지역에서 문자와 글이 널리 퍼지는 계기가 되었다. 아카드어와 아람어는 상당히 다른 언어였지만, 기원전 10세기경의 아람어는 같은 서부 셈어 계통의 알파벳(페니키아어, 히브리어)과 구분이 어려울 정도로 유사하고, 우가리트어 역시 성경의 히브리어와 매우 비슷했다.

모세오경이 언제 기록되었는지에 대한 논란은 아직도 진행형이다. 모세오경 관련 문헌의 연대는 기원전 10세기부터 기원전 3세기까지 그 범위가 넓은데, 다섯 권의 연대를 추정할 만한 객관적인 기준이 거의 없기 때문이다. 그런데 모세오경의 원형이 기원전 8세기 후반, 예언자 이사야와 유다 왕 히스기야의 시기에 이르러 모양새를 갖추기 시작했을 것으로 생각된다. 성경의 잠언 25장 1절에 "이것도 솔로몬의 잠언이요 유다 왕 히스기야의 신하들이 편집한 것이니라"라는 구절은 분명하게도 히스기야 왕의 시기에 잠언이 기록 형태로 존재했으며, 일부 편집되었음을 가리키고 있다. 따라서 히스기야 왕은 그 이전까지의 역사서 기록을 비롯하여, 제사장들과 예언자들의 전승을 수집하고 기록 내지 편집했다고 생각할 수 있다.

히스기야 왕의 시기에 모세오경에 대한 다양한 자료가 수집되고 편집되었다면, 요시야 왕의 시기(기원전 7세기 중후반)는 글의 혁명이 일어났던 때다. 요시야 왕이 일으킨 종교혁명은 문자문화의 확산이란 당시의 시대적 추세에 영향을 받았다. 즉, 글의 확산은 성경이 기록되는 데 결정적인 역할을 한 것이다. 요시야 왕은 당시까지의 구두 전승의 권위에서 글로 쓰인 성경으로 권위를 이양하려는 노력을 했다. 특히 모세오경의 마지막 권인 신명기의 율법을 왕권 위에 위치시킴으로써 자신의 종교적 개혁을 완성했다. 이 장면은 성경이라는 기록된 글이 예언자들과 구두 전승을 대체하는 혁명적인 사건이었다.

성경에서 야훼의 말씀을 기록하는 처음이자 유일한 장면은 예레미야 36장에 나온다. 시기는 요시야의 아들 여호야김 4년이다(기원전 약 606년경). 야훼는 예레미아에게 두루마리 위에 기록하라고 명령하시고, 예레미야는 서기관 바룩에게 자신의 구전대로 야훼의 말씀을 기록하게 한다. 다만, 기록 대상은 "요시야의 날로부터 오늘까지 이스라엘과 유다와 열방에 대하여 나의 네게 이른 모든 말"이다. 요시야 왕 이전의 야훼 말씀은 기록 대상이 아니라는 것이고, 따라서 그 이전의 말씀은 구전되어 오던 상태로 변함이 없다. 이는 구두 전승의 전통에서 기록으로 넘어가는 상당히 중요한 의미를 내포하고 있으며, 구두 전승된 모세오경의 원형은 그 이전일 것이나, 문자로의 기록은 기원전 7세기 후반부터 시작되었음을 뜻하는 것이다.

한편 성경의 기록이 이스라엘의 하스몬 왕조(기원전 167~기원전 63년) 때라는 주장은 이전 세대가 가장 선호했던 것이었지만, 사해사본이 발견되면서 더이상 고개를 들지 못한다. 사해사본은 성경 사본의 연대를 기원전 3세기 중엽으로 끌어올렸다. 특히 기원전 2세기의 히브리어는 이미 성경에 쓰인 히브리어와는 상당히 달라져 있었다.

흔히 '잃어버린 고리'라 부르는 중간 단계의 소실은 증거가 없을 수도, 아니면 발견되지 않았을 수도 있는 애매한 경우를 일컫는다. 나는 성경이 역사서가 아님에도 불구하고 잃어버린 고리를 근거로 하여 참과 거짓으로 나누는 방식을 과학자로서 선호하지 않는다. 그리고 또 하나, 고리를 설정한 애당초 전제가 잘못되었을 수도 있다. 특히 고고학적 발굴 조사의 범위와 기간이 늘어나면 새로운 발견이 드러날 수도 있고, 전제로 삼은 시간과 공간의 축이 잘못되었을 수도 있기 때문이다.

성경의 역사성

성경의 역사성을 보여 주는 사례를 성경 내에서 찾는다면 우선 열왕기상 14장의 내용이다. "르호보암 왕 제오 년에 애굽 왕 시삭(쇼센크 1세)이 올라와서 예루살렘을 치고"라는 이 표현은 기원전 925년경 이집트 파라오 쇼센크 1세가 예루살렘에 출정했던 때를 가리키는데 이집트의 카르나크 성전 벽에 기록되어 있는 출정기의 내용이다. 열왕기의 기록을 히스기야 왕 시기인 기원전 8세기 후반으로 보아도 그보다 200년 이전의 일을 기록하고 있으며, 그 원문이 구전인지 두루마리인지 알 수는 없으나 분명 기원전 10세기 초반의 역사적 사건을 담고 있는 것이다.

다음으로 기원전 9세기 중반에 모압 왕 메사가 모압에서 이스라엘 간섭을 물리친 후 30줄이 넘는 긴 비문을 새겼는데, 거기에 당시 이스라엘 왕이었던 오므리와 그 아들 아합이 등장한다. 열왕기상 16장의 본문에 남이스라엘의 왕인 오므리와 그 아들 아합을 지칭하는 것이다. 또 하나 1993~1995년 사이에 이스라엘 북부에 위치한 고대 도시 '단'에서 고고학자들이 돌로 만든 비문을 발견한다. '텔 단 석비'라 불리는 이 비문는 기원전 9세기 후반의 것으로 다메섹(다마스쿠스)을 다스리던 아람 왕 하사엘이 이 도시를 점령한 후 세운 것이며, 아람 왕이 고대 이스라엘의 두 왕국(북이스라엘과 남유다)을 쳐부순 승리를 기념하고 있다. 이 승리는 기원전 841년경에 있었던 이스라엘 장군 예후가 북왕국에서 일으킨 반란과 같은 시기에 일어났으며, 예후는 두 예언자 엘리야와 엘리사의 지지를 받았고, 또한 아람 왕 하사엘과 손을 잡고 반란을 일으킨 것으로 기록한 성경의 열왕기상 19장 15~18절의 내용과 일치한다.

이처럼 외국 왕들이 기원전 9세기에 기록한 모압의 비문(기원전 840년경)과 텔 단 석비(기원전 825년경)는 성경의 열왕기에 나오는 것과 동일한 사건을 말하고 있다. 내용의 정확성 여부를 떠나 외국의 비문과 성경 이야기가 동일한 인물과 역사적 사건을 다루고 있는 사실만큼은 논란의 여지가 없다. 또한 성경의 서술이 고대의 비문과 상통하는 것은 이스라엘 왕정 초기에도 성경의 출처가 된 자료들이 엄연히 존재했음을 뜻한다.

한편 후대의 기록에 관련된 문자의 문제를 살펴봐야 한다. 포로기 이전과 이후는 사용된 히브리어가 다르다는 것이 중요하다. 포로기 이전에 기록된 책들에 사용된 히브리어는 '고전 히브리어' 또는 '정통 성경 히브리어'라 불리고, 포로기 이후에 쓰인 책들에 사용된 히브리어는 '후기 성경 히브리어'라고 불린다.

사용 문자로 구분하면 대부분의 구약성경은 포로기 이전이며, 포로기 이후의 경우 에스라, 느헤미야, 다니엘, 에스더 정도가 그에 속한다.

앞에서 언급한 바와 같이 성경이 우리가 생각하는 '책'으로 탄생하기까지 여러 단계를 거쳤다. 맨 처음이 구두 전승이고, 다음이 문자화이며, 다양한 두루마리들이 나중에 정리되고 편집되었다. 또한 여러 언어로 번역되었으며, 결국에는 코덱스(책)의 형태로 제본되었다. 문자화되거나 편집되는 과정에서 일부 내용이 중복되고, 시대착오적인 표현이 들어가기도 하고, 번역되는 과정에서 글의 의미가 변형되기도 하였다. 그러나 구약성경은 역사서가 아니다. 이스라엘과 야훼 사이의 약속과 그 근거를 살피고, 어떻게 살아야 하는지를 가르치는 책이다. 모세오경, 즉 '토라'의 히브리어 원뜻은 구전을 내포하는 '가르침' 또는 '교훈을 전함'이라는 점에 주목할 필요가 있다.

모세와 엑소더스 이야기가 기록된 출애굽기는 요시야 왕 때 율법의 두루마리가 발견된 시점을 기초로 하여 기록의 시점을 기원전 7세기 말로 보더라도 훨씬 이전부터 구전되어 온 것임을 부정할 근거는 없다. 성경에서 가장 이른 시기의 구전 문학에 속하는 것은 아마도 시가詩歌일 것이다. 마치 호메로스의 서사시가 그리스 이야기를 노래한 시인들을 통해 전해진 것처럼 이스라엘 사람들은 그들의 오래된 전승을 노래로 부르거나 이야기를 들려주는 형태로 전달했다. 예를 들어 출애굽기 15장은 일명 '모세의 노래' 또는 '바다의 노래'로 불리는데, 모세와 이스라엘 백성이 홍해를 건넌 후 불렀던 노래다. 이 노래는 유대인들에게 특별한 의미가 있으며, 오늘날까지도 아침 예배의 일부분으로서 매일 같이 회당에서 낭송되고, 유월절 기간의 일곱 번째 날에는 예배문의 일부로도 낭독된다. 학자들은 이 노래가 형식이나 기교면에서 그리고 언어적인 특징에서 기원전 13, 14세기의 우가리트 문학과 상당히 유사하다고 지적하고 있다. 즉 구전된 문학은 매우 이른 시기로 추정될 수 있는 부분이다.

모세오경의 구전된 원형이 무엇이든 그 시기가 언제이든 후대에 기록을 위한 자료로서 사용되었을 가능성은 있다. 기록과 편집 그리고 번역의 과정에서 발견할 수 있는 시대착오적 표현이나 변형된 글의 내용만을 가지고 성경 기록의 역사성과 사실 여부를 판단하는 것은 그리 바람직한 일은 아닌듯하다.

제10장

이집트로 이주한 이스라엘

이푸웨르의 훈계와 네페르티의 예언

모세와 이스라엘 자손들의 엑소더스에서 논란이 되는 숫자는 남자 60만에 여자와 아이들을 합하여 200만이라는 사람의 수다. 야곱의 식구 70명에서 겨우 몇 세대 만에 이렇게 많은 이스라엘 자손이 늘어났을 리가 만무하다는 지적이 있다.■[1] 언뜻 납득되지 않는 인구 증가에 대해 비판적인 시각이 우세함은 부정할 수 없다. 이 숫자에 대한 성경의 기록을 설명하기 위해 여러 상황을 고려하기도 한다. 엑소더스 상황에서 야곱 자손 이외의 다른 사람들도 포함되어 있다는 내용은 성경에 기록된 바 그대로다. 그렇다면 그 사람들은 과연 누구인가? 이스라엘 자손과는 무관한 이방인들이었는가? 역사적인 기록에서 찾을 때 가능성이 크다고 생각되는 것은 이집트 연대기에서 제2중간기를 초래했던 힉소스 사람들이다. 제18왕조의 첫 파라오 아흐모세 1세가 힉소스인들을 추방한 것과 모세의 엑소더스를 동시기로 보는 것이다. 경우에 따라서는 모세의 엑소더스와 힉소스 추방을 동일 사건으로 보기도 한다.

성경에서 보면 창세기 12장에 아브라함이 기근을 피해 이집트에 잠시 들어갔다 나온 장면이 있다. 이는 가나안 지역의 아시아계 사람들이 먹을 것을 찾아 이집트에 들어갔던 경우가 드물지 않았음을 추정케 한다. 따라서 야곱의 이집트 이주 이전에 이집트에 이미 아시아계 사람들이 살고 있었다는 정황이 없지 않은 것이다. 그도 그럴 것이 이집트와 서아시아는 지리적으로 인접해 있으며, 어떤 형태로든 왕래가 있었다고 보는 것이 자연스럽다. 하지만 역사 기록에서 그 내용을 찾아보기란 쉽지 않다. 대신 고대 이집트의 문서 중에는 아시아계 사람들의 이집트 유입에 대한 장면을 묘사하고 있는 작품이 있는데, 《이푸웨르의 훈계The Admonitions of Ipuwer》[■2]와 《네페르티의 예언The Prophecy of Neferti》[■3]이 그것이다.

이 두 문서는 이집트의 고왕국 시대가 저물고 제6왕조에 이르러 쇠퇴기에 접어드는 기원전 약 2117년에서 기원전 약 2040년 사이의 기간[■4]에 해당하는 이집트 제1중간기를 배경으로 한다. 정치와 사회적 혼란이 극심해지고 지방 귀족들의 세력이 강해지면서 파라오의 권위는 땅에 떨어졌다. 3천 년의 오랜 이집트 역사 속에서 가장 어지러웠던 혼란의 소용돌이에 빠진 시기로 국내 질서는 붕괴되고 무정부 상태가 이어지기도 했다. 백성들은 먹을 양식도 마실 물도 부족하여, 차라리 죽게 해달라고 애원했다.

마네토의 《이집트지(아이귑티아카)》를 인용한 아프리카누스의 《연대기》(F46, p.107)에 의하면 제7왕조에 70일간 70명의 왕이 있었다고 기록되어 있다.[■5] 과장된 표현일지 모르나 그 정도로 험한 시기였고, 이 기간에 대한 정의 자체가 어려운 지경이다. 누군가는 사회적 혁명기라고 표현하고, 누군가는 소동, 혼란, 소요 등의 단어로 표현한다. 그런데 정작 왜 이 시기에 이런 일이 일어났는지 그 원인에 대해서는 전혀 알려진 바가 없다.

《이푸웨르의 훈계》는 제1중간기가 끝나고 새로운 시대, 즉 중왕국 시대(기원전 약 2040~1782년)에 쓰인 것으로 추정되지만, 원본은 사라지고 사본은 신왕국 시대(기원전 약 1549~1069년)에 작성되어 파피루스 라이덴 344로 보존되어 있다. 이 문서는 크게 두 부분으로 나뉘는데, 전반부는 제1중간기의 혼란의 상황을 전하고 있으며, 후반부는 저자 이푸웨르가 국가 주권 회복을 위해 권고하는 내용으로 구성된다. 전반적으로 보면 "고왕국이 붕괴되고 나라 전체에 혼란이 찾아온 상황을 배경으로 하여, 새로운 질서를 찾아가는 정치적 스토리"라고 할 수 있다. 하지만 새로운 희망을 찾기 전에 먼저 다가오는 것은 말로 형용할 수 없는 비참하고 슬픈 현실이다. 《이푸웨르의 훈계》 속에 나오는 단어를 보면, '폭행', '약탈', '추방', '살인', '파괴', '방화' 등등. 어찌할 도리가 없는 지옥과도 같은 세상 속에 내몰린 백성들의 비참함을 적나라하게 드러내고 있다. 우리가 생각하던 찬란한 문명의 이집트와는 너무 거리가 먼 이야기다.

제1중간기의 이집트 상황이 정치·사회적인 불안 요소가 있었음이 틀림없지만, 그 원인이 무엇인지는 모른다. 그런데 사회적인 불안을 조성할 수 있었던 사례에 대해 《이푸웨르의 훈계》 속에서 약간의 힌트를 얻을 수 있다. 그중 한 가지는 바로 외국인 문제다. 외국인에 관련하여 야만인, 아시아계, 사막 부족, 적, 외래 침입자 등의 적대적인 용어를 사용하고 있다. 이들은 당시 이집트의 북부 델타 지역을 장악했던 것으로 보이고, 이집트 왕국은 상이집트, 그러니까 남부 지역에만 국한되었던 것 같고, 게다가 당시에는 상당히 건조했었다. 이 외국인들이 이집트 동쪽에서 건너온 서아시아의 셈족 계통임을 쉽게 상상할 수 있다. 이집트 출처에 따르면 델타로 몰려온 외부인들은 아시아계이고, 흔히 '아무Amu'라고 일컫는다. 그들은 이스라엘인들과 같은 서부 셈계 언어를 말하고, 그들 중 일부는 델타에 유입된 힉소스 이전 아시아계였던 것으로도 생각된다. 그리고 그들이 살던 북부 이집트의 델타 지역은 당시 습지가 많은 곳이었지만, 그들에게는 습지에서의 여러 기술에 능통하다는 기록도 보인다. 즉 유목민이지만, 습지 농경에 대한 지식도 있었던 것이다. 이 셈족 외국인이 이집트의 상당한 골칫거리였음이 틀림없으며, 당시 이집트로서는 아시아계가 거주하던 델타 지역에 대해서는 전혀 영향력을 행사하지 못했던 것이다.

제1중간기의 이집트 델타 지역에 거주하던 아시아계 민족은 지리적인 혜택을 상당히 누렸던 것 같다. 왜냐하면 그들 스스로 기술이 뛰어나기도 했지만, 델타에서는 나일강의 범람에 의한 농작물 수확이 아주 쉬웠기 때문이다. 이와 관련해서는 헤로도토스의 《역사》(2-14)에도 기술되어 있다. 이집트에 필요한 것이 델타 지역에 있었지만, 그곳은 이미 아시아계가 점령하고 있었고, 이푸웨르는 그들을 내쫓기 위해 군대 증원을 호소하고 있다.

《네페르티의 예언》은 제1중간기가 끝나고, 혼란기를 벗어나 다시 왕권이 부활한 제12왕조(기원전 약 1994~1781년)의 아메넴하트 1세(기원전 1994~1964년) 때 쓰인 것으로 추정된다. 현존하는 사본은 후대(제18왕조)의 것이지만, 작품의 내용은 제1중간기의 상황으로 《이푸웨르의 훈계》와 비슷하다. 하지만 《네페르티의 예언》의 구성은 상당히 독특하다. 네페르티는 예언자이며, 제4왕조의 파라오 세네페루(재위 기원전 2520~2470년) 앞에서 미래에 대한 예언을 들려주는 것으로 시작한다. 작품이 쓰인 것은 제1중간기 이후이나 내용은 지나간 시대를 예언한다고 하는 일종의 '사후 예언'의 형식을 취하고 있기 때문이다. 작품은 세 부분으로 나뉜다. 1부에서는 네페르티가 파라오 앞에서 이야기를 시작하는 장면을, 2부에서는 미래의 이미지를, 3부에서는 예언이 실현되는 모습을 묘사하고 있는데, 이집트를 구원하는 메시아로서 아메넴하트 1세가 등장하리라는 예언으로 종결된다.

그런데 《네페르티의 예언》은 《이푸웨르의 훈계》와 제1중간기를 보는 모습이 조금 다르다. 고왕국 시대가 저물고 왕권이 점점 쇠퇴하면서 초래된 사회적 질서의 혼란은 우주와 자연의 질서마저 깨뜨리는 결과로 이어진다.

> 이 땅은 파괴되었다. 누구 하나 돌보지 않고, 누구 하나 소리내지 않으며, 누구 하나 애통하지 않는데, 이 땅은 어찌 될 것인가?

(태양신을 상징하는) 원반은 가려져 빛을 잃어 사람들은 볼 수 없으며, 구름이 덮여 사람들이 살 수 없다. 그러면 사람들은 귀가 먹먹해진다.
나는 일어나지 않을 것을 예언하는 것이 아니라, 내 앞에 보이는 것을 말하는 것이다.
(《네페르티의 예언》 파피루스 에르미타쥬 1116B, 24-26)

네페르티의 표현은 태양이 구름에 가리운 자연 현상을 묘사하고 있지만, 단순히 구름에 태양이 잠시 들어간 것은 아니다. 땅의 파괴와 연계되고, 또한 사람들의 귀가 먹먹해지는 상황은 뭔가 다른 현상을 지시한다.

이집트의 강이 마르고, 강물은 걸어서 건널 수 있다
작은 배가 항해하기 위해 물을 찾고, 물길은 둔치로 변했다
해안은 물이 될 것이고, 물길은 해안으로 되돌아올 것이다
남풍이 북풍과 싸우고 하늘에는 하나의 바람만 있는 것이 아니다
낯선 새들이 델타 습지에 알을 낳고 가뭄을 피해 온 사람들 곁에 둥지를 만든다
(《네페르티의 예언》 파피루스 에르미타쥬 1116B, 26-30)

그 다음 내용에서 나일강이 말라 수위가 낮아졌음을 얘기하고, 상공에는 두 방향에서 바람이 불고 있음을 알 수 있다. 또한 가뭄 때문에 델타 지역에 들어온 사람들이 있음도 알 수 있다. 여기서 두 방향의 바람이 뜻하는 바는 북아프리카에서 부는 지상풍의 종류를 의미하는 것으로 보인다. 보통의 경우 북아프리카에서는 북풍이 우세하고, 남풍은 봄에서 여름에 걸쳐 지중해 방면에 저기압이 통과할 때 한정된다. 남풍의 경우 캄신 또는 함신 바람이라 불리며, 사막으로부터 모래 먼지를 운반하는 모래 폭풍인 것이 특징이다.

그러고 보면, 위의 태양이 가리워진 현상은 모래 먼지를 동반한 남풍의 영향

이라고 생각할 수 있다. 나일강의 수위가 낮아져 마르고, 모래 먼지가 휘몰아치는 환경은 당시의 자연이 매우 건조했음을 가리키니, 이는 곧 가뭄으로 이어졌을 것이며, 사람들의 이동이 있었을 것으로 예측된다. 네페르티의 예언은 이어진다.

땅은 열악하나 감독자는 많고, 그것(땅)은 훼손되었으나, 노동은 심하다
결실은 작고, 곡물 됫박은 크고, 해가 있을 때 재야 한다
(태양신) 라Ra는 우리로부터 멀리 있다
그가 떠오르고 시간이 되어도, 아무도 정오인지 알지 못한다
그림자는 생기지 않고, 보아도 보이지 않으며, 눈에 눈물이 차지 않는다
그가 하늘에 달처럼 있고…
(《네페르티의 예언》 파피루스 에르미타쥬 1116B, 49-53)

이 장면에서 유추할 수 있는 것은 하늘이 먼지로 뒤덮인 먼지 폭풍과 가뭄, 그리고 곡물 생산의 감소이며, 이집트에 기근이 발생했음을 쉽게 예상할 수 있다. 《이푸웨르의 훈계》에서는 제1중간기에 일어난 처참한 사건들의 원인이 무엇인지 알 수 없고, 단지 정치·사회적 혼란이라고 해석할 수 있으나, 《네페르티의 예언》에서는 당시에 자연적인 재앙이 있었을 가능성이 제기된다. 나일강의 수위가 낮아져 강물의 범람에 의한 농작이 어려워지고, 또한 건조한 기후로 말미암은 토양의 생산성 저하가 더해져서 전체 식량 생산에 큰 차질이 있었을 것으로 유추해 볼 수 있다. 먹을 양식과 물 부족은 당시 이집트에는 엄청난 재난을 초래했고, 거기에 더해 이집트에 들어와 있던 셈계 아시아인들과의 마찰도 원인이 되었을 것이다. 이 역시 《네페르티의 예언》에서 잘 드러나 있다.

온 땅에 몰려든 아시아계Asiatics 때문에,

고난의 땅에서 행복은 내동댕이쳐지고 사라졌다
폭력을 일삼는 자들이 동쪽에서 나타났고,
아시아계가 이집트로 들어 왔다
(《네페르티의 예언》 파피루스 에르미타쥬 1116B, 31-32)

네페르티는 예언 말미에 남쪽, 즉 상이집트에서 한 왕이 일어날 것이라고 말한다. 그는 이 혼란한 이집트의 구세주이며, 작품의 배경 상 아메넴하트 1세를 가리킨다. 그리고 그가 이집트 내의 모든 악을 제거할 것이며, 특히 아시아계를 물리치고, 그들이 더 이상 이집트에 들어오지 못하도록 장벽을 세울 것을 예언하고 있다

이 이야기로부터 생각건대, 제1중간기에 이미 상당수의 셈족 유목민이 델타 지역에 들어와 그곳을 점령하여 살고 있었다. 실제로 제12왕조의 아메넴하트 1세는 아시아계 유목민들을 쫓아내기 위해 와디 투밀랏Wadi Tumilat에 '왕자의 벽' 혹은 '통치자의 벽'이라 불리는 장벽을 건설했는데, 외견상 델타의 동쪽 경계를 막아버리는 흙으로 된 벽과 운하의 조합이었다. 그러나 그가 아시아계 전부를 쫓아냈는지에 대해서는 알려져 있지 않다. 기원전 20세기의 이집트와 아시아계의 관계로부터 아브라함이 이집트에 들어갔다 나오고, 야곱이 이집트에 들어가기 전에 이미 그곳에는 상당수의 셈족 아시아인들이 거주했을 가능성을 배제할 수는 없어 보인다. 아브라함이 가나안땅의 기근으로 말미암아 이집트로 내려가는 시기에 대해 서로 다른 성경 연대기를 참고할 수 있는데, 우선 가장 보편적으로 알려진 킹제임스 성경에서는 그 시기를 기원전 약 1920년경으로 잡고 있어 실제 제1중간기(기원전 2117~2066년)의 시기와는 약 100년 이상의 차이가 있다. 그런데 제임스 스트롱이 정리한 성경 연대기에서는 그 시기가 대략 기원전 2080년 부근으로 제1중간기와 거의 일치한다.■6

이스라엘인(히브리인)의 정체성을 생각할 때 항상 언급되는 종족이 있는데,

바로 '하비루Habiru'이다. 하비루에 대한 내용은 메소포타미아의 마리와 누지에서 발견된 기원전 약 18세기에 해당하는 설형 문자 점토판에서 찾을 수 있다. '하비루'와 '히브리'가 동일한가의 문제는 여전히 조심스럽지만, 그들에 대한 초기 문헌들은 성경 기록과의 유사성을 나타내고 있다. 우선 하비루 관련 문헌들이 출토된 장소가 유프라테스강 북쪽 유역으로 족장 아브라함의 근원과 일치한다(여호수아 24장). 그리고 마리나 누지 점토판에 기록된 사회적 관습은 창세기에 언급된 여러 관습들과 아주 비슷하다. 가령 약속의 징표로서 동물의 중간을 쪼개고 그것들을 맞추어 보는 의례적 행위(창세기 15장)가 있다. 또한 아브라함과 이삭이 아내를 누이라고 속이는 장면(창세기 12, 20, 26장)은 역시 메소포타미아에서 당시 아내를 누이로서 받아들이는 관습이 있었다. 그리고 또 다른 예로, 아브라함과 이삭에게 자식이 생기지 않아 여종들을 대리모로 받아들이는 장면 역시 메소포타미아의 관습과 동일하다. 이런 정황으로부터 이스라엘(히브리) 조상들이 대략 기원전 21~19세기 무렵에 마리와 누지의 변두리에서 그들의 방랑의 일부를 보냈을 가능성이 제기된다.

힉소스와 이스라엘

이집트의 왕국과 왕조 구분에서 보면, 중왕국과 신왕국 사이에 이집트가 이민족에 의해 지배를 받은 시기가 있었다. 즉, 기원전 1800년경 중왕국의 마지막 시기인 제12왕조 말에서 기원전 1550년경 신왕국의 시작인 제18왕조 시작 사이에 힉소스Hyksos인[■7]이 나일강 동부의 델타 유역을 점령하고 제15왕조를 만들어 통치하였다. 이 힉소스의 등장은 기원전 2000년경부터 비옥한 초승달 지역 전반에 걸쳐 일어난 대규모 민족 이동과 연관된 것으로 생각되며, 기후 변화 때문에 생긴 어쩔 수 없는 선택이었을 것이다. 메소포타미아와 가나안 지역의 셈족들은 더 북쪽에서 내려오는 여러 종족들에 의해 밀려났을 것으로 생각되기도 한다.

힉소스에 대한 기록은 마네토의 저서에 처음 등장하는데, 힉소스라는 이름은 '외국 땅의 지배자'라는 뜻의 이집트어 헤카 카수트heqa khsewet에서 유래한 말이다. 마네토는 기원전 3세기 헬리오폴리스의 제사장으로서 이집트의 역사를 그리스 시대까지 모두 30왕조로 나누어 저술한 이집트 최초의 역사가였다. 마네토는 그의 저서 《이집트지(아이귑티아카)》에서 여러 차례 반복해 중왕국의 제15, 16, 17왕조를 힉소스 왕조로 언급했다. 그런데 최근에는 제13, 14왕조 때 이미 힉소스 통치자들이 있었고, 제17왕조의 경우 테베의 이집트인 출신 왕조로 간주하고 그 후손들이 힉소스를 축출하여 제18왕조를 확립했다고 생각한다.

마네토의 출생과 사망 시기는 알려져 있지 않다. 다만 그가 남긴 저술을 바탕으로 추정할 때 프톨레마이오스 1세부터 프톨레마이오스 3세에 이르는 기원전 310년부터 기원전 222년 사이에 활동했다고만 추정할 뿐이다. 따라서 고대 이집트 파라오의 통치 연대를 결정하고 이집트 역사를 연대순으로 정리한 너무나도 중요한 그의 저서 《이집트지》가 언제 저술되었느냐 역시 구체적인 근거가 부족하다. 다만, 보편적으로 알려지기로는 마네토가 프톨레마이오스 2세 필라델포스의 요청으로 저술한 것으로 여겨진다. 이 《이집트지》는 그 원어명에서는 나중에 설명할 헤카타이오스의 《아이귑티아카》와 같은 제목이다. 여기서는 두 작품의 혼동을 방지하기 위해 마네토의 저서는 《이집트지》로 하여 설명하기로 한다. 마네토의 《이집트지》는 현재 그 원본은 전해지지 않고, 단지 과거 《이집트지》를 베껴 적었거나 읽은 사람들에 의해 인용되는 형태로 그 내용의 일부가 전해질 따름이다. 따라서 원래의 내용이 어떻게 변질되었는지는 알 도리가 없다.

서기 1세기 유대인 역사가 플라비우스 요세푸스는 그의 저서 《아피온 반박문》(Book 1.14)■[8]에서 마네토의 《이집트지》에 나오는 힉소스 이야기를 언급하면서, 동쪽 지역에서 정체불명의 종족들이 침입하여 260년간 여섯 명의 왕이 이집트를 지배했으며, 그 종족 전체를 힉소스, 즉 '양치기들의 왕'이라고 불렀다. 힉소스의 어원을 달리 해석하면, 힉hyk은 신성한 언어로 왕을 의미하고 소스sos는 일상어로 양치기 또는 양치기들을 의미한다는 것이다.

19세기 말까지 요세푸스가 발췌한 마네토의 기록을 그대로 받아들였고, 힉소스를 단 한번의 침입으로 이집트를 지배했던 민족으로 보았다. 그리고 그 침입자는 이스라엘인이거나 셈족 사람들이라고 가정했다. 하지만 그 이후로는 그들이 훨씬 북쪽에서 왔으며 아마도 아리아 인종일 것이라고 믿는 경향이 생겨났다. 힉소스인의 기원에 대해서는 아직 논란이 있고 셈족, 더 세부적으로는 팔레스타인 지역에 살던 사람들의 지역적 이동으로 보는 견해는 아직 우세한 편이다. 특히 주목해야 할 주장에는 힉소스가 고도로 도시화된 페니키아-팔레스티나 문화에 속하는 아모리족이며, 델타지역에 사는 셈계 주민 일부의 지원으로 이집트에서 권력을 차지할 수 있었다는 것이다.

테베의 아흐모세 1세(제18왕조의 초대 파라오)는 힉소스를 완전히 몰아내고 이집트 신왕국 시대를 열었다. 하지만 이집트 원주민 세력과 힉소스 사이의 전쟁은 제17왕조의 세케넨레로부터 아흐모세 1세 통치 제20년까지 약 30년(기원전 1558~1529년) 가까이 지속된 것으로 보인다.

그러면 힉소스와 이스라엘은 도대체 어떤 관계였을까? 이는 구약성경의 내용이 역사적인 사실이냐를 밝히는 매우 중요한 내용의 하나로 오랜 기간 논쟁거리가 되어 왔다. 구약성경에서 이스라엘의 이집트 체류 및 엑소더스가 실제 역사라고 주장하는 근거가 바로 힉소스의 이집트 지배와 이집트로부터의 축출이었기 때문이다. 힉소스의 주류가 가나안 출신으로 서부 셈어를 말하는 자들이라는 사실이 둘 사이의 연계를 시사해 준다고 주장한다. 한편, 요세푸스는 많은 힉소스 사람들이 가나안 땅으로 들어가 예루살렘을 건설했다는 이집트 사람 마네토의 기록을 인용하고 있다. 마네토는 가나안으로 간 힉소스 사람이 24만 명이라고 말하고 있다.

요세푸스의 《아피온 반박문》이 발췌한 마네토의 《이집트지》에는 제18왕조의 첫 파라오를 '테트모시스'라고 부르면서 그가 양치기들을 축출했다는 기록이 나온다. 또한 양치기들을 모세의 지도하에 있었던 유대인이라고 부른다. 유대인과 힉소스를 동일시한 것이 마네토 자신인지 후기의 발췌인지는 확실하지 않다. 다만, 힉소스를 "양치기들이라고 부르는 우리의 조상"으로 기술한 유대인 역사가 요세푸스의 발췌는 힉소스가 다름 아닌 이스라엘 민족이라는 사실을 처음으로 언급했다는 점에서 매우 중요한 자료로 평가된다. 힉소스를 이스라엘인과 연관시키는 것은 요세푸스뿐만 아니라 헬레니즘-로마시대 이집트 역사가들의 보편적인 역사관이기도 했다.

그런데 힉소스가 이스라엘인이든 아니든 상관없이, 이스라엘 사람들이 이집트의 궁전에서 막강한 권력을 잡을 수 있었던 사실은 힉소스의 지배 때문에 가능했을 것이라는 주장에 눈이 간다. 힉소스 사람들이 이스라엘 민족의 이집트 이주를 내버려 두었던 것은 힉소스가 그들이 새로운 수도를 건설한 아바리스(나중에 타니스라 불림)와 같은 지역인 고센 지방과 나일강 델타 지역에 이스라엘 사람들이 정착한 탓이었을지도 모른다.

그럼 여기서 엑소더스 이전에 이스라엘인이 언제 이집트로 들어갔는지에 대해 간략히 정리해 보고 가자. 일반적으로 이 주제에 대한 주장들은 세 가지 경우로 나뉜다. 즉 힉소스 이전, 힉소스와 동시기, 그리고 힉소스 이후다. 이 중에서 마지막의 힉소스 이후라는 것은 신왕국 제18왕조 때 많은 아시아계 족속들이 전쟁으로 잡혀 노예로 이주했을 것이라는 주장이고 가장 신빙성이 떨어진다. 왜냐하면 아시아계 사람들이 18왕조에서 항상 노예 신분이었던 것도 아니며, 시기적으로나 상황적으로 성경의 기록들과는 전혀 들어 맞지 않는다.

두 번째 경우는 지금까지 가장 많은 학자들이 선호하는 주장으로 이스라엘인들이 힉소스와 더불어 이집트에 들어 왔다는 것이다. 힉소스와 이스라엘이 동일한 언어를 사용했다는 점이 강점으로 작용한다. 그리고 힉소스 시기의 스카라베에서 족장 야곱을 연상시키는 이름이 발견된다. 확실히 힉소스 정권 아래서 이스라엘인이 권력을 잡기 수월했을 것이 자명하다. 그리고 힉소스의 수도였던 아바리스(텔 엘-다바)의 무덤에서 죽은 자에 제물을 바친 구운 양고기 흔적이 발견되는데, 이는 유목민으로서 양을 많이 소유했음을 보여 준다. 그리고 양을 제물로 바친 점은 이집트가 아니라 가나안 셈족의 관습을 나타내는 것이다.■9

하지만 창세기 50장에 묘사된 요셉의 장례에 대한 내용은 이집트의 의식을 반영한다. "요셉이 일백십 세에 죽으매 그들이 그의 몸에 향 재료를 넣고 애굽에서 입관하였더라"라는 구절은 요셉의 사후 미라화를 나타내는 것으로 분명 이집트 장례 의례다. 그 이전에 야곱이 생을 마감했을 때에도 요셉은 아비 몸을 40일에 걸쳐 미라화했으며, 70일간 이집트 사람들이 슬퍼했는데 이 역시 이집트의 장례 절차와 의식을 표현한 것이다. 따라서 이스라엘이 힉소스와 함께 이집트에 들어가 자신들의 문화와 관습을 유지하며 살았다고 단순하게 생각하기는 어려운 부분이다.

만약 이스라엘이 힉소스보다 먼저 도착했다면, 이집트 중왕국 때로 되돌아가야 하고, 그것은 대략 기원전 2000년대의 첫 번째 300년이다. 성경 학자 존 빔슨은 파라오 세누스레트 3세(약 기원전 1881~1840년)의 재위 기간이 성경에 등장하는 요셉의 때라고 제안했다.■10 세누스레트의 시기에 요셉의 상황과 아주 비슷한 것들이 발견된다. 요셉이 총리로 임명되고 나서, 기근을 잘 이용하여 파라오는 모든 이집트의 토지 소유권을 사들인다(창세기 47장 20절). 그 이전에는 이집트 지방에 대한 권력은 마치 중세 영국의 봉건 영주처럼 귀족들인 노마르크의 소유였다. 그들은 자신들을 위해 거대하고 찬란한 무덤을 건설했고, 그들이 경영하는 지역인 노메nome에서 거주했다. 그러나 세누스레트 때 이런 상황을 바꾼 것이다.■11 비탁 교수의 아바리스 발굴을 통해 그곳에서 세누스레트 3세 때의 궁전이 발견되었다. 세누스레트가 요셉이라 부르는 아시아계 총리를 가졌다고 제안하는 직접적인 증거는 없지만 실제로 세누스레트의 12 왕조는 아시아계와 이집트인들이 외견상 조화롭게 살았던, 사실상 유일한 시기였다.

모세는 누구인가

성경 속의 모세

히브리와 유다 연구의 대가인 다니엘 플레밍 뉴욕대학교 교수는 성경에 나타난 이스라엘의 기원은 두 가지 측면에서 설명될 수 있다고 보았는데, 그 하나는 모세와 여호수아가 자신들의 땅에 세운 민족이고, 다른 하나는 아브라함, 이삭, 야곱으로 내려오는 가족 계보이다.■[1] 성경을 문자 그대로 받아들이면 아브라함으로부터 시작한 계보가 이스라엘 민족의 기원이라 할 수 있으나, 사실 이스라엘은 동일한 정체성을 지닌 하나의 왕국, 하나의 민족, 하나의 통일체로 보기 어렵다. 특히 엑소더스를 통해 이집트를 탈출한 이스라엘이 가나안 땅으로 들어와 정착하는 과정에 상당히 복합적인 구성원들의 집단이 이루어졌다고 보는 것이 근래의 시각이다. 그러다 보니 이스라엘을 이집트에서 구해 낸 모세란 인물이 이스라엘의 기원에 상당히 중요한 열쇠를 쥐고 있음을 알게 된다. 한편, 이스라엘의 이집트 탈출은 당시 동지중해 지역에서 일어난 상당히 중요한 사건이었지만, 그 상황에 대해 상세히 기록된 자료는 성경 이외에서 찾아보기는 힘들다. 특히 엑소더스를 주도한 이스라엘의 지도자 모세란 인물에 대해서 직접 그 출신과 배경 그리고 역할을 서술한 자료는 성경 이외는 아주 드물다.

구약성경 출애굽기 6장에 모세는 레위의 자손이며 아므람의 아들이라고 기록되어 있다. 하지만 모세의 출신에 대한 의견은 여러 가지인데, 일부 견해에는 모세가 이집트인이며, 또한 이집트의 파라오였다는 주장이 있다. 그들의 주장은 주로 관점의 중심이 중왕조에서 신왕조로 넘어가는 시대 또는 신왕조의 아주 독특한 신앙 체계를 가졌던 제18왕조의 이집트 역사에 기초를 두고 있다. 이런 주장은 분명 성경과 대치된다. 모세를 이집트인으로 보는 까닭은 무엇일까? 그것은 아마도 당시 문명사적 관점이 더 중요시되기 때문일 것이다. 이집트가 아시아계 민족(힉소스)의 통치를 받았던 시기와 야곱이 이집트에 들어갔던 시기가 매우 유사하다는 생각 때문이며, 성경 이외에 모세에 대한 언급이 거의 없으나 드물게 이집트의 마네토 문서가 모세와 유사한 인물(오사르시프, Osarsiph)을 기록하고 있기 때문이다. 그러나 만약 모세가 이집트인이라면 성경이 묘사하고 있는 이스라엘의 해방은 전혀 엉뚱한 방향으로 가버릴 것이 자명하다. 그리고 모세오경이라는, 이스라엘 신앙의 교본과도 같은 경전의 내용도 의미를 상실하고 만다. 다시 말해 모세의 존재는 이스라엘이 아니면 설명할 수 없고 그만큼 그가 갑자기 나타난 이야기의 시작이 극적인 것이다. 일단 성경에 나타난 모세에 대해 알아보자.

모세의 출생은 그 아비의 가정으로 보아선 불행의 시작이었다. 왜냐하면 당시에 출생한 모든 이스라엘 자손의 남자아이들은 파라오의 명령으로 인해 모두 죽어야 했기 때문이다. 하지만 출애굽기 2장의 초반부를 보면 모세는 죽임을 면하고 이집트의 공주에게 입양되어 파라오의 왕궁에서 성장한다.

성장한 모세는 자신의 뿌리가 어디인지를 확실히 안 모양이다. 사실 누이 미리암의 지략으로 말미암아 공주의 품에 안긴 아기 모세를 키운 것은 모세를 낳은 모친이었다. 언제까지 유모 역할을 했는지 성경은 언급하고 있지 않으나, 모세의 성장에 관여했을 가능성이 있고, 따라서 모세 스스로 자신의 정체성을 찾는 데 도움을 주었을 것이다.

모세는 출애굽기 2장에서 국고성(화물을 저장하고 내보내는 장소) 건축으로 고통받던 이스라엘 민족이 자신의 형제임을 알았다. 그래서 모세는 그 형제들을 때리던 이집트 사람을 죽이게 된다. 이 사실을 안 파라오가 모세를 죽이려 하자 그는 미디안 땅으로 도피하고 거기서 40년을 지내게 된다. 이 40년이란 세월은 국고성 건축과 모세의 이집트 귀향 사이의 시간을 나타낸다.

돌아온 모세는 야훼(여호와)의 부름을 받고 그 명을 따르며, 이스라엘 민족을 이집트에서 이끌어 내기 위해 협상을 하게 된다. 야훼가 이스라엘 민족과의 약속을 다시 한번 상기시키는 내용이 출애굽기 2장 24절에 "하나님이 그 고통 소리를 들으시고 아브라함과 이삭과 야곱에게 세운 그 언약을 기억하사"라고 기록되어 있다. 그리고 3장 8절에서 이스라엘 민족을 이집트에서 인도하여, 약속의 땅으로 이끄실 것을 다시 확인하신다. 언약에 대한 재확인이 모세에게 주어진 것이다.

성경 기록에서 야곱의 아들 레위의 자손인 모세는 자연스레 아브라함 자손의 가계로 이어지고, 엑소더스는 하나의 이스라엘 족속에 대한 야훼의 약속으로 귀결된다. 그런데 나중에 다시 살펴보겠지만, 실제 이집트를 빠져나와 가나안에 정착하게 된 사람들은 그 구성이 다양했을 것으로 생각되어, 과연 모세가 성경의 기록대로 레위의 자손인가에 대한 의문을 제기하는 사람도 있다. 모세가 파라오를 대면하여 자기 민족을 떠나게 해 달라고 요청하는 장면에서도, 당시 이집트에 종살이하며 온갖 부역에 시달리던 이스라엘인의 한 사람이 파라오와 정면대결하는 모습도 언뜻 이해되지 않는다. 만약 과거의 모세를 기억하는 파라오라면 그가 죄를 지어 도피했던 범죄자였음을 알 테고, 죄를 묻지 않음도 이상한 일이다. 그렇지 않다면 과연 모세의 지위는 어떤 것이었을까?

구약성경 전체를 통해 흐르는 신학적인 메시지는 분명하다. 그 메시지의 골격이 바로 모세오경 또는 흔히 '토라Torah'라 불리는 창세기, 출애굽기, 레위기, 민수기, 신명기 등 다섯 권의 책이다. 구약성경은 율법서Torah, 예언서Nevi'im, 성문서Ketuvim의 세 가지TNK, Tanak로 구성되는데, 모세오경은 율법서에 해당한다. 여기에 천지 창조와 이스라엘의 기원 그리고 엑소더스 이야기가 망라되어 있다. 이집트 탈출에는 성공했지만 약속의 땅으로 들어가기까지 순탄한 여정은 결코 아니었다. 지켜야 할 율법은 받았지만 정작 그들의 삶은 지도자의 중재에 의해 결정되었다. 백성이 죄를 지어 죽을 때라도 지도자는 하느님께 죄를 회개하고 용서를 빌었다. 불순종에 의한 징벌과 회개 그리고 관계의 복원이 시도 때도 없이 이어졌다. 그리고 마지막 가나안 땅을 눈앞에 두고 모세는 죽는다. 그가 하느님께 지은 죄 때문이다.

여호수아에 의한 가나안 정복과 성공적인 정착이 이루어지지만, 절기에 따른 제사를 제외하고는 이스라엘 자손들이 모세가 시나이 산(또는 호렙 산)에서 받은 율법대로 살았다는 이야기는 별로 나오지 않는다. 야훼 이외의 신들, 특히 황소 숭배 사상을 반영한 우상 숭배나 가나안을 비롯한 지역의 신들에 대한 숭배는 야훼에 의해 처절하게 징계되었다. 이스라엘이 이동하면서 겪게 되는 불순종과 토속 우상 숭배는 그들을 40년간 광야에서 방황하게 만든 이유다. 어쩌면 그렇게 오랜 기간 토속 종교들과의 전쟁을 통해 가나안 입성 전까지 야훼는 이스라엘의 종교적 내성을 키웠는지도 모른다. 가나안의 초기 생활부터 일어난 사건들의 대부분은 가나안의 토속 신앙과 야훼 신앙과의 전쟁이었다고 표현해도 지나치지 않을 것이다.

실제 이스라엘의 약속의 땅 진입과 성공적인 정착에는 두 사람의 영웅이 필요했다. 바로 모세와 여호수아다. 그리고 엑소더스와 이동과 점령 과정을 통해 여러 민족이 이스라엘에 섞이게 된다. 이들 모두가 이스라엘 족속의 구성원을 이루었다고 생각하는 것이 근래의 관점이다. 이스라엘 민족이 아브라함의 자손들로만 구성되었다고 기록한 성경의 저자들은 그들의 시각이 상당히 보수적이고, 선택받은 민족으로서의 정체성을 강조하려 했기 때문일 것이다. 따라서 모세와 여호수아에 의해 인솔된 이스라엘인과 주변인들 모두가 가나안의 이스라엘 족속의 기원이라고 보아야 한다.

성경 밖의 모세

구약성경에서 모세를 빼면 남는 게 거의 없을 정도로 그가 차지하는 위치는 엄청나다. 후대에 가서도 모세가 전한 율법과 계명이 이스라엘 자손들의 신앙의 지침이 되었다. 야훼는 모세를 통해서만 율법과 계명을 전했으며, 히스기야와 요시야 두 왕 때 종교적 혁명이 일어난 것도 모세의 율법과 계명을 바탕으로 한다. 그리고 바빌로니아로 끌려가고, 다시 예루살렘으로 돌아와 성전을 재건축하면서 제사장 에스라가 대중들 앞에서 낭독한 것도 바로 그 율법이다. 그런데 이스라엘의 민족사에서 가장 중심에 위치한 모세는 왜 역사적인 증거를 하나도 남기지 않은 것일까? 성경 이외의 기록에서 이스라엘 자손을 이집트에서 이끌어 낸 지도자 모세는 찾아볼 수 없다. 과연 모세는 실존했던 인물인가?

정신 분석학 분야의 창시자 지그문트 프로이트(1856~1939년)는 1937년에 정신 분석학 분야의 잡지 《이마고Imago》에 〈이집트인 모세〉라는 논문을 투고하면서 모세의 실체에 대해 정신 분석학적 해석을 적용했다고 밝혔다. 이 논문에서는 모세의 출생 신화에서부터 모세가 이집트인이라고 추정할 수 있는 논증을 다루면서 모세가 귀한 태생의 이집트인이었다는 가설을 진지하게 받아들일 것을 권하고 있다. 프로이트가 정의하고 있는 모세라는 인물은 이스라엘 민족의 해방자이자 율법 제정자이며 유대교의 창시자라는 것이다. 그리고 그가 만약 실존 인물이었다면 대략 기원전 13세기, 아니면 14세기쯤이었을 것으로 보았다.

성경에 나타난 모세의 역할은 프로이트가 정의한 인물 모세와 별다르지 않으며, 여러 학자들의 의견도 유사하다. 가령 윌리엄 슈니더윈드의 경우 토라가 글로 기록되는 과정에서 모세의 역할이 시기마다 조금씩 다르게 묘사되었다고 했다. 먼저 모세는 이스라엘의 구원자이다. 그리고 시나이 산에서는 하나님의 계시를 받고 사람들에게 전달한 율법과 계명의 전달자이다. 마지막으로 모세는 유대교의 창시자로 등장한다. 프로이트는 〈이집트인 모세〉에서 다음과 같이 말하면서 이스라엘 역사의 출발점이 바로 모세라고 지적한다. "최종적인 역사적 확신이 결여된 결정일 수밖에 없는데도 역사학자들의 대다수는 모세가 실존 인물이고 그와 연관된 엑소더스도 실제 일어난 사건이라고 한다. 이 전제를 인정하지 않으면 그 뒤의 이스라엘 역사를 이해할 수 없다."

지그문트 프로이트는 유대인이다. 스스로를 신을 믿지 않는 유대인이라 칭하면서 자기 민족의 종교와 전통에 대해 비판적이었다. 만년에 프로이트는 모세의 실상에 대한 분석적 논문 두 편, 즉 〈이집트인 모세〉, 〈모세가 이집트인이라면〉을 연이어 발표한다(1937년). 그리고 이 두 편과 세 번째 논문인 〈모세, 모세의 백성과 유일신교〉(1938)를 하나로 엮어 《인간 모세와 유일신교》■2라는 단행본으로 출간했다. 그의 주장은 아주 간단한 것이었다. 모세가 유대인을 만들어 냈다는 것이다. 그리고 모세는 유대인이 아닌 이집트인이라는 것이다. 프로이트의 주장은 성경의 내용을 송두리째 부인하는 반유대적인 것이었다.

이집트의 파라오가 이스라엘을 학대하고, 어린 남자아이들을 강물에 내다 버릴 때, 모세는 운 좋게 갈대 상자에 실려 나일강에 목욕하러 나왔던 공주 품에 안긴다. 그리고 이집트 궁전에서 성장한다. 공주는 모세를 물에서 건져냈다고 하여 이름을 모세라고 지었다(출애굽기 2장 10절). 구약성경의 히브리어 표기에서 모세는 'Moshe'의 형태로 나타난다. 성경 본문에는 물에서 건져냈으니(히브리어로 메시티 meshiti), 모세Moshe라는 히브리 이름을 지어줬다고 적혀 있는데, 이 설명에는 두 가지 의문이 생긴다. 첫째는 공주가 어찌 히브리어를 알고 있었을까, 특히 'meshiti(메시티)'라는 단어는 'mashah(마사흐)'라는 흔하지 않은 동사의 변화형이니만큼 공주는 원어민급의 히브리어를 할 수 있었다는 것이고, 둘째 사용한 단어는 후대의 다윗왕 이후에서나 그 용법이 확인된 것이라는 점이다. 이에 대해 독일의 훔볼트대학 교수이자 베를린 이집트박물관 학자였던 롤프 크라우스는 그의 저서 《모세는 파라오였다》■3에서, 이 히브리 동사의 변화형에 대한 역사적 추이를 살피면서 '건져냈다'고 표현된 단어는 문법에 어긋난 단어임을 지적하고 있다. 결국 모세가 물에서 올라와 공주의 품으로 안기는 장면에서 뭔가 석연치 않은 정황이 포착된다.

프로이트는 모세라는 이름이 유대인 이름으로는 설명할 수 없지만 이집트인 이름으로는 설명할 수 있다는 사실로부터 모세의 기원을 분석한다. 미국의 이집트학자 제임스 헨리 브레스테드의 저서 《양심의 새벽》■4을 참조하면서, 모세라는 이름은 단순히 '아이'를 뜻하는 이집트 단어 'mose (모세)'에서 나왔다는 것이다. 만약에 '아멘-모세'라거나 '프타-모세'라고 하면, 그 이름들은 '아몬이 보낸 아이'나 '프타가 보낸 아이'라는 표현의 줄임말이라는 의미다. 즉 모세 앞에 신의 이름을 붙여 아들 이름으로 만들었다가 신의 이름은 점점 사라지고 아이라는 뜻만 남게 되었다.

그런데 브레스테드의 설명에는 없지만, 이집트의 파라오 이름에 '-mose'가 붙어 있다. 가령 아흐모세Ahmose, 투트모세Thutmose처럼 이름 뒤에 모세라는 명칭이 붙어 있다. '-mose'라는 부분은 '세상에 나오다', '아이를 낳다'의 뜻을 가진 동사 'mesi(메시)'의 분사형이고, 따라서 어미에 붙은 모세는 '태어난'으로 풀이된다. 예를 들어 아흐모세는 'Ah(달이라는 뜻으로 달의 신을 의미)'가 태어난 이, 투트모세는 'Thot(따오기 머리를 한 신)'가 태어난 이로 풀이된다. 이런 이름에 붙는 단어로부터 이집트 공주에게 발견되어 양자가 된 모세는 히브리어 이름이 아닌 이집트식 이름을 얻었다고 프로이트는 본 것이다.

이집트 공주에 입양되고 이집트 이름을 얻은 모세가 아케나텐이라는 파라오의 신봉자라고 프로이트는 굳게 믿었다. 아케나텐이란 인물은 이집트 왕조 전체를 통틀어 가장 이상하고 가장 신비로운 파라오였다. 이렇게 평가되는 이유는 전통적으로 다신교의 국가인 이집트에서 오로지 아케나텐 혼자만이 태양신을 유일신으로 믿었다는 데 있다. 그의 원래 이름은 '아몬이 만족한다'라는 뜻을 가진 아멘호테프이며 아버지 아멘호테프 3세의 뒤를 이어 왕좌에 올랐다. 하지만 그 후 '아톤에 이익이 되는 사람'이란 뜻의 아케나텐으로 개명했다. 유일신 '아톤'을 섬기는 파라오로서 자신을 드러내고 싶어한 것이다.

프로이트는 모세가 아톤교도였으며, 그가 이스라엘 자손을 이끌고 이집트를 탈출한 것은 아케나텐이 죽고 나서 반아케나텐 운동에 대한 절망감으로부터 돌파구를 찾기 위한 종교적 신념의 결과라고 했다. 영국의 심리분석학자 제임스 스트레이치가 프로이트의 딸 안나 프로이트와 함께 편집한 《표준판 프로이트 전집》에는 이렇게 기록되어 있다.

> 만약 모세가 이집트인이었고, 자신의 종교를 유대인들에게 전파했다면, 그것은 아케나텐의 종교인 아톤교였을 것이다. … 아마 모세는 언젠가 백성을 지도하고 제국을 다스릴 야심을 가지고 있었을 것이고, 그 종교의 기본적 개념을 자기 것으로 만들었을 것이다. 왕이 죽자 모세는 반대파에 밀려 모든 희망과 계획이 무너지는 것을 절감한다. … 모세의 정력적 본성은 새로운 제국을 세우고, 이집트에서 멸시당한 종교를 경배하게 할 새로운 민족을 찾는 계획을 세우게 했다.

그런데 유일신을 섬겼다는 아케나텐의 행적을 자세히 들여다보면 장소에 따라 아톤 이외의 신들에 대해 용인한 부분도 쉽사리 눈에 띈다. 이는 유일신 사상에 결정적인 오류다. 상황에 따라 유일신과 다신교가 혼재된 아케나텐의 왕조를 이스라엘의 유일신과 비교했다는 점에서 프로이트의 곤란함이 느껴진다. 프로이트는 실제로 거의 관련이 없는 두 종교를 비교한 것이다.

구약 전문가이자 고고학자이며, 이집트학자인 도널드 B 레드포드에 따르면 아케나텐이 숭배한 태양신 아톤과 이스라엘의 신 야훼 사이에는 기본적인 차이가 존재한다.■5 첫째, 아톤은 창조의 신이자 태양신인데 비해 야훼는 창조의 신이지만 태양신은 아니다. 둘째, 아톤은 하늘의 왕이고, 야훼는 왕의 특성을 갖지만 부가적인 것이다. 셋째, 아톤은 항상 그의 아들 아케나텐과 함께 등장하지만, 땅에서는 야훼를 대표하는 신성을 가진 인간은 없다. 이런 차이로부터 프로이트가 성경의 모세와 파라오 아케나텐 사이에서 찾으려 했던 연관성은 확인되지 않는다. 프로이트는 모세의 신원을 이집트의 역사적 문헌에서 찾아 확인하려 했지만, 결국 그의 노력은 수포로 돌아가고 만다. 아케나텐의 태양신과 이스라엘의 야훼는 같지 않으며, 프로이트가 집착한 모세의 이집트식 이름 역시 결정적인 단서는 되지 못했기 때문이다.

모세의 일생 가운데 특히 이집트에서 성장한 젊은 모세에 대한 기록은 성경에서 찾을 수 없다. 하지만 유대인 역사가 플라비우스 요세푸스의 《유대 고대사》(Book II Chapter 10)■6에는 모세가 젊었을 때 에티오피아 원정에서 9년 혹은 10년 동안 군대를 승리로 이끌었으며, 이 체류 기간 중에 에티오피아 공주와 결혼한다. 이집트로 돌아오자 파라오의 측근들은 모세를 모함하고, 파라오는 모세의 명성이 자신보다 높아질 것을 두려워한 나머지 결국 모세를 죽이기로 작정한다. 만약 모세가 그런 의도를 눈치채고 피신하지 않았더라면 죽음을 피할 수 없었을 것이라고 기록하고 있다. 요세푸스의 기록은 성경에는 전혀 언급이 없는 것으로 모세가 이집트를 떠나 미디안으로 도망가는 이유가 전혀 다르다.

성경에 나오는 모세의 피신 장면에 대해 납득할 수 없다고 생각하는 사람들이 있다. 출애굽기 2장 15절에 기록되기를 "파라오가 이 일을 듣고 모세를 죽이고자 하여 찾은지라. 모세가 바로의 낯을 피하여 미디안 땅에 머물며 하루는 우물 곁에 앉았더라." 왕자 신분의 모세가 이집트인 한 사람을 죽였다는 소문을 듣고, 소명도 재판도 없이 파라오가 모세를 죽이려 한 것이 과연 이해 가능한 일인지 의문이 생긴다. 성경 연구의 권위자 율리우스 벨하우젠은 모세의 도망 이야기에 일관성이 없다고 결론 내리고는 파라오가 모세의 목숨을 빼앗으려는 의도가 성경에는 밝혀지지 않은 다른 목적에 있었던 것으로 보았다.[■7] 어떤 이들은 모세가 히브리 노예를 학대하는 이집트인을 죽임으로써 그 혈통이 발각된 것이 원인이라고 생각했다. 그러나 적지 않은 학자들은 요세푸스의 기록대로 모세의 정치적 지위가 높아짐에 따른 파라오의 불안이 작용했다고 주장한다.

그런데 모세의 정치적 입지가 높아진 데에는 에티오피아로의 군사 원정이 한몫하였으며, 거기서 에티오피아 공주와 결혼한 게 크다. 에티오피아란 지명이 느닷없이 튀어나왔지만, 실상은 성경에서 모세와 관련이 있는 지명이다. 민수기 12장 1절에 보면 모세의 형제 아론과 남매 미리암이 모세의 아내가 구스인, 즉 쿠시인이라는 것에 대해 불평을 한다. 여기서 쿠시(Koush 혹은 Cush)[■8]라는 지명은 이집트 중왕국 시대에 상누비아의 북쪽 지방으로, 그리스인들은 그곳을 에티오피아라 불렀다. 그리고 에피오피아는 그리스어로 직역하면 '그을린 얼굴'이란 뜻이다. 이는 검은 피부를 암시하며, 이집트보다 남쪽 지방의 사람을 나타내는 것이다.

모세의 쿠시 아내에 대한 내용은 전후의 문맥과 상관없이 느닷없이 등장하는데, 광야에서 고기를 먹지 못한 이스라엘 자손들이 불평하는 민수기 11장과 가나안 땅으로 정탐꾼을 보내는 13장 사이에 끼어 있다. 물론 12장의 후반부의 내용은 모세에 대한 야훼의 절대적인 신뢰를 나타내고 있기에 그런가 보다 생각이 되지만, 모세의 아내 얘기는 상당히 엉뚱하다. 그런데 여기서 확실하지 않은 것이 있다. 모세가 젊은 시절 파라오의 낯을 피해 미디안으로 피신하였을 때 거기서 제사장 이드로의 딸 십보라와 결혼한다. 그러니까 이스라엘 자손이 이집트를 탈출하기 이전의 얘기다. 하지만 민수기 12장의 내용은 이집트를 탈출한 지 한참 뒤의 얘기다. 그러니 쿠시 여인이 모세의 두 번째 부인인지 아니면 미디안에서 결혼한 여인인지가 불분명하다. 이 의문을 풀기 위해서는 미디안이란 지역이 어딘가 하는 것인데, 쿠시와 미디안이 같은 지역이라는 지적도 있다. 가령 하박국 3장 7절 "내가 본즉 구산(쿠시)의 장막이 환난을 당하고 미디안 땅의 휘장이 흔들리도다"에 쿠시와 미디안이 함께 언급되어 같은 지역을 다르게 표현한 것이라는 해석도 있다. 만약 성경에서 모세가 결혼한 십보라가 에티오피아 여인이라면, 모세는 에티오피아에 상당 기간 체류한 것이 된다. 요세푸스의 지적대로 모세는 에티오피아 원정에 참가했고, 거기서 공을 세우게 된다. 실제로 이집트는 기원전 1500년경에 쿠시 지방을 정복했고 약 400년 동안 그곳을 지배했었다.

에티오피아의 모세가 실제 존재했는가에 대해 프로이트는 자신의 가설을 적용하게 된다. 이집트는 쿠시지역을 다스리던 지도자에게 왕가의 핏줄은 아니지만 '쿠시 왕가의 자손' 그리고 '부왕'이라는 칭호를 부여하여 존중했다. 프로이트는 아케나텐 12년에 쿠시 주변 지역의 약탈자와 전쟁을 치룬 인물 중 '투트모세'라 불리던 쿠시의 부왕이 있었다고 주장했다. 한편 롤프 크라우스는 람세스 2세의 아들로 왕위를 물려받은 메렌프타(또는 메르넵타)가 통치 5년에 리비아인들의 공격을 물리치고 승리한 비문에 주목했다. 아마다 사원에 비문을 새긴 사람은 당시 누비아의 부왕으로 마세사야Masesaya란 이름의 인물이다. 이 이름의 '마세'라는 발음이 모세에 해당한다. 그리고 그는 또 다른 이름인 '아몬-마세사'로도 알려져 있다. 마세사야 또는 아몬-마세사가 과연 성경의 모세이냐에 대해 롤프 크라우스의 근거는 앞에서 언급한 비문에 있다. 비문에 기록되었던 마세사야의 이름이 인위적으로 훼손되어 있다. 고대 이집트에서 일반적으로 관리의 이름이 지워졌다는 것은 파라오의 노여움을 사 벌을 받았다는 의미다. 이를 근거로 크라우스는 메렌프타의 뒤를 이은 세티 2세의 통치 때 마세사야는 반란을 일으켰고, 그 결과로 이름이 지워진 것으로 해석했다. 반란의 이유와 결과는 전혀 알 수 없지만 말이다. 그리고 반란의 실패로 말미암아 노예상태로 있던 이스라엘 자손들을 이끌고 이집트를 탈출하게 된다는 가상의 시나리오를 생각했다.

롤프 크라우스는 《모세는 파라오였다》에서 프로이트의 가설로부터 출발하여 이집트인 마세사야가 정치적 반란의 실패로 인해 이집트에 거주하던 이스라엘인들의 지도자가 되어 탈출했다고 생각함으로써 성경 이야기가 역사적으로 구성되었다는 견해를 던진다. 그리고 크라우스가 유추한 엑소더스는 기원전 13세기 말의 사건이다. 이 연대는 프로스트가 생각했던 아케나텐 사후에 해당하는 기원전 14세기 중반과는 상당한 차이가 있다. 그런데 크라우스는 성경의 역사성에 부정적인 시각을 가진 여러 구약 비평가들의 작품을 읽으면서 자신의 견해를 스스로 포기하게 되는데, 아브라함에서 야곱에 이르기까지의 모든 이야기에 역사성이 없고, 성경에서 발견되는 상당수의 시대착오적 표현들, 성경이 편집된 시기가 페르시아 시대의 기원전 6세기 이후이며, 그리고 이스라엘 탈출에 대한 고고학적 증거가 어디에도 없다는 등의 여러 이유로 말미암아 모세의 모든 이야기는 후대에서 창작된 '허구'라고 결론 내리고 있다. 그리고 이런 결론에 동의하는 구약 비평가들도 적지 않은 것 같다.■9

하지만 크라우스와 다른 비평가들의 주장에 대해 생각해 봐야 할 것이 있다. 성경이 문자로 기록되기 시작한 시기와 편집된 시기는 실제 사건들이 일어난 때보다 나중임에 틀림없다. 그리고 이스라엘 자손들의 이야기 전달 방식은 보편적으로 '말'이었음을 인지할 필요가 있다. 신명기 32장에는 이런 구절이 있다. "옛날을 기억하라 역대의 연대를 생각하라 네 아비에게 물으라 그가 네게 설명할 것이요 네 어른들에게 물으라 그들이 네게 이르리라." 신명기 기자들도 자신들의 역사에 대해 기록된 글을 찾으라는 대신에 아비와 어른들에게 물어보라고 권고하고 있다. 이스라엘의 문화는 구두 전승임을 확실하게 밝히는 것이다. 그리고 후대의 성경 집필자와 편집자들에게는 오랜 사건을 아래로, 새로운 사건을 위로 두는 시간 층서의 개념도 없었을뿐더러, 각 사건의 근거를 자세히 기록해야 한다는 의무감도 없었다. 그들에게 기록으로서 필요했던 것은 그들의 선조와 야훼가 어떤 약속을 어떻게 맺었고, 그것이 모세를 통해 어떻게 전달되었는가이다. 그리고 바빌로니아의 침공으로 유다 왕국이 완전히 망하게 되었을 때, 야훼와의 약속을 되새기고 어찌 살아야 할 것인가에 대한 회한과 반성을 기록한 것이다. 굳이 성경을 이스라엘 자손들의 역사라고 생각한다면, 어떤 민족이 자신들의 죄악을 구체적으로 나열하고, 징벌받고 떼죽음 당하는 역사를 이토록 처절하게 남길 수 있겠는가. 예전의 사건들을 글로 기록하면서 그 묘사된 부분에 시대착오적 표현이 생기는 것은 어찌할 수 없는 일이 아니던가.

모세의 이야기는 끝이 난 게 아니다. 다만 프로이트도, 크라우스와 구약 비평가들도 모세를 이집트에서 찾는 데 실패했을 뿐이다. 모세는 여전히 살아 있고, 그 알레고리는 차고도 넘친다. 이게 성경의 힘인가.

그렇다면 성경 이외의 과거 기록에서 모세의 이야기가 나오는 곳이 정말 없을까? 과거 기록의 흩어진 조각 속에 모세란 이름이 등장하는 문서가 있긴 하다. 기원전 4세기 그리스 역사가이자 회의론자였던 아브데라의 헤카타이오스는 프톨레마이오스 1세 소테르Ptolemy I Soter■10 때 이집트 테베를 방문했으며, 이집트의 역사를 저술하였다. 기원전 1세기경 그리스 역사가 디오도루스 시켈로스에 따르면 헤카타이오스 외에도 당시 많은 그리스인들이 이집트를 방문하여 이집트 역사를 썼다는 것이다. 하지만 헤카타이오스의 이집트 역사서인《아이컵티아카》또는《이집트인에 대하여》는 이집트의 풍습, 종교, 지리 등에 대한 설명서라고 알려져 있으나 실제 원본은 남아 있지 않고, 후대의 그리스와 라틴 저술가들의 작품 일부만 남아 있을 뿐이다. 특히 기원전 1세기의 그리스 역사가 디오도로스 시켈로스의 작품 속에서 발견할 수 있는《아이컵티아카》내용 중에 유대인과 모세에 대한 내용이 나오는데, 이 기록은 유대인을 언급한 최초의 그리스 문헌이다(Diodorus Siculus, Book 40.3.8).■11 유대의 역사에 대해 유대인이 기록하지 않은 문헌이란 점에서 어느 정도의 객관성을 가질 수 있다.

시켈로스가 전하고 있는 헤카타이오스의 《아이컵티아카》 중 유대인에 대한 기록을 잠시 살펴보자.

고대 이집트는 신들에게 죄를 범했기 때문에 심각한 전염병이 있었다. 이집트에 살고 있던 다른 국적의 많은 이방인들은 그들의 외래 관습대로 종교적인 의식을 지켰으며, 이집트인 선조들이 행하던 신에 대한 고대의 숭배 방식은 거의 잊혔다. 원주민들은 모든 이방인을 내쫓지 않는 한 그들이 고통으로부터 자유로워지지 않을 것으로 생각했다. 모든 이방인들은 즉시 축출되었다. 하지만 대다수는 이집트로부터 그리 멀지 않고 사람이 살지 않던 유대Judaea라 불리는 곳으로 옮겨갔다. 이 거주지의 리더는 아주 현명하고 용맹한 사람 모세였으며, 그는 아주 유명한 도시 예루살렘과 그들이 아주 숭배하는 성전을 지었다. 그는 하나님을 숭배하는 성스러운 의례와 의식을 만들었고, 체계적인 정부를 위한 법을 만들었다. 그는 또한 사람들을 12 부족으로 나누었다. 그는 신들의 어떤 표상이나 이미지도 만들지 않았는데, 그는 그 어떤 인간 형상도 하나님에 해당될 수 없다고 생각했기 때문이다. 그는 또한 전체 나라를 지배하고 관장하기 제일 적합한 가장 성취적인 사람을 선발하였고, 그들을 제사장으로 임명했는데, 그들의 임무는 줄곧 성전에 참석하고, 공공 예배와 신에 대한 봉사에 헌신하는 거였다. 그는 또한 그들을 사사Judges로 만들었는데, 가장 심각한 안건에 대한 결정과 그들의 율법, 관습의 보존을 맡겼다. 그러므로 그들은 유대인들은 어떤 왕도 가지지 않았다고 말한다. 그러나 사람들에 대한 지도는 항상 모든 사람보다 사리판단과 선행에서 뛰어난 한 사람의 제사장에게 위임되었다고 말한다. 그들은 그를 대제사장이라 부르고, 그를 신의 마음과 명령에 대한 전달자이며 해석가로 간주했다. 율법의 끝에 이것이 첨가된다: "이것은 모세가 하나님으로부터 듣고 유대인들에게 선포하는 것이다." 그는 주변 국가들에 대항한 많은 전쟁을 수행했고, 군사력으로 많은 땅을 얻었으며, 그의 백성들에게 분배해 주었는데, 좀 더 많은 분량을 가지는 제사장들을 제외하고 모든 사람에게 공평하게 분배했다. 탐욕스런 사람들이 분배된 토지를 사들여 다른 사람들이 가난해지거나 억압받지 않도록, 그래서 국가가 인력이 부족해지는 고통을 받지 않도록 누구도 그의 토지를 팔아서는 안 되었다. 그는 또한 거주민들이 그들의 자녀들을 키우는 데 조심하여 유대 국가가 항상 아주 인구가 많아지도록 할 것을 명령했다. 결혼과 장례에 대해서는 다른 민족과는 다른 관습을 만들었다. 그러나 후대에 일어난 제국에서는, 특히 페르시아의 통치 동안 그리고 페르시아를 쫓아낸 마케도니아의 시기에, 외국과의 혼합으로 말미암아 유대인들 사이의 전통적인 관습들이 변질되었다… 이것이 유대인에 대해 아브데라의 헤카타이오스가 얘기한 것이다.(디오도로스 시켈로스, Book 40.3.8)

위 내용은 디오도로스 시켈로스가 남긴 글 중에서 유대와 관련된 부분 중 일부를 제외한 대부분에 대한 발췌인데, 여러 가지 시사점이 있다. 일단 표현 자체에서 전형적인 그리스 신화 서술 방식을 따르는 듯하여 내용의 팩트 여부가 의심된다. 만약 이 내용이 헤카타이오스가 지어낸 이야기가 아니며, 또한 디오도로스가 헤카타이오스의 역사서 내용을 창작하여 편집한 것이 아니라면, 헤카타이오스가 이집트를 방문했을 때 누군가에게서 이집트의 역사와 사건들에 대해 들었으며, 그 가운데 이방인 집단과 그들이 이집트를 떠난 이야기가 포함되어 있었을 것이다. 하지만 이집트를 벗어난 이후의 이방인, 즉 유대인들의 상황에 대해서 어떻게 알 수 있었을까? 예루살렘, 성전, 사사, 토지 매매 등과 같은 내용은 모세와는 전혀 관계가 없으며, 상당히 후대의 일이다. 우선 시기적으로 보면 이스라엘에 왕이 있기 전에 지도자들이 사사로 임명되었는데 그 시초는 사사기 2장 16절 "여호와께서 사사를 세우사 노략하는 자의 손에서 그들을 건져내게 하셨으니"에 나타난다. 모세도 여호수아도 죽고 난 이후의 일이다. 예루살렘에 성과 성전을 지은 것은 솔로몬의 시기이며, 성경 기록상 이집트로부터의 엑소더스 이후 무려 480년이 지난 후의 일이다. 따라서 이야기의 주체와 시기에 대해 정돈되지는 않았지만, 그 내용이 성경과 동떨어진 것은 아님에 주목할 필요가 있다.

헤카타이오스가 전한 내용 중에 이집트에 심각한 전염병이 있었으며, 그것이 신에 의한 징벌이었다는 기록은 마치 성경 출애굽기에 나오는 재앙과 흡사하다. 그리고 이방인들이 이집트의 종교가 아닌 자신들의 종교적인 의식을 고수했다는 사실과 이집트인들 역시도 자신들의 고유의 종교에서 멀어졌다는 표현은, 이방인들이 이집트의 피지배층이 아니라, 지배층이었음을 유추하게 한다. 그리고 이집트인들이 고통에서 벗어나기 위해 이방인들을 축출해야 한다는 내용에서는 실제 역사에서 일어났었던 하나의 사건을 기억하게끔 한다. 바로 제2중간기에 이집트에 침공해 200년 가까이 지배했던 힉소스를 테베의 이집트인들이 몰아낸 사건이다. 헤카타이오스가 방문한 테베에서는 이 이야기가 상당히 자랑스러운 역사적 사건이었을 것이다. 실제 이집트의 역사에서 테베의 아흐모세 1세가 중심이 되어 힉소스를 축출한 것이다. 한편, 이방인들이 쫓겨나 정착한 곳이 이집트에서 멀지 않은 곳이라는 표현은 그들이 가나안 땅으로 이주했음을 간접적으로 시사하고 있다.

헤카타이오스가 전하는 바에 따르면, 모세가 이방인들의 구원자인지는 확실하지 않으나, 하나님의 명령에 대한 전달자이고, 율법의 선포자라는 지위는 분명하다. 그리고 이집트에서 축출된 세력의 지도자이며, 모든 종교적, 행정적, 및 관습적 규례를 만든 우두머리였다. 이집트의 이방인들이 이주해 간 유대라는 지명은 페르시아제국 시기에 이스라엘 족속이 거주하던 가나안 땅의 장소, 예후디에서 기원한 이름이다. 그리고 페르시아와 마케도니아의 정치 세력의 변천을 언급하고 있기 때문에 이야기의 전달자는 기원전 4세기 후반까지 알려진 내용을 헤카타이오스에게 전달했을 것이다.

성경의 내용과 다른 부분도 물론 존재한다. 야곱의 자손으로 열두 부족이 만들어지는 것이 아니라 모세가 임의로 사람들의 무리를 열두 집단으로 나누었다든가, 이집트에서 빠져나온 유대인들에게 왕이 없었다는 내용은 성경과는 다르다. 그럼에도 불구하고, 이 기록이 그리스 문헌에 실려있는 유일한 모세와 유대인들의 기록이란 점에 주목해야 한다. 그리고 각색되긴 했지만, 내용의 줄거리가 역사적인 사실에 바탕을 둔 것이라면 이집트에 살던 자신들의 고유한 종교·관습적 전통을 지키던 이방인들이 이집트를 탈출한 것, 그리고 그 무리 속에 모세라는 지도자가 있었다는 것은 부정할 수 없게 된다.

국고성 비돔과 라암셋

비돔과 라암셋

엑소더스 당시 이집트의 총 인구는 300만 명에서 450만 명 정도로 추산된다.■[1] 이 중에서 이스라엘 자손들은 몇 명이나 되었을까? 성경의 출애굽기는 엑소더스 당시 성인 남자만 60만 명이며, 거기에 여자들과 아이들까지 합하면 대략 200만 명 정도의 사람이라고 한다. 비록 헤카타이오스의 기록에서 이스라엘이 인구 증가를 위해 노력한 내용이 발견되더라도 짧은 시간에 백만 명 이상이라는 것은 쉽지 않은 얘기다. 하여간 이집트에 들어가 고센의 북동 지역에 살았던 그들은 요셉을 모르는 파라오가 등장하면서 험한 노동에 내몰렸다. 성경의 기록에 비돔과 라암셋에서 국고성을 짓는 공사에 동원되었다.

출애굽기에는 히브리인들이 건설하던 것이 국고성store city인데, 주로 화물을 저장하고 내보내는 장소로 생각된다(출애굽기 1장). 건설 작업이 진행 중이던 도시 중에서 라암셋은 히브리 성경에서의 람세스Ramses와 그리스어 번역 성경의 라메스Rames이며, 고대 이집트인들이 레-마세-사Re-mase-sa로 발음한 왕족의 이름을 옮긴 것이다. 그리고 이 건설 작업의 시기가 지역명에서 유추하여 위대한 파라오 람세스 2세로 여겨졌다. 람세스 2세는 기원전 1279년부터 기원전 1212년까지 70년 가까이 통치했으며, 재위 동안 북동쪽 델타 지역에 '아몬의 사랑을 받는 페르(혹은 피-)람세스의 저택' 또는 줄여서 '람세스의 저택'이라고 불린 왕궁을 세웠다. 19세기의 이집트학자나 주석학자가 출애굽기에 나오는 파라오와 람세스 2세를 동일한 인물로 보았으며, 따라서 람세스의 저택은 이스라엘 족속이 거주했던 지역에 있었다고 생각할 수 있다. 성경의 라암셋에 해당하는 피-람세스는 라메시드 왕조(기원전 1298~1064년) 말에 세워진 왕족 거주지였으며, 나일강 지류의 동쪽 연안 텔 엘-다바Tell el-Dab'a 지역에 있었다. 라암셋은 프-람세스나 피-람세스를 축약한 형태로 알려져 있다.

한편, 피-람세스보다 후대의 도시인 성경의 비돔(피톰 Pithom)은 이집트어로는 '페르-이템Per-Item'에 해당한다. 문자 그대로 '아툼의 저택'이라는 뜻이다. 델타에 있는 여러 지역 중 한 곳의 지명으로 생각된다. 그런데 그리스어 70인역 성경(셉투아긴트 Septuagint)에는 국고성이 있던 도시 이름에 비돔과 라암셋 이외에 하나가 더 나온다. 그 표현을 그대로 옮기면 "헬리오폴리스인 온"이라고 되어 있다. 헬리오폴리스는 태양의 도시란 뜻이고, 요셉이 총리가 된 후 아내를 맞이하는데, 그녀는 당시 온의 제사장이었던 보디베라의 딸 아스낫이었다. 비돔, 라암셋, 온 세 장소에서 이스라엘인들이 거주했었고, 또한 그곳이 요셉과 무관하지 않다는 얘기가 된다.

여기서 국고성이란 의미를 다시 알아볼 필요가 있다. 구역성경에서 국고성이란 말은 모두 일곱 번 나온다. 출애굽기 1장을 제외하고는 역대기 하편에서 5번, 열왕기 상편에서 1번이다. 열왕기에서 나오는 구절은 역대기와 완전 중복되므로 횟수에서 빼도 무방하다. 역대기 하편의 다섯 번의 출처 중에서 32장의 경우는 곡식, 포도주, 기름의 산물을 위한 창고라고 적혀 있어 의미가 확실하지만, 나머지는 애매하다. 특히 공격의 대상이 되거나, 군사적 목적의 장소들과 함께 나온다. 히브리어 자체로도 그 어원과 의미에 대한 논란이 많다. 그런데 그리스어 70인 역 성경에는 출애굽기에 나오는 국고성이 '요새화된 도시'로 번역되어 있다. 짓던 시설물의 위치가 이집트의 동북쪽 국경 지대에 가깝고, 외부로부터의 접근을 차단할 목적이었다면 아마 이 시설물은 요새나 수비대 같은 군사 목적의 건축물일 가능성도 있다. 한편, 도널드 레드포드는 출애굽기에서의 국고성을 제외하고 나머지 역대기와 열왕기에 나오는 국고성의 단어는 후대에 삽입된 것으로 보았다.

대외 무역과 국경 요새 역할까지 담당하는 항구 도시가 텔 엘-레타바Tell el-Retabah의 동쪽인 텔 엘-마스쿠타Tell el-Maskhuta에 건설되었다. 아툼 사원 주위에 세워진 이 도시는 페르-이템이라는 지명을 부여받는다. 이 도시를 성경은 '비돔'으로, 헤로도토스는 '파투모스'(《역사》2.158)로, 또 고전주의 작가들은 '헤로온폴리스Heroonpolis'로 각각 번역하고 있다. 나일 델타의 지형과 나일강 지류의 변천에 대한 이해는 성경 시대의 두 장소 비돔과 라암셋의 위치를 추정하는 데 중요하다. 나일강 지류들의 위치와 흐름의 방향에 대해서는 기원전 5세기 그리스 역사가 헤로도토스의 기록에서 찾아볼 수 있다.

나일강은 카타두포이에서 시작하여 이집트 한가운데를 지나 바다로 흘러가면서 이집트를 둘로 나누기 때문이다. 지금 나일강은 케르카소로스 시까지는 한 줄기로 흐르지만 이 도시 이후부터는 강물이 세 줄기로 나뉜다. 이 가운데 나일은 동쪽을 향해 흐르는 것은 펠루시온 하구라고 불린다. 한편 서쪽을 향해 흐르는 강줄기는 카노보스 하구라고 불린다. 그리고 직진해 흐르는 나일강 줄기는 다음과 같은 것이다. 즉 이 강줄기는 상류에서 흘러내려 델타의 정점에 도달하고 이후로도 갈라져서 델타의 한가운데를 지나 바다로 흘러 나간다. 이 강줄기는 그 수량水量에서나 명성에서 다른 것들에 비해 전혀 뒤지지 않는다. 이것은 세벤니토스 하구라고 불린다. 그런데 이 세벤니토스 하구에서 또 다른 하구

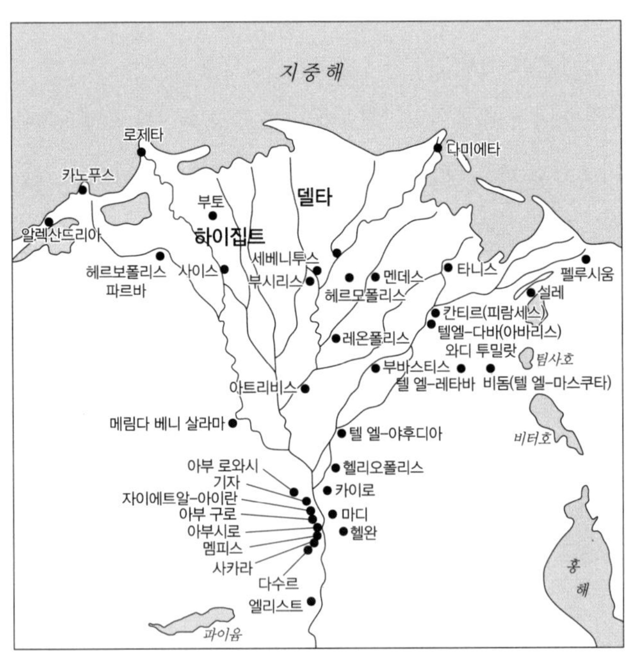

그림 17

고대의 나일 델타 지역

가 갈라져 나와 바다로 흘러간다. 이것들의 이름은 하나는 사이스 하구이고 다른 하나는 멘데스 하구다. 또한 볼비티논 하구와 부콜리콘 하구도 있는데, 이것들은 자연 하구가 아니고 땅을 파서 만든 하구다.(《역사》 2.17)

헤로도토스의 나일강 지류에 대한 기재는 당시 알고 있던 바를 정확히 묘사했다고 생각되는데, 후대의 다른 기록과도 일치하고 근래의 항공 사진에서도 지류들이 흘렀던 희미한 흔적들이 발견되기 때문이다. "동쪽을 향해 흐르는 펠루시온 하구"라는 표현은 로마 시대의 해안 도시 펠루시움에서 바다로 빠져나가는, 특히 동쪽 지류와 정확히 대응하며, 현재 그 도시의 흔적은 바다 쪽으로 쌓인 퇴적물 때문에 당시의 해안가로부터 약 5km 정도 내륙으로 들어와 있다. 나일강이 운반하는 엄청난 양의 퇴적물은 해안선뿐만 아니라 델타의 지형을 바꾸어 놓았다. 고대 해안선을 따라 델타 평원 앞에서 강한 동서방향의 연안류에 의해 모래와 진흙이 퇴적되어 지류가 막힌 것은 분명하다. 강물에 포함된 세립질 부유물들이 지중해로 나가기 이전에 지류들의 하구에 쌓인 것이다. 그리고 그로 인해 과거 6천 년 동안 축적된 주로 진흙으로 이루어진 퇴적층이 약 10m 두께로 쌓여있음이 확인된다. 지속적으로 일어난 퇴적과 해변 둔덕의 발달로 해안선이 바다 쪽으로 확장되었다. 델타지역의 퇴적층을 조사해 보면 갈대, 파피루스, 고사리, 연꽃 등의 다양한 식물들이 생장했었음을 알 수 있다. 기원전 2천 년대 무렵 델타는 지형적 특징이 오늘날과는 사뭇 달랐고 넓은 지역에 목초지를 형성했다. 따라서 소, 양, 염소와 같은 가축들을 방목하기에 최적의 장소였을 것이다.

나일강의 7개의 지류는 다양한 역사적 문헌들과 고대 지도에서 언급되었다. 그들 중 다섯 개는 오랜 기간 하구에서의 진흙 퇴적으로 인하여 퇴화되었고, 오늘날 2개 즉 다미에타Damietta와 로제타Rosetta 지류만이 남아 있다.■2 이 소멸한 지류들의 가장 북동쪽에 펠루시움 도시가 있었던 곳으로 가장 잘 알려진 펠루시악 지류가 있었다. 이집트의 동쪽 관문 역할을 했던 펠루시움과 펠루시악 지류는 동쪽으로 연결하는 해변길Via Maris을 열어, 고대 아시아 왕국들과 무역과 소통을 가능케 했다. 다른 나일강 하구들에 대한 초기의 증거들은 아비도스에 있는 세티1세(기원전 13세기와 14세기)의 사원 벽에서 발견된다. 거기에 그려진 지류들 중 하나는 태양의 물Water of Sun이라 불렸고, 앨런 가디너에 의해 펠루시악(부바스티스) 지류로 식별되었는데, 그 하류는 호루스의 물Water of Horus, 시홀의 물Water of Shihor(예레미아 2장 18절)로 불렸다. 헤로도토스는 나일 델타에 대한 그의 서술에서 펠루시악 지류와 이집트-페르시아 전쟁 때 펠루시움 도시 부근에서 일어난 사건들을 언급했다(《역사》3.10). 펠루시악 지류의 경로와 펠루시움 도시의 위치는 프톨레마이오스 작품이라고 생각되는 지도(서기 2세기), 포이팅거 지도Tabula Peutingeriana(서기 4세기) 및 마다바 지도Madaba Mosaic Map(서기 6세기) 등에서도 찾을 수 있다. 펠루시악 지류 하류에서 점토의 퇴적 작용은 서기 25년 주변에 매우 활발하게 일어났다. 그리고 델타의 동부 지역에서의 고대 폐허들은 이 지류의 흔적과 긴밀하게 연결되어 있다.

1966년 젊고 열정적인 이집트학 전문가 만프레드 비탁이 이끄는 오스트리아 고고학팀이 펠루시악 지류가 흘렀던 델타의 한 지점, 즉 텔 엘-다바로 불리는 유적지에서 장기간 발굴을 시작했다. 텔 엘-다바는 예전에 호수의 흙무더기라는 뜻의 텔 엘-비르카Tell el-Birka였으며, 옛 지도에는 이 호수가 한때 펠루시악 지류까지 인공 수로로 연결되었던 것 같다. 비탁과 그의 팀은 천천히, 인내를 가지고 직경 500m가량의 텔 엘-다바의 흙더미를 발굴해갔다. 13년간의 작업 후에 비탁은 몇 개 무덤과 스카라베 그리고 평범한 도기와 건축 기초들을 찾아냈는데, 대중적인 관심을 끌기에는 충분하지 않았다. 그래서 1979년과 1980년에 그는 발굴을 시작한 장소에서 서쪽으로 약간 이동하여 재차 발굴을 시도했으며, 결국 텔 엘-다바 유적지의 전체 양상이 밝혀졌다. 이곳은 람세스 2세보다 약 5백 년 전, 그리고 힉소스에 의해 이집트가 지배되기 약 1세기 정도 이전에 이집트의 중왕국 시대의 계획된 도시였다. 발굴된 궁전의 기초에서는 왕실의 여름 주거지였을 가능성을 찾았다. 에게해의 크레타로부터 온 것으로 보이는 다채로운 도기와 북부 시리아로부터의 원통형 인장 하나도 발견되었는데, 이는 중왕국 시대에 외국 사절단이 방문했으며, 특히 지중해와의 교류를 지시해 주는 것이었다. 오스트리아 고고학팀의 텔 엘-다바에서의 발굴은 이집트 고대사를 이해하는 데 엄청나게 중요한 실마리를 제공해 준다. 바로 힉소스의 고대 수도였던 아바리스Avaris가 세상에 그 모습을 드러낸 것이다.

텔 엘-다바

텔 엘-다바는 직경이 약 500m 정도의 구릉 혹은 텔Tell로 이루어지고, 텔에서 최소 1km 서쪽으로부터 나일의 펠루시악 지류의 동쪽 제방까지 확장된 도시의 흔적이다. 도시의 북쪽 경계에 한때 형성되었던 담수호는 공급 수로로 강에 연결되었다. 나일의 펠루시악 지류가 북동쪽 바다로 흘렀기 때문에, 이 공급 수로는 호수가 되어 이상적인 내륙 항구로 변했다.

비탁에 의해 식별된 가장 초기의 거주 흔적은 가옥 건축 방법으로 보아 아시아계 사람에 의한 기원전 2000년경이었던 것 같다. 이는 고대 이집트 역사에서 제1중간기로 알려진 시기에 해당하는데, 가나안(시리아-팔레스타인)으로부터 '아무'라 불리던 사람들 또는 아시아계 사람들에 의해 이집트가 광범위하게 파괴되었던 시기다. 이집트 왕 아메넴하트 1세Amenemhat I(약 기원전 1994~1964년 재위)의 사원에서는 '물의 도시에 있는 아메넴하트의 신전'으로 특별히 일컬어지는 점토판 등이 발견되었는데, 당시의 도시에 물이 많았음을 알 수 있다.

계속 이어진 텔 엘-다바에서의 발굴에서는 제2중간기라고 알려진 이집트 고대에 대한 흔적이 드러났다(Tell A의 층서를 보라). 힉소스가 이집트에 출현하기 전 약 150년 동안 서남아시아에서 온 사람들이 이곳에 거주했음이 밝혀진 것이다. 이집트 제12왕조 후반(텔 A의 H층)에 해당하는 기원전 19세기 말에 이주민들이 시리아-가나안으로부터 텔 엘-다바에 도착했는데, 뚜렷한 가옥 형태, 중기 청동기 시대MB IIA 타입의 가나안 도기, 그리고 상당수의 청동 무기, 특히 여러 이집트 벽화에서 보이는 오리주둥이 도끼를 가지고 왔다. 이 이주민들 대부분이 확실히 도시인들, 즉 대개 시리아-팔레스타인으로 알려진 동지중해의 일부를 따라 이주해 온 사람들이며, 남자 무덤들에서 발견되는 많은 수의 무기들은 이 이주민들이 전선을 방어할 목적으로 이집트 통치자에 의해 고용되었던 군인이었음을 가리킨다.

한편, 텔 엘-다바/아바리스의 동쪽 교외에는 아마도 유목민들이 살았던 것으로 추정되는데, 벽돌 울타리 안에는 기른 동물들이 있었다. 이 유목민들은 가축들을 먹이는 데 문제가 있었기 때문에 델타로 왔을 것이다. 이집트에서 제12왕조 후반은 열대 수렴대가 북으로 이동함에 따라 극단적으로 높아진 나일 범람이 기록되어 있는데, 열대 수렴대는 강한 몬순을 북쪽 청나일과 나일의 주요 지류인 아트바라 강의 집수 구역으로 밀어버렸다. 몬순의 북쪽 이동은 다시 가나안에 비를 뿌리게 하는 지중해 서풍을 약화시켰다. 그런 조건, 즉 가나안의 가뭄과 이집트 나일의 높은 수위는 가나안의 유목민들로 하여금 이집트 델

층서	특징
D/2	제15왕조 후기 힉소스 통치자들. 거주지의 파괴로 종료. MB IIC 도기
D/3	제15왕조 힉소스 통치자들. 계속 인구 증가. MB IIC 또는 IIB3 도기
E/1	제15왕조 전기 힉소스 통치자들. 많은 가나안인 인구. MB IIB/IIC 또는 IIB3 도기
E/2	이 층에서 말이 나타남. MB IIB 또는 IIB2 도기
E/3	첫 아시아계 통치자. 제14왕조의 시작, 이집트 제13왕조의 마지막. 두 개의 커다란 가나안 신전. MB IIB 또는 IIB1 도기
F	제13왕조 중기(또는 전기). 가나안 신전 및 MB IIA/IIB 도기
G/1-4	이집트 제13왕조 전기(또는 제12왕조 후기). 역병으로 종료
H	이집트 제12왕조 후기. 중기 청동기 시대(MB) IIA 도기

텔 엘-다바/아바리스의 텔 A에 나타나는 층서의 특징

타와 같은 목초지를 찾게 했던 것이다.

텔 엘-다바/아바리스에서의 제12왕조의 점거 후 중부 지역에서 제13왕조 궁전이 세워졌고, 근처에 고관, 재무관, 주방장의 무덤들이 발견되었다. 이 관리들은 아시아인으로 생각되는데, 왜냐하면 매장지에 당나귀 제물이나 양 혹은 염소의 뼈들이 있어 아시아식의 특징적인 매장 양식을 보이기 때문이다. 그런 관리들은 동쪽 아시아로 보내는 무역과, 이집트와 북부 시리아 사이의 해상무역을 관장하였을 것이고, 실제로 아바리스는 항구 도시였다. 이집트에서 만든 원통형 인장seal이 이 무덤들 중 한 곳에서 발견되었다.

이 층의 다음 시기에 궁전은 버려졌고, 그 지역에는 작은 가옥들이 지어졌으며, 대개가 장인들의 것이었다. 장인들 역시 텔 A의 동부 외곽 지역에서 살았고, 둥근 저장고 울타리 안에 작은 오두막이 세워져 있었다. 이 층들(G/1-4)은 갑자기 무언가 재앙처럼 보이는 것들에 의해 끝이 났는데, 갑작스런 죽음을 가리키는 많은 무덤들이 발견되었다. 무역 중심지로서 아바리스는 여러 지역에서 온 사람들의 왕래가 빈번했고, 임파선 질병이나 발진티푸스와 같은 질병들이 선박들 혹은 당나귀 마차(캐러번)에 의해 전파되었을 것이다. 재앙이 아바리스를 거쳐간 다음, 시종들의 공간이 딸린 커다란 가옥들이 도시의 중심 지역에 나타남으로써, 사회적 계층화가 진행되었음을 알 수 있다. 이 당시(F층)의 인구는 순전히 가나안 사람들로 구성된 것으로 보인다. 그리고 텔 A는 알 수 없는 이유로 잠시 동안 방치되는데, 그때 오래된 오두막들 위에 하나의 근동 신전이 세워졌다. 이 신전으로부터 두 개의 석회암 문설주에 네헤시 왕Nehesy(이름은 '남쪽인' 또는 '누비아인') 이 있는데, 그는 고대 이집트 왕 목록인 투린 파피루스Turin papyrus에 제14왕조의 첫 번째 혹은 두 번째 왕으로 등재되어 있다. 다른 비문들은 네헤시가 폭풍에 대한 관할권을 가진 바알스본Baal Zephon과 같은 이집트 신 세트에게 경배했다고 기록되어 있다. 이 시기의 몇몇 무덤들은 유명한 사람의 발아래 묻힌 어린 소녀들을 포함하는데, 역시 누비아의 케르마

Kerma 문화에서 발견되는 관습이다.

이어진 E/3층에서 제13왕조 왕 카네페레 소브코테프 4세Khanefere Sobkhotep IV(약 기원전 1732~1720년 재위)의 스카라베가 한 무덤에서 발견되었다. 스카라베는 쇠똥구리 모양의 부적인데 종종 바닥에 상형 문자로 이름들이 새겨져 있다. 그것들은 고대 이집트 발굴지에서 아주 보편적이고 때때로 왕의 이름이 있기 때문에, 고고학자들은 편년이 아주 유용한 것임을 인지했다. 이 카네페레 소브코테프 4세의 스카라베는 텔 엘-다바/아바리스에서 이집트의 제13왕조의 마지막에 대한 직접적인 증거이고, 네헤시 비문과 함께 아시아계 제14왕조가 이 시기에 시작되었음을 지시한다.

말馬은 E/2층에서 나타난다. E/2층의 가장 최근 부분과 이어진 모든 E/1층은 이전보다 훨씬 많은 인구의 증거를 보인다. 만프레드 비탁에 따르면 이는 힉소스 왕국의 창립을 반영한다. 하지만 미국 고고학자 윌리엄 디버는 제15 힉소스 왕조의 출현을 이어진 E/1층으로 설정했고,■3 반면 고고학자 스트루트 매닝은 그것은 심지어 더 뒤인 D/3층의 시작으로 설정했다.■4 엄밀한 의미의 힉소스는 제15왕조의 여섯 명의 통치자가 108년 동안 통치했다고 투린 파피루스는 전한다. 제2중간기로부터 여러 아시아 통치자들은 단지 그들의 스카라베와 인장으로 알려질 뿐인데, 이 인장들은 남부 가나안, 델타, 나일 강변 그리고 누비아에서 발견되었다. 발견된 인장 중 셰쉬는 마네토가 기록한 살리티스Salitis가 유력하고, 야쿠브-하르는 두 번째 제15왕조 왕으로 생각된다. 사실 '야쿠브'는 중기 청동기 시대에 보편적인 서부 셈족 이름인 야곱Jacob이었다. 야쿠브-하르의 스카라베는 북부 가나안의 한 무덤에서 발견되었고, 초기에 기원전 18세기 중반 혹은 후반으로 편년되었지만, 재편년되기로는 제15왕조 초기와 일치한다.

기원전 3세기 이집트 역사학자 마네토는 힉소스를 다음과 같이 묘사했다(Book II 14).

예기치 않게 동쪽 지역으로부터 잘 알려져 있지 않은 종족의 침입자들이 승리의 확신을 가지고 우리 땅에 쳐들어 왔다. 큰 힘으로 타격을 주지 않고도 쉽게 장악했으며, 그 땅의 통치자들을 압도했고 가차없이 우리 도시들을 불태웠고, 신들의 신전을 땅에 무너뜨렸고, 모든 주민들을 무자비하게 대했으며 일부는 학살하고 나머지 아내들과 아이들은 노예로 만들었다. … 마지막으로 그들은 그들 중 한 사람, 살리티스Salitis라는 사람을 왕으로 만들었다. 그는 멤피스에 주재하여 상, 하이집트로부터 공물을 받았으며, 방어에 적합한 장소에 수비대를 배치했고, … 세트로이테Sethroite라는 지역에서 발견되었던 한 도시는 부바스티스 강줄기 동쪽에 위치했는데, 고대 전승에 따라 아바리스Avaris라 불렀고, 그는 그곳을 재건축하고 벽으로 강하게 요새화했으며, 24만 명의 무장병력으로 전선을 방어하는 주둔지를 설치했으며, … 그 종족은 통칭 힉소스라는 이름인데 의미는 목자들의 왕king-shepherds … 그다음 테베의 양들과 나머지 이집트가 그 양치기에 대항하여 일어나 … 양치기들은 패퇴하고 이집트 바깥으로 축출되고, 아바리스라 불리는 궁전에 갇혔다.

마네토가 기록하기를 첫 번째 힉소스의 왕은 이름이 살리티스였고 멤피스에 수도를 세웠다. 그는 나일 펠루시악 지류의 델타에 한 도시를 요새로 만들었는데, 자신의 영토에 대한 동쪽으로부터의 침입에 대비하기 위함이었다. 이 힉소스는 때때로 엑소더스 바로 전에 이집트에서 살던 성경의 이스라엘 민족이었거나 혹은 최소한 그들이 포함되었을 것으로 생각되던 집단이다. 힉소스 제15왕조는 모든 이집트를 관할했고, 제17왕조로 알려진 테베에 일련의 봉건 군주를 두었던 것으로 보인다. 제17왕조의 이집트인 군주들이 군사적인 봉기를 시작했고 결과적으로 아바리스를 점거하고 남아 있는 힉소스를 시나이 반도를 거쳐 가나안으로 축출했을 때 이집트의 힉소스 시대는 끝이 났다. 이 축출이 고대 가나안인들의 전통적인 기억을 통해 반향되었을 것이며, 엑소더스라는 초기 이스라엘 전설로 되었을 가능성이 있다.

한편, 상당히 큰 도시 아바리스는 제2중간기 나일 델타에서 아시아계의 유일한 거주지는 아니었다. 텔 엘-다바의 남서쪽 약 80km의 텔 엘 예후디야가 한 세기 전 영국 고고학자 플린더스 페트리 경에 의해 발굴되었다. 발견은 매장, 도기 그리고 스카라베를 포함하고, 그 모두가 확실히 제2중간기에 그곳에 살았던 서남아시아 주민들로부터 나왔다. 페트리는 또한 나일의 펠루시악 지류의 남쪽, 와디 투밀랏에서 텔 엘-레타바의 유적지도 발굴했다.

와디 투밀랏은 나일강이 사막 평원을 가로지르고 마지막 빙기에 모래와 자갈로 채워졌던 소멸된 수로의 흔적이다. 오늘날 와디는 현재 하천 흐름으로부터 동쪽으로 팀사Timsah 호수와 비터Bitter 호수까지 연장된다. 최근까지 특히 서쪽 부분에서 낮은 지대를 이루는 와디는 매년 나일 홍수기 동안 범람 분지로 역할한다. 고대에 나일 범람이 높을 때, 와디는 식물이 무성하고 수생 동물과 동물군이 풍부했다. 계절별 및 영구 물웅덩이들이 와디의 서쪽과 중앙쪽에 여기저기 흩어져 있고, 비록 와디가 통상 광범위한 농경보다는 가축떼들의 목축에 더 적합함에도 불구하고 거기에서 제한적인 경작이 가능했다. 중앙부에서 와디 투밀랏은 두 지점에서 좁아진다. 각 지점들에서 와디의 북쪽 측면을 따라 텔이 있고, 서쪽의 것은 텔 엘-레타바, 동쪽의 것은 텔 엘-마스쿠타로 알려져 있다. 와디는 전반적으로 토론토 대학의 존 할러데이가 이끄는 팀에 의해 광범위하게 조사되었고, 가장 큰 사이트 텔 엘-마스쿠타도 그들이 발굴했다.

엑소더스의 배경과 출발지가 되는 비돔과 라암셋에 대한 지명을 정리해 보자. 최소한 19세기 이래, 와디 투밀랏은 성경의 땅 고센과 동일시되어 왔고, 그 지역은 이집트 체류동안 이스라엘 족속들이 점거했다. 두 개의 주요 사이트들, 텔 엘-레타바와 텔 엘-마스쿠타는 성경의 비돔, 라암셋, 혹은 숙곳Succoth으로 다양하게 이름 붙여졌다. 비돔은 앞에서 설명했듯이 이집트어 형태로 페르-이템, 아툼의 집에서 왔고, 숙곳은 이집트어 형태로 *Tkw*에서 유래되었다.

그러나 페르-이템은 후기 이집트식 용어이고, 그 이전 사용에서 마을이 아니라 널따란 땅을 나타내는 듯하여, 아마도 텔 엘-마스쿠타 부근의 들판일 것이다. *Tkw*는 역시 마을보다는 구역을 나타내고, 텔 엘-마스쿠타의 가운데였던 것으로 보인다. 사실 비돔과 숙곳이란 이름들은 텔 엘-마스쿠타 주변이나 이를 포함하는 동일 지역에 적용되고, 숙곳은 오래된 이름, 그리고 비돔은 보다 최근 이름으로 생각된다.

엑소더스의 시기

성경 연대기로 계산한 엑소더스의 시기

이스라엘 자손이 이집트에서 탈출한 엑소더스의 사건은 성경을 제외하고는 구체적인 정보를 얻을 수 있는 자료가 거의 드물다. 그렇다면 엑소더스가 언제 일어났으며, 당시의 파라오가 누구인가에 대한 해답을 얻기 위해서는 성경에서 제시하고 있는 엑소더스 관련 내용들을 자세히 들여다 보아야 한다. 그런데 간단하지 않은 문제가 있다. 성경에서의 시간 표시는 현재 우리가 사용하는 시간 개념과는 사뭇 다르다. 지금의 우리에게는 시간의 흐름을 측정할 수 있는 기준이 있으며, 그에 따라 진행된 사건들을 기록하고 정리한다. 하지만 성경에서는 시간의 기준이 무엇인지 구체적으로 밝힌 바 없으며, 특히 먼 옛날의 경우 일 년의 길이와 나이의 연 수가 과연 지금과 동일한지 의문이 생기기도 한다. 그렇다고 아무런 시간 체계가 없는 것도 아니다. 오래전부터 성경학자들은 성경 속에 기록된 사람들의 족보와 수명, 그리고 다양한 사건들의 순서를 바탕으로 나름대로의 시간 기준을 마련했다. 이를 성경 연대기(Biblical Chronology

또는 Chronology of the Bible)라고 한다.

성경 연대기의 설정은 다양하다. 성경과 학자들에 따라 다르긴 하지만 공통적으로 천지 창조로부터 특정 사건까지의 간격을 대략 4000년에 맞춘다. 가령 히브리어로 쓰인 성경에서는 예루살렘의 제2성전을 재봉헌하던 기원전 164년까지 4000년 걸렸다든가, 혹은 사마리아어로 쓰인 모세오경에서는 4000년 전에 창조되었고 그로부터 3000년이 경과한 후 이스라엘 자손들이 가나안에 정착한다는 식이다. 주목할 만한 것 중에 16세기의 종교 개혁가 마르틴 루터는 천지 창조로부터 예수의 탄생까지가 아니라 그의 사도들의 활동까지를 4000년으로 보았다.■1 물론 시간의 범위를 조금 넓게 본 학자들도 있다. 예를 들어 서기 3~4세기에 활동한 유대학자 유세비우스는 예수의 탄생 시기를 천지 창조 후 5199년의 일로 설정했다. 한편, 17세기 아일랜드 대주교였던 제임스 어셔James Ussher는 성경 속의 연대를 가용할 수 있는 성경 밖의 자료들과 묶고, 족장들의 생몰 연대 및 이스라엘 왕조 왕들의 재위 기간에 대한 정확한 설정을 통해 창조의 시작이 기원전 4004년이라는 계산을 발표했는데, 어셔의 연대기는 19세기 후반까지 가장 널리 사용되었다.

제임스 어셔는 서기 1650년에 1,300쪽에 이르는 구약의 연대표를 작성하였는데, 아주 긴 제목을 가지고 있기에 약칭으로 《세계의 기록》■2이라 부른다. 그는 성경에 기록된 주요 사건들에 의해 설정된 시간표에 따라 햇수를 계산하고, 그것을 시간 규모로 삼은 것이다. 어셔에 따르면 세상은 기원전 4004년 10월에 만들어졌는데, 성경에 기록된 날수, 햇수를 모두 계산한 결과다. 어셔의 연대기는 상당한 학문적 배경을 나타낸다. 페르시아, 그리스 및 로마의 발흥과 같은 고대사를 비롯하여 성경, 성경의 언어, 천문학, 고대 달력 및 연대 등에 대해 당시 알려진 자료들에 기초했다. 어셔는 성경 이외에도 다양한 출처가 있는 역사적 사건들을 설명했는데, 예를 들어 알렉산더의 죽음을 기원전 323년, 줄리우스 시저의 죽음을 기원전 44년으로 설정했다. 어셔가 사용한 가장 오래된 성경 밖의 좌표는 바빌론 왕 느부갓네살(네부카드네자르, 즉위 기원전 605년)이었고, 토라의 본문에서 창조와 대홍수 사이의 연도 불일치에 직면한 어셔는 70인역 성경이 아닌 마소라■3 성경 사본을 선택했는데 창조를 정확히 예수의 탄생인 기원전 4년보다 4000년 뒤로 둘 수 있었다. 그의 계산으로는 솔로몬 성전이 창조로부터 3000년 되던 해에 완성되었고, 성전의 완성으로부터 성전의 성취로 생각되는 예수까지 정확히 1000년이다. 당시까지의 최신 과학, 연대학, 역사적 자료 및 성경학 등을 활용하여 세상의 나이를 결정한 그의 방법은 창조론자 사이에서 여전히 인기가 높다.

20세기에 들어와서 미국의 고고학자이고 구약학자였던 에드윈 틸르는 저서 《히브리 왕들의 신비스런 숫자들》■4을 통해 성경 연대기 중에서 이스라엘 왕정 시기를 아주 세밀하게 연구하여 연대를 결정했으며, 그 결과는 현재도 많은 영향을 미치고 있다. 그러면 일단은 성경 연대기를 바탕으로 엑소더스의 시기를 살펴보자. 성경에서 이스라엘 자손들이 이집트를 탈출한 시기를 가늠할 수 있는 내용은 여러 곳이다.

첫 번째로는 출애굽기 1장 11절에 "감독들을 그들 위에 세우고 그들에게 무거운 짐을 지워 괴롭게 하여 그들에게 바로를 위하여 국고성 비돔과 라암셋을 건축하게 하니라"라고 하여 인구가 급격히 늘어난 이스라엘 자손들의 혹시 모를 반역에 대비하여 힘든 노동으로 다스리려 하는 장면이 나온다. 그리고 노역에 투입된 두 장소 중에서 '라암셋'이란 지명이 엑소더스의 시기를 추정하는 단서로 사용되었다. 앞장에서 살펴보았듯이 라암셋은 이집트의 파라오 중에서 강력했고 오랜 기간 통치했으며 방대한 건설사업을 추진했던 람세스 2세일 것으로 생각한 것이다. 람세스 2세는 이집트 신왕국의 제19왕조의 파라오이며, 재위 기간이 대략 기원전 1279~1212년이기 때문에, 엑소더스는 기원전 13세기 중반에 있었을 것으로 생각하기도 한다. 그런데 이 추정은 엑소더스의 배경에 나타난 장소로부터 유추한 것이기에 시간에 대한 개연성은 상당히 미약하다. 다시 살펴보겠지만, 지명과 파라오 이름의 유사성이 시간을 의미한다고 보는 것은 참고할 수 있으나 결정적인 근거로 사용하기에는 적절하지 못하다.

두 번째로 엑소더스의 시기를 알 수 있는 성경 본문은 열왕기상 6장 1절의 구절로 "이스라엘 자손이 애굽 땅에서 나온 지 사백팔십 년이요 솔로몬이 이스라엘 왕이 된 지 사 년 시브월 곧 둘째 달에 솔로몬이 여호와를 위하여 성전 건축하기를 시작하였더라"라는 부분이다. 다윗의 뒤를 이어 왕이 된 솔로몬이 아버지의 유언을 받들어 성전을 건축하려 한 시기가 엑소더스 이후 480년 경과한 시점이란 뜻이다. 솔로몬이 왕위에 오른 시기를 정확히 알 수 있다면 그로부터 엑소더스 연대를 구하는 것은 매우 쉽다. 가령 에드윈 틸르가 계산한 솔로몬의 재위 기간은 기원전 971년부터 기원전 931년까지이다. 로저 영은 논문 《솔로몬은 언제 죽었나?》[5]에서 솔로몬 재위에 대한 틸르의 주장을 확인했다. 그러면 성전을 건축한 연도가 기원전 967년이 되고, 엑소더스는 그보다 480년 앞선 기원전 1447년경이 되는데, 로저 영은 여기서 480년이 아니라 479년을 더해야 한다고 주장하여 기원전 1446년을 제시하기도 했다. 어쨌든 기원전 15세기 중반이 된다. 그런데 문제는 솔로몬 재위 기간의 정확성이다. 우선 성경 이외에 어떤 기록에도 솔로몬의 존재가 입증되지 않는다. 다만 성경 연대기에서 설정된 솔로몬이 왕이 된 기원전 971년은 제안된 여러 연도 중 하나일 뿐이며 절대적인 것도 아니다. 어셔의 연대기에 따르면 솔로몬이 왕으로 등극한 해는 기원전 1014년 또는 1015년이다. 무려 40년 가까이 차이가 난다. 따라서 솔로몬의 연대를 기점으로 엑소더스의 시기를 계산하는 것은 확정적이지 않다.

세 번째로 출애굽기 12장 40~41절에는 "이스라엘 자손이 애굽에 거주한 지 사백삼십 년이라. 사백삼십 년이 마치는 그 날에 여호와의 군대가 다 애굽 땅에서 나왔은즉"이라는 내용이 나온다. 여기서 요셉이 총리일 때 야곱과 모든 식구가 이집트로 이주하여 고센 지방에 정착한 시기로부터 430년간 머물렀다가 탈출함을 알 수 있으나, 정작 야곱이 애굽으로 이주한 연대를 모르기 때문에 엑소더스가 일어난 구체적인 연도를 설정할 수 없다. 거꾸로 엑소더스의 정확한 연대가 설정되면 야곱을 비롯한 이스라엘 자손들이 이집트로 들어간 연대를 알 수 있게 되는데, 430년이 체류 시간으로서의 확실한 정량적인 의미를 가질 경우에 국한된다.

두 번째와 세 번째 경우에서 보았듯이, 성경 속 정보로부터 엑소더스의 시기를 가늠하는 데 필요한 것은 결국 성경 내용과는 무관하게 결정되는 기준 연대이다. 다시 말해 성경 속 사건의 시기를 정확히 설정할 수 있도록 역사적 연대를 성경 밖에서 가져와서 성경의 연대와 동기화시켜야 한다. 그런 역사적 연대를 어디서 구할 수 있을까? 아주 소수지만 이스라엘과 주변 국가들 사이의 역사적인 관계로부터 살필 수 있다. 특히 고고학적 기록들이 잘 보존되어 있는 경우라면 충분히 가능하다. 이스라엘이 가나안 땅에서 왕조를 만들어 살아가던 약 5백 년의 세월 동안 가장 격동적인 시기를 보낸 것이 기원전 8세기 말에서 6세기 초에 이르는 150년 동안이다. 다윗 왕조는 그 아들 솔로몬을 마지막으로 남쪽의 유다 왕국과 북쪽의 이스라엘 왕국으로 쪼개지고, 북쪽의 이스라엘은 기원전 722년에 아시리아에 의해 멸망한다. 그리고 남아 있던 남쪽의 유다마저 바빌로니아의 침공을 받아 기원전 6세기 초에 멸망하고 만다. 남유다가 멸망하는 과정에 대해 찾을 수 있는 약간의 자료가 있다.

남유다는 바빌로니아의 왕 느부갓네살 2세에 의해 멸망하는데, 느부갓네살의 군대가 남유다의 수도였던 예루살렘을 함락시키는 기록은 발견되지 않았으나, 함락 이전의 기록은 남아 있다. 기원전 605년에 남쪽의 이집트 연합군과 북쪽의 바빌로니아 연합군은 카르케미쉬에서 전투를 벌이고 바빌로니아는 아주 중요한 승리를 거머쥐게 된다. 이 전투로 말미암아 이집트를 도왔던 아시리아는 더 이상 존립할 수 없었고, 이집트 역시 고대 근동에서 그 정치적 위상을 잃어버리게 되지만 바빌로니아는 전성기를 누리게 된다. 이 시기 남유다 왕이었던 여호야긴은 처음에는 바빌로니아에 붙었다가 변절하여 이집트 연합군의 일원으로 카르케미쉬 전투에 참전하나 패전한다. 보복이라도 하듯 느부갓네살은 예루살렘을 침공하여 기원전 597년에 도시를 포위하고 여호야긴을 사로잡는다. 이때 상당수의 이스라엘 자손들이 바빌로니아로 끌려가고, 예루살렘에는 가난하고 비천한 사람들만이 남게 된다. 그리고 느부갓네살은 시드기야를 그 버려진 땅의 왕으로 임명한다. 이 사건은 바빌론 유수Babylonian Exile로 잘 알려져 있다.

여기서 학자들은 기원전 597년을 하나의 역사적인 기점으로 삼았다. 도널드 와이즈만이 1956년에 출판한 바빌로니아 연대기Babylonian Chronicles■[6]에서는 느부갓네살이 기원전 597년 아달월 2일(3월 16일)에 예루살렘을 함락시켰다고 설정했다. 와이즈만 이전에 에드윈 틸르는 성경 본문으로부터 느부갓네살의 예루살렘 첫 함락이 기원전 597년 봄에 일어났다고 했지만, 올브라이트를 포함한 다른 학자들은 더욱 빈번하게 기원전 598년으로 연대 결정했다. 한편, 느부갓네살 연대기Nebuchadnezzar Chronicle에서는 바빌로니아 연대기에서와 마찬가지로 느부갓네살이 예루살렘을 포위하여 기원전 597년 아달월 2일(3월 16일)에 함락시켰다고 기록되어 있다.

> 기원전 598년 느부갓네살의 7년 째 되던 해 치슬렙월(11/12월)에 바빌론 왕은 군대를 소집했고, 하티(시리아/팔레스타인, 히타이트)의 땅을 침공한 후 유다의 도시를 포위했다. 아달월의 둘째 날(3월 16일) 도시를 점령했고 [여호야긴] 왕을 사로잡았다. 그는 시드기야를 왕에 임명하고 많은 공물을 취하여 바빌론으로 보냈다.

기원전 597년과 598년 사이의 논란에 대해서 학자들의 견해는 달랐지만, 2004년 로저 영은 논문 《예루살렘은 언제 함락되었나?》■[7]를 통해 기원전 6세기 초 전후의 유다와 바빌로니아 왕들의 재위 기간과 사건들을 종합적으로 분석하여 동기화시키면서 기원전 597년 초반이 합당할 것으로 결론 내렸다. 느부갓네살이 예루살렘을 쟁취하여 여호야긴 왕을 사로잡고 새 왕을 허수아비로 세웠지만, 그 도시를 완전히 파괴시킨 것은 아니다. 언제 예루살렘이 역사의 뒤안길로 사라지고 유다 왕국이 멸망했는가에 대한 계산도 가능하다. 성경의 기록에서 이 계산에 도움을 주는 구절들이 나온다. 예레미야 39장 2절에 "시드기야의 제십일 년 사 월 구 일에 성이 함락되니라 예루살렘이 함락되매", 에스겔 40장 1절에 "우리가 사로잡힌 지 이십오 년이요 성이 함락된 후 십사 년 정월 십 일 곧 그 날에 여호와의 권능이 내게 임하여 나를 데리고 이스라엘 땅으로 가시되"라고 기록되어 있다. 이로부터 유다 왕국은 시드기야 왕의 11년 째 네 번째 달에 멸망했다는 것이고, 또한 기원전 597년의 사로잡힘과 예루살렘의 함락 사이에 11년에 못 미치는 간격이 있음을 알 수 있다. 이 자료로부터 로저 영이 계산한 결과는 기원전 587년 4월경이 된다. 그러면 성경 연대기에서 예루살렘이 완전히 함락되면서 이스라엘 왕조 시대가 끝이 난 시점이 결정되었다. 기원전 587년이다. 이를 출발점으로 하여 엑소더스의 시기를 찾아보자.

먼저 에스겔 4장 5절과 6절의 내용이다. 느부갓네살이 1차로 이스라엘 자손들을 바빌로니아로 잡아갔을 때 에스겔도 그 속에 있었다. 그리고 기원전 592년경(사로잡힌 지 오 년) 그에게 야훼가 나타나서 예루살렘이 430년 만에 망할 것이라는 예언을 비유를 통해 전달하는 모습이다.

> 내가 그들의 범죄한 햇수대로 네게 날수를 정하였나니 곧 390일이니라 너는 이렇게 이스라엘 족속의 죄악을 담당하고
> 그 수가 차거든 너는 우편으로 누워 유다 족속의 죄악을 담당하라 내가 네게 40일로 정하였나니 1일이 1년이니라

예루살렘은 다윗왕 시절에 이스라엘 왕국의 수도가 되었다. 다윗은 40년간

왕위에 있으면서 처음 7년은 헤브론에서, 나머지 33년은 예루살렘에서 통치하였다. 그리고 그 예루살렘이 430년 만에 멸망한다는 에스겔을 통한 야훼의 계시다. 그 기점이 되는 연대는 앞에서 살펴본 기원전 587년이다. 그렇다면 예루살렘의 시작은 587년에서 430년을 더한다. 기원전 1017년이다. 그리고 다윗이 33년간 예루살렘에서 통치하고 난 뒤에 솔로몬이 왕이 된다. 따라서 솔로몬의 즉위는 기원전 1017년에서 33년이 흐른 기원전 984년이 된다. 이 연대는 확실히 위에서 살펴본 솔로몬의 즉위에 관해 틸르가 계산하고 로저 영이 확인했던 연대 기원전 971년과는 차이가 있다. 하여간 솔로몬 재위 4년에 성전을 건축하고, 그로부터 480년 전에 엑소더스가 있었다는 열왕기상 6장 1절의 설명에 따라 계산하면(984-4+480), 기원전 1460년이 나온다. 성경 연대기를 이용하여 구한 엑소더스의 연대다. 이 연대와 앞에서 구한 기원전 1447년(또는 1446년)의 차이는 바로 솔로몬의 즉위 연대의 차이에서 비롯되는데, 성경 본문 안에서의 계산으로 구한 솔로몬 즉위 연도보다 바빌로니아와 느부갓네살 연대기를 참조하여 구한 솔로몬의 즉위 연도가 더 오래되었음을 나타낸다.

그런데 성경 연대기를 적용할 수 있는 또 다른 자료가 있다. 하지만 성경의 기록이 아니라 바빌로니아 탈무드 속의 내용이다(Babylonian Talmud, Arakhin 12b). 거기에는 '이스라엘 민족이 가나안 땅에 들어가서부터 첫 성전의 파괴로 잡혀가기까지 17번의 희년Jubilee을 거쳤다'고 기록되어 있다. 희년이라는 것은 7년이 일곱 차례 반복되는 것으로 49년의 햇수이고, 이때 이스라엘 민족은 자신이 팔거나 빼앗긴 모든 재산을 되찾을 수 있는 중요한 해를 뜻한다. 여기서 첫 성전이 파괴되었다는 것은 바로 느부갓네살의 군대에 의해 예루살렘이 완전히 파괴된 것을 의미하며, 기점이 되는 기원전 587년이다. 따라서 그 기점으로부터 49년이 17차례 반복된(833년) 과거가 바로 이스라엘 자손들이 가나안 땅으로 들어간 해가 된다. 계산하면 기원전 1420년이 나온다. 하지만 이 연도는 엑소더스의 시기가 아니다. 왜냐하면 이스라엘 자손들은 엑소더스 이후

40년간을 광야를 방황하다 가나안 땅에 들어가 정착하기 때문이다. 결국 1420에 40을 더해야만 하고 그 연도는 기원전 1460년이 된다.■8

성경 연대기로부터 구한 기원전 1460년이 과연 실제 엑소더스의 연도이냐에 대해서는 논란이 끊이지 않는다. 여기서 예시로 든 연대 기점에 대한 것도 모든 사람이 동의하는 것도 아니며, 성경 속에 드러난 430년, 480년 등의 기간도 실제 햇수인지 아니면 일종의 알레고리인지 보는 관점에 따라 다르다. 그럼에도 불구하고, 성경의 기록과 연대기에 대한 출발점에 문제가 없다는 전제하에 기원전 1460년, 즉 기원전 15세기 중반이 성경 연대기로부터 구한 엑소더스의 시기라고 확인해 두고 가자.

성경 바깥에서 제시된 엑소더스의 시기

성경 연대기로 계산된 엑소더스는 편차는 있어도 대개 기원전 15세기 중반 정도다. 그렇다면 성경 연대기 이외에 다른 정황 증거로부터 추정할 수 있는 엑소더스의 시기는 언제일까? 우선 프로이트의 생각부터 살펴보기로 한다.

프로이트는 모세가 아케나텐의 신봉자였음을 포기할 수 없었다. 비록 유일신 사상에서 차이가 있음에도 불구하고 모세와 아케나텐의 연결 고리를 지속적으로 파고들었다. 특히 모세를 이집트인으로 설정함으로써 아케나텐의 유일신과 야훼신앙 사이의 불일치를 피해가고자 했다. 아케나텐은 기원전 14세기 중반, 즉 기원전 1360년경부터 17년 동안 가장 독특한 파라오였다. 그러나 그의 사후에 아케나텐의 신앙은 더 이상 존속할 수 없었으며, 다시 이집트 고유 신앙으로 재빠르게 되돌아갔다. 그리고 프로이트는 아케나텐의 개혁을 모세에게 떠넘긴다(제11장의 내용 참고).

프로이트는 모세가 그 시기에 변방의 통치자였고, 몇 세대 동안 변방에 살고 있던 이스라엘 민족과 접촉했을 것으로 생각했다. 이집트인 모세는 아케나텐의 사후에 닥친 역경 속에서 이방인들을 통해 자신의 이상을 실현하려 했을지도 모른다. 어쨌든 프로이트의 생각대로 모세가 이스라엘 자손들을 데리고 이집트를 탈출했다면 그 시기는 기원전 14세기 중반이 될 것이다. 그런데 이 시기에 대해 프로이트는 엄청 고민했던 것 같다. 왜냐하면 당시에 알려진 고고학적 자료는 기원전 13세기 중반을 가리키기 때문이다.

이집트 제19왕조의 람세스 2세를 뒤이어 그의 아들 메렌프타(또는 메르넵타, 재위 기원전 1212~1201년))가 왕위를 계승했고, 아버지의 유지를 이어받아 가나안과 시리아까지 원정했다. 1896년에 테베에서 메렌프타 전승을 기리는 높이 약 3m, 폭 약 1m의 석비가 발견되었는데, 그 비문 중에 메렌프타가 정복한 민족 가운데 이스라엘의 이름이 나온다. "이스라엘의 민족은 토벌되어, 그들의 자손은 없고, …"라는 문장이다. 이는 이스라엘의 이름이 기록된 자료로서는 가장 오래된 것이고, 또 이스라엘의 이름을 언급한 이집트의 비문으로서는 단 하나의 것이다. 이 석비는 기원전 1205년경에 세워진 것으로 추정된다. 따라서 그 무렵에는 가나안의 땅에 이미 이스라엘이라는 이름을 가진 종족이 있었던 것이 되며, 모세를 따라서 이집트를 탈출한 이스라엘 자손이라고 생각할 수 있다. 그리고 모세가 이집트를 탈출하여 가나안의 땅에 들어가기까지 40년의 세월이 흐르기 때문에 메렌프타의 기원전 1205년의 석비는 람세스 2세의 지역명으로부터 산출한 성경 연대기 기원전 13세기 중반과 유사한 시기가 된다.

문제는 이 연대를 프로이트가 몰랐을 리 만무하다는 것이다. 그러면 자신이 생각했던 기원전 14세기 중반과는 시기적 차이가 분명히 존재한다. 프로이트는 엑소더스 이후 40년간 이스라엘 자손들 내부에서 벌어지는 다양한 혼란을 해석하고, 그로부터 이스라엘의 지도자였던 모세가 두 명이었다는 결론에 이른다. 첫 번째 모세는 이집트인으로서 아케나텐의 태양신 숭배와 개혁을 완수하기 위해 이스라엘 자손을 설득하여 가나안으로 탈출한다. 이 부분에서 모세의 목적과 이스라엘의 목적이 달랐다. 모세는 정신적, 종교적 신념을 달성하기 위한 것이고, 이스라엘은 노예 상태로부터 벗어나 자유를 찾는 것이었다. 그러나 엑소더스 이후 얼마되지 않아 모세는 이스라엘 자손들로부터 숱한 원망을 듣게 되고 이윽고 그들로부터 살해당했다는 것이다. 하지만 이스라엘 자손들은 이내 자신들의 행동을 후회하고, 지도자를 죽음으로 몬 행위(프로이트는 정신분석학적으로 이를 '부친살해'라고 명명했다)를 감추려고 애썼다. 그리고 미디안 광야에 들어갔을 때 그곳 출신의 두 번째 모세를 만났다. 그가 요단강을 건너기 전까지 이스라엘 자손을 이끌었던 지도자가 되었으며, 그가 믿었던 미디안의 '화산의 신'이 야훼로서 이스라엘의 유일신으로 변모했다는 것이다. 그리고 이 과정에서 람세스 2세의 기원전 13세기 중반과 동기화하려면 80년에서 100년 가까운 시간이 의도적으로 축소되어야 하지만, 프로이트는 아케나텐 사후의 기원전 14세기 중반을 엑소더스 시기로 설정한 그의 생각을 포기하지 않았다.

프로이트의 생각대로라면 이집트인 모세가 이끄는 이스라엘 자손들의 엑소더스는 그 이유가 상당히 종교적이고 정치적인 것이었다. 그 개연성에 대해 더 살펴보는 것은 별로 의미가 없다. 판단의 기준이 될 만한 자료가 거의 없기 때문이다. 단지 주목할 것은 대부분의 엑소더스의 시기가 성경 본문에서의 기록을 가지고 추정된 것에 비해 프로이트는 고대 이집트에서 모세의 정체성에 대한 새로운 시각으로부터 접근한 것이다.

성경의 출애굽기 12장 40절에는 이스라엘 자손들이 이집트에 들어가 430년을 거주했다고 쓰여 있다. 그러면 이스라엘 자손들이 이집트에 들어가서 430년간 살아야 하는데, 그게 언제인가 하는 문제다. 역사적으로 이집트에 셈계 민족이 들어가서 150~200년 가까이 살았던 기록이 있다. 그것도 정복자로서 말이다. 바로 힉소스다. 그런데 힉소스의 거주 기간과 성경 본문의 430년과는 차이가 난다. 그리하여 세 가지 가능성이 생겼다. 출애굽기의 이스라엘인들이 힉소스 이전에 이미 들어가서 살았을 가능성, 힉소스일 가능성, 그리고 마지막으로 힉소스 이후일 가능성이다. 이미 앞(제10장)에서 살펴보았듯이 비교의 중심이 되는 힉소스는 기원전 17~16세기 이집트에 있었다. 그런데 성경 연대기로 판단컨대 힉소스의 이집트 점령기 및 그 이후 이스라엘이 이집트로 이주했다는 사실을 찾을 수 없다. 하지만 힉소스 이전이라면 아주 유명한 사건이 떠오른다. 요셉이 이집트로 팔려가 총리가 되고, 그 아버지 야곱과 모든 식구들을 이집트로 데려오는 내용이다.

만약 이스라엘이라 불리던 야곱과 그 모든 가족들이 이집트에 들어와 살았고, 그들이 430년 후에 그곳을 떠난 사건이 엑소더스라고 가정한다면, 그들이 이주한 시기만 알면 엑소더스의 연도가 바로 계산된다. 일단 성경 연대기에서 추정하는 야곱의 이집트 정착을 살펴보면 킹제임스 성경이 제시하는 기원전 1701년은 힉소스가 이집트에 들어온 시기, 즉 제2중간기 시작의 추정 연대인 기원전 1650년경과 그리 차이가 나지 않는다. 그러면 엑소더스는 기원전 1270년 정도가 되고, 이때는 람세스 2세의 시기다. 한편 제임스 스토롱의 기원전 1873년에 야곱이 이집트에 정착하면 엑소더스는 기원전 1443년이 되어 투트모세 3세의 시기가 된다. 그러나 자료의 자기 인용에 가까운 이런 계산 결과는 별 의미가 없다. 다른 근거를 찾아봐야 한다.

이스라엘 자손들이 힉소스 이전에 들어 왔다면 이집트의 중왕국 시대로 가봐야 한다. 그중에서 12왕조의 두 번째 파라오 세누스레트 1세 때(재위 기원전 1974~1929년)의 기록에서 셈계 민족과의 연관성을 지시하는 몇몇 정보를 얻을 수 있다. 당시에는 파라오의 세력에 버금가는 '노마르크'라 불리는 지방 토호(귀족)들이 있었다. 베니하산Beni Hasan에 있는 대표적인 토호의 무덤에서 발견된 그림에는 37명의 아시아인들이 상세히 새겨져 있었다. 이집트와 아시아 사이의 교류가 있었다는 얘기다. 그리고 세누스레트와 직접적으로 연관된 유명한 문학작품 《시누헤 이야기》가 쓰였다. 왕비의 시종이었던 시누헤는 세누스레트 1세와 함께 리비아로 군사 원정을 떠났고, 도중 정치적 음모를 두려워하여 팔레스타인으로 도망간다. 그리고 25년 가까이 아시아인들과 살다가 파라오의 용서로 이집트로 되돌아온다는 얘기다. 이야기 속에서는 이집트인 시누헤가 아시아인들부터 환대받는 장면들이 그려지는데, 당시 이집트와 가나안인 사이의 관계가 나쁘지 않았음을 보여 준다.

비탁의 텔 엘-다바에서의 고고학적 발굴에서 지적되는 것은 세누스레트 12왕조는 이집트와 아시아계가 조화롭게 살았던 사실상 유일한 시기였다는 것이다. 세누스레트 1세는 국내외적으로 상당히 안정적이었는데, 입법가이며 능력이 뛰어났던 비지르(총리) 멘투호텝이 있었기 때문이다. 그리고 파라오는 행정개혁을 통해 엄청난 특권과 힘을 가진 지방 토호인 노마르크 세력을 줄여나갔다. 당시 이집트 지방에 대한 권력은 노마르크들이 가지고 있었고, 마치 중세 유럽의 봉건 영주처럼 자신들을 위한 거대한 무덤을 만들고 지방을 통치했다. 세누스레트 1세의 개혁은 그들의 권력과 토지를 파라오에 귀속시킨 것이다. 이집트와 아시아와의 좋은 관계와 교류, 그리고 지방 권력과 토지의 몰수는 창세기의 요셉 이야기와 유사한 부분이다. 총리가 된 요셉이 2인자로서 이집트를 통치하고, 풍년과 가뭄에 대한 식량 조절을 통해 지방의 토지까지 사들이는 장면은 이집트 제12왕조 세누스레트 1세의 기록과 비교할 수 있다. 이런 유사성이 요셉으로부터 시작된 이스라엘 자손의 이집트 이주에 대한 배경으로 인정된다면, 그 시기는 기원전 1900년대의 어느 시점이 될 것이고, 그로부터 430년이 지난 뒤 엑소더스가 일어나게 된다. 아마 기원전 1500년 전후의 일이다.

한편 상당히 다른 해석도 존재한다. 바버라 시버첸은 서기 1세기의 플라비우스 요세푸스의 두 저서, 즉 마네토를 인용한 《아피온 반박문》과 《유대 고대사》에 기록된 엑소더스 관련 연도를 사용했다.■9 요세푸스는 먼저 두 저서에서 모두 엑소더스가 솔로몬이 성전을 세우기 612년 전에 일어났다고 언급했다. 그런데 요세푸스는 《유대 고대사》에서 다른 연대도 제시했는데, 엑소더스가 성전 건립 592년 전에 일어났으며 성전이 파괴된 것은 건립으로부터 470년이 지난 다음이라고 했다. 시버첸은 엑소더스가 일어난 시기를 성전 파괴 시점으로부터 1062년(592년+470년) 전으로 보아, 성전이 파괴된 기원전 586년을 기준으로 엑소더스의 연대를 기원전 1628년으로 계산했다. 시버첸이 이 시기에 엑소더스가 있었다고 주장한 데에는 다른 이유가 있었다. 그 시기에 엑소더스에 영향을 준 화산이 폭발했다는 근거 때문이었다.

두 차례의 엑소더스가 있었나?

프랑스인 고고학자 롤랑 드 보는 그의 저서 《이스라엘의 초기 역사》■10에서 이스라엘 민족의 역사에 대한 상당히 독특한 생각을 피력했다. 우선 구약성경의 창세기가 역사서가 아님에도 불구하고, 그는 초기 족장들의 이야기를 역사적으로 살피려 했다. 그리고 아브라함–이삭–야곱으로 이어져 내려오는 계보에서 야곱의 전승을 따로 떼어내어 전혀 별개의 전승으로 취급했다. 그의 독특한 생각 중에서 엑소더스와 관련된 것이 있다. 그는 이집트로부터의 엑소더스가 이스라엘 민족 전체의 사건이라고 보지 않았다. 그의 관점은 두 차례의 엑소더스가 있었고, 먼저 있었던 기원전 14세기의 탈출에서 레아 족속이 빠져나오고, 그다음 세기에 라헬 족속이 빠져나왔다고 보았다. 야곱에게는 모두 네 명의 처가 있었는데, 첫 번째 부인 레아에게서 난 르우벤, 시므온, 레위, 유다, 잇사갈, 스불론이 그 족속이고, 두 번째 부인 라헬에게서 난 요셉과 베냐민이 그 족속이다. 그리고 드 보의 생각은 바버라 시버첸에게 영향을 미쳤다.

시버첸은 그녀의 저서 《바다의 갈라짐》■11에서 엑소더스가 두 번 있었다고 주장했다. 그녀의 논리에서 중요한 것은 두 번의 엑소더스에 개입된 세 개의 화산과 그중 하나인 테라섬의 분화 연대다. 국제적으로 저명한 지질잡지의 책임편집인으로 오랜 기간 활동한 이력답게 엑소더스에 관련되었을 가능성이 있는 화산들과 그 재해에 관해 상당히 구체적으로 분석한 결과다. 세 개의 화산이란 우선 동지중해의 미노아 분화를 일으켰던 테라 화산섬, 그리고 동지중해의 얄리 화산섬 그리고 마지막으로 아라비아반도 북서쪽에 넓게 분포하는 '하랏'이라 불리는 화산대이다. 시버첸에 따르면 첫 번째 엑소더스는 기원전 1628

년경에 있었다. 이때 이스라엘을 이끌고 나온 사람은 모세였으나, 그의 출생에 대한 설명은 색다르다.

이집트 제13왕조의 소브코테프 3세 때(약 기원전 1749~1742년) 기근이 있어 상당수의 아시아계 사람들이 이집트로 건너왔음을 나타내는 근거가 있다. 그런데 그리스 작가 아르타파누스가 썼다고 알려진 작품《유대인에 대하여》에 상이집트 멤피스의 왕이 북부 하이집트 왕의 딸과 결혼하고, 자식이 없어 유대인의 아이를 입양하여 이름을 모세로 짓는다는 내용이 나온다. 이를 바탕으로 시버첸은 아르타파누스의 이야기에 나오는 멤피스의 왕이 카네페레 소브코테프 4세(약 기원전 1732~1720년)이며 모세가 파라오의 아들로 성장했다는 것이다. 그리고 그녀는 카네페레 소브코테프 4세의 시기에 힉소스가 델타지역, 즉 와디 투밀랏을 점령하여 이집트 제14왕조가 시작되었다고 보았다.

시버첸은 성경에 나오는 모세 이야기에서 납득이 쉽게 되지 않는 부분을 이렇게 풀었다. 성경 속에서는 모세가 자기 민족의 한 사람을 이집트인이 학대하는 것을 보고 그 이집트인을 죽여버린다. 그리고 파라오의 눈을 피해 도망간다. 만약 모세가 이집트 파라오의 아들인 경우, 쉽게 제지할 수 있는 일이었고, 살아 있는 신의 아들로서 도망갈 이유도 없었다. 시버첸은 이집트 제13왕조와 힉소스 제14왕조의 관계에서 이 문제의 실마리를 찾았다. 즉 상이집트의 왕자 모세가 하이집트의 힉소스 점령지에 와서 자신의 동족을 학대하던 힉소스인을 죽였다. 그리고 힉소스 왕의 눈을 피해 도망갔다는 것이다.

모세가 도망간 미디안은 아라비아반도의 북서쪽에 해당한다고 보았으며, 거기서 머물다 야훼를 만나 다시 자신의 할 일을 부여받고 이집트로 돌아온다. 모세가 야훼를 만났을 때 나타난 불타는 떨기나무는 바로 그 근방에 있었던 하랏 화산대의 용암분출로 인한 현상으로 해석했다. 하랏 화산대는 테라섬의 분화와는 아주 다른 활동을 한다. 마치 하와이의 용암분출과 같은 식의 활동을 한다. 거대한 화산재를 뿜어내는 것이 아니라 시뻘건 용암을 지표로 토해내듯 분출한다. 이때 용암 방울이 가스와 함께 공기 중으로 들어가 일으키는 일종의 불꽃 현상이 불타는 떨기나무로 보였을 것이라고 시버첸은 설명한다.

이스라엘 자손들이 머무르고 있던 와디 투밀랏, 즉 성경의 고센 땅으로 돌아온 모세는 때 마침 폭발한 테라 화산의 여러 재앙을 마주한다. 성경에 기록된 열 가지 재앙 중 마지막 장자와 초태생의 죽음을 제외한 나머지 아홉 가지 재앙 속에서 이스라엘 자손들을 이끌고 이집트를 탈출한다. 이 시기는 기원전 1648년 아니면 1628년경인데, 시버첸은 책을 저술하던 시점에서 가장 확실하다고 발표되었던 테라섬의 미노아 분화의 시기, 즉 기원전 1628년을 답습하여 제1차 엑소더스의 시기를 결정했다.

두 번째 엑소더스는 전혀 다른 이유에서 출발한다. 1차 엑소더스가 있고서 약 180년 정도 시간이 흐른다. 시버첸은 당시 파라오를 투트모세 3세로 생각했다. 모세는 이미 없고, 이집트에 남아 있던 이스라엘 민족의 장로들이 파라오와 대면하여 야훼에게 제사 지내러 보내달라고 하지만 파라오는 거절한다. 그 후 열 번째 재앙이 찾아오고 파라오는 이스라엘을 축출한다. 때마침 동지중해 얄리섬에서는 격렬한 화산 분화가 일어났으니 이집트 군대가 이스라엘이 지중해 연안을 건널 때 쓰나미로 몰살한다는 시나리오다. 그리고 그런 제2차 엑소더스의 시기는 얄리의 분화 시기에 맞춰 기원전 1450년경이라고 결정했다.

시버첸은 성경의 저자들이 후대에 엑소더스의 전승을 기록할 때 두 차례의 사건이 서로 뒤섞여 구성되었다고 해석한다. 이는 구두 전승의 대표적인 결과라고 보았고 실제와의 차이를 고려해야 한다는 주장이다.

엑소더스 당시의 파라오

위에서 살펴본 엑소더스의 시기 중에서 어느 때가 가장 설득력 있는지는 관점에 따라 조금씩 다를 수 있다. 성경 자체에서 기록된 시간적 개념이 추상적이건 절대적이건 그로부터 계산이 가능한 경우는 도출된 연대를 기준으로 당시의 파라오가 누군지 맞추면 된다. 하지만 문제는 이집트의 파라오 연대기 역시 완벽한 것은 아니어서, 청동기 시대 후반의 경우, 이집트로 말하자면 제2중간기와 제18왕조의 경우 절대 역년absolute calendar year으로 언제라고 말하기 어렵다. 따라서 연대를 추정하는 것과 당시의 파라오가 누구냐고 하는 것에는 약간의 간극이 생길 수 있다. 마네토의 자료를 기본으로 하여 정립된 이집트의 연대기가 안고 있는 문제이기도 하다. 따라서 이를 해소하기 위해서는 도출된 엑소더스의 시기를 가지고 그에 해당할 것 같은 파라오의 행적을 맞추어봐야 한다. 이집트 쪽의 기록에서 엑소더스의 정황이 드러나고, 또한 그에 대한 기록의 근거가 있는지 살펴봐야 한다는 의미다.

지금까지 살펴본 엑소더스의 시기에 재위했을 가능성이 있는 파라오는 제18왕조에서는 하트셉수트, 투트모세 3세, 아멘호테프 2세이고, 제19왕조에서는 람세스 2세와 그 아들 메렌프타이다. 람세스 2세의 경우는 출애굽기 1장에 이스라엘 자손들이 바로를 위하여 국고성 비돔과 라암셋을 건축했다는 구절에서 드러난 지명을 통해 그 근거를 찾는 상당히 근본적인 접근이다. 람세스 2세 때의 이집트는 매우 강력했으며, 상당한 수의 노예들이 있었을 가능성이 존재하지만, 실제 비돔과 라암셋이란 지명은 기원전 7~6세기의 사이스 기간에만 알려졌었고, 고고학적으로 밝혀진 두 장소는 델타지역 와디 투밀랏의 동쪽 끝자락에 위치한 텔 엘-레타바와 텔 엘-마스쿠타에 해당할 것이다. 파라오의 이름과 성경에 언급된 지명을 일치시키면서 많은 사람들이 엑소더스의 파라오가 람세스 2세라고 생각하게 된 데에는 미국 할리우드의 영화들이 큰 역할을 했던 것은 분명하다. 하지만 엑소더스 당시의 파라오를 살피는데 그 가능성은 아무래도 가장 낮을 것이다. 한편, 람세스 2세의 뒤를 이은 메렌프타가 즉위했고, 그의 재위기에 제작된 석비를 1895년에 플린더스 페트리 경이 발굴했다. 그 내용에는 메렌프타가 가나안에서 이스라엘을 괴멸시켰다고 되어 있지만, 가나안에 이미 이스라엘이 정착하고 있었다는 시기는 엑소더스 이후 40년이 지난 시기이므로, 고작 10년간 재위했던 메렌프타의 가나안 원정과는 일치하지 않는다.

성경 연대기에서 구한 가장 보편적인 엑소더스의 시기는 기원전 15세기 중반이다. 이 시기에 해당하는 파라오는 제18왕조의 하트셉수트, 투트모세 3세 그리고 아멘호테프 2세이다. 엑소더스에 대한 오래된 이집트 문서는 역시 마네토의 《이집트지》를 인용한 요세푸스의 《아피온 반박문》(Book I.28)에서 비롯된다. 요세푸스는 "테트모시스, [양치기] 그들을 이집트에서 몰아낸 왕…" 그리고 "… 테트모시스라는 이름의 왕 파라오에 의해 이집트로부터 쫓겨났을 때 모세는 유대인들의 지도자였는데…"라고 기록하였는데 투트모세 3세의 이름을 테트모시스로 대체한 것뿐이라는 해석도 있다. 한편 마네토를 인용한 요세푸스의 또 다른 기록 《유대고대사》(Book II, Chapter 11)에서는 문둥이 그리고 오염된 사람으로 표현된 종족들이 나일의 동쪽 석산에 투입되고, 나중에 버려진 도시 아바리스에 거주했다고 나온다. 이들은 오사르시프Osarsiph, 즉 나중에 모세로 개명한 헬리오폴리스 사제의 지도 아래 저항하는데, 이집트인에게 신성한 동물들을 죽여 제물을 바치고, 과거 아바리스에 살던 양치기들(즉 힉소스)과도 연대한다. 때마침 에티오피아 원정에서 돌아온 아메노피스는 그들 모두와 싸워 물리치고 시리아 쪽으로 몰아낸다. 이 아메노피스는 투트모세 3세의 아들인 아멘호테프 2세로 생각된다.

1925년 존 베넷은 산토리니에서 일어난 화산 분화를 직접 목격했다.■12 그리고 화산의 폭발로 인한 재앙이 엑소더스와 연결될 것이라는 생각과 그 연대에 대한 재평가가 필요함을 인식했다. 또한 산토리니에서의 섬 붕괴가 플라톤이 묘사한 아틀란티스와 닮았다는 점도 생각하기 시작했다. 베넷은 1963년에 아틀란티스와 엑소더스 그리고 테라의 미노아 분화를 연결시킨 논문을 발표하고 엑소더스의 연대를 성경 연대기로부터인 기원전 1447년을 인용하여 당시의 파라오가 투트모세 3세라고 주장했으며, 엑소더스 때 그가 사망한 것으로 생각했다. 이 생각은 윌리엄 셰이도 마찬가지였는데, 그는 엑소더스가 투트모세 3세의 노년에 그 아들 아멘호테프 2세와 공동 통치하고 있을 때 일어났다고 주장했다.■[13] 투트모세 3세가 엑소더스 사건으로 말미암아 익사했기 때문에 아멘호테프 2세는 그 복수로 가나안에 대한 파괴적인 정벌을 감행하고 시리아-가나안 지역의 셈족들과는 오랜 적대관계를 유지했다는 것이다.

한편, 한스 괴디케는 기원전 1477년에 엑소더스가 일어났고 쫓아가던 이집트인들이 테라 화산의 분화에 기인한 쓰나미로 익사했다는 내용을 1981년에 발표했다.■[14] 그리고 그 뒷받침이 되는 증거로서 그는 하트셉수트의 〈스페오스 아르테미도스〉 비문에 새겨진 내용을 제시했다. 이 비문은 중부 이집트의 베니하산 남쪽의 스페오스 아르테미도스에 하트셉수트의 돌로 만든 신전이 있었고 거기서 발견된 해독이 매우 어려운 것이었다. 괴디케는 이전에 알려졌던 것과는 다른 번역을 시도했는데, 그 비문에 따르면

> "나는 아시아계가 하이집트의 아바리스 지역에 있었던 [그 시간] 이래 이전 [존재했던] 권리들을 취소한다! … 그리고 내가 [이 이민자들을] 떠나도록 한 신들의 혐오스러운 것들을 인정할 때, 땅은 그들의 발소리를 삼켰다! 이것은 어느 날 예고없이 찾아온 태고의 아버지[문자적으로는 아버지의 아버지, Nun 태고의 물]를 나타내었다."

여기서 태고의 물로 표현된 부분이 바로 쓰나미를 의미한다고 괴디케는 주장한 것이다. 이 비문에 따라 엑소더스가 하트셉수트의 시기일 것으로 판단했다. 이런 괴디케의 주장에 동의한 사람이 이언 윌슨이다.

이언 윌슨은 괴티케의 생각을 답습하여 〈스페오스 아르테미도스〉 비문에 표현된 태고의 물이 쓰나미라고 생각했고, 거기서 한 걸음 더 나아가 이 쓰나미의 증거가 동지중해의 테라섬과 크레타섬에 있음을 지적했다.■[15] 그리고 하트

셉수트 재위기 전후로 고관들의 무덤에 그려진 케프티우의 모습에서 미노아 양식의 변화, 즉 후기 미노아 IA에서 IB로 넘어가는 변화가 관찰되는데, 이 기간 동안 크레타섬에서의 지배층의 변화가 있었다고 추정했다. 그리고 쓰나미의 원인이 테라섬의 화산 분화라고 월슨은 생각하였고, 그때까지 알려진 화산 폭발의 연대로부터 쓰나미 발생과 엑소더스가 하트셉수트와 투트모세 3세의 시기에 일어났다고 주장한 것이다.

한편, 엑소더스를 힉소스가 이집트로부터 축출된 사건이라고 생각하는 사람들이 적지 않다. 이집트로부터 한꺼번에 많은 사람들이 빠져나온 역사적 사건은 이것 하나 밖에 없기 때문이다. 그렇다면 이때의 파라오는 이집트에서 제2 중간기가 끝나고 신왕국의 첫 번째 왕조인 18왕조가 들어섰을 때다. 상이집트의 테베를 중심으로 한 이집트 세력이 하이집트로 쳐들어와서 힉소스를 물리친 사건이고, 이때의 파라오는 아흐모세 1세로 알려져 있다. 하지만 성경에서 이야기하는 다양한 종교적 및 문화적 배경을 힉소스에 대비시키는 것이 쉽지 않기에 과연 엑소더스가 이 사건일까에 대한 의문은 계속 남는다.

열 가지 재앙

열 가지 재앙에 대한 보수적 해석

엑소더스 이전에 있었던 이집트에 대한 열 가지 재앙(출애굽기 7~12장)은, '재앙'이라 보통 언급되지만 실제로 그것은 심판, 즉 하나님의 심판이었다는 신학적인 관점이 있다. 비록 재앙의 대부분이 이집트에서 종종 일어났던 자연의 변동에 원인을 두고 있지만, 그렇다고 전부가 성경에 기록된 사례들을 설명할 순 없다는 것이다.

미국 웨스터민스터 신학대학의 교수이자 보수적인 신학자였던 에드워드 영이 그의 저서 《구약성경 개론》■[1]에서 지적한 바에 따르면, 마지막 재앙을 제외한 나머지 재앙들은 세 개씩 세 그룹으로 구분되고 대칭적인 체계를 보인다.

①핏빛 강물	④파리	⑦우박
②개구리	⑤가축 전염병	⑧메뚜기
③이	⑥악성 종기	⑨짙은 어둠

각각의 첫 번째와 두 번째 심판은 발생하기 전에 파라오에게 알렸다는 공통점이 있다. 각 계열의 첫 번째 것들(피, 파리, 우박)이 알려졌을 때는 아침이었고, 장소는 강변이었다. 두 번째 심판(개구리, 가축 전염병, 메뚜기)은 왕의 궁궐에서 알렸지만, 각 계열의 세 번째 심판(이, 악성 종기, 어둠)은 파라오와 이집트인들에게 알리지 않았다. 심판이 계속될수록 그 혹독함은 증가하였고, 마지막 세 가지 심판은 이집트인들의 삶이 거의 불가능할 정도였다.

처음에 이집트의 술사들은 피와 개구리 심판을 모방하면서 모세에 대항하였지만, '이'의 심판에서는 그들이 모방할 수 없음을 인정할 수밖에 없었고, "이것은 하나님의 권능이니이다"(출애굽기 8장)라고 하며 경쟁에서 철수하고 말았다. 두 번째 계열에서 이스라엘인과 이집트인 사이에 차이가 드러나는데, 앞의 세 가지 재앙들에 의해 전체 이집트 땅에 피해가 있었다면 그 다음 재앙부터는 이집트인들만 피해를 입게 된다. 이스라엘에 대한 보호가 여러 차례 언급된다. 재앙의 강도가 증가하면서 모세와 아론의 중재를 통해 재앙을 그치게 하려는 파라오의 의도도 강해졌다. 한편, 흥미로운 것은 첫 번째 계열의 세 심판에서 아론의 지팡이가 사용되고, 두 번째 계열의 세 심판에서는 지팡이는 언급되지 않으며, 세 번째 계열에서는 모세의 손과 지팡이가 사용된다.

이들 재앙에 대한 신학적 관점은 자연 현상의 결과라는 해석을 배제시킨다. 이집트에 대한 하나님의 심판은 최소한 다섯 가지의 기적이라는 성질로 나타난다고 보는 것이다. 첫째, 예측의 요소는 이것이 단순히 자연 현상 이상임을 보여 준다. 심판이 올 시간을 알려주고, 개구리와 우렛소리의 제거 시간도 알려준다. 현대 과학도 이처럼 정확하게 자연 현상을 예측할 수 없다. 둘째, 재앙 중 일부는 가령 나일강의 변색이나 개구리와 어둠이 이집트에 드물지 않은 현상인데도, 성경에서는 보통의 현상보다 더욱 강했음을 분명히 하고 있다. 셋째, 심판이 진행되면서 이집트인들과 이스라엘인들의 거주지역 사이에 재앙이 미치는 영향이 달랐다. 넷째, 재앙이 점점 더 혹독해졌고, 마지막에는 파라오의 장자가 죽는다. 파라오는 이스라엘의 신을 업신여기지만 마지막에 남는 것은 자신의 무기력함이었다. 다섯째, 성경의 모든 기적들은 도덕적 목적을 가지며 이집트에 대한 심판에서도 그렇다. 그것들은 단순히 자연 현상이 아니라, 야훼가 이집트의 신들을 대수롭지 않게 여기며 신성 모독의 파라오로 하여금 그의 힘을 알게 하는 데 사용했던 교육 방법이었고, 이런 심판들로부터 야훼는 그가 선택한 이스라엘에 대한 구원의 목적을 나타냈던 것이다.

성서 고고학자들은 이런 심판들과 고대 이집트의 종교적 믿음 사이의 재미있는 상관을 지적했다. 출애굽기 12장에 하나님이 "애굽의 모든 신을 내가 심판하리라. 나는 여호와라"라고 선언하고 있다. 이 말이 장자를 죽였을 때의 마지막 심판을 특별히 언급한 것이라면, 다른 심판들에도 적용할 수 있다. 각 심판에서 최소한 하나 이상의 이집트 신은 이스라엘의 야훼 앞에서 무력해지게 된다. 즉, 이집트인들에 대한 심판에서 그들이 믿는 위대한 신들을 하나씩 쓸모없게 만들었다.

첫 번째 심판에서, 나일의 신 하피Hapi와 물의 신 오시리스Osiris 둘 다 심각하게 타격을 입었다. 나일강은 오시리스의 생명력으로 여겨졌지만, 피의 숙청이 되어버렸다. 다른 신들도 이 심판으로 타격을 입었는데, 나일강의 물고기는 죽었기 때문에 기호가 물고기이고 부적으로 착용했던 하트메이트Hatmehyt를 포함한다. 두 번째 심판인 개구리 사건에서 여신 헤크트Heqt는 개구리들의 번식조차 제어할 수 없었다. 몸은 여성, 머리는 개구리로 그려진 그녀는 다산의 여신이자 산파의 수호자로 이집트인들에게 매우 중요한 존재였다. 세 번째 이의 심판은 이집트 술사들에게 야훼의 권능이었고, 자신들이 제어할 수 없는 양상임을 깨닫게 되면서 이집트 신들은 무용지물이 되었던 것이다.

네 번째 심판인 파리의 경우, 히브리 원어는 '무리' 또는 '파리'로 번역된다. 일반적으로 벌레에 해당하고, 파리를 포함한다. 파리라는 단어에는 딱정벌레도 포함되는데, 오랫동안 케페리Khepera는 딱정벌레 신으로 알려져 널리 숭배

받는 부활의 신이었다. 그러나 케페라 역시 무용지물이었다. 다섯 번째 심판은 가축에 대한 전염병(역병)이었다. 지금까지 재앙들은 육체를 불편하게 하는 것이었지만, 이것은 재산상의 피해다. 황소의 신 아피스Apis와 종종 암소로 그려진 사랑의 여신 하토르Hathor는 이 심판으로 타격을 입었다. 여섯 번째의 심판은 종기의 재앙이었고, 하나님 심판의 두려움을 이집트인들 스스로 알게 되었다. 이집트인들은 모세 앞에 바로 설 수 없었기에 경쟁에서 물러났다. 물론 치유의 신 이모텝Imhotep도 무용지물이었다.

일곱 번째 심판은 우박이다. 세페스Sepes 신은 나무에서 살고, 태양의 신 라는 아침마다 두 그루의 플라타너스 나무들 사이에 나타난다고 믿고 있다. 여신 누트Nut와 하토르Hathor 역시 나무에 살았으므로, 우박은 이집트의 신들에게 커다란 피해를 주었을 것이다. 심판이 하늘로부터 왔기 때문에 하늘의 여신 누트는 비난의 대상이었다. 레셰프Resheph와 케테쉬Ketesh 역시 포함되는데, 그들은 빛을 제외한 자연의 모든 요소들을 제어하기 때문이다. 여덟 번째 심판은 메뚜기로, 나라의 안위에 진정한 위협이었다. 제12왕조 파라오의 한사람이었던 아메넴하트Amenemhat 1세는 메뚜기 재앙을 내전과 같은 재앙이거나 나일강의 흉작 때문에 발생한 기아로 간주했다. 세네헴Senehem 신은 고대 이집트에서 메뚜기로 그려졌다. 재미있는 기록은 5절의 원문에 '땅의 눈'이 이제 메뚜기로 어두워졌다는 것으로, 이것은 '호루스의 눈'이나 태양신 '라의 눈'과 같이 자주 등장한다는 점에서 중요하다. 태양, 즉 '땅의 눈'이 어두워졌기에 태양신 라 역시 무력했던 것이다. 이 다음으로 완전한 암흑이었던 아홉 번째 심판으로 이어지는데, 아멘-라Amen-Ra 스스로 심각하게 손상을 입게 되었다. 모든 신들의 아버지이며, 땅 위의 모든 것을 성장시키고, 거대한 하늘 위의 배에 살며 매일 하늘로 항해하는 위대한 태양신 라가 추락해버렸다. 진정한 하늘의 신이 이집트의 모든 신들에 대해 심판을 선포했다. 그리고 여기에는 파라오 자신이 포함되었는데, 그 자신이 라의 아들로 여겨졌기 때문이다.

열 번째이자 마지막 심판은 이집트의 처음 난 모든 것, 즉 바로의 장자로부터 가축의 처음 난 것까지를 대상으로 한다. 이집트에서는 파라오가 신으로 숭배되고 있었음은 잘 알려져 있기에, 그의 아들이 태양신 라의 다음 현현이라는 믿음이 있었다. 모세가 파라오의 아들 역시 다른 소년들과 같다고 얘기한 것은 이런 '인간 신'의 위세에 대한 도전이었다. 어떤 의미에서는 이집트의 가축과도 같은 위치에 놓였던 것인데, 인간의 맏아들이나 가축의 초태생이 동일하게 그날 밤 죽었다. "애굽의 모든 신을 내가 심판하리라. 나는 여호와라".

이집트의 모든 신을 심판하는 이스라엘의 하나님, 야훼의 권위는 구약성경의 창세기 1장에 이미 드러나 있다. 이스라엘의 신앙적 출발점을 생각하는데 고대 근동의 여러 나라의 종교관의 영향을 생각하지 않을 수 없다. 기원전 3000년 무렵의 수메르부터 기원전 7세기 무렵의 페르시아에 이르기까지 구약성경의 저자들이 영향을 받았을 당시 근동 국가들의 종교관은 대부분이 하늘, 달, 태양, 바람, 강 등의 자연적인 '신'을 믿는 것이었다. 하지만 구약성경 창세기 1장의 창조 이야기는 이런 고대 근동의 세계관을 완전히 뒤엎는, 즉 큰 나라의 큰 신들을 한낱 피조물로 만들어 그 권위를 완전히 추락시켜 버린다. 하늘 '신'도, 달'신'도, 태양'신'도 없으며 오로지 야훼 하나님만이 단 나흘 만에 세상의 모든 '신'들 대부분을 만든 것이다.■[2] 그런 신학적 관점에서 이집트의 잡신들은 야훼에 대적이 될 리 만무하다.

열 가지 재앙에 대한 다른 해석

덴마크 출신의 영문학자이자 행정가였던 그레타 호르트는 성경 속의 이집트 재앙에 대해 연구하여 1957년과 1958년의 두 차례에 걸쳐 그 결과를 발표했다.■[3] 그녀는 상당히 독특한 아이디어로 재앙의 원인을 파헤쳤다. 나일강 주변의 생태학적 변동과 이상 기후가 재앙으로 나타난 현상들을 설명할 수 있다는 것이다. 우선 호르트는 나일강 수원水源과 계절별 유량을 조사하고 백나일강, 청나일강, 그리고 지류인 아트바라강의 1년 중 활동을 면밀히 검토했다. 그리하여 호르트는 열 가지 재앙 중에서 아홉 가지의 재앙을 환경 변화에 따른 생태계 영향으로 해석했다. 특히 주목할만한 것은 재앙은 독립적인 것이 아니라 종속적이며 연쇄적이라는 것이다. 가장 먼저 에티오피아의 산간 호수들로부터 핏빛 편모류, 그리고 아비시니아 고원으로부터 보통 때보다 많은 양의 붉은색 퇴적물을 운반한 비정상적인 7, 8월의 나일강 범람 때문에 나일강의 생태계가 교란되었다고 보았다. 그 과정은 연쇄적이었다. 나일강에 증식된 편모류 *Euglena sanguinea*는 강물로부터 산소를 취하여 물고기를 죽이고 악취를 발생시켰다. 이것이 강으로부터 개구리들을 내쫓고, 높은 범람 수위로 많은 이(또는 모기)가 생겨났다. 오염된 물로 인해 물고기가 죽으면서 연이어 개구리들은 탄저병에 걸리게 된다. 탄저균*Bacillus anthracis*은 습지 또는 끈끈한 토양에 서식하고 있는 벌레에 전염되고, 그 포자들은 죽은 동물에 오래 생존한다. 강물에 있던 물고기 사체들에 기생하던 탄저균 포자에 개구리들이 노출되어 치명적인 결과가 초래되었다. 이 탄저균은 나중에 가축전염병과 인간에게는 피부병을 일으켜 악성 종기의 원인이 되었는데, 병을 옮긴 매체가 바로 침파리였다. 더운 기후에서 갑작스런 대량 번식이 가능한 개체로 주요 전염원 역할을 한다.

한편 이집트 델타에서 보리 수확 전인 2월 초에 내린 우박은 아마와 보리를 파괴했는데, 상이집트에서 우박과 천둥은 흔한 현상이 아니지만 계절적인 영향을 받을 수 있다고 보았다. 그리고 나일강의 비정상적인 범람이 메뚜기의 산란과 이동에 영향을 주었고 그로 말미암아 아라비아에서 불어온 엄청난 메뚜기떼는 우박의 피해에서 생존했던 것들마저 파괴해 버렸다. 그리고 남쪽으로부터 함신이 불어 사막으로부터 모래와 먼지를 운반하여 공기는 비정상적으로 두꺼워지고, 또한 토양의 미세한 입자를 다량으로 포함하게 되는데 이러한 먼지 폭풍이 아홉 번째의 재앙인 심한 어둠을 만들었다. 마지막 재앙에 대해서 호르트는 독특한 의견을 제시한다. 유대인들의 축제인 유월절이 농업과 관련된 것이며, 재앙이 초태생의 죽음이 아니라 첫 열매(수확물)의 파괴라고 주장했다. 따라서 앞의 모든 재앙에서 살아남은 모든 곡물이 그 대상이었다는 것이다.

호르트는 성경의 엑소더스가 서로 다른 여러 사본들이 한데 엮여 열 가지 재앙들로 편집되었을 가능성을 언급하면서도, 본질적인 부분은 모두 특별한 자연 현상으로 바르게 묘사되어 있다고 주장한다. 그리고 일부 예외적인 모습이 있기는 하지만 모든 재앙들이 첫 번째 재앙으로부터 파생되어 순차적으로 진행되는 역사성이 충분한 것임을 강조하고 있다. 호르트는 어떤 재앙의 원인도 화산의 분화와는 연결시키지 않았다.

그런데 호르트의 생각에 문제가 있다. 에티오피아로부터 많은 양의 퇴적물이 운반되는 것은 나일 범람이 높을 때가 아니라 낮을 때이다. 그리고 나일 범람이라는 것은 드문 현상이 아니라 항상 일어나는, 이집트인들에게는 일상적인 사건이다. 따라서 어느 특정 시기에 나일이 범람하고 거기에 비정상적으로 증식된 핏빛의 편모류와 붉은 퇴적물이 피로 변한 나일강을 설명할 수는 있으나, 그 이상의 연쇄적인 반응이 수 세기 동안 기억될 만한 사건이었는지는 의문이 남는다. 그런 생태학적 변동이 나일강에서 발생했다면 그것은 단 한 차례가 아니라, 그리고 짧은 기간이 아니라 여러 차례에 걸쳐 시간의 폭을 가지고 일어났을 것이다. 나일강으로 삶을 유지하던 고대 이집트인들이 이런 사건을 어디에도 기록하지 않았던 것은 더욱 이상하게 느껴질 수밖에 없다.

이집트의 재앙이 화산에 원인이 있다고 생각한 사람은 일찍이 1940년에 가르스탕과 그의 아들이다. 그들은 재앙의 원인이 중부 아프리카의 열곡대에서 일어난 화산 분화 때문이라는 아이디어를 생각해 냈다.■4 화산 분화로 인해 백나일의 근원인 중부 아프리카 호수들이 독성화되고, 나일강이 그 독을 북쪽의 이집트로 운반했으며 물고기를 죽이고 초기 재앙을 일으켰다는 이론을 세웠다. 또 다른 화산인 호렙산이 홍해 동쪽 미디안 땅에서 분화하였고, 지상풍이 먼저 증기와 재를 이집트로 불게 했으며, 우박과 암흑의 재앙을 일으켰다는 것이다. 이 모든 화산 활동에 연관된 지진이 바다를 갈랐고, 나중에 돌아와 이집트인들을 익사시켰다고 했다.

하지만 현대 지질학적 지식으로는 이 시나리오를 받아들일 수 없다. 중부 아프리카의 화산은 오늘날까지 활동적이지만, 분화 모습을 보면 폭발적인 분출이 아니라 덜 폭발적이거나 조용히 용암을 내뿜는 정도다. 이런 분화를 통해 흘러나온 용암은 그 방향이 북쪽의 에드워드Edward 호수가 아닌 남쪽의 키부Kivu 호수로 흘러가고, 거기서 백나일의 근원인 앨버트Albert 호수로 연결된다. 이런 경우 역시 사람과 동물에게 피해를 줄 수 있는데, 단지 용암과의 접촉부나 지표 가까이 퍼져나온 유독 가스를 흡입할 때다. 물론 용암이 호수로 들어가 수온을 높여 물고기떼가 영향을 받을 수 있으나 너무나도 국지적이다. 한편, 호렙산의 분화를 생각했으나, 그곳에는 안타깝게도 화산이 없다.

본격적으로 엑소더스의 재앙이 화산의 영향이라는 주장들이 쏟아져 나온 것은 1960년대 접어들면서부터다. 이미 제1부의 아틀란티스 전설에 대한 소개에서 다양한 작품들이 화산과 아틀란티스 그리고 엑소더스의 관계를 추적하고 있음을 언급했다. 그중 하나이자 비교적 초기의 주장은 1964년 갈라노포울로스의 논문이다.■5 그는 에게해의 산토리니(테라) 화산의 미노아 분화가 엑소더스의 재앙과 이집트 북동쪽 해안의 시르보니스 석호Sirbonis lagoon에서 이집트 군대가 괴멸된 원인이었다고 제안했다. 당시 성경학자와 고고학자들로부터 강력하게 비판을 받았지만, 아이러니하게도 이 아이디어는 점점 보편화되었다.

20세기에 전 세계에서 분화한 화산들에 대한 관찰과 기록■6은 화산 활동 전후에 일어난 다양한 현상을 이해하는 데 많은 도움을 주었다. 그리고 그런 현상들 중에는 구약성경의 열 가지 재앙과 직접적으로 유사한 것이나 비유로서 가능한 것들이 포함되어 있었다. 이언 윌슨은 그 유사성을 비교하면서 엑소더스 직전의 재앙들이 화산의 영향이라고 주장했다.■7

우선 화산재는 강물이 핏빛으로 변하고 악취가 나게 하는 원인이 되기도 한다. 화산재에 포함된 붉은 산화철은 종종 테라섬 화산의 분화로 방출되었고 주변 30km 떨어진 바다의 물고기를 죽이기도 했다. 카리브해 소안틸레스 화산호에 위치한 펠레 화산의 경우 그 충격파가 주변 수 마일의 해양 생물을 죽였다는 보고도 있다. 그리고 핏빛의 강물이 테라섬에서 분출된 장미색 화산재의 낙하 때문일 수도 있다. 곤충과 다른 해충들이 비정상적으로 무리지어 나타나는 것은 보통 화산성 교란 때문이기도 하다. 1902년 펠레 화산 분화 직전에 노란 개미, 발이 긴 검정 지네, 그리고 치명적인 열대 독사들이 떼 지어 나온 전조가 있었다. 우박과 화산재의 소나기 역시 화산 분화와 연관된다. 1902년 5월 4일 펠레 화산 활동 중의 날씨 교란이 마치 열대 우박 폭풍으로 묘사되었다. 주요 분화로 낙하하는 화산재는 넓은 범위에서 곡식의 피해를 가져오는데, 1980년 세인트 헬렌즈 분화의 경우 심지어 300km 넘는 거리까지 영향을 미쳤다. 화산재는 동물들을 질식시키고 곡식과 식생을 파괴하고, 화산 분화는 궁극적으로 가축의 죽음을 불러일으킨다. 인도네시아의 탐보라(1815년)와 크라카타우(1883년), 프랑스령 마르티니크의 펠레(1902년), 그리고 미국의 세인트 헬렌즈(1980년) 등의 분화로 많은 동물들이 죽었다. 화산성 미세 먼지는 엑소더스에서 특별히 종기나 부스럼의 원인으로 언급되었는데, 테라섬의 화산 먼지는 특히 피부 염증을 일으켰다고 기록되어 있고, 세인트 헬렌즈의 경우도 분화 이후에 사람들의 피부에 그런 영향이 나타났다. 커다란 화산 분화로 만들어지는 거대한 화산재 구름(분연주)은 언제나 광범위하게 태양광을 차단하여 낮을 어둡게 만드는데, 그 예로 탐보라에서는 약 500km 떨어진 곳에서 36시간 동안 어두웠고, 크라카타우에서는 일부 지역에서 57시간이나 암흑이었다. 또한 성경에 기록된 구름 기둥과 불기둥은 멀리 보이는 화산 분화 기둥인 분연주보다 더 나은 묘사를 생각할 수 없다.

엑소더스 이야기를 과학적으로 심층 분석한 바버라 시버첸은 이 '재앙'이란 표현이 조금 부적절하다고 지적하며, 오히려 '징후'나 '불가사의'로 표현하고자 했다.[8] 그리고 열 가지의 재앙이 엑소더스 이전에 한번에 일어난 연속적인 사건이 아니라, 앞의 아홉 가지 재앙이 먼저 있었고, 마지막 재앙은 그 시기가 상당히 나중이라고 주장한다. 이에 대한 근거로 시베첸은 엑소더스가 두 차례 있었고(제13장 참조), 처음 아홉 가지 재앙은 첫 번째 엑소더스에, 마지막 재앙은 두 번째 엑소더스에 연관된다고 분석했다. 그리고 아홉 더하기 하나로 인해 열 가지 재앙으로 각색된 것은 두 번째 엑소더스 이후 오래지 않은 시간에 합쳐져 구전되었다는 생각이다. 그리고 윌슨의 주장과 유사하게 처음 아홉 재앙은 자연적인 것이고, 마지막 재앙은 심리적인 영향의 결과로 해석했다. 지질학 분야의 전문가답게 그녀는 아홉 재앙의 원인으로 테라의 미노아 분화에 의한 화산재 그리고 화산 폭발에 기인한 쓰나미의 영향으로부터 재앙을 하나하나 설명하고 있다. 그런데 시베첸은 아홉 가지 재앙이 모두 독립적인 것이 아니라 서로 연관이 되어 있으며, 전승의 과정에서 분리되었을 가능성도 지적하고 있다.

시베첸의 설명에 따르면 첫 번째 재앙 혹은 징후는 모든 나일강의 물, 그 지류들, 운하들 그리고 모든 연못의 물들까지 피로 변했다. 나일의 물고기가 죽음으로써 나일은 지독한 악취를 풍겼다. 테라섬 분화로 생긴 쓰나미가 한 시간 이내에 이집트 델타에 도착했고 높이가 7~12m 정도였을 것이다. 북동 이집트에서 발생하는 일반 파도는 높이가 여름에 0.40~0.75m, 겨울 폭풍 때 1.5~3.0m 정도다. 테라섬에서 출발한 쓰나미는 이집트 해안에서 보통 경험하는 가장 높은 파도의 서너 배에 이르고, 델타의 편평한 지형을 생각하면 해안평야는 물에 잠기고, 파도가 해안 부근의 수로와 운하를 거슬러 올라가 담수호와 연못들까지 영향을 받았을 것이다. 대부분의 식수원이 오염되었고, 물의 산소 함량은 증가한 탁도 때문에 교란되었다. 이 사건은 상당수의 담수 물고기를 죽이기에 충분했다.

독성이 있는 와편모조류는 작은 단세포 생물로 전세계 연안에 치명적인 조류 증식algal bloom 혹은 적조red tide를 일으키기도 한다. 지중해에 이 와편모조류는 나일강과 같은 주요 하천들의 델타로부터 떨어진 바다에서 발견되기도 하는데, 연안에서 서에서 동으로 흐르는 해류를 타고 운반된다. 그들은 열대 및 아열대 바다의 우기에 가장 잘 자라는데 지중해에서는 겨울이 그 계절이다. 최근 연구에 따르면 바람에 실린 철산화물을 포함하는 먼지가 해양이나 바다에 떨어지면 작은 생물, 즉 *트리코데스미움Trichodesmium*이 그 철 성분을 섭취하고, 나중에 해수에 상당량의 용해된 유기 질소를 배출한다. 이 질소는 다시 독성이 있는 와편모조류의 대량 성장을 촉진하여 결과적으로 적조가 발생하게 한다.■[9] 이런 현상은 철산화물의 먼지가 바다에 떨어진 다음 두세 달 사이에 일어난다. 미노아의 큰 분화에 수 개월 앞서 발생한 선행적인 화산재 낙하(제18장 참조)는 재 입자의 표면에 상당량의 철산화물과 황산을 포함하는데, 이것이 철을 해수에 용해하도록 돕고 나중에 *트리코데스미움*이 섭취하게 만든다. 이후 가장 큰 분화가 일어나고 테라섬의 화산재는 적조의 증식을 야기시킨다. 쓰나미가 델타에 도착하면 엄청난 높이의 바닷물은 독성이 있는 적조를 해안으로 운반한다. 독성물질은 많은 물고기를 죽이고, 살아남는다 해도 나중의 산성비와 테프라(보통 화산재를 뜻하며, 자세한 정의는 제16장에서 다룸) 강하로 피해를 입는다. 테프라 그 자체도 철이 풍부하고 장밋빛이어서 또한 비와 더불어 강하하여 강으로 흘러들어 물을 붉게 만들 것이다.

출애굽기 7장에 따르면 다음 재앙의 시작까지 7일이 경과하고 개구리 떼가 육지로 올라온다. 구전의 시간은 종종 과장되는데, 여기가 그렇다. 이 7일은 쓰나미의 도착과 다음 일련의 재앙들의 시작 사이 간격을 가리키는 것이다. 사실 양서류의 침입은 재와 쓰나미로 야기된 홍수로부터 담수 서식지의 오염 직후에 일어났을 것이고, 뒤이어 개구리들이 물에서 너무 오래 떠나 있어서 대량 죽음에 이르렀다.

화산이 아주 격렬하게 폭발하는 플리니안 분화에서 첫 번째 화산재는 대기의 충격파인 분화의 굉음 이후 나일 델타에 8~32시간에 도착하고, 쓰나미가 해안에 왔을 것이다. 오직 미세한 재 입자들만 이 먼 거리까지 운반되어 올 수 있다. 엑소더스에서 개구리의 몰살 뒤에 '이'(혹은 각다귀나 작은 무는 벌레)의 재앙이 온다. '이'는 모세의 형인 아론이 그의 지팡이로 땅의 먼지를 치자 발생하는데, 먼지가 사람과 짐승에 달라붙는 '이'로 변한 것이다.

일반적으로 어느 집단에 의해 이야기가 전달될 때 보통 간단하면서도 그럴듯하게 꾸며진다. 땅의 먼지가 '이'로 변했다는 식으로 이해하면 어렵지 않다. 하지만, 여기서 사람을 무는 먼지는 플리니안 분화 구름의 초기 단계에서 고운 입자의 화산재가 바람을 타고 델타까지 운반된 것이다. 이 화산재에는 수분의 함량이 거의 없었기에 가벼우면서도 옅은 두께를 보였으며 어둠을 만들 정도의 짙은 재는 아니었다. 하지만 먼지로 인식될 정도의 자욱하고 산의 성분을 포함한 먼지이고, 사람 피부에 닿으면 자극적이기 때문에 '이'가 문다고 느껴졌을지도 모른다. 이야기가 단순해지면서 먼지에서 무는 작은 벌레로 변형된 것이다.

이 산성 먼지는 사람들의 집 안으로 들어오는 파리 또는 벌레 떼로 이어지는데, 고센 땅은 예외였다. 벌레들은 특히 테프라의 강하에 심각한 영향을 받는다. 왜냐하면 파리와 벌 같은 곤충들은 피부 표면에 화산재와 같이 작고 건조한 물질이 피복되면 표면의 왁스층을 잃어버리고 탈수된다. 1980년 5월 세인트 헬렌즈의 테프라 강하 이후 집파리, 말벌, 그리고 다양한 종류의 벌들이 온몸의 수분을 잃어버리고 수 시간 내에 죽었다. 화산재는 그들의 물관tracheal tubes을 차단하고 비행 능력을 방해한다. 나일 델타의 벌레들은 테프라 강하가 시작되었을 때 피난처를 찾으려 했을 것이다. 또 다른 가능성은 파리들이 단순히 '이'의 각색된 버전이고 구전 도중에 크기가 커졌고, 결과적으로 여러 재앙들이 묶이는 과정에서 분리된 재앙으로 포함되었을 것이다. 고센 땅, 즉 와디 투밀랏이 벌레 떼의 피해를 입지 않았음은 나중에 종교적이고 민족적인 내용으로 추가되었을 가능성이 있다. "그날에 내가 내 백성의 거하는 고센 땅을 구별하여 그곳에는 파리 떼가 없게 하리니 이로 말미암아 나는 세상 중의 여호와인 줄을 네가 알게 될 것이라"(출애굽기 8장). 나중 세대들이 이 이야기를 이해하려고 노력하면서 이스라엘 자손들이 아니라 이집트인들이 이러한 재앙들에 영향을 받았음이 옳아 보이는 것이다.

출애굽기 9장에 따르면 들에 있는 가축들, 즉 말과 나귀와 약대와 소와 양에게 악성 전염병(악질)을 보내는데, 이스라엘 자손의 가축들은 피해를 입지 않는다. 이 악질은 그들이 들에 있을 때 산성 먼지를 흡입하면서 발생하였거나(사람들은 아마도 안으로 피신했을 테니까) 혹은 지표 근처 식물을 먹는 동안 떨어진 재를 섭취했을 가능성을 지시한다.

그다음 불가사의는 모세와 아론이 공중으로 풀무의 재를 뿌리는 것이다. 풀무의 재를 공중으로 뿌리자마자 그것은 사람과 동물의 피부에 악성 종기가 되었다. 사용된 히브리어는 우가리트어의 '화상burn'과 관련된다. '이' 재앙으로 시작하여 동물의 악질로 전개되고 악성 종기로 이어지는 이런 일련의 현상들은 북동부 델타에 연속적이고 계속 심해지는 화산재의 강하를 가리킨다. 화산재 강하의 영향이 길어지면서 유사하게 일어나는 징후들이 나중의 전달 과정에서 별개의 사건 또는 재앙으로 바뀌었을 가능성이 있다.

여섯 번의 재앙 후에 격렬한 우박이 천둥과 불과 함께 왔다. "모세가 하늘을 향하여 지팡이를 들매 여호와께서 뇌성과 우박을 보내시고 불을 내려 땅에 달리게 하시니라. 여호와께서 우박을 애굽 땅에 내리시매 우박의 내림과 불덩이가 우박에 섞여 내림이 심히 맹렬하니 애굽 전국에 그 개국 이래로 그같은 것이 없던 것이라"(출애굽기 9장). 우박은 많은 곡식을 상하게 하고, 또한 강한 비폭풍을 몰고 왔다. 기상학적 난기류나 뇌우는 분연주 내의 응결 작용으로 얼음이 된 화산재의 알갱이를 쉽게 만드는데, 이것들이 델타 지역까지 이동하여 떨어지면 폭풍으로부터 비가 내린 후 번개와 함께 떨어지는 우박으로 느껴질 것이다.

우박, 불 그리고 비 다음에 일반적으로 일어나는 것으로 메뚜기 재앙인데, 메뚜기는 늦겨울 혹은 초봄에 델타에 나타난다. 어느 경우든, 엑소더스 이야기는 여호와가 강한 바다 바람을 거꾸로 하여 메뚜기를 갈대의 바다로 불게 했다는 것이다. 이것은 정확하게 지중해 겨울 저기압 폭풍 시스템하에서 남쪽 가장자리의 바람이 반시계 방향으로 회전하는 것을 묘사했다. "모세가 애굽 땅 위에 그 지팡이를 들매 여호와께서 동풍을 일으켜 온 낮과 온 밤에 불게 하시니 아침에 미쳐 동풍이 메뚜기를 불어 들인지라."(출애굽기10장) 아홉 번째의 재앙은 흑암, 즉 깜깜한 어둠이며 아주 두꺼운 화산재의 유입으로 설명될 수 있다. 이때의 화산재는 수분을 머금고 미세한 재 입자들을 엉겨붙게 만들어 아주 짙은 농도의 화산재 먼지층을 형성하게 된다. 이런 먼지층이 다량으로 발생하여 대기 중을 덮으면 온 사방이 어두워지는 흑암의 현상이 만들어진다.

한편 엑소더스와 관련된 재앙이 자연적 현상으로 해석된다는 설명들은 적지 않지만, 단 하나, 마지막 재앙만큼은 자연 현상으로 설명하기 어렵다. 어떤 형태의 자연 격변이라도 모든 인간과 가축의 초태생 만을 선택한다는 것은 너무나도 비논리적이다. 이언 윌슨은 마지막 재앙은 앞에 나온 아홉 가지 재앙을 겪은 사람들의 심리적인 행동에 기인한다고 보았다. 전례없이 연속된 자연재해를 마주한 사람들은 어떤 반응을 보였을까? 필연적으로 신들의 노여움으로 사건을 해석할 것이다. 그렇다면 어떻게 신들을 달랠 수 있을까? 고대인들에게 유일하고 확실한 방법은 희생이다. 하지만 텔 엘-다바에서 발굴된 제단을 보면 알 수 있듯이 힉소스/가나안 주민들의 동물 희생은 아주 흔했다. 신들은 뭔가 특별한 것을 요구했으니, 그것이 바로 인간 희생이었다. 그리고 그중에서도 특별한 가치는 역시 그들의 맏아들이다. 윌슨은 장자를 희생시키는 장면이 성경에서 그리 낯설지 않다고 지적한다. 족장 아브라함의 이야기에서 그의 독자 이삭을 희생시키려는 장면이 나오고, 또한 출애굽기 4장에는 야훼가 모세

(또는 모세의 아들)를 죽이려 했던 사건이 나오는데, 그의 아내 십보라가 그 아들의 할례로 대체하면서 무사히 넘어간다. 그리고 출애굽기 22장에 야훼가 요구하기를 "너의 처음 난 아들들을 내게 줄지며, 너의 소와 양도 그 일례로 하되 칠 일 동안 어미와 함께 있게 하다가 팔 일만에 내게 줄지니라"라고 요구하는 것은 특히 8일째 시행되었던 할례[10]에 대한 지적이자 장자 희생에 대한 대체를 의미한다.

마지막 재앙에 대한 해석은 사실 엑소더스 관련 자료들에서 그리 많지 않다. 앞서 일어난 아홉 가지 재앙으로부터 심리적 불안을 일으킨 사람들이 신의 노여움을 풀기 위해 할 수 있었던 유일한 방법이 재물을 바치는 것이었다. 그것도 여태 경험해 보지 못한 공포 앞에서 해야 했던 최선의 방법은 당시 내려오던 희생 재물 중에서 가장 강력한 것이어야 했다. 가나안의 종교에서는 몰록에게 어린 아이를 바치던 풍습이 있었다. 이에 대한 알레고리라는 해석이 있다. 하지만 시버첸은 조금 다른 해석을 내놓는다. 파라오에게 사흘 길을 가서 자신의 신에게 제사를 지내게 해 달라고 하는 이스라엘의 요구를 파라오가 들어주지 않자, 이스라엘은 그들의 거주지에서 제물이 되는 양을 잡아먹는다. 이집트인들에게 양은 신성한 것으로 이스라엘의 행동은 그들에게 파렴치하고 불쾌한 것이다. 이런 전통은 이스라엘과 이집트 사이의 식문화에서 큰 차이를 만들었다. 이스라엘이 거주지에서 동물을 잡아 먹는 과정에서 발생하는 세균의 증식은, 이스라엘 족속에게는 이미 면역이 되었으나 이집트인들에게는 전혀 면역이 없었다고 추정한다. 특히 살모넬라균이나 대장균 같은 균들이 이스라엘의 제물 제사 시기에 만연하고, 어른보다는 더 취약한 아이들이 병에 걸리기 쉬운데, 특히 이집트 아이들이 치명적인 영향을 받았다는 것이다. 그리고 엑소더스 바로 그 시기에 이집트 아이들이 발병하여 엄청난 피해를 입었기에 하는 수 없이 파라오는 그들에게 떠나도록 축출 명령을 내렸다는 것이 시버첸의 주장이다.

만약 엑소더스에 따른 재앙으로, 특히 마지막 재앙으로 한꺼번에 많은 아이들이 죽었다면, 그것이 역사적 사실이라면 어딘가에 흔적이 있을 것이다. 그에 해당할 것으로 보이는 것이 비탁이 텔 엘-다바를 발굴할 때 텔 A의 G층에서 나온 집단 무덤이다(제12장 참조). 얕게 판 구덩이에 시체를 아무렇게나 던져넣고, 그것도 겹겹이 던져넣었으며, 통상 주검과 함께 넣은 부장품도 전혀 없었다. 이는 역병이나 갑작스런 재앙이 아바리스를 덮친 증거라고 생각된다. 텔 엘-다바에서 발견된 인골 가운데 갓난아기가 차지하는 비율이 고대 유적에서 통상적으로 발견되는 평균치보다 훨씬 높은 것으로 밝혀졌다. 전체 인골의 65%가 생후 18개월 미만의 어린애였다. 전근대 사회에서의 통계 자료는 당시 유아 사망률■11을 20~30%로 추산하는데, 그보다 훨씬 높은 유아 사망률은 또 다른 의미가 있을 것이다. 물론 이것이 10번째 재앙의 직접적인 증거라고 단언할 수 없다. 그 이전의 재앙에서도 희생자가 나왔을 수도 있으니까. 그리고 유아 사망률에 대한 또 다른 성경의 사건은 바로 모세가 태어날 당시 파라오는 이스라엘의 모든 남자 아이를 죽이라는 명령을 내렸다. 따라서 텔 엘-다바에서 발견된 어린아이들의 인골이 이스라엘 자손인지 이집트 자손인지에 따라 어떤 사건의 결과인지 판단할 수 있을 것이다. 어쨌든 엑소더스 직전의 재앙에 대해서 이스라엘 자손은 희생에서 자유로웠기 때문에 집단 무덤의 주검들은 이집트인들이나 다른 종족이어야 하지만 시기적인 문제는 미해결 상태이다.

한편, 마지막 재앙에서 희생된 사람이나 동물이 초태생이었는다는 성경의 묘사는 초자연적인 현상이라는 데 의문의 여지가 없다. 모든 성경의 내용을 해석하고자 하는 사람들에게 어려운 난관이다. 아르타파누스는 이스라엘 민족의 역사를 다룬 《유대인에 대하여》에서 엑소더스 바로 전날 밤 우박을 동반한 무서운 폭풍과 강력한 지진이 이집트를 덮쳤다고 기록했다. 이런 자연적인 현상에서 초태생만을 선택하여 희생시키는 것은 아무래도 믿기 어려운 일이다. 이에 대해 벨리코프스키는 조금 다른 견해를 내놓았다. 1952년의 그의 저서 《혼돈의 시대》[12]에서 히브리어 단어 사용에 대한 오해를 지적했다. 마지막 재앙으로 희생되는 초태생, 즉 '맏이'와 '장자'를 뜻하는 히브리어 단어는 '베코리bekhori'[13]이며, 이와 유사한 단어는 '선택'을 뜻하는 '베히리 혹은 베호리 bechiri or bechori'이다. 벨리코프스키는 이사야서와 출애굽기의 예를 들어 선택의 의미와 장자의 의미가 혼용되고 있다고 지적한다. 가령 이사야서 43장 20절에 "… 내가 광야에 물들을, 사막에 강들을 내어 내 백성, 나의 택한 자로 마시게 할 것임이라"고 되어 있다. 그리고 출애굽기 4장 22절과 23절에 "너는 바로에게 이르기를 여호와의 말씀에 이스라엘은 내 아들 내 장자라 내가 네게 이르기를 내 아들을 놓아서 나를 섬기게 하라 하여도 네가 놓기를 거절하니 내가 네 아들 네 장자를 죽이리라"로 되어 있는데 장자의 의미는 선택된 자라는 뜻이라고 벨리코프스키는 주장한다. 따라서 만약 이스라엘이 장자라면, 재앙은 이집트의 장자에게 갈 것이고, 만약 이스라엘이 선택된 자라면, 재앙은 이집트의 선택된 자에게 갈 것이라는 주장이다. 출애굽기 12장 29절의 "밤중에 여호와께서 애굽 땅에서 모든 처음 난 것 곧 위에 앉은 바로의 장자로부터 옥에 갇힌 사람의 장자까지와 생축의 처음 난 것을 다 치시매"에서 '모든 처음 난 것'은 '이집트의 모든 선택된 것'이어야 하고, 또한 그 의미는 '이집트의 모든 성년' 혹은 '이집트의 모든 힘'이어야 한다는 것이다. 성년을 뜻하는 히브리어 바후르 bachur도 유사 어원이기 때문이다. 이 주장을 완전히 무시할 수 없는 것은, 이스라엘은 야곱의 이름이고, 야곱은 원래 이삭의 장자가 아니라 둘째이며, 그가 형 에서를 속여 장자의 지위를 탈취했기 때문에 장자와 선택받은 자의 의미는 그리 멀지 않다.

고대 이집트 의학 파피루스

이집트의 재앙을 엿볼 수 있는 또 다른 중요한 정보가 있다. 성경에서 이야기하는 이집트의 재앙은 상당히 가혹한 것이었다. 만약 재앙 때문에 인간의 육체에 병이 생겼다면 당연히 당시의 의료진에 의해 치료가 이루어졌을 것이며, 그 의료 행위가 기록에 남았을 것이다. 그런 기록이 존재한다면 재앙이 정말 있었는지, 그리고 어떤 종류의 재앙이었는지 가늠해 볼 수 있지 않을까?

실제로 고대 이집트에서 실시된 여러 의료 행위에 대한 정보가 파피루스에 기록되어 있다. 이 자료들을 일컬어 '고대 이집트 의학 파피루스'■[14]라고 한다. 이 자료들 대부분은 19세기에서 20세기 초에 걸쳐 발견되었다. 기록물의 상당 부분이 훼손되어 있는데, 파피루스에 기록되어 있었기에 자연적인 현상일 수도 있고, 도굴꾼이나 군사적 침략과 같은 인위적인 요인으로 훼손되었을 수도 있다. 이 파피루스 기록물에 대한 집중적인 연구는 1954년에서 1973년에 걸쳐 베를린 대학에서 수행되었고, 최종적으로 《고대 이집트의 의학》에 요약되어 있다. 대부분의 의학 파피루스는 고대 이집트의 질병, 진단, 치료, 수술, 신체 구조 및 마법의 주문 등에 대한 내용을 다루고 있다. 10개 정도의 중요 파피루스가 있는데, 열거하면 에드윈 스미스 파피루스Edwin Smith Papyrus, 이버스 파피루스Evers Papyrus, 카훈 파피루스Kahun Papyrus, 허스트 파피루스Hearst Papyrus, 체스터 비티 파피루스Chester Beatty Papyrus, 베를린 파피루스Berlin Papyrus, 런던 의학 파피루스London Medical Papyrus, 라메세움 파피루스Ramesseum Papyrus, 칼스버그 파피루스Carlsberg Papyrus, 및 브루클린 파피루스Brooklyn Papyrus 등이다.

모든 고대 이집트 의학 파피루스가 동일 시대에 기록된 것은 아니라 할지라도, 기원전 16세기의 것이라고 보이는 것들이 있다. 이 파피루스들을 의학적인 관점에서 집중적으로 연구한 사람이 시로 이기노 트레비사나토이다. 그는 2006년과 2007년 연속하여 《Medical Hypotheses》에 논문을 게재하고 성경에 묘사된 이집트의 재앙이 화산 분출물에 기인한 것이며, 그 화산 분출은 바로 기원전 1600년경 지중해 동부의 화산섬 테라의 폭발이라고 주장했다.■[15]

트레비사나토는 고대 이집트 의학 파피루스에 서술된 여러 가지 질병을 화산 분출의 영향으로 해석하기 위해 화산에서 뿜어져 나오는 물질들에 대해 자세히 살피고 있다. 청동기 시대에 분출한 화산이 이집트 가까이에는 없기 때문에 이집트로부터 멀리 떨어진 화산의 분출물이 이집트까지 운반되어 와야 한다. 테라섬의 화산 분출물이 이집트까지 날아오고, 그 분출물은 지중해 동부, 아나톨리아 및 나일 삼각주의 만잘라 호수 바닥에서 발견되었다. 멀리까지 운반되는 화산 분출물은 아주 작은 광물이나 암석 입자로 구성된 화산재와, 에어로졸 형태의 황산염 같은 강산성의 물질이다. 멀리 운반된 화산재는 지표로 떨어지는데, 이를 강하 화산재라고 한다. 때로 비가 내리면 화산재는 빗방울과 섞여 지표로 진흙비처럼 떨어지기도 한다.

트레비사나토는 우선 런던 의학 파피루스에 기록된 '화상'에 대해 언급하면서 그 원인이 나일강의 붉은 물에 있다고 생각했는데, 붉은 물 속에 포함된 산성의 부식성 물질이 화상과 그 주변에 생겨난 물집의 원인으로 보았다. 물이 붉게 된 이유는 바로 산토리니 화산으로부터 초기의 핑크색 화산재의 강하 때문이라고 주장했다. 화산재에 포함된 산성 물질이 재로 때로는 비와 함께 떨어져 나일강을 물들이고 산성화시켰다는 것이다. 또한 가장 긴 의학 텍스트인 이버스 파피루스에는 다양한 질병들이 등장하는데, 피부 문제, 기침과 천식, 눈 문제, 머리 위의 물집, 화상과 병변, 방광과 위장에 관련된다. 이 질병들은 화산재의 영향 때문에 생겨난 것으로 해석한다. 허스트 의학 파파루스에서 보이는 화상, 폐, 메스꺼움, 두통 등의 소견 역시 화산재의 후유증이라는 판단이다.

트레비사나토가 인용한 여섯 편의 파피루스에서 나타나는 의학적 소견들은 대부분이 화산재 강하와 산성 입자에 의한 산성비, 그리고 그것 때문에 생긴 이상 날씨의 결과이며, 이들이 성경에 언급된 처음 여덟 가지 재앙의 원인이 되었다는 것이다. 런던 의학 파피루스와 이버스 파피루스는 화상에 대한 두 가지 별개의 내용을 다룬다. 하나는 화산재 입자의 강하 때문에 생긴 화상이고, 다른 화상은 강한 산성비 사례이다. 화산재가 내려앉으면서 나일강이 물들고, 물고기가 죽고, 사람들은 물을 마실 수 없게 되었다. 또한, 강둑에서 엄청난 수의 개구리가 죽었다. 화산재로 오염된 나일강에서 양서류들은 강둑으로 밀려나와 물에 다시 들어가지 못해 탈수되어 죽었다. 죽은 동물들의 시체 그리고 사람과 동물의 병변 때문에 벌레가 들끓고 결과적으로 유충이 생기니, 다양한 성충들이 동물들에게 영향을 미친 세 번째와 네 번째 성경 재앙과 일치한다.

대기에 장막을 형성한 화산재 입자에 의해 야기된 이상 날씨가 다음 네 개의 재앙을 설명한다. 다섯 번째 재앙에서 초식 동물들이 죽었는데, 방목된 동물들이 기이한 폭풍 속에서 번개에 맞아 죽거나 또는 황산염으로 오염된 풀을 먹고 죽었다. 화학 물질은 동물들에게 쉽게 흡수되었는데, 미립자 형태의 화산재와는 달리, 빗방울에 녹았을 것이기 때문이다. 인간과 동물들에 종기가 생겼다는 여섯 번째 재앙은 산성비에 노출된 것으로 설명된다. 일곱 번째 재앙의 우박은 화산재의 유입으로 파생된 이상 날씨와 관련이 있다. 여덟 번째 재앙의 메뚜기 떼에 대해서는 강우가 훨씬 빈번해진 결과 높은 습도 때문에 벌레들이 증식했을 것으로 보았다. 이버스 파피루스와 칼스버그 파피루스에서는 흥미롭게도 눈에 관련된 의학적 내용이 확인된다. 눈에 관련된 질병을 치료하는 방법들이 중복되어 나타나는데, 이 질병의 원인이 화산재라는 소견이다. 그리고 아홉 번째 재앙에서 가스와 화산재가 이집트 온 땅을 사흘 동안이나 덮었고, 이때 눈 건강에 치명적인 질병이 발생했을 것으로 보았다.

한편, 에드윈 스미스 외과 파피루스는 외과적 부상에 대한 48가지 경우를 기록하고 있다. 트레비사나토는 이 텍스트의 내용을 살피면서, 부상의 원인이 일반적인 염증이 아니라, 전투 중에 입은 상처가 원인이 되어 나타난 감염된 상처라고 판단했다. 그리고 테라섬 화산 분화 때문에 생긴 여러 가지 재앙으로 말미암아 이집트는 정치·사회적으로 극도로 혼란했으며, 내전이나 폭동이 발발했을 가능성을 제시하고 있다. 절망적인 사회 분위기 속에서 물리적인 상해로 이어지는 사건들이 빈번했을 것이라는 추측이다. 그리고 에드윈 스미스 외과 파피루스에서 증언한 이런 사회 정치적 혼란을 잠재우기 위해, 달리 말하자면 신의 노여움을 풀기 위해 초태생의 학살이라는 열 번째 재앙이 있었을 것이며, 그 시기에 히브리인들이 이집트를 빠져나가기 쉬웠을 것으로 생각했다.

제15장

갈라진 홍해와 두 기둥

갈대의 바다

엑소더스에 참여한 사람들은 이스라엘 자손을 포함한 '중다한 잡족'이었으며, 이들은 당시 나일 델타 주변 지역에 살았을 것이다. 재앙의 결과이든 정치적 결단이든, 이들은 삶의 터전을 뒤로 하고 동쪽으로 이동한다. 이 시점에서 그들이 맞닥뜨린 것은 어떤 경로로 가나안 땅에 들어가느냐 하는 것이었다. 이스라엘 자손에게는 그들의 고향 헤브론(창세기 50장)으로 되돌아가는 데 두 가지 길이 있었다. 하나는 피-람세스에서 북동쪽으로 난 길 호루스의 길Way of Horus을 이용하는 것인데, 이 길이 '블레셋 사람의 땅의 길Way of Philistines'로 기록된 것은 시대착오이다. 왜냐하면 블레셋인들은 이 당시에 아직 가나안 남쪽 길목으로 이주해 오지 않았기 때문이다. 하여간 이 길은 상당 부분 나일강의 펠루시악 지류를 따라가는 경로이고, 요새화된 통치자의 벽Walls of the Ruler과 잘 방비된 국경 운하를 가로질러야 한다. 이 경로에서 발생할 유일한 문제는 겨울에 지중해 겨울 폭풍이 온다면 침수될 수 있다는 것이었다. 또 다른 선택은 와디 투밀랏을 거치는 동쪽 경로였지만, 훨씬 에둘러 가는 것이고 시나이의 너무나도 뜨겁고 건조한 지역으로 끌려나가는 것인데, 거기에는 이집트인들의 구리와 터키석 광산이 있어서 이집트의 군대가 상주하던 곳으로 알려져 있다. 그 길은 정말 어쩔 수 없는 경우에만 갈 수 있는 경로였다.

선택의 갈림길에서 야훼가 이스라엘에 블레셋 사람의 땅의 길로는 가지 말라고 지시한다. 처음 출발점에서부터 살펴본다면 출애굽기 13장 4절에 기록된 엑소더스의 시기가 3~4월에 해당하는 아빕월, 즉 봄이었는데 이스라엘 자손들은 숙곳에서 북쪽으로 출발했다. 그러나 거기서 야훼의 지시를 듣고 남쪽으로 방향을 틀어 믹돌과 바다 사이, 바알스본의 동쪽 비하힐롯에서 야영한다(출애굽기 14장). 확실히 바다에서 먼 곳은 아니다. 비록 비하힐롯과 바알스본의 정확한 위치를 모르지만, 믹돌의 의미가 탑 혹은 요새이기 때문에 이집트 동쪽의 국경 주둔지일 가능성이 있고, 그러면 믹돌은 18왕조 때의 국경지였던 텔 엘-헤이르Tell el-Heir를 가리킬 수 있다.

경로를 바꾸어 이동하던 이스라엘과 그 무리들에게 결정적인 장애물이 나타났다. 앞에 건널 수 없는 물이 나타난 것이다. '홍해'라고 기록된 이 물은 많은 성경학자들이 인정하듯이 잘못된 번역이었다. 붉은 바다Red Sea가 아니라 갈대의 바다Reed Sea였던 것이다. 히브리 원어의 얌·수프yam suph는 바다 혹은 습지를 뜻하는 얌과 갈대 혹은 파피루스를 뜻하는 수프의 혼합어다. 이런 이름의 지형은 큰 바다를 가리키는 것이 아니라 강과 바다가 만나는 델타의 해안 지형이다. 결국 엑소더스의 경로 상에 있던 홍해는 지금의 홍해라기보다는 나일강과 지중해가 만나는 어떤 장소이거나 아니면 홍해의 수에즈만 최북단으로 당시 습지와 연결된 어떤 장소일 가능성이 높다. 후자인 경우 고대의 지형을 유추하건대 비터Bitter 호수, 팀사Timsah 호수, 발라Ballah 호수 부근으로부터 수에즈만에 이르기까지 연속되는 습지였을 가능성이 있다.

한편 출애굽기 13장과 민수기 33장에 언급된 숙곳에서 출발하여 일단 에담

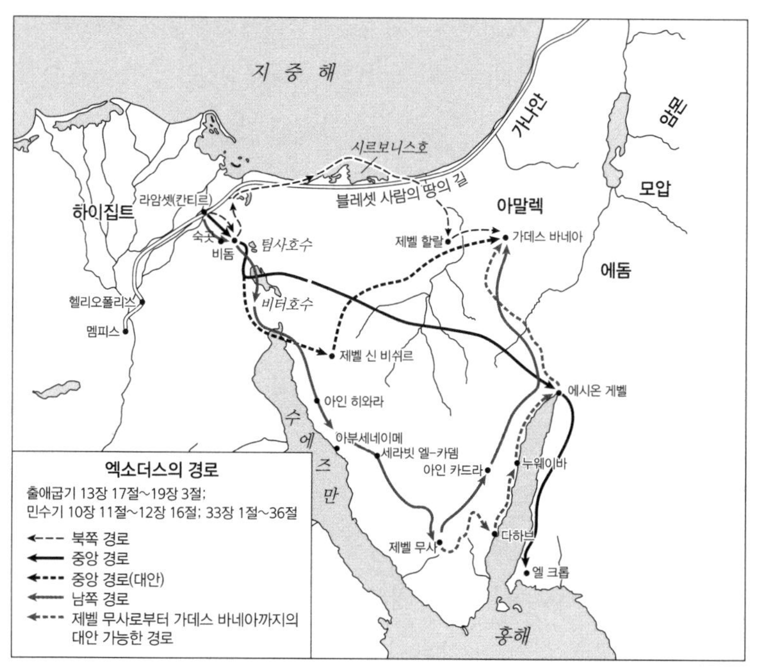

그림 18
엑소더스의 경로

까지 이어진 여행 경로에 뒤이어 에담 광야에서 삼 일 정도 걸어 마라에 진을 치게 된다. 이 지명의 위치들을 추정하건대 이스라엘 자손들은 비터 호수를 향해 현재의 팀사 호수 서쪽 가장자리 부근의 남쪽으로 도망쳤을 가능성이 제기되고, 거기서 호수 또는 습지의 물이 강한 바람, 즉 성경의 표현으로는 야훼가 불러온 강한 동풍으로 얕아진 틈을 타서 건넜을 가능성이 제기된다. 그런데 호수의 가장자리 혹은 습지라고 한다면, 이어진 성경의 서술에서 이해가 되지 않는 부분이 두 군데 생긴다. 하나는 동풍으로 바닷물이 완전히 물러난다는 표현이고 다른 하나는 물이 다시 돌아와 이집트 군대를 몰살하는 장면이다. 수에즈만 최북단의 가장자리 어느 위치이건 동풍이 불면 건너려던 이스라엘 자손들 쪽으로 물이 움직인다. 따라서 오히려 방해를 받게 된다. 그리고 그런 얕은 물의 호수가 습지라면 이집트 군대가 전멸하는 사태는 벌어지지 않을 것이다. 무언가 개운치 않은 설명이 되어 버린다.

또 다른 해석으로는 초기 이동 경로를 좀 더 북쪽으로 잡아 이스라엘 자손들이 나일강 하구 동쪽에 있는 시르보니스Sirbonis 호수를 건넜다고 하는 것이다. 이 호수는 일종의 석호lagoon인데, 사주의 발달로 만의 입구가 좁혀짐으로써 형성되는 해안 지형으로서 큰 강과 바다가 만나는 곳에 보편적으로 발달한다. 시르보니스 호수는 지중해와 평행하게 위치하고 있으며 육지와 연결된 폭이 좁은 모래땅, 즉 사취sand spit에 의해 지중해로부터 떨어져 있다. 사취에서 보면 왼쪽은 지중해의 물, 오른쪽은 시르보니스 호수의 물이 분포하는 셈이다. 출애굽의 13장에 "바로가 백성을 보낸 후에 블레셋 사람의 땅의 길은 가까울지라도 하나님이 그들을 그 길로 인도하지 아니하셨으니 이는 하나님이 말씀하시기를 이 백성이 전쟁을 보면 뉘우쳐 애굽으로 돌아갈까 하셨음이라 그러므로 하나님이 홍해의 광야 길로 돌려 백성을 인도하시매"라고 되어 있다. 이 부분의 묘사도 또한 '홍해'가 시르보니스 호수라는 생각을 지지한다. 소위 블레셋 사람의 땅의 길은 시르보니스 호수의 남쪽을 거쳐서, 이집트에서 가나안에 이르는 가장 가까운 길로서, 당시 빈번하게 사용되었다. 이스라엘 사람들은 이 길을 택하지 않고, 시르보니스 호수의 북쪽을 통하는 해변의 길 혹은 황야의 길이라 불리는 길을 택했다. 이 길을 택한 것이야 말로, '홍해의 기적'이 일어나, 그들은 물을 좌우에서 보고 건넜을 것이다. 그렇다면 야훼의 지시에 따라 블레셋 사람의 땅을 피하기 위해, 모세는 먼저 시르보니스 호수의 북쪽 길을 택하고, 시르보니스 호수를 건넌 뒤에는 길을 급히 남쪽으로 바꾸여 블레셋 사람의 땅의 길 남쪽으로 나왔을 것이다.

이스라엘 자손들이 지중해에 인접한 시르보니스 호를 건넜다면 물이 물러나고 다시 되돌아와 이집트 군대를 몰살하는 장면을 어떻게 설명할 수 있을까? 현대 과학에서 이런 사건을 가장 잘 설명할 수 있는 현상이 쓰나미다. 과거 쓰나미를 관찰한 기록을 보면, 가령 시리아 역사가 암미아누스 마르첼리누스Ammianus Marcellinus는 《로마사》(Book 26)[■1]에서 서기 365년 동부 지중해를 덮친 쓰나미를 관찰하고 묘사하기를 "…파도가 밀려들던 바다가 뒤로 물러나고 육지로부터 후퇴하였으며, 깊은 바다가 드러나 사람들은 진흙 속에서 많은 종류의 바다 생물들을 보았다. … 예측 불가능한 거대한 물이 되돌아와 수천 명을 익사시켰고 … 수많은 배들이 파손된 채 발견되었고…." 그리고 이와 유사한 기록들은 근대 화산성 지진에 수반된 쓰나미에서도 찾아볼 수 있는데, 특히 1883년 인도네시아 크라카타우의 분화에 수반된 쓰나미에서도 잘 나타난다.

시르보니스 호수와 같은 동지중해 연안에서의 물이 물러나고 되돌아오는 현상은 쓰나미 외에는 생각할 수 없는데, 그 이유는 그곳에는 밀물과 썰물 때문에 발생하는 조석 현상이 없기 때문이다. 지중해 전체에서 조석이 아주 미약해서 밀물과 썰물의 차이가 기껏해야 수 cm 정도이지만, 특히 동지중해의 경우는 그것마저도 드물다. 동지중해의 쓰나미 기록[■2]은 과거 약 3600년 동안 최소한 96차례나 있었고 대부분 에게해를 동서로 가로지르는 판의 경계부에서 발생한 지진과 화산의 영향으로 일어난다. 그리고 청동기 시대의 대표적인 쓰나미는 테라 화산의 대분화에 수반된 것으로 해석된다. 화산 폭발에 뒤따르는 쓰나미는 크라카타우의 경우에도 네 번의 화산 분화에서 세 번이나 쓰나미를 동반했다. 따라서 테라섬 화산의 경우도 한 차례 이상(현재 세 차례 정도로 생각) 쓰나미가 발생했을 것으로 생각할 수 있고, 그중 하나가 이스라엘 자손들이 시르보니스 호수를 건널 때 일어났을 가능성이 있다. 이스라엘 자손들이 그곳에 도착했을 때 시르보니스 호수는 바닷물로 채워져 있었다가 갑자기 물이 동쪽에서 서쪽으로 빠져나가는데, 그것은 마치 동에서 부는 바람이 물을 밀어내는 모양 같았다. 그리고 이스라엘 자손들이 건너고 난 다음 추격해 온 이집트 군대가 다 건너지도 못한 사이 물이 되돌아와 그들을 몰살한다. 물이 물러났을 때 쫓아온 이집트 군대의 전차는 호수 바닥의 뻘에 묻혀 이동이 쉽지 않았을 것이다. 물이 되돌아왔을 때 그들은 그 자리에서 꼼짝달싹 못하고 순식간에 불어나는 물에 그들의 신 세트에게 구원을 바랄 도리밖에 없었다.

쓰나미는 있었다

현재의 산토리니 모습을 한번 살펴보자. 테라섬과 테라시아섬에 의해 둘러싸인 원형의 바다는 화산 폭발에 의해 만들어진 칼데라에 물이 채워진 것이다. 테라섬과 테라시아섬은 이 칼데라의 외륜산에 해당하고, 깎아지른 듯한 절벽은 칼데라 생성의 상처라고 말해도 좋을 것이다. 칼데라가 만들어질 때 낙차는 500m 정도로, 이로부터 해수면 아래의 움푹 팬 곳의 깊이는 200m를 넘는다. 칼데라의 직경은 약 10km, 그리고 면적은 약 80km^{2}이다.

칼데라를 둘러싸고 섬들이 위치하는 특이한 모습의 산토리니에서 사람들은 칼데라의 형성과 쓰나미를 연계시키기 시작했다. 바다의 화산섬 내부에 칼데라가 생기는 것은 쓰나미 발생 원인 중 대표적인 사례이기 때문이다. 테라섬의 화산 폭발로 인해 해수면 아래의 깊이가 200m를 넘는 칼데라가 만들어졌다면, 이에 뒤따르는 엄청난 쓰나미가 생겼을 것이다. 그 과정은 이렇다. 바다 한

가운데 칼데라와 같은 움푹 팬 곳이 생기면 먼저 그 주위의 바닷물이 이 움푹 팬 장소를 노리고 쇄도한다. 이 때문에 테라섬 주변의 해안가에서는 바다 한가운데의 움푹 팬 곳을 메우기 위해 바닷물이 빠져나가 썰물이 생길 것이다. 즉 주변 해안가에서는 해수면이 낮아진다는 의미다. 주변에서 칼데라로 밀려 들어온 바닷물이 움푹 팬 곳을 채우고 나면 그 위로 높이 솟구친다. 그것은 마치 용수철을 잡아당겼다 놓았을 때 용수철은 처음 출발한 곳을 지나쳐 높이 튀어 올라가는 모습과 같다. 이처럼 칼데라에 높이 솟구친 바닷물은 주변을 향해 퍼져 나간다. 그러니까 밀물이 되어 주변의 해안가로 접근한다. 튀어 오르는 용수철의 예와 마찬가지로, 바닷물의 움직임은 평온을 되찾을 때까지 썰물과 밀물을 몇 차례 더 반복하게 된다.

칼데라 붕락caldera collapse이라 일컫는 칼데라의 형성으로 쓰나미의 높이가 어느 정도였는지는 그 과정이 어느 정도 급속히 일어났는지에 의해 결정된다. 만약 칼데라의 붕락이 아주 천천히 일어났다면 해수면의 변동 역시 천천히 진행될 것이기 때문에 눈에 띌 정도의 쓰나미는 생기지 않을 것이다. 이에 비해 칼데라의 붕락이 순간적으로 일어나는 경우에는, 칼데라의 깊이와 같은 높이의 쓰나미를 만든다. 해수면 아래의 깊이가 200m를 넘는 테라섬 칼데라가 순간적으로 만들어졌다면, 이 경우의 쓰나미의 높이도 또한 200m 내외가 될 것이다. 실제로 그러한 증거가 남아 있다.

산토리니에서 동쪽으로 약 27km 떨어진 곳에 아나피Anafi섬이 있다. 이 섬의 세 군데에서 테라섬의 미노아 분화에 의해 퇴적되었다는 화산재와 부석의 층이 발견된다. 그 퇴적물들은 바람이 아니라 바닷물에 의해 운반되어 온 것이다. 바람으로 운반되었다면 섬의 모든 곳에 퇴적되어야 하지만, 부석은 바다로 이어진 계곡의 꼭대기에 있고, 해수면으로부터의 높이가 최대 250m 정도다. 엄청난 높이의 쓰나미가 화산 분출물을 그 장소까지 운반했고 쓰나미가 빠져나간 뒤에 거기에 남아 그대로 쌓여있는 것이다. 테라섬 바로 근처 아나피섬에서의 쓰나미의 높이가 200m를 넘었다고 한다면 110km 남쪽의 크레타섬과 다시 동쪽 멀리 떨어진 이집트와 이스라엘에 도달했을 때의 높이를 계산할 수 있다. 그 결과는 크레타섬 북안에서 약 20m, 이집트와 이스라엘에서 수 m의 높이가 된다. 실제로도 크레타섬 북쪽에 위치한 말리아에서 쓰나미 피해를 입은 궁전의 높이는 대략 13m 정도다. 그리고 이스라엘의 지중해 연안 도시(야파 텔아비브)에서 청동기 시대 쓰나미에 의한 부석층이 해수면 위 약 5m 높이로 발견되었다. 최근 역사 시대 동안 이집트의 동지중해 연안에서의 쓰나미 피해에 대한 분석에서 기원전 2000년 이후 현재까지 네 차례의 치명적인 쓰나미가 있었고, 그중 두 차례는 쓰나미의 높이가 최대 6m에 이르는 것으로 파악되었다.■3 따라서 동지중해의 빈번한 화산-지진 발생의 구조적 특성에 따라 이집트를 포함한 가나안(시리아-팔레스타인) 연안이 그 피해에 노출되었음은 확실하다.

엄청난 높이의 쓰나미가 테라섬을 중심으로 퍼져 나간다고 상상을 해 보자. 주변 지역에 상당한 영향을 미쳤을 것이고, 그 기억들이 어떤 형태로든 남아 있을 것이다. 오늘날 우리에게도 2004년 인도네시아 수마트라 지진에 의한 쓰나미, 그리고 2011년 동일본 지진에 의한 쓰나미로 말미암은 엄청난 재앙을 기억하고 있다. 그런 쓰나미가 발생한 장소로부터 피해 지역에 도달하는 시간은 그리 길지 않다. 쓰나미는 일반 파도와 달리 바다에서는 그 이동의 모습을 알아채기 힘들다. 파도와는 다른 파동의 특성을 가지기 때문이다(제3부에서 설명). 만약 테라섬의 미노아 분화로 인해 쓰나미가 발생했고, 그 원인이 칼데라의 붕락에 있다면 쓰나미가 밀려 오는 시간 간격 또한 칼데라의 크기와 관계있다. 크기가 클수록 주변 해안에서의 썰물과 다시 되돌아오는 밀물 사이의 시간 간격은 길어진다. 대부분의 쓰나미에서 이 시간 간격은 수십 분 정도다.

그런데 이집트의 델타 지역처럼 쓰나미 발생 장소로부터 멀리 떨어진 곳이라면 이 시간 간격을 추산하기 쉽지 않다. 어떻게 하면 알 수 있을까? 일단 거리를 알아야 하고 쓰나미의 속도를 안다면 시간을 쉽게 구할 수 있다. 지리상의 거리는 금방 알 수 있기에 쓰나미의 속도를 알아보자. 일반적으로 쓰나미의 속도는 중력 가속도에 수심을 곱한 것의 제곱근에 비례한다. 즉 깊은 바다일수록 거기를 통과하는 쓰나미의 속도는 빨라지게 된다. 현재의 동지중해 수심의 분포를 살펴보면, 산토리니의 북쪽 수심의 평균은 약 500m이고, 남쪽 수심은 크레타섬에 이르기까지 약 1,000m 정도이지만 가장 깊은 곳은 1,500m를 넘는다. 이 수심 자료를 바탕으로 쓰나미의 속도를 계산하면 시속 약 400km가 된다. 미노아 분화 당시에도 상황이 비슷하다고 한다면 테라섬에서 크레타섬에 이르는 거리는 약 110km이기 때문에, 쓰나미는 칼데라 붕락 후 20분 내외에 크레타의 북쪽 해안에 도착할 것이다.

한편, 동지중해의 평균 깊이는 약 2,500m이다. 이 깊이에 대응한 쓰나미의 속도를 계산하고, 다시 테라섬에서 약 800~1,000km 떨어진 이집트와 가나안 해안 지역으로 쓰나미가 도달할 때까지의 시간을 계산하면 약 2시간 이내가 된다. 테라섬의 칼데라 붕락으로 생긴 쓰나미는 금세 동지중해 연안 여러 나라를 덮쳤을 것이다. 청동기 시대 말 동지중해에서 일어났던 화산, 지진, 쓰나미 등에 대해서 현재까지 지질학적 조사 결과, 테라섬의 미노아 분화와 그로 말미암은 지진과 쓰나미의 발생이라는 결론에 도달해 있다. 한편 프랑스인 클로드 쉐페르가 지적한 대로 고대 시리아의 우가리트 문서에도 기원전 14세기경 쓰나미 때문에 생긴 피해가 기록되어 있는데,■4 이 역시 테라섬의 분화와 관련이 있을 것이다. 다만 그 연대에 대해서는 재고해야 할 여지가 남아 있다.

그런데 최근에 와서는 테라섬의 미노아 분화에 의한 쓰나미가 칼데라 붕락과는 관계가 없다는 연구 결과가 보고되고 있다.■5 현재 산토리니의 모습을 보더라도 섬의 가운데가 바닷물로 채워져 있는 칼데라임은 확실하다. 기존에 고려되던 칼데라 붕락에 의한 쓰나미의 발생은 해수면 아래 200m에 이르는 칼데라가 미노아 분화 때 만들어진 것이며, 붕락으로 말미암아 해저에 새로 만들어진 공간, 즉 4.5~5km^3의 체적만큼 물이 모였다 넘쳐나는 과정을 가리킨다.

그런데 이와 더불어 테라섬의 분화로 높이 솟구친 분연주는 시간이 흐르면서 당연히 붕괴되었고, 기둥을 이루던 재와 부석과 같은 암석질 물질들이 한꺼번에 주변 바다로 무너져 내리는 소위, 화쇄류pyroclastic flow의 바다 유입이 커다란 쓰나미를 유발시켰다고 보는 것이다. 이때 바다로 무너져 내린 화쇄류의 양은 무려 54.5km^{3}이 이르는 것으로 추산된다.

2016년 노미코우와 그 동료들은 현재 산토리니 주변 해저에 약 60m 두께로 쌓여 있는 화쇄류의 퇴적층에 주목하고 그 정도의 엄청난 양의 화산 분출물이 순식간에 바다로 유입되면 거대한 쓰나미가 만들어질 것으로 보았다.[6] 유사한 사례는 바로 1883년 인도네시아 크라카타우 화산의 분화 때 바다로 무너져 내린 화쇄류로 말미암아 최대 40m, 평균 15m의 쓰나미가 발생하여 35,000명이 사망한 것이다. 노미코우가 칼데라 붕락에 의한 쓰나미를 부정적으로 생각한 이유는 테라섬의 미노아 분화 시기에 섬 가운데의 칼데라는 주변 바다와 고립되어 있었기 때문이었다. 칼데라가 가라앉으면서 그 빈공간에 주변의 물이 몰려들기 위해서는 칼데라 자체가 물로 채워져 있어야 하고 주변 바다와 연결되어 있어야 한다. 하지만 만약 칼데라가 주변 바다와 분리되어 있으면 쓰나미는 발생하지 않는다. 따라서 현재와 같은 바다와 연결된 칼데라는 미노아 분화 이후에 섬이 쪼개지면서 바닷물이 흘러들어온 것으로 해석하게 된다.

그 직접적인 원인이 칼데라 붕락이든, 화쇄류의 급격한 붕괴로 인한 바다로의 유입이든 대규모 쓰나미를 발생시키는 것에는 별 차이가 없다. 크레타섬을 비롯해 테라섬 주변과 멀리 동쪽의 이집트와 시리아–팔레스타인의 해안에 이르기까지 쓰나미의 증거는 확실하다. 따라서 어떤 형태로든 쓰나미가 동지중해 연안 지역에 영향을 끼쳤음을 부정할 수는 없다.

구름 기둥과 불기둥

맏아들의 죽음이 온 이집트를 통곡의 도가니로 몰아넣었던 그날 밤, 파라오는 이스라엘 자손들의 엑소더스를 허가하고야 만다. 이집트를 빠져나오는 행렬은 아무래도 신속하게 이루어졌을 것이다. 변덕이 심한 파라오가 언제 또다시 그 명령을 거두어들일지 아무도 모르기 때문이다. 출애굽기 13장을 보면 이집트에서 약속의 땅인 가나안 땅으로 갈 수 있는 길이 하나가 아니었음을 알 수 있다. 먼저 '블레셋 사람의 땅의 길'이 나오는데 전쟁을 목격하거나 또는 전쟁에 휘말릴 수 있기 때문에 야훼는 그 길을 선택하지 못하게 한다. 대신에 '홍해의 광야 길'을 이용하게 한다.

홍해의 광야 길로 가는 여정도 순탄치 않다. 도중에 방향을 돌이키기도 하고, 우왕좌왕하는 모습이 역력하다. 그런 엑소더스의 무리 앞에서 야훼가 직접 방향을 지시하고 이정표를 세운다. 낮에는 구름 기둥으로 밤에는 불기둥으로 진행의 방향을 알려주고 있다. 이 두 기둥은 이스라엘 자손들이 홍해, 즉 갈대의 바다를 완전히 건널 때까지 계속 나타난다. 이는 바다를 건너는 사건이 매우 중요한 과정이었다는 것이다. 구름 기둥은 약속의 땅에 이를 때까지 계속 나타나는데, 신명기 31장에 모세가 죽을 때가 되어 야훼는 여호수아와 함께 회막으로 부른다. 그때도 장막 위에 구름 기둥이 머물렀다고 기록되어 있다. 따라서 두 기둥은 이스라엘이 이집트로부터 탈출하여 바다의 기적으로 안내하고 또한 약속의 땅까지 동행하는 야훼의 상징이기 때문에 종교적인 측면에서는 매우 중요하다.

낮에는 구름 기둥, 밤에는 불기둥이라는 표현을 자연주의적으로 해석하면 가장 그럴듯한 것이 화산의 분연주다. 일시적인 기상 현상으로 먼지 폭풍의 소용돌이가 가능할 수도 있지만, 두 기둥이 이스라엘 자손들을 안내하는 시간이 짧지 않기 때문에 기상 현상으로 설명하기에는 무리가 있다. 하지만 화산의 분화는 길게는 며칠씩, 그것도 만약 간헐적으로 일어난다면 상당한 기간 동안 분연주를 만들지도 모른다. 이언 윌슨은 이 두 기둥이 테라섬의 분화로 말미암은 분연주라고 생각했다. 그리고 이 분연주가 이집트 델타에서 충분히 보인다고 추정했다. 그의 계산은 삼각 측량의 기본을 따른다. 우선 테라섬과 나일 델타 사이의 거리 약 800km, 테라섬과 나일 델타의 사잇각 약 7.2°, 그리고 지구반경 약 6,370km를 삼각 측량법에 대입하여 계산하면 테라의 미노아 분화의 분연주 높이가 최소 50km 이상이 되어야만 나일 델타에서 동지중해의 수평선을 바라볼 때 연기가 피어오르는 모습을 볼 수 있는 걸로 나온다. 만약 그것이 우뚝 솟은 기둥처럼 보이려면 그 높이는 무려 100km 이상이 되어야 하는데 이는 불가능하다. 왜냐하면 분연주를 이루는 테프라와 가스는 그 높이에 도달하기 전에 이미 상승 한계에 도달한다. 내부의 열적 팽창으로 가벼워진 상태라 해도 높이 올라감에 따라 냉각하고 어느 순간 주변 공기와 밀도가 같아지면 더 이상 상승하지 못하고 수평 방향으로 퍼져간다. 윌슨은 부정확한 자료를 근거로 크라카타우의 분연주가 80~160km의 높이까지 도달했고, 테라의 분화는 그 이상일 것으로 추산했다. 하지만 이는 틀렸다. 현재 알려진 바로 테라섬의 미노아 분화 때의 분연주의 높이는 기껏해야 36~38km 정도에 불과하다.■7 보일 리가 만무하다.

시버첸은 엑소더스의 두 번째 시기로 기원전 15세기를 제시하면서 당시 동지중해에 위치한 얄리섬의 분화■8가 두 기둥의 분연주로서 제시하고 있다. 얄리섬은 테라섬에서 동쪽 약 140km에 위치하고, 약 16만 년 전에 커다란 분화의 기록을 가지고 있는 화산 복합체의 하나다. 하지만 청동기 시대의 분화 기록은 모호하고, 설령 분화가 있었다고 해도 그 규모는 테라섬과 비교가 되지 않기에 분연주의 높이도 높지 않을 것이다. 결국 얄리섬의 경우도 분연주가 있었다고 해도 나일 델타에서는 보이지 않는다.

밤에 불기둥이란 표현은 실제 분연주라면 해석이 가능하다. 화산이 분화할 때 공중으로 솟구치는 수증기, 화산재, 부석 등이 마찰을 일으켜 전기를 발생시킨다. 이때의 정전기 발생량은 일반적인 번개보다 훨씬 높다. 따라서 분연주 내에서 발생한 전기적인 현상으로 말미암아 마치 전구 내의 필라멘트에서 생기는 발광 현상처럼 번쩍이게 되는데, 밤이 되면 이 현상은 현란하게 일어나고 멀리서 보면 불기둥으로도 보일 수 있다. 그러나 분연주가 아니라 모래 입자들이 회오리처럼 공중으로 올라가는 경우에도 이와 유사한 정전기 현상이 일어난다. 그럼에도 불구하고 기둥의 지속성이란 문제에서 모래의 회오리 폭풍은 가능성에서 제외된다. 하여간 엑소더스 당시에 나일 델타 지역에서 하늘로 솟구친 구름 기둥과 불기둥이 화산의 분연주가 아니라면 딱히 자연주의적으로 해석할 수 있는 사례는 없다. 오히려 이 두 기둥은 엑소더스를 통하여 이스라엘 자손의 구원을 이룬 야훼의 기적에 대한 알레고리라는 것이 현실적인 설명이다.

엑소더스의 배경이 된 이집트에 적어도 기원전 19세기 이전부터 아시아계 족속들이 수시로 들락날락한 것은 그 정황이 확실하다. 언제부터 터전을 잡고 살았는지에 대해서는 아직 해결해야 할 부분이 많지만, 적지 않은 숫자가 있었으리라 추정된다. 만약 이스라엘 민족의 선조들이 그 속에 포함되었다면, 아마도 성경의 야곱 자손이 그에 해당할 가능성이 있다. 일단 들어가 살고 있어야 그다음 엑소더스 이야기가 이어지게 되는데, 그 연결은 무리가 없어 보인다. 이집트에서 살고 있던 아시아계 족속들은 한때 이집트인들과 평화로운 관계였지만, 대개의 경우 그들은 이집트인들에게 골칫거리였다. 종교적인 측면에서도 생활 측면에서도 가나안(시리아-팔레스타인) 출신의 아시아계 족속들은 이집트인들과 쉽게 융화하지 못했고, 오히려 동일한 셈족의 힉소스가 이집트를 지배하자 이전보다 훨씬 편한 생활을 영위했으리라 짐작된다. 그리고 힉소스가 이집트에서 쫓겨날 때 함께 빠져나오는 것이 남아 있는 것보다는 유리했을 것이다. 든든한 기둥이 되던 힉소스가 없어져 버리고 나면 이집트인들에게 받아야 할 학대와 고통은 상상하기 어렵지 않았을 것이다.

이스라엘 족속들을 한데 모으고 이집트를 빠져나오기 위해선 모세의 등장이

꼭 필요했고, 그 정당성을 부여 받는다. 야훼가 약속한 땅에 들어가려면 오랜 이집트 생활에서 잊혔던 야훼 신앙을 회복해야만 했다. 그리고 새로운 계명과 율법을 기초로 하여 야훼 신앙의 기틀을 다지는 데 무려 40년 가까운 세월이 필요했다. 더구나 하나의 민족이 모인 집단이 아니라 '중다한 잡족'이 모인 집단을 통솔하기에는 철저한 규율이 필요했으며, 야훼의 명령을 전달하고 준수해야 하는 종교적인 지도자가 필요했다. 그의 출생과 성장 그리고 정체에 대해 많은 논란이 있는 것은 사실이다. 하지만 종교의 경전에서 필요한 것은 사료를 바탕으로 한 역사적 서술이 아니다. 그 종교의 가르침을 제대로 실천할 수 있는 배경이 필요할 뿐이다. 역사적인 인물이건 아니건 모세는 세계 5대 종교 중 세 개, 즉 기독교, 유대교, 이슬람교에서 믿고 따르는 구원의 지도자다. 원래부터 레위족속이었건, 이집트인이었건 상관없이 야훼는 그를 불러 약속한 그 땅 바로 앞까지 자기 백성들을 이끌고 가게 했다. 엑소더스의 이야기가 기록으로 남겨진 것은 그 사건이 있고 나서 한참 뒤다. 그리고 그 속에는 시대착오적인 표현이나 전후 상황이 맞지 않는 내용도 포함된다. 하지만 구전되어 온 내용을, 그것도 자신들의 종교적 관점에서 표현한 것을 두고 역사성 검증이라는 잣대를 내미는 것이 과연 옳은 일일까?

기원전 16세기 전반 이집트에서는 혁명의 기운이 싹트고 있었다. 150년 이상 하이집트를 중심으로 이집트 전역을 통치했던 힉소스는 남쪽의 토호 세력들이 아흐모세 1세를 중심으로 단합하고 있음을 전혀 알아차리지 못했을까? 거침없이 밀고 올라오는 아흐모세 1세의 군대에 밀려 힉소스는 마지막 방어선인 아바리스까지 후퇴했다. 그리고 그들은 이집트로부터 완전히 축출되었다. 그때 이스라엘 족속을 위시한 중다한 잡족들이 탈출했다. 축출과 탈출이라는 두 사건이 거의 동시에 일어난 것이다. 한쪽은 절망이고 다른 한쪽은 희망이다. 그런데 희망의 끈을 이어 주는 사건들 속에 저 멀리 에게해에 떠 있던 화산섬 하나가 폭발했다. 그리고는 많은 양의 테프라가 하늘을 덮고, 바다에서는 쓰나미가 사방으로 퍼져나갔다. 이집트 술사들의 말을 빌리자면 이것이 야훼의 권능이 아니겠는가.

동지중해 바다의 자그마한 화산섬 테라와 거기서 일어난 청동기 말 화산 폭발은 아틀란티스 이야기의 무대일지, 엑소더스 과정에 일어난 현상의 하나일지 그 오랜 논란에 종지부를 찍을 수는 없더라도 가능성만큼은 여전히 유효하다고 생각한다. 화산 분화라는 자연 현상이 과연 인류사에 엄청난 변곡점이 된 두 사건에 개입하고 있는지를 검토하기 위해서는 우선 그 현상에 대해 좀 더 자세하게 이해할 필요가 있다. 그리고 두 사건의 연결 고리가 될 수 있는 화산의 분화가 정확히 언제 일어났는지를 밝혀야 하는데, 그럴 수만 있다면 우리에게 인류사를 보는 새로운 시각이 열릴 것이다.

제3부

테라

제16장

화산의 분화, 지진 그리고 쓰나미

화산의 뿌리와 분출

화산이 분출하면 시뻘건 용암이 지표로 흘러나오기도 하지만, 거대한 화산재 구름이 하늘높이 솟구치는 모습도 종종 볼 수 있다. 언뜻 연기처럼 보이지만, 실제로는 화산가스와 함께 크고 작은 돌가루가 솟구쳐 오르는 것이다. 이런 모습을 '분연주'라고 부르는데 이 기둥은 종종 지표에서 수십 km, 즉 성층권까지 올라가기도 한다. 분출된 물질들은 지표에 가까운 대류권에서는 지상의 바람을 타고 멀리까지 이동하고, 성층권에서는 기류를 타고 분출물이 그린란드 내륙 빙상까지도 옮겨간다. 솟구쳐 오른 다양한 크기의 돌 파편들은 시간이 지나면 아래로 떨어져 쌓이는데, 우리는 이 쌓인 층을 연구하면서 과거 화산 분화의 시기와 크기를 짐작할 수 있다.

화산이란■1 지하에서 생성된 마그마가 만드는 특징적인 지형을 뜻한다. 일반적으로 분출된 물질에 의해 만들어진 지형적으로 높은 곳을 가리킬 때가 많은데 화산으로 이루어진 산체라는 의미로 '화산체'라는 용어가 사용되기도 한

그림 19
1980년 세인트 헬렌즈의 분연주

다. 또한 화산에는 지형적으로 높은 장소만이 아니라, 폭발과 함몰로 생긴 오목한 지형도 포함된다. 대량의 마그마가 한꺼번에 뿜어져 나오면서 지면이 움푹 꺼져 생기는 칼데라도 화산이 만드는 대표적인 지형의 하나다.

그러면 화산은 왜 생기는 것일까? 지구가 약 46억 년 전에 탄생한 이후로 지금까지 지구에는 많은 화산 활동이 있어 왔다. 현재 활동하고 있는 화산이 있는가 하면, 활동을 멈춘 화산들도 많이 존재한다. 과거 지질 시대에 우리나라에도 많은 화산들이 있었지만 대부분은 더이상 활동하지 않는 현재 한반도에서 활화산은 백두산, 한라산, 울릉도 등 세 곳뿐이다.

화산이 생기는 이유는 지하에 마그마가 만들어지기 때문이다. 지구의 내부는 외핵을 제외하고 모두 고체 암석으로 되어 있다. 그런데 고체 부분이 녹게 되는 현상이 생기는데, 그 이유는 지구 내부가 끊임없이 운동하기 때문이다. 지하 깊은 곳에서 열에너지의 순환에 의해 특정 부분이 가열된다거나, 용융점을 낮추는 물질이 추가되면 녹게 된다. 그렇게 만들어진 고온의 용융된 물질을 '마그마magma'라고 부른다. 마그마는 그 주요 성분이 대체로 규소와 산소의 화합물로 되어 있어 규산염 용융체silicate melt라고도 한다. 온도는 대략 700℃에서 1,300℃ 정도에 이른다. 마그마는 소량의 고체 및 기체를 포함하지만 대부분이 액체로 되어 있기에 지하 깊은 곳에서 만들어져 지표로 이동하기 쉽다. 그리고 분출하기 전에 일단 지표 가까운 장소에 머무르게 되는데, 그 장소를 '마그마 챔버magma chamber', 즉 '마그마의 방'이라고 부른다.

마그마의 방이라고는 하지만 지하에 커다란 액체의 웅덩이가 존재하는 것은 아니다. 깊은 곳에서 만들어진 마그마는 지표 가까이 올라오면서 냉각이 진행되는데 액체에 비해 고체의 비율이 높아져 '걸쭉한 죽cystal mush'의 상태로 보는 것이 옳다. 비록 많은 양의 액체로 말미암아 물성이 약한 마그마의 방이지만 단단한 주변의 암석이 그 주위를 감싸고, 또한 마그마의 방 내부에서 기체의 압력이 지탱하고 있기 때문에 비교적 안정적이다.

마그마의 방에서 지표를 향해 마그마가 빠져나가는 현상이 바로 화산 활동이다. 시뻘건 용암의 형태로 빠져나가기도 하고, 때로는 그 속에 있던 기체들이 팽창하면서 폭발적인 분출을 일으켜 분연주를 만들기도 한다. 마그마에는 경우에 따라 양의 차이가 있기는 해도 기체가 포함되어 있다. 지하 깊은 곳에서 기체는 대개 액체 속에 녹아 있지만, 마그마가 지표를 향해 올라오게 되면 주변의 압력이 낮아짐에 따라 액체 속에서 바깥으로 빠져나오게 된다. 콜라병이나 사이다병을 생각해보면 이해하기 쉬울 것이다. 병 속의 압력은 바깥보다 높다. 그러나 두껑을 여는 순간 녹아 있던 탄산 기체들이 병 바깥으로 빠져나가는데 이와 같은 원리다.

액체에서 빠져나와 마그마 속을 전전하던 기체들은 계속 팽창함과 동시에 마그마 바깥으로 도망가려 한다. 하지만 규산염 용융체인 마그마는 점성이 높다. 특히 규산(규소와 산소의 화합물)의 함량이 높을수록 점성은 더 높아진다. 높은 점성의 액체에서 쉽게 빠져나오지 못하고, 팽창을 계속하던 기체들은 엄청난 내부 압력을 축적하게 된다. 그리고 어느 한계 이상에 도달하면 기체들은 폭발을 일으킨다. 땅이 깨지고 부서지고 마그마는 조각조각 공중으로 솟구친다. 거대한 테프라의 구름이 상공으로 치솟는다. 바로 분연주가 만들어지는 것이다.

화산에서 분출하는 고체 물질, 테프라

지하에서 암석이 녹아 만들어진 마그마가 지표로 분출하여 냉각되고 굳은 것을 화산암이라 부른다. 그리고 화산암에 포함된 좁쌀 크기 이상의 광물 결정을 반정, 그것을 제외한 아주 세립의 광물 결정을 석기라고 한다. 화산암에는 마그마가 지표로 흘러나와 용암이 되어 이동하며 굳어진 것도 있고, 큰 폭발로 인해 조각조각 부서진 마그마의 파편이 쌓여 만들어진 화산 기원 퇴적암도 있다. 용암은 주로 지표에서 마그마가 식어가며 생겨난 크고 작은 광물들이 치밀하게 달라붙은 것이며, 화학 성분에 따라 현무암, 안산암, 유문암 등으로 구분한다. 한편, 화산 기원 퇴적암은 부서진 크고 작은 파편들이 느슨하게 쌓인 후 위로부터 다져져서 단단하게 만들어진 것이다. 여기에 포함된 파편들을 일컬어 화성 쇄설물pyroclastic material이라고 하고 단단히 굳어지면 화성 쇄설암이라고 부른다. 화성은 불pyr을 뜻하고, 쇄설klastos은 조각으로 깨짐을 뜻하는 그리스어다.

화성 쇄설물은 화산 분출로 인해 공중으로 솟구쳤다가 떨어져 바로 쌓이기도(강하 퇴적) 하고, 떨어지면서 사면을 타고 멀리까지 흘러가기도(화쇄류) 하는 등 다양한 과정을 통해 만들어질 수 있다. 그리고 어떤 과정이냐를 가릴 것 없이 모든 화성 쇄설물을 하나의 용어, 테프라tephra■2로 나타낸다. 테프라는 그리스어로 '재灰'를 뜻하며, 그 유래는 그리스의 아리스토텔레스가 지중해의 리파리섬 화산 분화를 기록할 때 사용했던 명칭에서 비롯된다. 일반적으로 테프라, 화산재, 화성 쇄설물은 거의 같은 의미로 사용되기도 한다. 테프라가 포함된 파편과 입자들은 크기에 따라 세 종류로 나누는데, 직경이 2mm보다 작으면 화산회ash, 2mm에서 64mm 사이면 화산력lapilli, 64mm보다 크면 화산암괴volcanic block 또는 화산탄volcanic bomb 등으로 구분한다.■3

이 글에서는 화산 폭발로 말미암아 분출하는 크고 작은 파편을 테프라로 하고, 테프라를 크기에 따라 언급할 필요가 있을 때는 크기가 작은 것들을 화산재, 그보다 큰 것들을 부석이라 설명하고자 한다.

분연주

화구로부터 마그마가 직접 분출하는 힘과 데워진 공기가 상승하는 힘에 의해 테프라는 하늘 높이 수십 km까지 솟구친다.■4 이런 분연주에는 마그마로부터 나온 화산가스도 포함된다. 분연이란 용어는 원래 '분출한 연기'라는 뜻이지만, 실제로는 연기가 아니라 돌가루와 가스의 혼합물이다. 분연주에 포함된 테프라와 화산가스는 상공에 도달하면 식게 되는데, 화산가스의 대부분은 수증기이기 때문에 식은 수증기는 곧 물방울이 되고, 이 물방울은 공중에 떠돌아다니는 다량의 화산재를 응집시키게 된다. 물이 접착제가 되어 미세한 화산재들을 결합시키는 것이다. 이때 부가 화산력accretionary lapilli으로 불리는 것이 만들어지는데 콩과 같이 둥근 모양이다.

폭발적인 분연주는 고온의 고체와 가스의 혼합물로 밀도가 대기에 비해 크다. 마그마가 지표로 올라오면서 급격하게 압력이 낮아져 화산의 화구 부근에 도달하면 감압에 의한 가스 팽창으로 폭발하게 되는데, 이때 테프라는 초속 수백 m의 속도로 솟구친다. 분연주에 포함된 커다란 테프라는 중력의 작용으로 인해 바로 낙하하고, 분연주 자체도 공기 저항을 받아 감속하기 시작한다. 아무리 빠른 속도로 분연주가 솟구쳐 올라도 공기 저항이 강하게 작용하면 상승이 어렵고, 약 1.5~4.5km 정도의 높이에서 일단 머무르게 된다. 이때까지 크기가 큰 테프라는 낙하하고 분연 속에는 세립의 재만 남게 된다. 만약 분연주에 수증기의 양이 적으면, 밀도가 주위 공기보다 커져서 분연주의 기둥이 붕괴되고, 화쇄류가 만들어진다.

일단 초기 상승력으로 공중에 머물게 된 분연주가 주위의 공기를 충분히 빨아들이게 되면 분연주 내부는 외부보다 밀도가 작아지는데, 부력이 발생하여 상승하고 분연주 내부에서는 대류가 일어나기도 한다. 분연주는 일정 높이에서 밀도가 외부와 같아지게 되면 상승을 멈추게 되는데, 이 높이를 '중립부력고도neutral buoyancy level'■5라고 한다. 이 고도에 도달하면 분연주 내의 재와 가스는 수평 방향으로 분산되고 마치 우산 모양으로 퍼지게 된다. 우산 모양의 분연주는 회전하고 그에 따라 주변에 물이나 모래의 회오리 기둥을 생성시키기도 한다. 화구에서 분출하는 에너지가 커지면 분연주의 높이도 무한히 높아질 것 같지만, 실제로는 화구의 크기, 분출 온도, 분출 속도, 분출 에너지에 한계가 있기 때문에 분연주의 고도에도 한계가 있다.

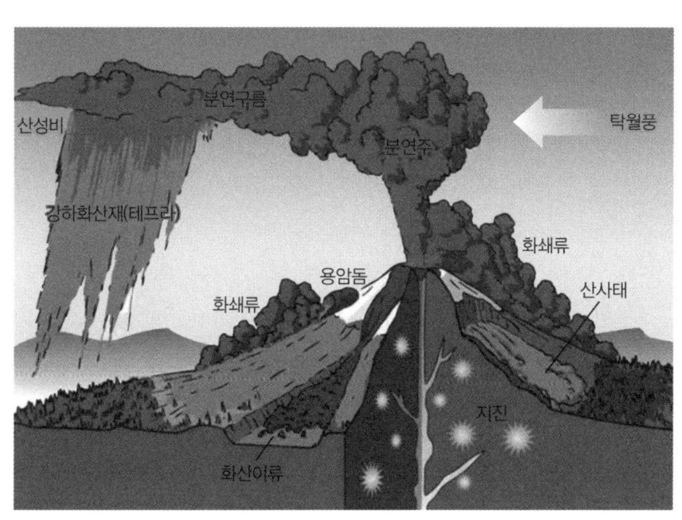

그림 20
폭발적인 화산 분화의 양상

분연주가 올라갈 수 있는 높이까지 올라간 다음, 테프라를 이루는 부석은 낙하하기 시작한다. 이것이 강하 부석이다. 화산재가 뭉쳐 만들어진 부가 화산력 역시 부석과 함께 떨어지기 시작한다. 하늘에서 떨어진 부석은 기포를 많이 포함한다. 이것은 마그마 속의 물이 수증기의 기포로 되었음을 의미한다. 발포는 마그마가 화도를 통해 상승할 때 일어난 것이다. 부석이 상공에서 냉각되었을 때에는 이미 발포는 정지된 상태다. 화산재는 부석이 잘게 부서져 미세 입자로 된 것인데, 화산재를 현미경으로 관찰하면 깨진 부석의 기포가 많이 포함되어 있음을 알게 된다. 부석이 화구로부터 솟구쳐 오를 때, 강한 힘이 작용하여 잘게 쪼개진다. 분연주가 상공 10km까지 솟구치게 되는 분화는 폭발적인 분화의 전형적인 모습이다.

폭발적 분화

> 보니 구름이 솟구쳐 오르고 있습니다. 멀리에서는 어떤 산에서 나오는 것인지 알 수 없지만, 이윽고 베수비오산으로부터 나오는 것임을 알 수 있었습니다. 마치 소나무가 거대한 기둥을 위를 향해 늘어뜨려, 작은 가지를 하늘에 펼치는 것 같은 형태의 구름이었습니다. 아마, 증기에 의해 뿜어져 올라간 분연이 점차 자신의 무게에 의해 옆으로 퍼져, 그러한 형태가 되었을 것입니다. 구름은 곳곳이 하얗고, 또 흙이나 재를 포함한 곳은 회색으로 더러워져 있습니다.

이 글은 서기 79년 8월 24일 낮 이탈리아 베수비오 화산의 대분출을 목격하고 그 양상을 기록한 소小플리니우스Pliny the Younger(서기 61?–112?)의 서간문 중 일부다. 역사상 처음으로 대규모 분화를 자세히 기록한 소 플리니우스를 기념하여, 이와 같은 타입의 분화는 플리니안(플리니식) 분화Plinian eruption라 부르고 있다.■6 즉 플리니안 분화란, 다량의 테프라를 가스와 함께 폭발적으로 뿜어내어 화구 위에 높은 분연주를 만들어 내는 것이다. 베수비오의 서기 79년의 분화는 약 18시간 동안 계속되었으며, 테프라는 바람에 의해 남동 방향으로 운반되어 낙하하였고, 그 바람 방향에 있었던 폼페이의 마을을 4m 넘는 두께의 퇴적물로 묻어 버렸다.

이런 타입의 분화에서는 마그마의 방 상부에서 화도에 이르기까지 휘발성 물질이 농축되고 압력이 높아진 상태로서 폭발적 분화가 일어나며 화구 위에 가스와 잘게 파쇄된 마그마와 암석, 광물의 파편으로 된 분연주가 수십 분에서 수십 시간 계속하여 만들어진다. 이 분연주의 높이는 폭발적 분화의 중요한 지표 중 하나로 테프라의 분포 너비와 밀접하게 관계하며, 이는 분화 강도가 커짐에 따라 높은 분연주가 형성됨을 의미한다. 대규모 플리니안 분화에서는 분연주 고도가 최고 55km까지 이르기도 한다.

분연주에 포함된 테프라 중에서 비중이 작은 입자는 바람에 의해 수평 방향으로 운반되고, 중력과 공기의 저항이 균형을 이루는 속도(종단 속도, terminal fall velocity)에 도달하면 낙하하기 시작한다. 작은 입자일수록 종단 속도는 작아 멀리까지 운반되지만, 무거운 암편은 바람의 영향을 별로 받지 않고 포물선의 탄도를 그리면서 낙하한다. 낙하한 테프라의 크기와, 화구에서 착지한 장소의 거리를 알면 분연주의 높이 및 평균 풍속을 측정할 수 있다.

화산 분화의 지표

화산 분화의 규모를 나타내는 지표로서 지진의 규모magnitude와 같은 지수가 있다. 지진의 규모는 1회의 지진으로 방출되는 에너지의 총량을 말하며, 진원에서 방출된 지진에너지의 양을 수치로 환산한 것으로서 지진계에 기록된 지진파의 진폭을 이용하여 계산된 값이다. 이와 유사하게 화산 분화의 규모는 1회의 분화로 방출되는 에너지의 양에 기초한다. 분화에서 방출되는 에너지는 대부분이 지표에 분출하는 마그마가 가진 열에너지다. 마그마의 분출량은 분화에 따라 열 배 이상 달라질 수 있다. 따라서 마그마의 분출량이 지표에 분출한 마그마가 지표에 운반한 에너지의 총량이라고 할 수 있으며, 또한 분화의 규모를 나타내는 척도로 사용되는 것이다.

마그마는 화산 아래에서 지표로 분출하고, 냉각되어 굳게 되면 테프라 또는 용암이 된다. 따라서 마그마의 분출량이란 실제로는 테프라와 용암의 분출량을 의미한다. 테프라는 폭발적인 분화에 의해 마그마가 파쇄되어 화구로부터 공중에 솟구쳐 올라간 뒤, 낙하한 파편상 및 괴상의 마그마가 굳은 것이다. 또 용암이란 마그마가 화구로부터 점성유체로서 분출하고, 낮은 지대로 향해 흘러가서 고결한 것이다. 분화의 규모를 나타내는 기준에는, 테프라의 체적에 기초한 지수와 테프라와 용암의 총질량에 기초한 지수(분화 규모, M), 그리고 뿜어져 나온 에어로졸의 영향력을 나타내는 먼지장막지수 등이 있다.

화산 폭발지수(VEI)

화산 폭발지수Volcanic Explosivity Index, VEI는 화산 폭발의 정도를 측정하는 지수이며, 1982년 미국 지질조사국의 크리스 뉴홀과 하와이 대학교의 스티븐 셀프가 제안했다.■7 테프라의 체적에 기초한 VEI는 테프라를 분출하는 폭발적인 분화를 결정하는 지수이기 때문에, 분화의 폭발도를 나타내는 척도이다. 테프라의 체적이 10^4m^3 미만의 분화로부터 $10^{12}m^3$을 넘는 분화를, 0에서 8까지의 아홉 개의 지수로 나누어 표현한다. VEI 2 이상에 대해서는 지수가 1씩 커짐에 따라 분출량은 10배 커지게 되어 있다. 예를 들어 역사 시대에서 최대 규모인 탐보라 화산(인도네시아)의 1815년 분화에서는 약 $1.5\times10^{11}m^3$의 테프라가 분출했던 것으로 추정하기 때문에 VEI는 7이 된다. 한편, 하와이의 화산 같이 주로 분출물이 용암인 분화의 경우, 용암분출량이 아무리 많아도 VEI는 0이 된다.

테프라의 체적 이외에 분연주의 높이 역시 분화의 규모를 나타내는 기준이 된다. 마그마로부터 대기로 다량의 열에너지가 계속하여 공급될수록, 분연주도 보다 높이 상승한다. 따라서 분연주의 고도 역시 테프라의 체적과 같이 분화의 규모를 나타내는 기준이 된다. 예를 들어 VEI 4 이상의 규모일 때 그 분연주의 고도는 10km를 넘어 성층권까지 도달한다. VEI 4 이상의 분화에 수반된 테프라와 휘발성 물질은 성층권을 경유하여 광범위하게 퍼져나갈 가능성이 있는 것이다. 1994년 심킨과 시버트는 지구에서 과거 1만 2000년 동안 일어난 화산 분화의 사례를 조사, 정리하여 《세계의 화산》[8]을 출판하면서 화산별 VEI를 함께 나타냈으며, 이 자료는 화산 분화와 관련된 많은 연구에서 인용되고 있다.

분화의 빈도

분화의 빈도는 화산 폭발지수VEI와 밀접한 상관관계가 있다. VEI가 한 단계 높아지면 (테프라 분출량이 10배 높아지는 정도), 분화 빈도는 지수함수적으로 감소한다고 알려져 있다. 대략적으로 살펴보면 VEI 2 규모의 분화는 2~3주간에 1회, VEI 3이 1년에 2~3회, VEI 4가 5년에 1회, VEI 5가 10년에 1회, VEI 6이 100년에 1회, VEI 7이 1000년에 1회, VEI 8은 10만 년에 1회 정도 일어난다고 추정된다.

분화 규모(M)

테프라의 분출량과 분연주의 높이만 가지고 화산 분화의 크기를 나타내는 VEI는 폭발적인 분출로 인한 영향만을 고려하기 때문에 용암의 분출은 전혀 고려하지 않는다. 그러면 용암을 아무리 많이 분출하더라고 그 화산의 VEI는 0이 되어 뭔가 석연치 않은 느낌이 든다. 그래서 용암의 분출량도 화산 폭발의 크기에 관여할 것이라는 점에 주목하여 새로운 지표가 제시되기도 했다.

1993년 하야카와는 테프라만이 아니라 용암의 분출량도 고려한 분화의 규모를 나타내는 척도를 제안했고,[■9] 다음 식으로 정의된다. 분화 규모Eruption Magnitude M은

$$M = \log m - 7$$

여기서 m은 테프라 및 용암의 총질량(kg)이다. 단, 테프라와 용암의 밀도는 각각 $700kg/m^3$, $2,000kg/m^3$로 간주한다. 7을 빼는 것은 M이 VEI에 근접하도록 배려한 것이다. 예를 들어 전술한 탐보라 1815년 분화의 경우, 주로 테프라를 분출하고 용암의 분출은 적었다고 추정되기 때문에, 마그마의 질량 $m=1.5\times10^{11}m^3\times700\ kg/m^3=1.05\times10^{14}kg$을 식에 대입하면 M은 7이 되어 VEI와 일치한다. 비록 분화 규모가 흔히 사용되는 지표가 아니라고 하더라도 용암 분출량이 많은 경우에 대응할 수 있다는 여지는 남겨놓는다.

화산성 에어로졸의 지표(DVI)

직접 도달하는 일사량과 기온에 대한 화산성 에어로졸의 영향력을 나타내는 기준에는 먼지장막지수DVI, Dust Veil Index[■10]가 있다. 이 DVI 지수는 화산 분화 이후 수년 동안에 걸쳐 방출된 먼지와 에어로졸의 영향을 수치로 표시한 것이다. DVI를 구할 때 고려해야 하는 요인들로는 일사량의 월평균 최대 감소율, 먼지에 의한 지구의 최대 피복율, 기온과 일사량이 분화 전의 레벨로 돌아가기까지의 시간, 연평균 최대 기온 저하량 및 대기 중에 비산된 먼지의 체적 등이다. 어떤 요인에 중점을 두느냐에 따라 DVI 지수를 구하는 식이 달라진다. 하지만 어떤 경우에도 DVI 값은 인도네시아 크라카타우의 1883년 분화를 기준(DVI=1000)으로 하여 구하게 된다.

DVI는 과거 500년간에 일어난 약 250개의 화산 분화에 대해 구해져 있다. 다른 지역에서 동시기에 분화한 경우에는, 각각의 분화의 DVI의 합계를 이용하여 기후에 대한 영향을 평가할 수 있다. DVI 이외의 화산성 에어로졸의 지표로

서는 화산 분화에 의한 먼지의 양과 감광도에 기초한 광학적 두께를 계산하는 방법도 있고, 빙상의 얼음 코어에서 화산성 시그널에 기초한 얼음 코어-화산 지수Ice core-volcano index, IVI도 있다. 이런 지표들은 화산의 위치와 분화의 규모에 의해 대기 환경과 기후에 미치는 화산성 에어로졸의 영향력이 다르다는 것을 잘 보여 준다.

한편, 화산 폭발지수와 분화 규모에 따라 방출되는 화산성 에어로졸의 양은 달라진다. 보통 VEI가 높으면 방출되는 화산성 에어로졸의 양은 증가한다. 그리고 테프라를 별로 분출하지 않는 대신 용암을 다량으로 분출하는 경우, 즉 VEI는 아주 낮으나 분화 규모M가 높은 경우에도 그린란드 빙상 코어에서 뚜렷한 황산 시그널이 검출되고 있다. 이는 분연주가 성층권까지 도달하지 않더라도 다량의 용암이 분출하면 그로부터 용리된 많은 유황성분이 상부 대류권을 경유하여 극지역 빙상에 퇴적될 가능성이 있음을 나타내는 것이다.

불의 고리와 화산대

화산은 지구 아무데서나 만들어지지 않는다. 화산이 생기는 이유가 지구 내부 운동에 있다고 했는데, 마그마를 만들 수 있는 운동이 활발한 지역이라야 화산이 생기게 된다. 현재 활동을 하고 있는 화산의 분포를 보면 특정 지역에 모여있다. 가장 유명한 예가 바로 태평양을 둘러싸고 있는 화산의 분포이며, 이를 '환태평양 화산대Circum Pacific Volcanic Belt' 또는 '불의 고리Ring of Fire'라고 부른다. 알류샨 열도, 일본 열도, 필리핀, 인도네시아, 뉴질랜드, 남북아메리카 대륙 서해안 등의 지역들에서 화산 활동이 빈번하게 일어나는 것은 태평양을 이루는 해양판들이 주변의 대륙판이나 다른 해양판 아래로 침강하는 운동을 하기 때문이다.■11 그리고 바로 그 장소의 지하에 마그마가 만들어지기 때문이다.

세계적으로 유명한 또 다른 화산대의 예가 지중해에 있다. 여기서는 남쪽의 아프리카판이 북쪽의 유라시아판 아래로 침강하면서 여러 곳에서 화산 활동이 격렬하게 일어난다. 특히 이탈리아 반도 주변에는 많은 활화산이 있는데, 이는 이탈리아가 '화산의 요람'이라 불리는 이유다. 그리고 동지중해에도 여러 활화산이 있고, 그중 하나가 바로 테라/산토리니 화산이다.

서기 79년 로마 제국의 도시 폼페이는 지하로 그 흔적을 감췄다. 신의 분노인가 역사의 심판인가. 입으로만 전해져 내려오던 폼페이의 멸망은 사실 화산에 의한 재앙이었다. 서기 79년 8월 24일 베수비오는 불을 뿜었고, 재와 돌덩이가 순식간에 폼페이 주변을 덮어 버렸다. 폼페이 사람들은 속수무책이었으며, 열광적으로 숭배하던 여신 이시스도 이 재앙 앞에서는 아무런 힘이 되지 못했다. 그렇게 폼페이는 묻혔다. 이 재난으로 3,400명에 가까운 사람이 죽었다.

화산 베수비오는 나폴리에서 동쪽으로 약 10km 부근에 우뚝 서 있다. 높이는 1,281m이다. 베수비오 화산이 만들어진 것은 적어도 30만 년 이전이다. 기원전 6000년과 3500년경에도 화산 폭발이 있었다. 그러나 두 도시를 화산재 아래 묻어버린 서기 79년의 폭발은 엄청난 재앙이었다. 베수비오의 폭발과 더불어 헤르쿨라네움과 폼페이가 묻혀 버렸다. 헤르쿨라네움은 베수비오로부터 7km 남짓 서쪽에 떨어져 있던 도시였는데, 20m 이상의 두꺼운 화산재 아래 완전히 묻혔다. 베수비오에서 10km 남동쪽에 있었던 폼페이는 4m 정도 묻혀 몇몇 건물의 지붕은 드러날 정도다.

베수비오가 폭발할 당시 화산의 분연주 높이는 무려 32km 정도였을 것으로 추정된다. 그리고 약 20시간 정도에 4km^{3}에 이르는 화산재가 방출되었다. 폼페이에 비해 헤르쿨라네움에 쌓인 재가 매우 두꺼운 것은 이 도시가 베수비오에 가까웠기 때문이다. 1787년 3월 폼페이를 방문한 독일의 대문호 괴테는 흥미로운 기록을 남기고 있다.■12 베수비오와 폼페이의 거리가 멀기 때문에 폼페이에 떨어진 재와 돌덩이는 베수비오에서 바로 날아온 것은 아니라는 것이다. 오히려 재가 구름처럼 떠다니다가 폼페이에 떨어졌다고 추측했다. 이것은 화산 폭발 후에 생기는 분연주를 정확히 표현한 것으로 생각된다.

베수비오의 폭발은 끝난 것이 아니었다. 서기 79년의 폭발 이후에도 크고 작은 화산 분출은 계속되었다. 1631년에 일어난 폭발은 3,500명의 생명을 앗아갔다. 1700년대 후반의 분출은 당시 영국 대사였던 윌리엄 해밀턴에 의해 기록되었고, 또한 당시 이탈리아를 여행했던 괴테에 의해서도 기록되었다.

20세기 들어서도 1913년과 1944년 사이에 여러 차례의 분출이 있었다. 현재 베수비오의 폭발 징후는 없다. 그러나 언제 폭발할지 모르는 것이 화산이다. 지금 베수비오 부근에는 백만 명 이상의 인구가 밀집해 있다. 베수비오가 다시 활동을 시작한다면 어떻게 될까? 생각만 해도 끔직하다.

화산성 지진

활동 중인 화산의 주변에서는 지진이 빈번하게 발생한다. 그런데 이 지진의 발생 원인에 따라 크게 두 가지, 즉 화산 구조성 지진Volano-Tectonic Earthquake과 화산성 지진Volcanic Earthquake으로 구분할 수 있다. 그런데 편의상 이렇게 구분짓고 있는 것일 뿐 세계적으로 통일된 정의와 구분은 아직 없다.

화산 구조성 지진은 지하 10km 이내에 비교적 깊은 곳에서 발생하며, 화산 근처의 단층대에서 주로 일어난다. 화산은 보통 지각의 약한 장소에 있고, 화산체 역시 지역적인 힘(응력)의 변화에 영향을 미친다. 대부분의 화산 구조성 지진은 화산의 마그마 시스템보다는 화산 부근에 있는 약한 단층대에서 지각 변형 때문에 발생한다. 하지만 화산 구조성 지진은 화산 시스템에서 마그마가 주입되거나 빠져나갈 때 화산 아래의 압력에 변화가 생겨 발생할 수도 있다. 화산 시스템에서 마그마가 빠져나간 후 빈 공간이 생길 때, 이 빈 공간을 채우기 위해 주변 암석들이 붕괴하여 지진이 발생한다. 이런 지진은 결과적으로 지각 변형과 지반 붕괴를 초래하지만, 비교적 규모가 작고 지표에 흔적을 남기지 않을 때도 있다. 때때로 화산 구조성 지진은 많은 횟수를 기록하더라도 임박한 화산 분화를 의미하지는 않는다. 이 지진은 진동 주기는 짧고, 지진파의 종류,[13] 즉 P파와 S파의 구별이 쉬운 특징을 나타낸다.

한편, 화산성 지진은 지하에서 마그마의 이동과 같은 화산 활동으로 발생하는 지진을 말한다.[14] 대부분 진원이 1km보다 얕은 곳에서 발생하고, 빈번하게 마그마를 분출하는 화구 바로 아래에서 주로 발생한다. 진동의 주기는 길고 P파와 S파의 구별이 어렵다. 발생 메커니즘은 일반적인 구조성 지진과는 달리, 여진과 전진이 없고 본진 만이 단독적으로 발생한다고 알려져 있다. 화산 주변의 지하에는 마그마의 통로가 되는 장소가 있고, 이 통로는 비교적 단단하여 보통은 무너지는 일이 없다. 그러나 마그마가 상승하게 되면 위로 미는 압력이 증가하고, 온도도 상승한다. 특히 마그마가 지표에 근접할수록 지하의 물이 마그마에 의해 가열되어 증발하면서 체적이 수천 배나 증가하면 압력이 순식간에 올라간다. 그러면 압력을 견디지 못하게 된 마그마의 통로에서는 암반이 깨져 지진이 발생한다. 또 마그마에 의해 압력이 증가했다가 마그마가 지나간 뒤에 압력이 내려가, 단단히 누르고 있던 암반이 무너짐에 따라서 지진이 발생하기도 한다.

화산 부근의 지진을 구분하기는 했지만, 만약 지하 심부로부터 새로운 마그마의 주입이 일어난다면, 화산 구조성 지진과 화산성 지진 모두 발생할 것이다. 따라서 화산 주변의 지진과 연관된 야외 현상, 가스 분출, 열류량 측정, 지구화학 성분 변화 등을 추가적으로 조사하여 분출 가능성을 예측해야 한다.

쓰나미

바다에서 지진이 발생하여 바닷물이 육지로 밀려오는 현상을 '쓰나미'[15]라 부른다. 이 간단한 정의는 틀렸다고 할 수는 없으나 모든 쓰나미를 다 설명하지는 못한다. 쓰나미란 용어는 '지진 해일' 또는 '지진 해파'라고도 불렸으나, 20세기 후반에 세계적인 공용어가 되었다. 항구津에 피해를 주는 파동波이란 뜻의 일본어고, 영어로는 그 뜻에 해당하는 'harbor wave'로 쓰이기도 했으나, 지금은 일본어 발음 그대로 'tsunami'로 쓴다.

쓰나미를 좀 더 과학적으로 정의하자면, 지진, 화산 활동 및 사면붕괴 등의 지질학적 원인 때문에 바다에서 발생하는 대규모 파동 운동이다. 드물게는 운석 충돌이 원인이 되기도 하고, 호수에서 발생하기도 한다. 쓰나미의 파동은 바람에 의해 발생하는 풍랑, 즉 파도와는 전혀 다른 성질을 가진다. 풍랑은 바닷물이 에너지를 받아 아래위로 물결치는 운동을 가리키며, 파장과 주기가 짧고 파고, 즉 물결의 높이도 높지 않은 파동이다. 그에 비해 쓰나미는 먼바다에서는 파장이 아주 길고 파고는 낮지만, 해안가에 도달하면서 파장은 짧아지고 파고는 엄청나게 높아지는 파동이다. 풍랑의 경우 바닷물의 높낮이만 변하고 물 자체의 이동은 거의 없는 반면, 쓰나미는 물 덩어리 자체가 이동하는 점이 가장 두드러진 차이라고 생각하면 된다.

쓰나미 발생 원인 중에 가장 대표적인 것이 지진임에 틀림없다. 지구의 표면은 여러 개의 판으로 이루어져 있고, 그 판들은 서로 상대적인 경계를 가진다. 그중에서도 두 판이 서로 가까워지는 운동을 하여 충돌하는 경계부, 특히 해구 부근에서 지진이 빈번하게 발생한다. 판을 이루는 각각의 지각들이 서로 부딪치면서 탄성적으로 반발하여 엄청난 스트레스가 경계부에 쌓이는데, 이것이 어느 순간 터져 버리고 지각은 깨져 버린다. 이때 방출되는 에너지가 지진이며, 깨진 면이 단층이다. 지구에서 일어나는 지진의 상당수는 이러한 판의 구조운동으로 발생하는 구조적 지진tectonic earthquake이다. 구조적 지진의 결과로 생기는 단층으로 말미암아 충돌하던 두 지각의 상대적인 위치가 변하는데, 한쪽이 올라가고 다른 쪽이 내려가는 지형의 변화다. 해수면 아래에서 지형이 변하게 되면, 해수면의 높이, 즉 수위가 올라가기도 하고 내려가기도 한다. 해안 가까운 곳에서 지진이 일어나고, 단층이 생겼다고 가정해 보자. 수위가 올라가면 가장 먼저 해안가로 물이 넘쳐흐른다. 반대로 수위가 낮아지는 경우라면 가장 먼저 해안가에서 물이 빠져나간다. 이런 물 덩어리(수괴)의 운동이 바로 쓰나미가 된다.

바다 아래에서의 지진으로 쓰나미가 발생하고 수위 차이 때문에 생긴 파동이 해안으로 이동하는데, 그 현상이 단 한 차례만 일어나는 것은 아니다. 물이 해안으로 밀려들고, 빠져나가고를 반복하면서 결국에는 감쇠되어 간다. 해저 지형의 변화로 말미암아 해수면 수위의 변동이 물결이 되어 주위로 퍼져나가지만, 다시 평형을 이루기 위해 변화가 생긴 장소로 들락날락거리는 것이다.

화산 활동에 의해 발생하는 쓰나미의 대표적인 예는 바다에 있는 화산섬에서 찾을 수 있다. 화산섬의 중심부에서 폭발적인 분출이 일어나고, 얼마 후 가운데 부분이 움푹 꺼져 칼데라를 만들게 되면, 섬 주변의 바닷물이 칼데라가 만들어진 장소로 밀려 들어오고 해수면의 수위에 변화가 생긴다. 이때 화산섬 주변의 육지의 해안가에서는 물이 화산섬 쪽을 향해 빠져나가게 된다. 그러나 칼데라 주변의 수위가 다시 올라가면 물은 쓰나미가 되어 해안가로 밀려오게 된다. 화산섬의 칼데라 붕락 때문에 발생한 쓰나미는 일단 육지의 해안에서 물이 먼저 빠져 나가고 난 다음 다시 들이닥치는 모양으로 나타나게 된다.

앞에서 언급했듯이 쓰나미는 주기와 파장이 길다. 바람에 의해 만들어진 풍랑의 주기는 긴 것이라도 10초 정도, 파장은 보통 150m 정도다. 그러나 쓰나미는 짧은 주기라도 2분 정도, 긴 것은 1시간 이상도 되며 파장도 100km를 넘는 경우도 있다. 때문에 쓰나미가 육지 쪽으로 밀려올 때의 수위는 마치 해수면 자체가 상승한 것과 같은 상태가 되어 엄청난 양의 물 덩어리를 이루며, 수압이 엄청나고 흐름도 급격해 파괴력은 가공할 만해진다. 또 쓰나미가 빠져나갈 때에도 일단 높아진 해수면이 먼바다의 낮아진 해수면을 향하여 이동하는 형태가 되어 이 또한 파괴력이 크다. 실제로 과거 칠레와 일본 하코다테의 쓰나미의 경우 육지로 밀려올 때보다 빠져나갈 때 훨씬 강했다. 이 경우는 밀려드는 쓰나미로 파괴된 다양한 가옥, 건물, 도로, 암반 등의 파편들이 빠져나가

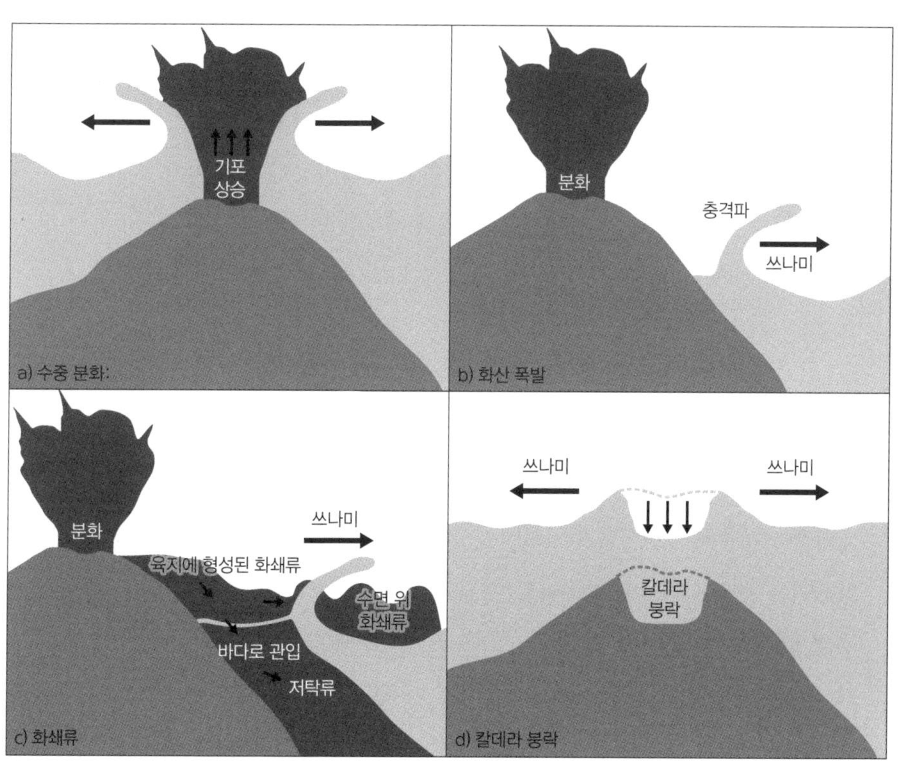

그림 21
화산 활동으로 쓰나미를 발생시키는 여러 가지 원인

면서도 피해를 주기 때문이다. 쓰나미는 보통 여러 차례 밀어닥치는데 10회 이상일 때도 있다. 두 번째, 세 번째로 가면서 후속 파가 가장 커지게 되는 경향도 있지만, 그 후 점차 작아져 간다. 또 후속 파가 도달하는 시간 간격이 1시간 이상 걸리는 경우도 있고, 완전히 쓰나미가 잦아들 때까지 지진 발생으로부터 며칠씩 걸리는 경우도 있다.

쓰나미의 이동 속도는 수심과 파고에 의해 결정된다. 일반적인 해양의 구조에서 보면 육지의 해안가에서 대륙붕 사면을 거쳐 먼바다로 나가면 수심은 점차 깊어져 4,000m 부근에서 거의 일정하게 된다. 그리고 수심에 비해 쓰나미의 높이, 즉 파고는 비교가 안될 정도로 낮기 때문에 먼바다에서 쓰나미의 속도는, 중력가속도(9.8m/sec^2, 편의상 10m/sec^2)에 수심을 곱한 값의 제곱근과 거의 같다. 식으로 나타내면 다음과 같다. g는 중력가속도, d는 수심(단위 m), 속도 v는 초속(m/sec)으로 나타낸다.

$$v = \sqrt{gd}$$

이것을 시속(km/hr)으로 고치려면 3.6배 하면 된다. 가령 수심 1,000m에서 쓰나미는 시속 360km로 이동하고, 수심 4,000m에서 시속 720km가 된다. 예컨대, 1960년 칠레 지진 쓰나미는 칠레에서 일본까지 평균 시속 750km이었다. 해안에 가까워질수록 수심이 얕아지고, 해저바닥과의 마찰로 인해 쓰나미의 파고가 커지기 때문에, 위의 식을 변형하여 사용하기도 한다. H는 수면상의 파고(단위는 m)이다.

$$v' = \sqrt{g(d+H)}$$

가령 수심 10m, 파고 6m의 경우 쓰나미의 속도는 약 시속 46km가 된다. 비교적 가까운 바다에서 발생했던 2011년 동일본 대지진에서는 미야코시 오모에 반도에서 평균시속 115km로 연안까지 도달했다.

먼바다에서는 쓰나미의 파고가 수십 cm에서 수 m 정도이고, 파장은 100km를 넘기 때문에, 해수면의 높이 변화는 거의 인지하기 어려울 정도로 아주 작다. 그러나 쓰나미가 육지에 접근하여 수심이 얕아지고 속도가 떨어지면 파장이 짧아지기 때문에 파고가 커지게 된다.■16 하지만 수심이 작아지는 것만으로 극단적으로 높은 파가 되지는 않으며, 해안 지형의 영향을 많이 받는다. 리아스식 해안과 같은 복잡하게 뒤얽힌 지형에서 국지적으로 아주 높은 파가 만들어지는 경우가 있다. 또한 구불구불한 만 입구에 도달한 쓰나미의 파고는 낮더라도, 만 안쪽에서 엄청나게 증폭되는 경우가 흔히 나타난다.

해안에서 조금 떨어진 내륙 지역이라 해서 쓰나미로부터 안전한 것은 아니다. 하구에서 하천을 타고 들어가는 쓰나미가 수십 km 상류까지 거슬러 올라가는 경우도 있기 때문이다. 지형적인 환경에 따라 다르긴 해도 높이 1m의 쓰나미에서도 5km는 거슬러 올라간다고 알려져 있다. 하천을 거슬러 올라가는 쓰나미는 이동 속도가 빨라지고, 이동 거리도 길어지는 경향이 있다. 2011년 동일본 대지진에 의한 쓰나미는 관동지방의 여러 하천을 거슬러 올라가 최저 수 km에서 최대 40km까지에 이르는 곳까지 피해를 입히기도 했다.

쓰나미가 물러간 후에도 피해는 계속된다. 침수된 지역에서 다양한 피해 상황이 속속 드러난다. 화재가 발생하기도 하고, 일본 후쿠시마의 사례처럼 냉각 기능을 상실한 원자력발전소에서 방사성 물질이 누출되기도 한다. 인적 피해도 또한 상당하다. 쓰나미의 물은 해저의 모래와 암석과 함께, 미생물, 유해물질 등이 섞여 있기 때문에, 쓰나미에 휩쓸려 구조된 경우라도, 골절과 타박 등의 외상뿐만 아니라, 폐 속에 미생물과 기름, 모래, 뻘 등이 빨려 들어가는 '쓰나미 폐병'이라는 질환이 발생하기도 한다.

제17장

테라섬의 지형과 지질

테라/산토리니의 과거와 현재

그리스 신화의 주요 무대가 되는 그리스반도와 지중해. 그 그리스반도의 남쪽에는 고대 청동기 시대 찬란한 문명을 꽃피웠던 크레타섬이 자리한다. 그리고 크레타섬 북쪽 약 110km에는 테라섬 또는 산토리니■[1]라 불리는 섬이 있다. 이 섬은 동지중해의 과거와 현재를 연결하는 역사의 생생한 증인이며, 지중해의 고대 해양 문화, 크레타의 미노아 문명 그리고 그리스 신화와 연결되는 전설의 근원이다. 청동기 시대 말에 일어난 테라섬의 폭발은 인류가 목격한 가장 커다란 화산 분화 중 하나이며, 자연의 엄청난 힘에 굴복한 고대 문명의 슬픈 이야기의 원형이자 새로운 구원의 방편이기도 하다.

산토리니는 그 모양이 이상하게 생겼다. 하늘에서 내려다 보면 마치 도넛을 한입 베어 물다 만 형태다. 크기가 12×7km, 높이가 200~300m이며, 가운데 칼데라를 둘러싼 삼면은 가파른 절벽으로 우뚝 서 있다. 산토리니는 칼데라 주위에 작은 원형의 군도를 이루는 세 개의 섬, 즉 테라, 테라시아, 아스프로니시와, 칼데라 내부에 위치한 두 개의 섬인 팔레아 카메니와 네아 카메니 등 다섯 개의 섬으로 이루어져 있다. 칼데라 내부에 있는 두 개의 화산섬을 제외한 나머지 부분은 청동기 시대 말 화산 분화의 결과로 생겼다. 이 폭발이 약 110km 떨어진 크레타섬에 영향을 주어 크레타 문명, 즉 미노아 문명이 종말을 맞이했다고 전해지기도 해서 이때의 화산 폭발을 미노아 분화Minoan Eruption 라고도 부른다. 물론 논란이 없는 것은 아니지만 많은 사람들에게 흥미를 북돋우기에는 충분한 미스테리다.

산토리니가 있는 에게해는 지리적으로 서양과 동양, 혹은 기독교 문화권과 이슬람 문화권의 경계에 자리잡고, 예로부터 여러 민족의 역사에 관련된 무대였다. 때문에 산토리니의 지배자는 여러 차례 바뀌었고, 그때마다 전혀 다른 문화의 영향을 받아야만 했다. 산토리니와 그를 둘러싼 인간의 역사와 화산 분출의 역사는 그래서 더 흥미롭다.

산토리니의 과거에 대한 정보는 고대 그리스 문헌에서 찾아볼 수 있다. 헤로도토스, 스트라본, 플리니우스, 세네카를 비롯하여 여러 고대 그리스 작가, 지리학자, 역사가의 작품에서 테라와 테라시아 관련 내용을 찾아볼 수 있다. 또한 핀드로스의 작품 《피티아 송가》에서는 테라와 더불어 산토리니의 고대 명칭인 칼리스테Kalliste가 언급되어 있다.

기원전 197년의 분화로 현재의 네아 카메니섬의 동쪽 끄트머리의 해저에서 새로운 섬 이에라Hiera, Iera가 만들어졌는데, 그리스의 유명한 역사학자이자 지리학자였던 스트라본은 "나흘 동안 바다로 불꽃이 터져나왔고, 둘레가 약 2.4km 정도의 섬이 만들어졌다"고 기록했다. 당시 섬을 지배하던 로도스섬의 사람들이 이 분출을 기록하고, 바다의 신 포세이돈에 바치는 제단을 세웠다. 하지만 이 섬은 침식으로 인해 물밑으로 사라져 버렸고, 이후 산토리니는 로마의 지배하에 있게 된다.

다음 분화은 약 250년 뒤인 서기 46년 말에서 47년 초에 걸쳐 이에라섬이 있던 장소로부터 2km 남서쪽 해저에서 시작되었고, 용암류가 분출하면서 티아Thia섬이 탄생했다. 이 현상은 로마의 역사학자 아우렐리우스 빅토르가 기록하고 있다. 그리고 700년 정도 뒤인 서기 726년에 티아섬의 북단에서 다시 폭발적인 분화가 일어나, 뿜어져 나온 부석과 화산재는 에게해의 여러 섬에 피해를 주었는데, 멀리 소아시아와 마케도니아에도 화산재가 내렸다고 알려져 있다. 이 티아섬의 면적이 넓어지면서 지금의 팔레아 카메니섬이 되었다. 이 무렵 산토리니는 비잔틴(동로마) 제국의 지배하에 있었다.

서기 726년의 분화로부터 800년 이상의 세월 동안 산토리니에서 화산 폭발의 기록은 남아 있지 않다. 비잔틴 제국은 13세기 초에 산토리니의 영토를 포기하게 되고, 오스만 투르크 제국에 의해 1453년에 멸망했다. 이후 이 섬을 실질적으로 지배한 것은 동지중해 무역권을 독점하고 있던 도시 국가 베네치아 공화국의 상인들이었다. 그때까지 칼리스테 혹은 테라로 불리던 섬의 이름은 이 시기에 산토리니로 불리게 되었다. 베네치아의 상인들이 테라섬에 세인트 이렌느(Saint Erene 또는 Saint Irene) 예배당을 세웠는데 그 이름에서 차용된 발음 때문에 산토리니라고 불리게 된 것이다.

서기 1570년 산토리니의 칼데라 내에서 다시 마그마의 분출이 일어났는데, 예전 이에라섬의 분출 장소 부근의 해저에서 시작되었다. 이 분출은 3년 정도 계속되었고, 주로 용암류가 흘러나와 둘레 400m, 높이 70m의 미크리 카메니Mikri Kameni섬이 탄생했다. 이 시기는 비잔틴제국을 멸망시킨 오스만 투르크 제국이 동지중해로 세력을 확장하여 베네치아와 소모적인 다툼을 계속하던 때다. 1570년부터 시작된 분출이 한창이던 1571년, 베네치아 공화국을 포함한 가톨릭 국가 연합인 신성동맹과 오스만 투르크 제국이 자웅을 겨루는 해상 결전을 그리스 연안에서 펼쳤는데, 이것이 너무나도 유명한 '레판토 해전'이다. 비록 베네치아가 일시적인 승리를 얻었지만, 결국 오스만 투르크 제국이 1579년에 산토리니의 지배권을 빼앗고, 이후 1821년까지 섬을 지배하였다.

서기 1645년 오스만 투르크 제국은 동지중해에서 베네치아의 최후의 아성이었던 크레타섬을 공격했다. 이 전쟁이 한창이던 1650년, 산토리니의 북동쪽 해안으로부터 약 8km 앞바다에 있던 콜럼보 암초에서 해저 화산이 터져 2년 정도 지속되었다. 이 분출에 따른 지진으로 쓰나미가 발생하였고, 크레타섬의 이라클리온Heraklion항을 포위하고 있던 오스만 투르크 제국의 함대에 큰 피해를 주었다. 그러나 1669년 베네치아는 결국 오스만 투르크 제국에게 크레타섬을 빼앗기고 만다.

1650년의 분출로부터 57년 뒤, 1707년 5월부터 1711년 9월까지 계속된 분출에 의해, 미크리 카메니섬의 서쪽에 네아 카메니섬이 탄생했다. 지금의 네아 카메미의 원형이 되는 섬이다. 1821년 오스만 투르크 제국에 대한 그리스인들의 무력 해방 투쟁이 시작되었다. 오스만 투르크 제국은 그 보복으로 에게해의 히오스섬과 프사라섬에서 그리스인들을 학살하고, 이집트와 연합하여 혁명군을 전멸시키려 했다. 하지만 동지중해의 권익을 확보하려 했던 러시아·영국·프랑스의 세 나라가 연합 함대를 파견하여 투르크·이집트 함대를 격파했다. 그 후 열강의 비호 아래 자치를 인정받은 그리스가 외국인의 왕과 총리의 지배, 파시즘과 군대의 지배 등을 거쳐 진정한 의미의 민주적 독립을 쟁취한 것은 1974년에 이르러서다.

그리스와 열강과의 정치적 흥정이 계속되던 1866년 1월, 155년의 침묵을 깨고 카메니섬의 분출이 다시 시작되었다. 네아 카메니섬의 남쪽 끄트머리 부근에서 수증기 마그마 분출과 용암 유출이 일어나 네아 카메니섬의 면적이 이전보다 세 배나 확대되었고, 1870년 10월에 분출이 종료되었다. 그리고 이 분출의 전후 시기에 산토리니의 고고학적 조사와 지질학적 조사가 시작되었다. 이는 수에즈 운하(1869년 개통)의 건설용 자재로서 섬에 다량으로 분포하던 화산재가 채굴되기 시작했던 것과 관련이 없지 않다.

1925년 7월 다시 카메니섬의 분화가 시작되고, 수증기 마그마 분출과 용암

유출이 1928년까지 계속되었다. 이 결과로 네아 카메니섬은 더욱 면적이 넓어지고, 이미 형성되었던 미크리 카메니섬과 합체하여 오늘날의 모습이 되었다. 그 후 1939~1941년에도 네아 카메니섬의 중앙에서 용암 유출이 있었다. 1950년 1월에는 역시 네아 카메니섬의 중앙에서 화산탄, 화산재의 방출과 소규모 용암류의 유출이 일어났다. 이 분출이 지금까지 산토리니 그리고 그리스 전역에서 일어난 최후의 분출이다.

테라섬의 화산 분화는 피해만 가져다준 것은 아니었다. 엄청난 양의 테프라가 활용되면서 산토리니 주민들은 일과 수입을 얻었다. 방수 시멘트와 화산재, 그리고 석회의 혼합물은 산토리니의 높은 규산질 화산재와 포졸라나■2로부터 생산되었다. 풍부한 화산성 토양 때문에 산토리니의 농업이 발달하게 되어 와인, 포도, 채소 및 과일을 수출했다. 아크로티리의 고대 도시, 찬란한 프레스코의 발견과 아틀란티스 이야기에 연결되는 미스테리 덕분에 매년 상당수의 관광객이 섬을 방문한다. 2011년 센서스에서 산토리니의 인구는 15,550명이지만, 1년에 전세계에서 2백만 명이 넘는 관광객이 찾는다. 행정구역은 사람이 사는 테라섬과 테라시아섬, 사람이 살지 않는 네아 카메니섬, 팔레아 카메니섬, 아스프로니시섬 및 크리스티아나섬으로 나뉜다. 모든 도시 거주지들은 역사적 및 문화적 유산 지구로 개발이 금지되어 있으며, 건축 재료와 건축관련 특별법으로 규제되고 있다. 산토리니의 전통적인 건축은 다른 키클라데스 섬들의 것과 비슷한데, 지역의 돌과 채색용 다양한 화산재의 백색 도료와 석회 도료를 바른 낮은 정육면체의 가옥들이다. 산토리니의 두 가지 주요 경제의 근원은 농업과 관광이고, 와인 산업도 활기를 띄고 있다.

한편, 산토리니는 화산, 지진 그리고 쓰나미가 인간 사회에 미치는 영향을 연구하는 과학자들에게 매우 중요한 장소다. 즉, 산토리니는 폭발적인 화산 활동, 칼데라 붕괴 및 그와 연관된 재해를 연구하는 데 잘 마련된 자연 실험실이다. 테라섬의 후기 청동기 시대 분화는 지난 1만 년 동안 있었던 큰 규모의 화산 폭발 중의 하나이고, 초기 유럽 문명에 커다란 영향을 주었다. 화산 폭발로 인한 사회적 위기를 완화하기 위해 지질학자들은 과거의 기록으로부터 화산재해를 정량화하고, 그로부터 피해 저감 방법을 열심히 찾고 있다. 그런 연구에 중요한 정보를 제공하는 것이 산토리니임은 두말할 나위가 없다.

테라섬의 형성과 지형

산토리니는 지중해 동부에 위치한 남에게해 화산호South Aegean Volcanic Arc에서 가장 활동적이며 여러 차례의 화산 분화로 형성된 화산복합체volcanic complex이다. 화산호라는 것은 두 판의 침강경계에서 화산 활동이 빈번하게 일어나는 활 모양의 화산 분포를 가리킨다. 남에게해 화산호는 길이가 약 500km, 폭이 20~40km인데, 서쪽의 그리스반도에서 반시계 방향으로 에게해의 여러 화산섬들, 즉 에기나, 메타나, 포로스, 밀로스, 산토리니, 콜럼보, 코스, 얄리, 니시로스를 거쳐 터키의 보드럼반도에 이른다. 아프리카판이 유라시아판 아래로 섭입하면서 지하 150~170km 깊이에서 지진을 일으키고 또한 화산 분출을 일으킨다.

산토리니는 지리적으로 그 주변, 주로 북쪽에 분포하는 30여 개의 섬들과 함께 키클라데스 군도를 이룬다. 키클라데스 군도 아래의 땅은 약 2억 5천만 년 전부터 형성되기 시작하였으며, 약 6천만 년 전의 지각변동으로 말미암아 습곡작용과 변성작용을 받았다. 산토리니의 기반을 이루는 암석 역시 키클라데스의 변성암으로 이루어져 있다. 에게해 화산호의 화산 활동은 대부분 3~4백만 년 전에 시작되었으나, 코스섬은 훨씬 빠른 1천만 년 전에 분출이 있었다고 알려져 있다. 산토리니 화산복합체는 산토리니와 더불어 20km 남서쪽에 위치한 크리스티아나 제도와 7km 북동쪽에 위치한 콜럼보 해저 화산으로 이루어져 있다.

지질 시대를 통해 형성되어 온 산토리니가 어떻게 현재와 같은 지형을 가지게 되었는지 잠시 살펴보기로 하자. 먼저 섬의 북부에는 여러 화산들이 활동했다. 주요 화구는 메갈로 보우노, 스카로스, 오이아-테라시아 그리고 미크로 프로피티스 엘리아스 등이었다. 섬의 북부에 위치한 이 화산들이 중복된 화산복합체로 만들어졌고, 섬의 남부에는 물로 채워진 함몰대가 형성되었다. 그러다가 약 2만 1000년 전에 엄청난 분화가 북부의 화산들에서 일어났다. 이때 분출된 테프라는 지금도 산토리니의 여러 채석장에서 발견되고 또한 아크로티리와 같은 청동기 시대 주거지 밑에서도 발견된다. 이 분화의 시기는 화산 분출물 아래 묻힌 나무를 이용하여 방사성 탄소 연대 측정을 통해 알려졌다. 테프라가 그 무게로 인해 눌리고 단단해져 만들어진 특징적인 암석('이그님브라이트'라고 부름)은 미노아 분화의 퇴적층에서도 파쇄된 암편으로 발견되기도 한다. 대규모 이그님브라이트의 분화 이후 지금으로부터 약 1만 5000년에서 1만 2000년 사이에 북쪽에 얕은 석호가 만들어졌고 시아노박테리아와 탄산염의 침전물인 스트로마톨라이트가 자라는 환경이 되었다. 남쪽에서는 분화 이후에 더 깊어진 분지 쪽으로 침식이 진행되고 수로가 형성되었다. 더불어 섬의 중앙에서 새로운 활동을 개시한 화산섬이 만들어졌다. 그리고 그 화산섬 아래에 위치하던 마그마의 방 꼭대기가 붕락하면서 동심원 형태의 구조가 만들어졌으며, 화산섬에서 플리니안 단계를 비롯한 미노아 분화가 시작되었다.

가장 최근의 대규모 화산 분화인 미노아 분화는 청동기 말에 일어났고, 섬 전역 50m에 이르는 두께의 부석과 화산재로 이루어진 테프라 퇴적층이 쌓였다. 엄청난 폭발로 인해 화산섬은 완전히 파괴되었고, 산토리니의 중앙부에 물로 채워진 깔데기 모양의 마그마 통로가 만들어졌다. 미노아 분화로 말미암아 원래 한 덩어리의 지표를 이루었던 화산체는 테라, 테라시아, 아스프로니시로 분리되었다. 시간이 흐르면서 중앙의 가파른 칼데라 측벽이 동심원 및 방사상으로 급격히 무너지면서 현재와 같은 모양이 되었으며, 북쪽에는 원래 500m 이상의 깊이를 가진 분지가 형성되었으나 현재는 해수면 아래 390m밖에 되지 않는다. 기원전 197년 이후 새로운 화산 활동이 칼데라에서 일어났고, 팔레아 카메니와 네아 카메니의 섬들이 형성되었다.

테라와 비교되는 화산 분화

테라의 미노아 분화를 제대로 이해하기 위해서는 역사 시대의 분화로서 기록이 잘 남아 있는 사례■3를 찾아보고 비교하는 것이 좋을 듯하다. 그래서 19세기에 인도네시아에서 일어난 두 개의 유사한 화산 분화, 즉 크라카타우(1883년)와 탐보라(1815년)를 소개하고자 한다. 자바와 수마트라 사이에 위치하는 크라카타우■4는 형태적인 부분에서 산토리니와 유사한데, 화산 칼데라 주위로 몇 개의 섬들이 둘러싸고 있다. 선행적인 분출이 1883년 5월과 6월에 있었다. 8월 26일 절정 단계의 분출이 시작되었고, 이틀 동안 계속되었다. 여러 차례의 폭발들은 쓰나미를 일으켰고, 또한 엄청난 화쇄류의 방출, 화산 붕괴 및 칼데라 발달로 이어졌다. 공식적인 사망자 수는 36,417명이다. 테프라는 분출 중심으로부터 북쪽으로 840km의 싱가포르까지, 남서쪽으로 1,155km의 코코스섬까지, 서북서 6,000km의 바다에 떠있던 선박에 이르기까지 멀리 날아가 떨어졌다. 크라카타우의 화산 폭발지수VEI는 6으로 지정되었고, 분화로 분출된 물질의 전체 체적은 치밀한 암석으로 계산했을 때 19km^3 DREdense rock equivalent■5이다.

1815년의 탐보라 분출은 가장 크고(VEI 7) 그리고 역사상 가장 치명적인 것으로 기록되었다. 전체 분출 체적은 약 52km^3 DRE로 추산되며 가장 최근의 평가로는 체적이 41±4km^3 DRE 정도다. 탐보라는 1812년까지는 오랜 기간 활동을 중지했었다. 그러다가 폭발적인 플리니안 분화가 1815년 4월 5일에 일어났는데 분연주는 33km 높이로 추산된다. 최고조의 분출이 4월 10일 오후 7시에 계속되었고, 두 번째 거대한 플리니안 단계가 시작되었는데 이때 분연주의 높이는 43km나 된다. 그러다 약 한 시간 뒤에 중심부의 분연주가 붕괴하면서 갑작스런 화쇄류로의 전이가 일어났다. 최소한 8개의 화쇄류가 만들어졌으며, 화쇄류와 화산재 낙하로 11,000명이 죽은 것으로 추산된다. 또한 화쇄류가 바다 쪽으로 한꺼번에 몰려가면서 쓰나미가 발생했고, 이 쓰나미의 직·간접적인 영향으로 88,000명 이상이 죽었다고 보고되었다.

테라의 미노아 분화

테라의 화산 활동에 대해서는 20세기 후반부터 현재까지 상당히 많은 학자들에 의해 연구가 진행되어 왔다. 그만큼 새로운 사실들이 밝혀지고, 또한 화산 활동의 모습이 분명하게 보이게 되었다. 테라, 테라시아, 아스프로니시 섬들로 둘러싸인 에게해의 산토리니 칼데라는 과거 65만 년 동안 다양하고 커다란 분출을 일으킨 화산 활동의 중심이다. 가장 잘 알려진 것이 미노아 분화인데, 화산 폭발지수VEI 7에 이르는 '엄청나게 큰supercolossal'으로 분류되고, 기원전 2천 년대 중반의 후기 미노아 IA 시기로 편년 즉, 연대가 결정되었다. 마지막의 작은 분출은 1950년에 일어났다.

그런데 테라의 미노아 분화에 대한 새로운 연구 결과가 발표되면서 그 폭발력에 대한 자료가 수정되었다. 분출의 규모가 최근 과학적인 데이터가 활용되면서 크게 상향조정되고 있는 것이다. 1990년대에 발표된 자료들에서는 미노아 분화로 분출된 양이 연구자에 따라 조금 다르지만 대략적으로는 30~40km^3 DRE로 계산되었고 분연주의 높이는 36~38km로 추정된다. 그러나 2000년대 들어서서 이 분화로 인해 해저에 쌓여 있던 화쇄류의 퇴적층이 무려 41km^3 DRE나 되는 것으로 밝혀졌다. 따라서 육지에 쌓인 화산재와 화쇄류를 합하면 전체 분출량은 61.5km^3 DRE에 이르게 된다. 그리고 최근에는 미노아 분화 당시의 화쇄 물질이 칼데라 내부에도 쌓여 있음이 발견되었고, 그 양이 18~26km^3 DRE로 계산되었다. 결국 이 모든 분출물을 합하면 전체 78~86km^3 DRE가 되는데, 이 결과는 미노아의 테라 화산 분화가 과거 1만 년 이내의 지구에서 가장 큰 폭발이었음을 가리키는 것이다.

미노아 분화의 단계별 영향

테라의 청동기 시대의 미노아 분화는 모두 다섯 단계, 즉 선행 단계(BO_0)로부터 1, 2, 3, 4단계로 설정할 수 있는데, 각 단계별 화산 활동의 양상과 영향을 간단히 정리하면 다음과 같다.[6]

선행 단계(BO_0)

본격적인 마그마 분화가 일어나기 전에 소규모의 전조가 되는 활동이 있었던 것으로 확인된다. 특히 아크로티리의 주거지에서는 미노아 분화의 주 활동기에 쌓인 화산 퇴적층 밑에서 깨진 계단, 무너진 벽, 폐허가 된 가옥 및 잔해더미가 나타나고 화산재 또한 발견된다. 아크로티리반도에서만 볼 수 있는 이 화산재는 미노아 분화 주 활동기의 시작 단계에 앞서 일어난 수증기 마그마 폭발의 결과로 해석된다. 이 선행 단계는 시작부터 수 주 내지 수 개월 동안 지속되었을 것이고, 주민들이 대피하는 이유가 되었을 것이다. 아크로티리의 발굴에서 여태껏 사람의 유해를 찾을 수 없었던 것은 선행 단계에서 안전하게 대피했기 때문일 것이다.

1단계(BO_1)

첫 번째 화산 분화에 의해 퇴적된 층은 밝은 회색의 부석이다. 테라섬의 피라 지역에서 최대 두께가 5m에 이르고, 북, 남, 서쪽을 향해 급격히 얇아진다. 아크로티리곶에서는 두께가 80cm정도 되고, 서쪽의 테라시아에서는 30cm 두께, 북쪽의 오이아Oia에서는 50cm에 불과하다. 이 두께로부터 이 단계의 분화 동안 주된 풍향은 동쪽을 향했음을 알 수 있고, 분연주의 높이는 36~38km에 달했다. 이 플리니안 단계의 분연주가 성층권에 이르고 먼지와 가스와 에어로졸이 전체 북반구의 성층권으로 퍼지며 일부는 그린란드까지 운반되었다.

첫 번째 폭발적인 단계는 아주 강했다. 화산 퇴적층을 재구성해 보면, 그것은 고리형 섬의 일부에서 시작되었고, 거기서 상승하던 마그마는 해수와 접촉하지 않았다. 분화 생성물의 두께와 입자 크기 등과 같은 다양한 관찰로 볼 때 분화의 화도는 칼데라 내부에 있다. 이 첫 번째 단계에서 부석을 포함한 물질들이 아주 높은 고도까지 솟구쳐 올랐고, 그 대부분이 화쇄류로서 주변 바다로 떨어져 내려 엄청난 쓰나미를 촉발시켰다. 바다의 해류는 떠다니던 부석을 넓은 지역으로 운반하고, 바람은 미세한 화산재를 멀리 아나톨리아와 흑해까지 운반했다.

2단계(BO2)

두 번째 단계의 퇴적층이 부분적으로 파장이 10m에 이를 정도로 커다랗게 물결치는 화쇄난류pyroclastic surge의 층들이기 때문에 다른 단계의 층들과 쉽게 구별할 수 있다. 부석의 입자도 작아서 먼 거리에서도 쉽게 발견된다. 첫 번째 분화를 끝내고 두 번째 단계에 접어들면서 분화의 메커니즘이 완전히 바뀌었다는 것이다. 화산의 화도가 눈에 띄게 넓어졌고, 그 주변이 파괴되면서 균열이 생겨 해수가 화도 안으로 침투해 들어 왔다. 해수와 마그마 유체가 만나면서 엄청나게 격렬한 수증기-마그마 반응이 일어났다. 마그마는 작은 조각들로 찢기고, 그 주위를 팽창한 얇은 층의 증기가 둘러쌌다. 증기에 부유된 재의 구름이 분화의 중심으로부터 바깥으로 퍼져가고 전체 칼데라를 메웠다. 그것들은 칼데라 벽을 따라 상승한 다음 낮은 가장자리를 타고 넘었으며, 화산의 바깥 경사를 타고 흘렀다.

테라섬에서 이러한 기저 써지base surge[■7] 또는 기저 난류층이라 불리는 퇴적층이 아주 뚜렷하게 분포하는데, 수평 방향의 재구름이 분화 중심으로부터 바깥쪽으로 그리고 높은 봉우리를 제외한 칼데라 가장자리의 낮은 부분 위를 흘렀다. 첫 번째와 두 번째 분화 단계 양쪽에서 간헐적으로 거대한 용암의 조각들이 찢어져 화도의 벽으로부터 큰 덩어리로 깨져 나갔다. 그것들은 화산탄 주머니bomb sags를 형성하여 화산재 층에서 뚜렷하게 보인다. 직경이 1m 이상의 덩어리들이 화도로부터 약 8km 떨어진 아크로티리의 청동기 시대 주거지까지 날아왔고 돌벽을 산산조각 내기도 했다.

3단계(BO$_3$)

세 번째 단계의 테프라는 칼데라 벽에서 잘 관찰되는데, 먼 거리에 있어도 잘 보인다. 다른 층들과 구별되는 것은 많은 양의 검은색 암석 파편을 포함하기 때문이다. 파편들은 분연주 내에서의 마찰로 모서리가 둥글게 되었고 부석들과 섞여 있는데, 이 덩어리들은 대부분 카메니섬 이전 단계의 용암에서 유래되며 화도가 넓어질 때 부서진 것들이다. 화도가 더 넓어짐에 따라 더 많은 칼데라 벽이 테프라의 통로가 되었다. 이 단계에서 화산재의 기둥은 첫 번째 단계와 같은 높은 고도까지는 이르지 못했던 것으로 추산된다. 대신 재와 뜨거운 가스로 이루어진 소용돌이의 구름이 저각도로 바깥쪽 측면을 향해 퍼져 나간다.

이 단계의 퇴적층에서 다양한 형태의 포획암을 발견할 수 있는데, 밝은 색의 스트로마톨라이트의 덩어리도 있으며, 그것은 미노아 분화 이전에 물로 채워진 칼데라가 존재했음을 나타내는 것이다. 세 번째 단계에서 비화산성 암석의 많은 파편들이 나타나는데 이는 마그마 방에 빈 공간이 만들어지면서 화산체 하부의 상당 부분이 붕락했기 때문이다. 그로 말미암아 현재 칼데라에서 커다란 북쪽 분지가 만들어졌고, 이전에 형성되었던 남쪽 분지는 더 깊어졌다. 남쪽 분지는 나중에 분화가 일어날 때 화성 쇄설물로 다시 채워졌다.

4단계(BO4)

피라Fira의 남쪽과 아티니오스Athinios 그리고 아크로티리에서는 특히 용암의 파편이 풍부한 화산 퇴적층이 세 번째 단계의 화쇄류 위에 덮여 있음을 발견할 수 있다. 그런데 그 암석들이 네 번째 단계의 화산 분화로 생긴 물질인지 아니면 앞선 단계의 물질들이 한번 쌓였다가 나중에 다시 움직여(재동되어) 퇴적된 것인지에 대한 논란이 많다.

테라의 지질 재해와 흔적

테라의 화산복합체는 세 개의 주요 지질학적 재해, 즉 화산, 지진, 쓰나미의 원천이며, 화산이 지진과 쓰나미를 동반한다는 특징이 있다. 화산 분화의 시기에 테라섬의 주민들은 분화 전과 후에 여러 차례의 진동을 느꼈는데 대개 마그마의 움직임에 기인한 것이다. 테라섬에서의 역사적 재해와 재앙들은 다양한 문서들과 지질학적 발견들로부터 알려졌다. 과거의 기록과 현재의 지질학적 데이터를 분석하여 과학자들은 화산 분출의 주기성을 제안하기도 한다. 그에 따르면 테라섬에서 미노아 분화와 유사한 폭발적인 분출의 재생 간격은 작은 분화의 경우 5천 년, 대규모 폭발의 경우 2만 년 정도로 추산되었다.

화산-지진-쓰나미가 관계하는 다중적인 재해의 성질은 특히 테라섬의 경우 지질학 및 고고학적 발견에서 잘 드러난다. 고대 아크로티리의 유적을 발굴하면서 고고학자들은 지진의 영향으로 파괴된 계단을 발견하기도 했고, 주거지의 많은 벽들이 지진과 지붕에 쌓인 화산재의 엄청난 무게로 인해 파괴된 흔적을 찾아내기도 했다. 그런데 아크로티리를 발굴하면서 풀리지 않은 수수께끼는 엄청난 다중적인 재해에도 불구하고 발굴된 폐허에서 해골이나 사람의 자취가 발견되지 않았다는 것이다. 이는 지질 재해를 대비하는 데 상당히 중요한 시사점을 제공한다.

화산이 있었던 산토리니의 경우 미노아 분화의 영향이 확실히 드러나고, 약

110km 남쪽에 위치한 크레타섬에서도 여러 영향을 확인할 수 있다. 처음 크레타섬에서의 청동기 시대 지질 재해를 언급했던 마리나토스는 1883년의 크라카타우 분화의 여러 재해를 생각했고, 그에 따라 화산-지진-쓰나미라는 다중적인 재해가 크레타에서 영향을 주었으리라는 가설을 세웠다. 크레타섬의 경우 화산 분출물에 의한 영향은 섬의 동쪽과 서쪽에서 양상이 조금 다르다. 테프라의 양은 크레타섬 동부에서 증가하며, 구르니아, 말리아, 카토 자크로스 등의 고고학적 유적지에서도 발견된다. 쓰나미의 영향은 크레타 북부 해안을 따라 다양하게 피해의 양상이 나타난다. 미노아 분화에 수반된 쓰나미는 이집트와 가나안(시리아-팔레스타인)의 해안 지역에도 그 흔적을 남기고 있다.

미노아 분화의 영향을 가장 잘 나타내는 것은 엄청난 규모로 분출된 테프라의 양과 그 분포다. 분출된 테프라는 대기의 흐름을 타고 이동한다. 테라에서 약 180km 동북동 쪽에 떨어진 코스섬에서도 발견되고, 동쪽으로 약 250km 떨어진 로도스섬에서도 발견되는데, 로도스섬의 경우 최대 100cm에 이르는 테프라층이 확인된다. 이 테프라는 당시 사람들이 그 주거지를 떠나 다른 지역으로 이주하게 되는 직접적인 원인이 된 것으로 해석되고 있다. 동지중해 지역에서 청동기 시대 미노아 분화로부터의 테프라의 운반은 당시의 대기 환경에 따라 두 가지 경우로 나뉜다. 테프라 강하의 분포 지역을 보면 낮은 고도의 대기에서는 지상풍에 따라 남동쪽을 향하는 분산을 나타내고, 더 높은 고도의 성층권에서는 동쪽에서 북동쪽을 향하는 분산을 보인다. 로도스섬과 코스섬 주변의 큰 테프라 퇴적층은 거대한 테프라의 분연주가 동쪽으로 치우쳐져 있었음을 나타내는 것이다.

연대를 풀다

분화 시기의 결정

강력한 미노아 분화는 지중해 지역 여러 곳에 같은 시기의 화산재층을 만들었다. 지질학자들과 고고학자들은 이 독특한 표식층에 대한 연대 결정에 흥미를 가졌다. 만약 이 연대를 잘 규명할 수 있다면, 그 연대는 전체 지역의 고고학적 층서에 대한 충실한 안내자 역할을 하게 될 것이다.

현대 자연과학의 방법으로 미노아 분화와 같은 1만 년 이내에 일어난 커다란 자연 재앙의 시기를 결정하는 것은 쉬운 일이라고 생각할지 모른다. 하지만 불행하게도 그렇지 못하다. 우리가 아무리 정밀하게 분석해도 몇십 년의 오차 범위 내에서만 분화의 시기를 결정할 수 있고, 그 정도로는 중요한 사건의 시간을 정확히 규정하기 어렵다. 미노아 분화에 필요한 적절한 연대 결정은 동지중해 지역에서 청동기 시대의 편년에 대한 열쇠가 된다. 만약 부석층의 연대가 잘 결정되면, 그것을 덮고 있는 층의 연대 역시 적절하게 정의될 것이다. 최근까지 그러한 연대 결정에 유효하게 사용될 새로운 분석기술이 개발되어 왔는데, 성층권의 흐름을 따라 그린란드 내륙 빙상까지 운반되어 깊은 얼음 속에 묻혀있던 화산재의 작은 입자를 이용하여 연대를 측정할 수 있게 된 것도 그런 예 중 하나이다.

화산 분화와 같은 자연 현상의 연대를 결정하는 방법에는 두 가지가 있는데, 하나는 상대적인 연대이고 다른 하나는 절대적인 연대이다. 둘에 대한 기본 원리는 고고학과 지질학에서 동일하게 채택되지만, 고고학에서 훨씬 정밀한 연대를 요구한다. 왜냐하면 지질학의 경우 수십억 년에서 수백만 년까지의 오래되고 큰 수치의 연대를 흔히 다루지만, 고고학에서는 오래되어도 백만년 이내에서 연대가 결정되어야 한다. 지질학자 입장에서 보면 고고학의 연대는 한순간에 지나지 않을 정도다. 보통 과거의 화산 분화, 특히 인류에 커다란 영향을 준 경우라면 더더욱 가능한 모든 방법을 동원하여 연대를 결정하려 노력한다. 절대적 방법뿐만 아니라 상대적인 방법도 활용하여 미지의 대상을 이미 연대가 규명된 다른 대상과 비교할 수 있다.

지질학과 고고학에서의 연대

지구는 언제 탄생했고, 인류는 또한 언제부터 발자취를 남겼을까? 우리가 현재 지구 표면에서 보는 모든 지형은 예전 지구에서 일어난 현상의 흔적이다. 그것이 언제 일어났는지 시간에 대한 의문은 우리가 지구에 대해 알고 싶어하는 큰 지적 호기심 중 하나다. 옛 인류의 유적과 유물이 발견되었을 때 그것이 어느 정도 이전 시대에 만들어진 것인지가 중요 관심사가 된다. 자연계든 인간계든 시간의 흐름 속에서 일어난 현상을 정확히 파악하고자 하는 것이 과거를 쫓는 사람들의 열망이다. 시간은 공간과 더불어 모든 현상의 변화를 기록하는데 필수적인 요소인데, 이 시간의 축을 정하는 직접적인 방법이 연대 측정■[1]이다.

지질학과 고고학에서 개별 현상이 일어난 '시간'으로서의 연대는 가장 기본적인 데이터의 하나다. 이 연대 수치를 근거로 하여 행성으로서의 지구가 지나온 길, 그리고 인류가 진화하고 살아온 과정을 거슬러 올라가 볼 수 있다. 지금까지 연대를 구하기 위해서 다양한 길이 모색되어 왔다. 그러나 각각의 방법은 토대가 되는 원리가 서로 달라서 의미 있는 연대값을 얻으려면 각각 다른 조건을 만족해야 한다. 또 채택하는 방법 자체가 달라지면 그 연대가 의미하는 바도 달라진다. 이를 충분히 고려하지 않고 구한 연대 수치를 그대로 사용해서 불필요한 혼란을 불러 일으켰던 사례는 적지 않다.

어떤 연대 측정법으로 구한 연대 수치이든지 그 자체로는 분석 결과의 숫자에 불과하다. 그 수치가 의미 있으려면 측정 대상 물질이 관련된 현상에서 어떤 위치에 있는지를 먼저 정확하게 인식해야 한다. 가령 화산 부근에서 화산재에 묻혀있던 죽은 나무가 있다고 하자. 그 나무가 죽은 것이 화산 분화의 직접적인 영향인지, 자연적으로 고사된 후 화산재에 묻힌 것인지를 아는 것은 방사성 탄소 연대의 해석에서 매우 중요한 문제이다. 연대를 구하기 전에 그 대상을 제대로 인식해야만 한다. 또 고고학의 대상이 되는 연대에 대해서도 유물이 만들어진 시점의 연대인지, 그것이 발굴된 지층이 퇴적된 연대인지에 따라 차이가 있으며, 경우에 따라 다른 연대 측정법을 사용해야 한다. 따라서 사용할 연대 측정법의 원리와 가정을 이해한 뒤에, 연대 측정에 사용된 시료가 그 조건을 충분히 만족하고 있는지 확인하는 것이 중요하다. 최근에는 분석 기술의 발달 덕분에 연대 측정에서 발생하는 대부분의 문제는 사용된 시료가 그 연대 측정법의 전제 조건을 다 채우지 못한 데서 비롯된다.

요컨대 대상으로 하는 현상의 어떠한 연대를 알려고 하는지, 그것에는 어떤 시료를 준비하고, 어떤 방법을 쓰는 것이 최적인지, 구한 연대 수치가 어떤 조건을 만족할 때 대상으로 하는 현상의 연대에 상응하는 것인지를 판단할 수 있어야 하며, 이들을 충분히 파악해야만 연대 측정으로 구한 연대 수치를 의미 있는 연대값으로 활용할 수 있게 된다.

방사성 탄소 연대학(Radiocarbon Chronology)

물질의 기본 입자는 원자이며, 원자는 핵과 전자로 이루어진다. 핵은 다시 양성자와 중성자로 되어 있다. 그리고 동일한 원자로 구성된, 더 이상 쪼개지지 않는 가장 기본적인 물질을 '원소'라고 부른다. 가령 물 분자 H_2O는 수소 원자 2개와 산소 원자 1개로 이루어져 있는데, 이때 물 분자의 구성은 원소 2개(수소와 산소), 원자 3개(수소 2, 산소 1)이다.

원소가 동일한 원자로 되어 있다는 것은, 원자 내의 양성자 수가 같다는 의미다. 양성자 수는 곧 원자 번호이기 때문에 같은 기호로 표현되는 원자와 원소는 원자 번호도 같다. 그런데 동일한 양성자 수를 가져도 간혹 중성자 수가 다른 경우가 생긴다. 양성자 수와 중성자 수는 그 원자의 질량에 관계하기 때문에, 같은 양성자 수라도 중성자 수가 다르면 질량 수에 차이가 생긴다. 양성자 수가 같고(따라서 원자번호가 같고) 중성자 수가 다른 원소를 '동위 원소isotope'라고 부른다. 원자가 만들어질 때부터 같이 생겨난 동위 원소들이 있고, 원자가 2차적인 현상(붕괴, 감마선 방출, 전자 방출 또는 포획 등)으로 말미암아 생겨난 동위 원소들도 있다. 앞의 것을 '안정 동위 원소stable isotope', 뒤의 것을 '방사성 동위 원소radiogenic isotope'라고 한다.

지금부터 우리가 살펴볼 탄소 연대를 이해하기 위해서는 우선 탄소 원자와 탄소 동위 원소에 대해 알아야 한다. 탄소 원자는 보통 양성자 여섯 개와 중성자 여섯 개로 이루어져 질량수가 12다. 이를 ^{12}C로 표기한다. 그런데 탄소 동위 원소에는 원래부터 존재했던 질량수가 13인 안정 동위 원소 ^{13}C가 있고, 2차적인 현상으로 생겨난 방사성 동위 원소 ^{14}C가 있다. 자연에서는 안정 동위 원소는 항상 일정한 비율로 존재하고 ^{12}C가 약 98.9%, ^{13}C가 약 1.1% 정도다. 방사성 동위 원소인 ^{14}C는 그 양이 일정하지 않고 변한다.

탄소의 방사성 동위 원소 ^{14}C는 1940년에 미국 캘리포니아대학 버클리분교의 마틴 케이먼과 샘 루벤에 의해 발견되었다. 1949년 시카고대학의 윌러드 리비는 방사성 탄소를 이용한 연대 측정법을 처음으로 제시하였고, 이 공로로 리비는 1960년 노벨 화학상을 수상했다.

방사성 탄소 동위 원소를 이용한 연대 측정법■2은 지구 바깥에서 들어오는 우주선cosmic ray이 대기와 충돌할 때 대기 구성 입자인 질소 원자(^{14}N)가 핵반응을 일으켜 방사성 탄소 ^{14}C가 형성되는 것에 기초한다. 여기서 질소 원자(^{14}N)는 양성자 7개와 중성자 7개로 되어 있는데, 이것이 핵반응을 일으켜 양성자 6개(−1)와 중성자 8개(+1)로 변하여 방사성 탄소 ^{14}C를 만든다. 하지만 이렇게 만들어진 방사성 탄소 ^{14}C는 약간의 시간이 흐른 다음 다시 ^{14}N로 되돌아가 버린다. 어느 정도의 시간이냐 하면 만들어진 탄소 양의 절반 정도가 다시 질소로 환원되는 시간이 5,730년 정도이고, 이 시간을 '반감기half-life'라고 한다. 그러니까 방사성 탄소 ^{14}C는 대기 중에 만들어졌다 사라졌다를 반복하는 셈이다.

지구로 들어오는 우주선의 양이 항상 일정하다면 대기 중에서 방사성 탄소 ^{14}C의 생성과 소멸은 거의 일정하게 유지될 것이다. 다시 질소로 환원되는데 약간의 시간이 걸리기 때문에 생성된 탄소는 산소(O_2)와 결합하여 이산화탄소(CO_2)로 변하여 지표에서의 탄소순환에 참여하게 된다. 탄소순환은 생물계에서 두드러지게 나타난다.

생물은 생존하고 있는 동안 대기 중의 이산화탄소와 자신의 조직을 구성하는 유기물 탄소 사이에 교환반응을 반복하게 된다. 그러면 생체 조직에 포함되는 방사성 탄소 ^{14}C의 탄소 전체에 대한 비율은 대기 중의 비율과 같아지게 된다. 그러나 생물이 죽으면 외부와의 탄소 교환반응이 더 이상 일어나지 않고, 생체 중의 방사성 탄소 ^{14}C의 비율은 시간과 함께 감소해 간다. 여기가 중요한 대목이다. 만약 우리가 시간 함수로서 방사성 탄소 ^{14}C의 비율을 제대로 측정할 수 있다면, 생물이 죽은 연대를 구할 수 있으며, 이것이 방사성 탄소 연대 측정의 출발점이 된다. 즉 죽은 생물에서 측정된 ^{14}C의 양과 원래의 ^{14}C의 양을 비교함으로써 조사 대상의 나이를 구할 수 있다. 어떤 죽은 생물 속에 남아 있는 방사성 탄소 ^{14}C의 비율이 대기에서의 비율과 비슷하다면 죽은 시점은 최근이라는 뜻이며, 그 비율이 아주 낮다는 것은 죽은 시점이 오래되었다는 것이다.

이렇게 방사성 탄소 ^{14}C를 이용한 연대 측정이 가능해지기 위해서는 몇 가지 조건들이 만족되어야 한다. 첫째, 연대 측정 대상 시료로서의 생물이 살아 있을 당시의 대기 중 방사성 탄소 ^{14}C의 비율, 즉 전체 탄소에 대한 방사성 탄소의 비율을 알아야 한다. 둘째, 시료 중의 방사성 탄소 ^{14}C는 생물이 죽은 이후에는 어떤 외부적인 요인에 의한 증가나 감소가 없어야 한다. 셋째, 전체 탄소에 대한 방사성 탄소의 비율은 오로지 방사성 탄소 ^{14}C의 감소로만 변화해야 한다.

그런데 이런 조건의 만족을 기본 전제로 하여 방사성 탄소 연대 측정을 실시했지만, 예기치 못한 곳에서 여러 문제점이 속속 드러나게 되었다. 특히 1945년 이후의 핵실험에 의해 인위적으로 만들어진 ^{14}C가 대기 중에 급속도로 증가하여, 전체 탄소에 대한 방사성 탄소의 비율이 일정하다는 전제가 성립하지 않게 되었다. 그 때문에 방사성 탄소 연대는 1950년을 기준으로 하여 그 이전의 햇수로 표시된다. 즉 1950년보다 몇 년 전이라는 의미로, 숫자 다음에 BP(Before Present 또는 Before Physics의 의미)가 붙어 있다. 예를 들어 1000년 BP라는 방사성 탄소 연대 측정값은 그것이 1990년에 얻어진 값이라 해도 1950년부터 1000년 전, 즉 서기 950년을 의미한다.

한편, 오랜 목재에서 구한 연륜(나이테)의 연대와 방사성 탄소 연대를 비교하면 계통적인 차이가 있음이 발견되었다. 또한 대기에서 우주선에 의해 만들어진 ^{14}C의 양도 일정하지 않고 경년 변화가 있음이 지적되었는데, 이는 지구 자기장 강도의 변화 때문에 우주선이 대기에 도달하는 비율이 변하는 것에 상관한다.[■3] 이런 이유로 인해 방사성 탄소 연대는 곧바로 역년歷年, calendar year이 되지 못한다는 사실이 판명되었다. 그렇다면 이런 문제점을 어떻게 해결할 수 있을까? 답은 동일한 생물 시료를 대상으로 방사성 탄소 연대와 직접 비교하여 그 연대를 검증할 수 있는 다른 연대를 살피는 것이다. 나무의 나이테를 이용한 연륜 연대학dendrochronology의 도움이 필요했다.

우선 여러 종류의 목재 등을 사용하여, 과거 수천 년에 이르기까지의 연륜을 바탕으로 한 연대를 역년으로 설정한다. 그다음 연륜에 해당 부분을 분석하여 과거 대기 중의 이산화탄소의 방사성 탄소 ^{14}C의 농도 변화를 조사한다. 이런 데이터는 이미 보고되어 있다. 연륜에 의한 역년과 방사성 탄소의 변화율에 기초하여 살펴보면, 6000~7000년 전의 대기 중의 ^{14}C 농도는 1950년 대의 대기에 비해 약 80% 높았다고 추정된다. 따라서 단순히 분석을 통해 방사성 탄소 연대를 산출한 경우 그 연대는 역년에 비해 약 800년 정도 젊게 나타난다. 그러나 2000년 BP 이후에서의 역년의 차이는 ±100년보다 작게 된다. 이렇게 역년과 방사성 탄소 ^{14}C 연대에 차이가 생김을 알 수 있으며, ^{14}C 연대와 역년 사이의 대응 관계를 설정할 수 있다.

세쿼이아와 같은 아주 오래 산 나무들에서 이미 나이를 알고 있는 연륜을 선택하여 방사성 탄소 ^{14}C를 통해 연대를 구할 때, ^{14}C의 비정상적인 양이 발견되었다. 이런 변화는 4,000개 이상의 나이테를 가진 살아 있는 브리슬콘 소나무*Pinus aristata*와 4000년 이전에 죽어 같은 지역에 남아 있는 나무들에서도 발견되었다. 이런 식으로 약 9000년까지 거슬러 올라가는 연륜의 연속적인 기록을 설정할 수 있었다. 과거 1만 1000년까지 거슬러 올라가는 다른 연륜 연대학적 기록은 독일에서 설정되었는데, 다뉴브강 제방에서 자란 참나무와 소나무를 이용하였다. 이런 연륜 연대학에서 유럽지역에서의 마지막 빙하기를 10970 BP(1950년으로부터 1만 970년 이전)로 고정할 수 있었다. 계속된 연구는 1만 1000년을 넘어선 측정들을 교정할 수 있게 했다. 하와이에서 산호의 1년 성장층들로부터 약 3만 년까지 교정 곡선이 확장된다. 이 곡선을 사용하여 교정한 방사성 탄소 값은 '역년'으로 생각되지만, 미교정된 데이터(즉 3만 년 이상의 모든 연대들)는 그냥 '방사성 탄소 연대'라고 부른다. 약 3600년 전 미노아 화산 분화가 일어났던 시간의 측정값에서는 미교정된 방사성 탄소 연대가 실제 역년보다 300년 오래된다. 연륜 연대학을 이용한 미세한 조정이 이런 방사성 탄소 연대에 새로운 정확도를 부여할 수 있게 된다.

방사성 탄소 교정 곡선은 방사성 탄소 연대를 역년으로 변환하는 데 사용한다. 그런데 교정 곡선은 역년과 방사성 탄소 연대 사이에 반드시 1:1 대응을 보이지 않는다. 즉 시료의 실제 나이가 오래되어도 방사성 탄소 연대가 반드시 증가하는 것은 아니라는 뜻이다. 대기 중 방사성 탄소의 일정하지 않은 생산율과 탄소 저장소 효과로 말미암아, 실제로 두 연대 사이에는 정의 관계와 부의 관계가 동시에 존재할 가능성도 있다. 결과적으로 교정 곡선은 소위 '위글 wiggles(구불구불한 파상)'을 보이게 된다. 우리는 나무의 연륜처럼 시간을 아는 시료로부터 연속적인 방사성 탄소 연대를 얻음으로써, 시료에 따른 방사성 탄소 연대의 변화를 교정 곡선의 위글 파상과 일치시킬 수 있는데, 이를 '위글 매칭'이라고 부른다. 여기서 주의해야 할 점은 방사성 탄소 연대의 측정 결과와 오차 범위는 가우스 분포, 즉 정규 분포의 모습을 보이지만, 교정 곡선을 이용하여 얻게 되는 역년은 하나의 연대를 가리키지 않고, 하나 또는 여러 집단의 분포 범위를 나타내게 된다. 따라서 방사성 탄소 연대의 교정 결과는 각 연대 집단의 분포가 1 시그마σ 범위의 오차(±1σ) 내에 존재할 확률(확신)이 68.3%, 2 시그마 내에 존재할 확률(확신)이 95.4%와 같은 식으로 표현한다.

방사성 탄소 연대 측정법은 여러 가지 장점을 가지고 있다. 대상이 생물체를 구성하는 주요 원소로서의 탄소이기 때문에, 적용될 수 있는 시료의 종류가 매우 많다. 그리고 방사성 탄소의 반감기가 짧은 반면, 측정 정밀도가 향상되어 비교적 최근의 연대를 가진 역사학이나 고고학 및 지질학 분야의 대상에 대해 적용성이 높다. 단독적으로 계산되는 연대와 더불어 목재로부터의 연륜 연대 그리고 역사적 문헌 기록 등을 통해 항상 비교 검증할 수 있다는 점은 다른 연대 측정법이 가지지 못한 장점이다. 그럼에도 불구하고 대상 물질에 대한 신뢰

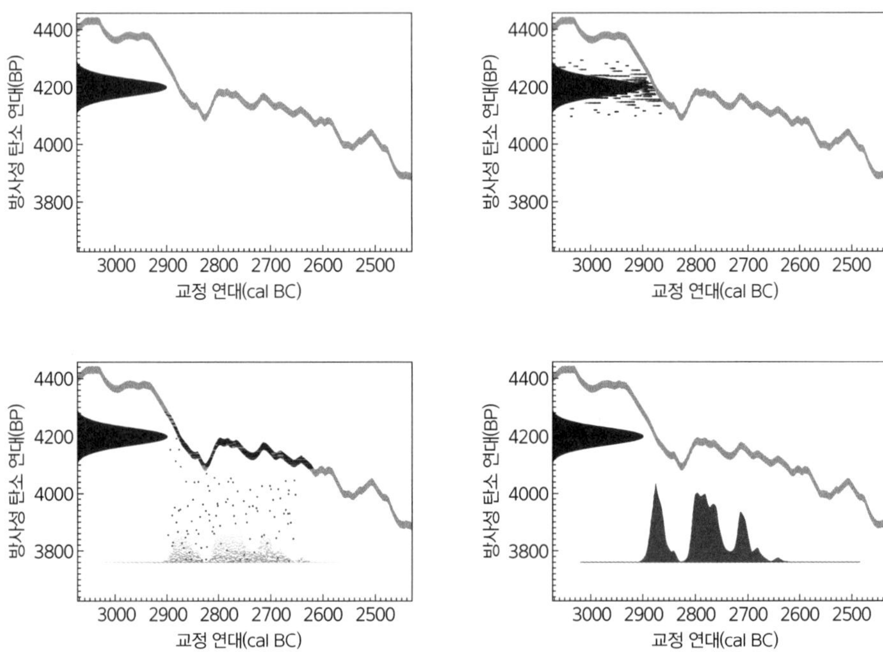

그림 22

위글 매칭의 방법. 세로축의 검은색 영역은 시료에 대한 방사성 탄소 연대의 측정 결과이고, 연회색의 구불구불한 파상(위글)은 연륜 연대학을 이용한 교정 곡선이다. 방사성 탄소 연대와 교정 곡선이 대응하는 하나하나의 자료가 가로축의 역년이 되고, 전체로서 분포 범위를 가로축의 진회색 영역으로 나타낸다.

성과 구체적 상황, 오차 범위의 설정, 역년 결정의 변수 등에 논란이 그치지 않고 있어, 향후 발전해야 할 부분이 아직은 남아 있다.

연륜 연대학(Tree Ring Chronology)

나무의 나이테(연륜)를 이용하여 과거 역사의 정보를 얻는 과학, 즉 연륜 연대학이 발달한 것은 20세기 초반에 이르러서였다. 미국 아리조나주의 천문학자 앤드류 더글라스가 연륜과 주기적인 태양의 흑점 활동에 영향을 받은 기상 조건의 상관을 알아보려고 시도한 것이 그 시작이다. 비록 그의 시도는 실패로 끝났지만, 연륜에 대한 세밀한 조사를 통해 각 수목에 보이는 폭이 다른 연륜은 그 지역의 성장패턴을 반영한다는 사실을 인지하게 되었다. 이런 인식이 연륜 연대학의 기본적 법칙과 방법의 기반이 되어, "연륜을 시간의 측정에 사용하는 방법 그리고 과거의 환경 조건을 추측하는 작업"이라고 정의하는 과학이 탄생했다.■4

연륜 연대학에는 나무에 나타나는 성장 패턴이 활용된다. 성장기의 처음, 소나무와 졸참나무를 비롯한 여러 나무는 세포벽이 듬성듬성 큰 세포를 형성하여 단면의 색이 옅은 목재가 만들어진다. 이 부분을 춘재(springwood 또는 early wood)라고 부른다. 성장이 계속 진행되면 형성된 세포는 보다 작게 압축되고 세포벽이 밀집된 결과, 추재(summerwood 또는 latewood)라 불리는 눈에 보기에도 짙은 색의 띠가 만들어진다. 추재의 뚜렷한 바깥 테두리는 성장기의 끝을 나타낸다. 이렇게 매년 생긴 옅고 짙은 띠의 형성이 가령 나무 그루터기와 잘려나간 가지에서 잘 관찰된다. 그리고 이런 띠로부터 한 해 한 해의 시간 경과를 알 수 있고, 또한 띠의 폭에서 나타나는 차이로부터 나무가 자란 환경의 변화를 추측할 수도 있다. 기후 조건에 따라 나무의 성장이 달라지기 때문에 그런 영향도 연륜 속에 드러나기 때문이다. 나무 성장 환경이 열악할수록 연륜은 가늘게 된다.

뚜렷하게 발달한 나무의 연륜은 성장한 시간 간격을 이해하는 데 도움을 준다. 그런데 이런 연륜을 이용한 연대 측정은 단순히 연륜의 수를 세어 결정하는 것이 아니다. 충분한 수의 나무 표본을 대상으로 다양한 폭의 패턴을 비교함으로써 서로 관련된, 즉 같은 시기라고 판단될 수 있는 패턴을 찾는다. 그렇기 때문에 사용하는 표본 역시 비교에 충분할 정도의 뚜렷한 연륜을 가지고 있어야 한다. 그리고 만약 비슷한 시기에 성장한 경우라면 서로 떨어져 있는 지역의 나무들이라도 서로 비교 가능하다. 이를 교차 연대 측정cross-dating이라고 한다. 교차 연대의 장점을 잘 이용하면 아주 긴 시간 동안의 연륜의 배열을 구할 수도 있어 장기간의 연대기를 복원하는 데 유용하다. 결론적으로 연륜 연대 측정법은 개개의 연대가 아니라 연대의 클러스터(묶음)에 의존한다는 것이다. 클러스터란 '짧은 기간 내에 모인 세 개 이상의 연대'로 정의할 수 있다.

그러면 어떤 연륜을 가진 나무가 연륜 연대 측정을 위해 선호되는 것일까? 보기에도 아름답게 넓은 춘재와 좁은 추재의 띠가 대칭적으로 잘 발달한 나무가 좋을까? 그렇지 않다. 비슷한 패턴이 계속 반복된다면, 즉 모양과 폭이 일정한 연륜의 패턴이 계속 이어진다면 그 속에서 서로 상관되는 부분을 찾아내기 어렵다. 너무 균일한 성장 패턴은 비교하기 어렵다. 오히려 어느 특정 시기에 나무가 아주 민감하게 환경 변화에 적응한 패턴이 있으면 훨씬 수월해진다. 연륜 연대학에 사용되기에 적합한 나무는 성장 환경의 조건에 민감하고, 충분히 그 변화에 대응한 연륜을 만들어 낸 것이라야 한다. 나무의 성장에 어떤 환경적 변동의 사건이 포함되고 그때의 특징적인 연륜이 생겼다면, 그것이 바로 비교의 출발점이 되는 것이다.

연륜 폭의 크고 작음은 환경 조건에 대한 정보를 제공해 준다. 그리고 연륜 내의 세포 밀도와 안정 동위 원소를 분석함으로써 유사한 정보를 얻을 수도 있다. 이런 정보들에서 나무 성장 환경의 기온, 기압, 일사량, 강수량 등의 기후 인자에 관한 결론을 끌어 낼 수 있고, 더 나아가 목재의 공급원을 특정할 수도 있다. 엘니뇨 남방 진동의 기후 패턴과 지구 온난화와 같은 대규모 기후 경향 및 예외적인 환경 변화의 흔적 또한 연륜에서 찾아낼 수 있을 것이다.

연륜 연대학의 최고 매력은 과거 어떤 사건을 수치 연대로 편년할 수 있다는 점이다. 지금도 살아 있고 최후의 성장테가 잘 관찰되는 나무를 표본으로 하여 과거부터 현재까지 연륜에 대한 연대가 정확하게 설정되는 경우라면, 연 단위의 정확도로 수치 연대를 구할 수 있다. 이런 표본들이 다수 존재한다는 가정하에 역사의 장기간에 걸친 연대기를 복원할 수 있고, 또한 역년과의 관계를 의심할 여지 없이 딱 정할 수 있게 된다.

한편, 수치 연대를 산출하는데 반드시 고려해야 하는 것은, 연륜 연대학에서는 나무를 벌채한 시기를 목재 사용의 소급 가능한 연대의 상한terminus post quem으로 본다는 것이다. 왜냐하면 목재의 사용은 나무의 벌채로부터 시작하지만, 벌목한 후 바로 사용되었다고 단정할 수는 없기 때문이다. 따라서 연대 측정을 위해서는 목재에 남겨져 있는 복잡한 흔적들, 즉 수송, 건조, 저장, 보수, 재이용 등의 사례에 대한 꼼꼼한 검토가 필요하다. 고대에는 좋은 목재를 구하기 어려웠던 경우, 목재를 오래 비축해 두거나, 또는 재사용한 사례가 흔했고, 목재의 원산지가 상당히 떨어져 있었던 경우도 있다. 그리고 때로는 연대가 다른 목재들을 서로 섞어 사용했을 가능성도 충분하다.

연륜 연대학이 특히 중요한 이유는 고지자기paleomagnetism와 방사성 탄소(^{14}C) 등 다른 방법으로 얻어진 수치 연대의 교정에 사용되기 때문이다. 앞에서 이미 살펴보았듯이, 방사성 탄소 연대 측정으로 도출되는 수치 연대는 정확한 사건의 시기를 지시하는 것이 아니라, 그 사건이 일어났을 시간의 범위와 확률을 제시하며, 그 정확도를 높이는 데 연륜 연대학의 도움이 필요한 것이다.

상륜(霜輪) 연대학(Frost Ring Chronology)

미국 아리조나대학의 두 과학자 밸모어 라마르셰와 캐서린 허쉬보엑은 캘리포니아의 브리슬콘 소나무의 오래된 연륜에 이상한 결함이 있음을 관찰하고, 그 이유가 서리에 의한 피해 때문이라고 주장했다.■5 그리고 그런 비정상적인 날씨 변동이 당시의 화산 폭발에 기인했던 것으로 생각했다.

서리 피해로 인한 상륜frost ring은 성장기 동안 어떤 시기의 연륜 내에서 미성숙된 목질부 세포들이 결빙에 의한 피해를 입어 세포가 붕괴된 상태를 나타낸다. 결빙은 세포 밖의 얼음 형성과 탈수작용을 촉진하고, 결과적으로 연약한 세포의 가장 바깥 부분이 으스러지게 되는데, 연륜 배열에 해부학적으로 뚜렷한 기록을 남긴다. 이틀 연속으로 밤 기온이 영하 5℃에 이르고 한낮의 온도 역시 낮으면 서리 피해는 충분히 일어난다. 두 가지 타입의 상륜이 알려져 있는데, 성장기 초기에 연륜 내부에서 춘재의 서리 피해와, 성장기 종료 무렵에 형성되는 추재의 서리 피해다. 만약 나무의 성장 시기를 알고 있다면, 연륜에서 서리 피해의 위치를 관찰함으로써 일주일 또는 이주일 이내로 그 피해의 시기를 측정할 수 있다. 그리고 일별 기상 자료를 활용하여 피해가 일어난 특정 날짜를 알아낼 수 있고, 결국에는 대략적인 기상 상황이나 상륜의 형성에 관여한 기후조건을 특정할 수 있다.

라마르셰와 허쉬보엑은 브리슬콘 소나무의 연륜을 조사하였는데, 이 나무는 캘리포니아의 화이트 마운틴 지역에서 느리게 성장하여 수천 년의 아주 얇은 연륜을 가지고 있다. 그리고 그 연륜에서 발견된 상륜을 해석하여 1883년의 인도네시아 크라카타우 화산 분화에 의한 기후 변동이 그 이듬해인 1884년 9월 9~10일 사이에 브리슬콘 소나무에 서리 피해를 주었다고 결론내렸다. 이처럼 상륜은 나무에 서리 피해를 입힌 사건의 시기를 확정할 수 있다는 장점이 있으며, 연륜 연대학과 함께 널리 사용되고 있다.

얼음 코어 연대학(Ice Core Chronology)

남극과 북극 같은 극지방에서는 눈과 함께 다양한 기원의 물질이 해마다 쌓인다. 눈이 얼음이 되는 과정에서 대기 중의 공기 방울이 포함되기도 한다. 이런 과정을 거쳐 두꺼운 빙상ice sheet과 같은 얼음층이 형성된 장소에서는 시추를 통하여 깊은 곳의 얼음 시료를 채취하는데, 이 시료를 빙상 코어 또는 간단히 얼음 코어ice core라고 한다. 이 얼음 코어는 과거 수십만 년까지의 기후와 환경 변동을 알 수 있는 타임캡슐과 같다. 특히 대규모 화산 폭발에 기인한 화산재 역시 극지방의 빙상에 포함되어 있어 과거 화산 분출의 시기, 규모, 장소 등을 파악하는 데 도움이 된다.■6

극지방 빙상의 주요 구성물질은 내린 눈 때문에 생긴 얼음이지만, 그 얼음 속에는 화산 기원 물질이 보존되어 있다. 이 화산 기원 물질은 화산 분화에 수반되어 대기 중에 방출된 후, 대기 대순환에 의해 극지방으로 운반되고 강하되어 빙상에 쌓인 것이다. 이렇게 빙상에 쌓인 화산 기원 물질은 주로 테프라(화산재)와 유황 가스 성분(이산화황과 황화수소)에서 유래한 황산 액적(황산 에어로졸)이다. 빙상에 퇴적한 테프라와 황산은 빙상이라는 저온 환경에서 2차적인 변질을 하지 않기 때문에 여러 성질이 잘 보존된다. 물론, 테프라는 해저와 호저에도 퇴적되어 보존된다. 그러나 해저와 호저의 퇴적 환경에서 테프라는 2차적으로 변질되기 쉽고, 또 해저와 호저 물질의 퇴적 속도는 느리기 때문에 화산 기원 물질로부터 획득되는 정보에서 정확한 시기를 분리해 내기가 어렵다는 단점이 있다. 이 단점이 없는 빙상은 화산 기원 물질의 뛰어난 보존 매체이다.

극지방 빙상은 기본적으로 눈이 쌓여 얼음층이 된 것이다. 따라서 얼음 코어는 매년 형성된 얼음이 수직적으로 채취된 것이고, 그로부터 코어의 형성 시기를 유추할 수 있다. 눈이 쌓여 얼음이 되는 과정에서 압착이 일어나 원래의 두께보다 훨씬 얇아지지만, 그 속에 포함된 물질들의 기재적, 화학적, 그리고 광학적 특징들은 유지된다. 따라서 나무의 연륜을 세듯 얼음의 연간 형성층으로부터 햇수를 가늠할 수 있다. 하지만 투명한 얼음의 형성층을 세는 것은 불확실하기 때문에 각 층에서 확인되는 다양한 특징을 이용한다. 현재까지 이용되고 있는 얼음 코어의 연대 결정 방법으로는 크게 네 가지가 있는데, 계절 변화 시그널을 카운트하여 추정하는 방법, 특정 연대를 표준화하는 층(표준층 또는 시준층)에 의해 추정하는 방법, 방사성 동위 원소에 의해 추정하는 방법, 얼음의 유동 모델에 의해 추정하는 방법 등이다. 이 중에서 특정 연대를 나타내는 시준층을 이용한 코어 연대 추정이 보편적으로 이용되고, 과거 화산 폭발의 연대 결정에도 유용하게 활용될 수 있다.

극지방의 얼음 코어에는 규모가 큰 화산 활동과 규모가 작은 고위도의 화산 활동 흔적이 수소이온 농도pH와 황산 농도, 전기 전도도의 시그널 및 육안으로 확인 가능한 테프라층으로 기록되어 있다. 연대가 특정된 화산 시그널은 얼음 코어의 연대를 결정하는 데 시준층으로 유효하고, 연대가 특정되지 않는 화산 시그널은 다른 코어와의 대비를 통해 상대적인 시준층으로 유효하다.

극지방의 얼음은 과거 수십만 년의 지구 기후에 대한 중요한 정보뿐만 아니라 주요 화산 분화에 대한 정보도 간직하고 있다. 특히 분화 동안 방출되는 유황에 풍부한 가스가 대기 중의 물과 결합해 형성되는 황산 액적, 즉 황산 에어로졸과 같은 산성 물질에 주목할 필요가 있다. 이 에어로졸은 성층권의 제트류를 타고 먼 거리를 이동하여 극지방에서 강설로 퇴적된다. 이 때문에 얼음 코어에서 아주 미량의 산성 물질이 검출되기도 하는데, 산성 물질이 얼음의 전기전도도를 증가시키게 된다. 그리고 이 산성 물질의 특정 시그널, 즉 산성도acidity 시그널은 대규모 화산 폭발의 시기를 추정하는 데 결정적인 정보가 된다.

현재까지 확인된 역사 시대 대규모 화산 분화를 가리키는 산성도 시그널로서 가장 대표적인 것은 1815년 인도네시아 탐보라 화산 분화로 남극과 북극 양쪽 빙상에서 확인된다. 일반적으로 적도 부근에서 일어난 대규모 화산의 경우 양 극지방에서 확인될 가능성이 높지만, 각 반구의 고위도 지역에서의 분화는 한쪽에서만 나타나는 경향이 강하다. 그리고 고위도의 경우 성층권의 풍향에 따라 극지방으로 운반되는 산성 물질의 양에 차이가 발생한다. 따라서 역사 시대의 강력한 화산 분화로 황산 에어로졸이 다량으로 생성되었더라도 모든 빙상에서 그 시그널이 확인되는 것은 아니기에 주의해야 한다. 한편, 빙상의 얼음 코어에서 아주 강한 산성도 시그널이 확인되더라도 그에 상응하는 화산 분화의 기록을 찾을 수 없는 경우도 있다. 이런 미확인 화산 분화에 대해서는 계속 연구 중이고, 언젠가는 밝혀질 것으로 생각된다.

화산 기원 물질에 의한 얼음 코어에 대한 연대 결정이 독립적으로 수행될 수 있지만, 대규모 화산 분화가 지구 환경에 미쳤을 영향을 생각하면, 다른 연대와의 비교가 가능하다. 특히 화산 분화가 가져올 기후적인 변동은 나무의 연륜에 영향을 미칠 것이고, 따라서 연륜 연대학과의 비교가 가능하다. 그러므로 대규모 화산 분화에 대한 얼음 코어 연대와 연륜 연대와의 비교는 상당히 의미가 깊다.

열발광 연대학(Thermoluminescence Chronology)

자연 환경에 있는 방사성 동위 원소(우라늄 계열, 토륨 계열, 칼륨 등)의 방사능 붕괴로 발생하는 방사선으로 말미암아 광물 결정 속의 원자로부터 전자가 분리된다. 분리된 전자가 결정 격자를 이동하는 사이에 원래 상태보다 높은 에너지 준위에서 정공이나 불순물 등에 포획되어 버린다(포획 전자). 그런데 이 결정을 가열하게 되면 열진동이 생기고 포획 전자는 여기되어 결정 속을 이동한 후 분리되어 나온 빈자리에 다시 들어가면서 발광하게 된다. 이 발광이 열발광thermoluminescence이다. 포획 전자의 총량은 조사照射된 방사선량과 비례한다. 어떤 시료가 그때까지 받았던 방사선 총량을 팔레오도스paleodose, PD라고 한다. 그리고 그 시료가 채취된 장소에서 1년 동안 받았던 연간 방사선량annual dose, AD을 안다면, 그 시료가 방사선을 받기 시작하고서 흐른 시간은 PD/AD의 식으로 간단히 구할 수 있다.■7 연대가 0이 되는 시점은 시료가 가열되어 여기상태의 포획전자가 존재하지 않는 상태일 때이다. 그리고 PD/AD의 비례 관계는 시료의 종류에 따라서 다르지만, 보통 수십만 년 정도에 제한되기 때문에 열발광법에 의한 연대 측정은 그보다 더 오래된 시료에 적용하기는 어렵다. 일반적으로 이 연대 측정법의 전제 조건은 크게 네 가지 정도인데, 첫째, 연대 0인 시점에서 열발광은 0이다. 둘째, 자연 방사선의 비율은 현재까지 일정하다. 셋째, 연간 방사선량이 확실하게 결정된다. 넷째, 2차적인 가열과 같이 포획 전자 상태의 교란이 없다.

열발광 연대 측정법은 석영과 같은 우라늄과 칼륨 등의 방사성 핵종을 거의 포함하지 않는 시료에 대해 적용 가능하기 때문에, 다른 방법으로 연대 측정이 곤란한 시료에서도 연대를 측정할 수 있다는 장점이 있다. 현재 지질학 분야에서는 화산암류(용암, 화산재, 화쇄류 등), 퇴적암, 화석, 단층 충전물, 변질암, 운석 등에 적용되고, 측정 대상이 되는 광물로는 석영, 장석, 화산유리, 방해석, 점토광물 등 다양하다. 한편 다른 분야의 대표적 사례로는 도기와 같은 고고학 시료에도 유효하게 적용되어 왔다. 따라서 열발광 연대 측정법은 한마디로 아주 다양한 시료를 대상으로 할 수 있다. 하지만 위에서 언급한 전제 조건을 만족하기란 쉽지 않다. 오차가 작은 신뢰성이 있는 연대를 구하기 위해서는 우선 발광이 강하며 안정되어야 하고, 방사선량과의 대응도 좋아야 한다. 여러 대상 광물 중에서 가장 유리한 것은 석영이다. 석영은 발광이 세고 안정적일 뿐만 아니라, 내부에 방사성 원소를 거의 포함하지 않아 연간 방사선량의 결정도 비교적 간단하기 때문이다.

하이 앤 로우(High and Low)

논쟁의 시작

사물이나 현상을 인지하고자 하는 학문에는 논쟁이 불가피하게 따라다닌다. 연구하는 사람들의 생각이나 관점의 차이도 있겠고, 자신들의 논리에 합당하다고 여기는 자료의 취사선택의 문제도 있을 테고, 종합적인 해석 방법도 다를 수 있다. 그리고 학문의 속성상 타협을 인정할 수 없는 경우도 허다하다. 간단한 예로 데이터를 생산하여 논의를 진행하는 연구에서 오차범위를 넘어선 두 개의 데이터는 같은 것이 아니며, 만일 어느 쪽이 옳으냐의 문제가 제기되면 타협점을 찾기는 매우 어렵다. 상당히 많은 데이터를 다루는 최근의 연구에서 이런 논쟁은 드물지 않다. 하지만 논쟁이라는 과정을 통해 인류의 학문이 발전해 온 것은 누구나 인정하는 바이기에 반드시 소모적이라고는 말하기 어렵다.

테라섬의 엄청난 화산 분화가 주변 지역에 상당한 영향을 미쳤을 것이라는 가정은 전혀 엉뚱한 것은 아니다. 테라섬의 화산 분화의 크기는 그 분출물의 양과 폭발의 결과에 대한 다양한 정보를 통해 확인해 보건데 역사 시대 가장 치명적인 화산들과 거의 동급이거나 그 이상이다. 그런 화산들이 지역적으로, 또 더 나아가 전 지구적으로 미친 환경적 영향은 이미 잘 알려져 있다. 그리고 테라섬의 화산 분화가 테라섬이 위치한 동지중해뿐만 아니라 고대 근동 지역까지 영향을 주었음은 앞에서 살펴본 대로다. 그런데 이 테라섬은 과연 청동기 시대 언제쯤에 폭발한 것일까?

지난 수십 년 동안 후기 청동기 시대 미노아 분화의 시기와 동지중해 역사에 대한 동기화 작업에서 치열한 논쟁이 지속되었다. 고대 근동과 동지중해에서 후기 청동기 시대의 연대 결정, 즉 편년에 대한 작업은 고고학적 발굴의 결과를 기초로 하여 진행되었지만, 정확한 시간 체계를 결정적으로 보여 주는 자료는 거의 없다. 요컨대 고고학적 유적과 주변의 시공간적인 문화 사이의 상호관계를 도출하는 상대적 편년은 있을 수 있더라도, 어떤 사건의 발생이 정확하게 기원전 몇 년이라는 절대적인 편년이 가능하지 않다는 얘기다.

1900년 크레타의 미노아 문명을 발견한 아서 에번스는 미노아의 도기 조각에서 상당히 중요한 증거를 확보한다. 그 도기는 이집트에서도 발견되었던 것이다. 당시 미노아는 이집트와의 교역도 활발했기 때문에 미노아의 도기가 이집트에서 발견된 것은 이상한 일이 아니다. 따라서 도기가 발견된 이집트의 시기를 알면 자연스레 미노아의 시기가 결정된다. 그리고 이집트는 비교적 구체적인 편년의 체계를 가지고 있었다. 에번스는 미노아의 도기 조각을 근거로 크노소스 궁전의 연대를 결정했다.

한편, 아크로티리에서의 고고학적 발견은 유물의 양식을 에게해 다른 지역에서 발견된 유물들과 비교할 수 있게 했다. 특히, 크레타섬은 청동기 동안 테라섬과 확실히 많은 관련이 있으며, 시기적인 연관과 연대 결정에 매우 중요함이 판명되었다. 상대적인 연대 결정에 중요한 단서를 제공하는 프레스코와 같은 그림들이나 장식된 도기에서 다른 미노아 주거지와의 상거래에 대해 많은 것을 규명할 수 있다. 게다가 이집트와의 연결은 힉소스 왕 카얀(Khayan 또는

Khyan)의 카르투슈cartouche(국왕의 이름을 나타내는 이집트 상형 문자가 들어 있는 직사각형이나 타원형 물체)가 크레타섬의 크노소스에서 발견되면서 확인되었다. 에게해 지역에서 온 케프티우에 대한 테베의 그림도 그런 정황에 대한 증거가 된다. 지난 세기까지만 해도, 이런 종류의 비교는 고고학자에게 미노아 분화가 기원전 약 1550년에서 기원전 1500년 사이에 일어났다고 하는 시간적 기준점을 제시해 주었다. 하지만, 1980년대 후반의 방사성 탄소 연대 결정 자료들은 분출이 이전보다 더 높은 연대, 즉 기원전 1650년부터 기원전 1600경의 시기에 발생했을 거라고 제시됐고, 고고학적 연대학자들도 이에 상응해 화산 분화의 연대를 재검토하기 시작했다.

청동기 시대의 동지중해와 고대 근동의 사건들을 편년하기 위해 고고학자들이 찾은 대상은 미노아 분화로 화산재에 묻혔다고 생각되는 나뭇가지다. 타 버렸거나 고사된 나뭇가지는 방사성 탄소 연대를 측정하기에 좋은 시료다. 사실 이 나뭇가지는 방사성 탄소 연대 측정법이 개발된 초기부터 연대가 보고되기도 했다. 그리고 최근까지도 계속 새로운 연대들이 보고되고 있다. 그런데 왜 계속 새로운 연대들이 속속 나타나는 것일까? 화산 분출로 죽은 나무의 종류가 많고, 그 나이도 아주 오래됐기 때문일까? 그건 아니다. 연대 측정에 사용된 나무는 올리브나무의 가지일 뿐이고, 나이도 아주 제한적이다. 새로운 연대가 계속 보고되는 이유는 방사성 탄소 연대 측정에 대한 방법론적 진화 때문이다.

앞에서 살펴보았듯이 방사성 탄소 연대 측정은 측정의 결과가 독립적으로 정확한 시기를 나타내지 않는다. 대기 중의 방사성 탄소의 가변성 때문이다. 나무에 대한 방사성 탄소의 측정 결과는 특정 시기에 대한 연륜 연대학으로 결정된 역년의 분포와 비교함으로써 보다 구체적인 연대가 결정되는, 이른바 통계적인 결정이다. 연륜 데이터와의 비교를 위글 매칭 또는 교정이라고 한다. 그렇기에 방사성 탄소의 연대는 일정 신뢰구간 내에서의 교정된 수치 연대 편년을 의미한다. 이런 통계적 결정법은 사용하는 연륜 데이터가 수정되거나 통계 방법이 수정되면 바뀌게 된다. 교정에 사용하는 교정 곡선과 프로그램에는 IntCal, OxCal 등이 있고, 수정된 연도에 따라 또는 버전에 따라 IntCal13, OxCal4.3.1과 같이 나타낸다.

최근까지 발표된 미노아 분화의 방사성 탄소의 연대는 대개가 기원전 17세기 후반을 가리킨다. 고고학적으로 결정된 연대와는 100년 이상의 차이가 발생한다. 단순히 연대의 차이가 아니다. 만약 방사성 탄소의 연대가 절대적이라면, 동지중해와 고대 근동에서의 고고학적 편년 체계는 전부 수정되어야 한다. 고고학자들이 가만히 있을 리 만무하다. 불꽃 튀는 논쟁이 그 막을 열었다.■[1]

새로운 방사성 탄소 연대

나무의 연륜에 대한 정밀 분석이 가능해지면서 위글 매칭을 위한 교정 곡선의 개선이 지속적으로 이루어졌다. 그에 따라 방사성 탄소 연대의 최종 역년으로의 환산 역시 좀 더 좁은 범위에서 높은 확률을 가지게 된 것이다. 일례로 산토리니에서는 미노아 분화의 화산재 강하 때문에 현장에서 파묻혀 죽어 목탄이 된 올리브 나뭇가지가 발견되었다. 프리드리히는 이 나뭇가지에 대한 방사성 탄소 위글 매칭(IntCal04 and OxCal v4.2, at 95.4% 확신)을 사용하여 마지막 성장 나이테에서 기원전 1627년에서 1600년의 역년 범위를 구했다. 이 연대는 조금 개선된 교정 프로그램을 사용하면 기원전 1626년에서 1605년의 좀 더 좁은 연대 범위를 나타낸다(IntCal13 at 95.4% 확신).

위글 매칭에 의해 교정된 방사성 탄소 연대는 일관되게 테라가 기원전 17세기에 분출했다고 제안하는 증거로 자리 잡았다. 테라가 분출할 때 아크로티리 도시를 파괴하고 화산재 아래 묻었으며, 아크로티리 화산 파괴층volcanic destruction layer, VDL이라 알려진 고고학적 지층을 형성했다. 옥스퍼드 대학의 브롱크 램지는 아크로티리 화산 파괴층 내에서 채취된 나무 시료들의 평균 방사성 탄소 연대는 3350±10 BP(서기 1950년부터 3350년 이전)이라고 했는데, 교정된 역년은 기원전 1683년에서 1617년 사이에 해당한다(95.4% 확신).

테라섬 화산 분화에 대해 지속적으로 방사성 탄소 연대를 측정해 온 매닝은 2014년에 저서 《시간의 분석과 시간의 분석 재논의》에서 그때까지의 모든 테라 분출에 대한 방사성 탄소 연대를 집대성하여 정리하였다. 매닝은 아크로티리 VDL로부터 회수된 28개의 단수명short-lived 시료들 중 25개의 가중평균 연대는 3345±8 BP이고, 서기 2000년 이후 측정된 시료 중 13개는 가중평균 연대가 3344±9 BP로 연대 분포가 폭이 좁다는 데에 주목하고 이를 근거로 각각 교정된 역년(95.4% 확신)으로 기원전 1665년에서 1614년 및 기원전 1665년에서 1613년의 연대 범위를 제안한다. 베이즈 분석을 사용한 다양한 모델이 이 25개 단수명 시료들에 적용되었고, 더욱 개선된 분출 연대는 기원전 1645~1604년, 1651~1613년 및 1659~1617년(모두 95.4% 확신)이다.

한편, 체루비니는 방사성 탄소 연대 자체보다는 미노아 분화 연대를 결정짓기 위해 사용된 대상, 즉 올리브 나뭇가지에 대한 의문을 제기했다. 올리브 나뭇가지는 종종 식별하기 어려운 불규칙한 연륜을 형성한다. 따라서 그런 나뭇가지에 대한 연륜 계산이 유효하지 않을 것이라는 주장을 제기했다. 이 주장은 근거없는 것이 아니었기에 방사성 탄소 연대를 구하는 연구자들은 이 문제를 해결해야만 했다. X선 토모그래피와 같이 연륜을 보다 세밀하게 분해할 수 있는 기법이 도입되고 있으나, 그리 쉬운 일은 아니었다. 그런데도 방사성 탄소 연대의 연구자들은 올리브 나뭇가지의 가장 바깥 연륜에서 구한 기원전 17세기 후반의 나이를 포기하고 싶은 생각이 추호도 없었다.

높은 편년과 낮은 편년의 논쟁

미노아 문명에 관련된 고고학적 증거를 기반으로 설정된 테라섬 화산 분화의 연대가 기원전 16세기 후반~15세기 초반일 것이라는 주장은 비단 동지중해뿐만 아니라 이집트를 포함한 고대 근동의 역사와도 관계가 깊다. 이에 반해 방사성 탄소 연대를 근거로 한 테라섬의 분화 시기인 기원전 17세기 후반은 고고학적 연대와 무려 100년에서 150년 정도의 시차가 생긴다. 방사성 탄소 연대 주장자들이 고고학적 고려를 전혀 하지 않은 것은 아니지만, 편년 자체를 오랜 연대로 재설정할 따름이다. 이 지점에서 두 가지 견해가 대립하는데, 즉 기원전 16세기 후반~15세기 초반이라는 보다 '낮은 편년low chronology'과 기원전 17세기라는 보다 '높은 편년high chronology' 사이의 논쟁이다. 낮은 편년의 경우 고고학적 증거에 기초하고 방사성 탄소 연대의 많은 데이터에 크게 의미를 두지 않는 것처럼 보인다. 그리고 높은 편년의 경우 나름대로의 체계를 가지고 설정된 고고학적 편년에 적대적인 입장을 취하는 듯 보인다. 이런 분위기를 반영하듯 일부에서는 높은 편년과 낮은 편년의 논쟁을 '적대적 과학과 고고학적 투쟁'이라 부르기도 한다. 그리고 이 논쟁에는 두 사람의 지휘관이 깃발을 들고 있다. 높은 편년 쪽에는 매닝, 그리고 낮은 편년 쪽에는 비탁이라는 두 장수의 휘하에 세계적으로 내놓으라 하는 방사성 탄소 연대 측정가들과 고고학자들이 편을 가르고 있다.

낮은 편년 지지자들은 가장 먼저 방사성 탄소 연대 측정의 대상인 올리브 나뭇가지에 대한 유효성 여부를 공격한다. 그 나뭇가지에는 뚜렷한 연륜이 잘 발달하지 않았고, 또한 나뭇가지의 죽은 시기가 화산 분출과 무관할 가능성을 제기한다. 그리고 방사성 탄소 연대는 모든 경우에 적용되는 것이 아니라 시공간적인 제한이 있음을 강조한다. 그리고 위글 매칭에 의한 역년 계산에서도 좀 더 세부적인 통계기법을 요구한다. 가령 역사적인 시기를 가늠할 수 있는 데이터를 포함시켜 통계 처리하는 소위 '베이즈 기법'에 대한 필요성이다. 실제 2010년에 브롱크 램지는 방사성 탄소 연대를 베이즈 통계 기법으로 산출하여 이집트의 역사적 편년과의 조화를 검토했고, 낮은 편년 주창자들도 이를 평가하고 있다. 그럼에도 불구하고 방사성 탄소 연대와 고고학적 편년과의 심각한 편차에 대해서는 동지중해뿐만 아니라 이집트를 비롯한 고대 근동 지역에서도 나타나기 때문에 쉽게 높은 편년을 받아들이지 못한다.

고고학적 편년 중에서 가장 눈의 띄는 것은 이집트의 편년이다. 사실 이집트의 경우도 절대적인 시간 기준이 있는 것은 아니다. 이집트 편년의 틀이 되는 파라오의 계통에 대해서는 지금은 사라지고 없는 마네토의《이집트지》에 정리된 표에 근거하고, 그로부터 대체적인 연대가 설정된다. 점토판, 인장, 사건의 기록, 스카라베 등의 증거로부터 설정한 파라오의 즉위 연도를 기준으로 세누스레트 3세(약 기원전 1881) → 힉소스 카얀(약 기원전 1600) → 아흐모세 1세(약 기원전 1549) → 투트모세 3세(약 기원전 1479) 및 아멘호테프 2세(약 기원전 1424)로 이어지는 연속적 편년이 설정되어 있지만, 이미 발표된 방사성 탄소 연대에 따르면 이 계열에서조차 100년 정도의 편차가 생기게 된다.

에게해에서도 이집트와 유사하게 낮은 편년과 높은 편년 사이에 편차가 생긴다. 특히 그릇 형태의 도기는 에게해의 키프로스를 비롯하여 이집트와 가나안(시리아-팔레스타인) 지역에서 동일한 편년을 나타낸다. '화이트 슬립 I'이라 불리는 후기 키프로스식 도기는 후기 청동기 시대에 에게해와 고대 근동 지역에서 사용되었으며, 이집트의 신왕국 시작 후 수십 년 뒤에 처음 나타난다. 그리고 테라섬 분화 이전의 유적지에서도 나타나기 때문에 테라섬의 분화는 기원전 1500년보다 이전일 수 없다. 이미 이 당시에 키프로스와 이집트는 교역이 활발했는데, 양 지역에는 서로의 도기가 발견되기 때문이다.

또한 낮은 편년 지지자들은 이집트와 가나안 지역의 유적들에서 화산 분출물인 부석을 조사하고, 이집트의 신왕국(투트모세) 시대 이전에 그 지역들에서는 어떤 부석 시료도 발견되지 않았다고 주장한다. 그러나 기원전 약 1500년경에 이르러 엄청난 양의 부석이 출토된다고 주장한다. 이처럼 테라섬의 분화는 기원전 16세기보다 더 이전일 수 없고, 따라서 이집트와 고대 근동의 편년을 상향 조정해야 하는 높은 편년에는 문제가 있으며, 방사성 탄소 연대에 대한 불신을 강력하게 주장한다. 대신 잘 정의된 이집트 편년과 상호 연계되는 방사성 탄소 연대는 기원전 1525년에서 1490년의 범위라고 제안한다.

당연히 높은 편년 지지자들은 위와 같은 낮은 편년의 논리를 받아들이지 않는다. 우선 올리브 나뭇가지의 유효성에 대해 가지의 내부에서 외곽부를 향해 체계적인 분석과 교정 작업을 수행하고 그 위치에 따른 시간적 연속성(시퀀스)을 고찰하면 가지의 바깥쪽이 기원전 1600년보다 더 오래되었다는 것이다. 그리고 베이즈 기법을 적용한 경우에도 기원전 17세기의 연대는 변함이 없음을 보이고 있다.

높은 편년 주창자들은 키프로스식 도기와 관련해서 낮은 편년 지지자들이 언급하고 있는 그릇들은 적절하지 못한 대상이라고 지적한다. 즉 그들이 대상으로 삼고 있는 화이트 슬립 I 그릇 세 개 중에서 두 개만이 이집트 양식과의 유사성을 가지고, 시기 또한 신왕국의 것인지도 분명하지 않다는 것이다. 그리고 이집트에서 발견된 그 화이트 슬립 I은 텔 엘-다바에서, 그것도 재퇴적된 층에서 유래된 것이기 때문에 그 자체로도 편년의 대상이 될 수 없음을 지적한다.

동지중해, 이집트 그리고 고대 근동에서 테라섬의 분화에 기인한 부석의 존재는 이집트 신왕국 시대에 들어서서 분출한 결과로 낮은 편년 지지자들은 주장했지만, 높은 편년 지지자들은 그 주장에 대한 근거가 전혀 없다고 신랄하게 비판하고 있다. 즉 그들이 주장의 근거로 삼고 있는 문헌에서는 그 주장과 관련된 내용이 언급되어 있지 않다. 비록 여러 지역에서 발견되는 부석의 공급지가 어디냐에 대한 최종 결론에 도달하지 않았지만, 낮은 편년 지지자들이 근거로 삼고 있는 내용 자체는 증명되지 않는 오류로 드러난 것이다.

높은 편년의 주창자들은 자신들의 주장에 대한 최근 증거로 추가적인 연구결과를 제시하고 있다. 첫 번째로 이집트의 중왕국과 신왕국 사이에 있었던 제2중간기는 이집트를 통치했던 셈족의 힉소스 시대다. 힉소스의 왕으로 제15왕조 말에 위치하는 카얀은 낮은 편년에 의하면 기원전 1600년에서 1580년 사이에 재위한 것으로 여겨진다. 그런데 최근 이집트 텔 에드푸Tell Edfu에서 발견된 카얀 관련 많은 인장들은 제13왕조의 소브코테프 4세와 가깝게 연관되고, 또한 최근의 텔 엘-다바의 보고서에서도 카얀이 제15왕조 초기임을 지시하여 낮은 편년보다는 80년 정도 빠른 시기에 재위했을 것으로 생각된다. 한편, 텔 엘-다바에서 카얀의 궁전이 발굴되었다. 낮은 편년의 텔 엘-다바의 층서는 그 시기에 의문점이 많았지만, 카얀의 연대를 올리게 되면 텔 엘-다바의 방사성 탄소 연대와 일치하게 된다. 그리고 크노소스 발굴지에서 발견된 카얀의 카르투슈도 좀 이른 카얀의 시기를 가리킨다.

에게해와 고대 근동에 대한 확실한 편년을 제공하기 위해 방사성 탄소 연대 측정은 불가피하다. 그리고 방사성 탄소 연대에 대해 고고학적으로 정의된 시간 계열을 고려한 베이즈 기법을 적용하면 단일-사례 연대 측정의 모호함을 극복하는 데 도움이 된다. 또한 세계적으로 여러 다른 실험실에서 반복 측정함으로써 에게해와 이집트로부터의 시료들에 대한 아주 유사한 ^{14}C 결과를 얻어왔다. 그러므로 일부 에게해 낮은 편년 지지자들이 반복적으로 ^{14}C 연대 측정에 대한 문제를 제기하더라도, 방사성 탄소 연대를 기반으로 한 편년의 검토를 포기할 수는 없다는 것이 높은 편년 지지자들의 입장이다.

테라의 분출 시기에 대한 논란은 진행형이다. 1970년대에 방사성 탄소 연대를 도입하면서 동지중해와 고대 근동 지역 문명의 역사에 대한 과학적 접근이 시도되었고, 남아 있는 문제를 해결하려고 다학제 간 연구들이 진행 중이다. 논쟁은 새로운 방향을 제시하고, 그 방향을 찾아 나아갈 때 예기치 못한 곳에서 희미한 실마리가 보일 수도 있다.

또 다른 연대들

테라섬 화산 분화의 시기와 그 영향에 대해 생각해 볼 수 있는 다른 증거들이 있다. 방사성 탄소 연대 측정과 더불어 화산 분출의 시기를 검토하는 데 유용한 방법으로 극지역 빙상의 얼음 코어에서 화산 분출 때문에 생긴 산성도 시그널을 찾아 그 시기를 산정하는 방법이 있고, 나무의 연륜 성장 패턴에서 화산 분출로 야기된 기후 변동의 흔적을 찾아 그 시기를 가늠하는 방법도 있다. 비록 간접적인 방법이긴 하지만 이런 대용proxy 자료를 활용하여 과거의 환경 변화를 추적하는 것은 근래에 상당히 보편적으로 사용하는 방법이다.

1980년 덴마크 코펜하겐 대학의 해머는 그의 동료들과 함께 그린란드 빙상 캠프 센추리Camp Century로부터 시추한 얼음 코어를 이용해 연대를 산출했다.[2] 그린란드 북서부(77°N, 61°W)에 위치한 캠프 센추리 얼음 코어는 그린란드에서 표면에서부터 기반암까지 도달한 유일한 얼음 코어이다. 길이가 1,390m인데 얼음층으로 1,367m에 해당하고, 가장 깊은 곳은 10만 년보다 더 오래되었다. 이 코어에서 기원전 1100년과 2700년 사이에 아주 뚜렷한 산성도 시그널을 발견했는데, 기원전 약 1390±50년 정도로 계산되었다. 그리고 해머는 이 시그널을 형성시킨 화산 분화가 에게해의 테라섬이었을 것으로 추정했고, 기원전 1400년 부근의 연대는 크레타섬을 중심으로 한 미노아 문명의 쇠락과 관계가 있을 것으로 생각했다. 한편, 해머는 1959년에 발표된 테라섬 분화의 방사성 탄소 연대인 기원전 1720±50년을 언급하면서 연대 측정의 대상 유기물에서의 비정상적인 방사성 탄소의 함량으로 인해 얼음 코어 연대와 차이가 생겼을 것이라고 해석했다. 해머와 그 동료들은 1987년에 후속 연구의 결과를 발표했는데,[3] 남부 그린란드의 DYE 3 사이트에서 채취된 얼음 코어에서 기원전 1645±20년의 산성도 시그널을 발견했고, 그것이 테라섬의 예외적이고 고립된 분화에 기인한다고 제안했다. 이 연대는 2005년에 실시된 그린란드 얼음 코어의 연대 동기화(GICC05)에 의하면 기원전 1641±5년으로 약간 수정되었다.

아리조나 대학의 라마르셰와 허쉬보엑은 1984년 미국 캘리포니아의 브리슬콘 소나무에서 기원전 1627년에 해당하는 상륜을 발견하고, 이 서리 피해가 테라의 화산 분출 영향이라고 해석했다.[4] 1980년대 초반에는 연륜 연대학적으로도 그리고 얼음 코어의 연대에서도 기원전 17세기의 화산의 영향이 확인되지 않았지만, 방사성 탄소 연대에서는 유사한 시기의 연대가 발표되고 있었다. 따라서 라마르셰와 허쉬보엑이 발견한 상륜이 테라의 분출로 생각되었던 것은 무리는 아니었을 것으로 생각된다. 그리고 1988년에 영국의 퀸즈대학의 베일리와 먼로는 북아일랜드 참나무에서 나타나는 아주 얇은 연륜이 기원전 1628년에 시작된 아주 짧은 기간에 상응하고 테라의 커다란 화산 분출로 형성되었을 것이라고 제안하면서,[■5] 이런 연륜 연대가 방사성 탄소 연대나 얼음 코어 연대보다 훨씬 양질의 정보라고 주장했다. 어쨌든 연륜 연대학적으로 기원전 1627~1628년에 나무의 연륜 성장에 영향을 미친 사건이 있었음이 확인된 것이다.

그린란드의 얼음 코어 연대와 참나무의 연륜 연대는 모두 기원전 17세기의 중반~후반을 가리킨다. 이 연대들 역시 방사성 탄소 연대와 비슷한 연대들이며 테라섬 분화의 논쟁에 어쩔 수 없이 휘말려 들게 된다.

2019년 영국 퀸즈대학의 맥애너니와 베일리는 알려진 브리슬콘 소나무의 상륜 연대와 얼음 코어에서의 화산 기원의 층을 비교하면서 그린란드 얼음 코어의 연대를 수정했다.[■6] 그리고 기원전 2000년까지 거슬러 올라가 얼음 코어에 나타나는 화산 기원의 층은 기원전 1653년, 기원전 1627년, 기원전 1610년의 세 연대에 해당함을 밝혔다. 하지만, 세 연대 모두 테라섬의 분화와는 관련이 없다는 충격적인 결론을 발표했다. 먼저 기원전 1653년과 기원전 1610년의 경우 테라섬의 아크로티리 화산 파괴층VDL과 올리브 나뭇가지에 대한 방사성 탄소 연대와 일치하지 않는다는 것이다. 반면 올리브 나뭇가지로부터 제시된 방사성 탄소 연대는 얼음 코어의 기원전 1627년과 조화적이지만, 이 경우 화산 기원의 층은 테라섬의 분화에 의한 것이 아니라 알래스카의 아니아크착 II Aniakchak II 화산의 분출에 기인한 것으로 해석했다.[■7] 실제로 아니아크착 II는 기원전 1627~1628년의 방사성 탄소 연대를 가진다.

기원전 1627년은 1980년대 이래 방사성 탄소 연대를 근거로 한 높은 편년 지지자들에게는 가장 확실한 테라 분출의 시기였다. 하지만 맥애너니와 베일리는 그 연대의 위글 매칭의 교정 곡선을 재검토하면서 테라의 분출이 기원전 1627년보다는 조금 더 뒤인, 즉 기원전 1626~1605년(95.4% 확신)일 가능성을 제안했다. 사실 퀸즈대학의 사라 쿨터와 그 동료들은 2012년에 그린란드의 기원전 1627년(GICC05 동기화 연대로 1629~1628년)의 얼음 코어(QUB-1188)의 화학 성분을 분석하여 그 성분이 테라 화산섬의 것과는 다르고, 대신 아니아크착 II와 유사하다는 사실을 밝힌 바 있다.■8 문제는 테라섬 같은 대규모 분화의 산성도 시그널이 얼음 코어에서 산출되지 않는다는 것인데, 아니아크착 II와 중첩될 가능성과 다른 시기의 코어에서 재확인해야 한다는 숙제를 남겨두고 있다.

기원전 1627년의 사건에 대한 흥미로운 기록은 천문학적 관측에서도 엿볼 수 있다. 고대 바빌로니아의 설형 문자로 기록된 점성술 자료, '암미사두카의 금성 점토판Venus Tablet of Ammisaduqa'에는 평상시와는 달리 금성이 관측되지 않았던 이상한 기간이 기록되어 있는데, 이 현상이 테라섬 화산 분화의 영향에 기인한 것이라고 알려져 왔다. 바빌로니아 왕이었던 암미사두카의 재위 동안 금성의 운동을 21년간 기록한 설형 문자판이 금성 점토판이다. 바빌로니아 사람들은 금성이 날씨, 질병, 전쟁 그리고 왕국의 운명에 영향을 준다고 믿었고, 금성의 운행에 따라 자신들의 운세를 점치기도 했다.

고대 근동의 청동기 시대 편년은 제대로 정립되지 않고 있다. 그리고 이 편년을 확정짓기 위한 시간 고정점이 필요한데, 이 태블릿에 포함된 금성의 이상한 현상이 그 고정점 역할을 할 수 있으리라 기대되는 이유다. 암미사두카의 재위에 대해서는 네 가지의 설이 있다. 기원전 1702년, 1646년, 1638년 그리고 1582년이다. 만약 금성이 시야에서 사라진 이상한 현상의 연대를 확정할 수만 있다면, 고대 바빌로니아의 편년이 가능해지게 된다. 암스테르담 대학의 데

용에 따르면[9] 이런 금성의 불가시성은 테라섬과 같은 대규모 화산 폭발로 방출된 엄청난 양의 에어로졸 때문에 생긴 것으로 생각하고, 그 시기에 대한 면밀한 검토로부터 두 가지 연대를 제안했다. 하나는 테라의 방사성 탄소 연대와 조화로운 기원전 1628/1627년이고, 다른 하나는 고대 바빌로니아 날짜 길이의 보정에 따른 기원전 1692/1691년이다. 그러나 테라섬의 분화와 천문 현상과의 연관은 기원전 1628/1627년에 귀결된다고 보았다. 기원전 1627년 5월 9일부터 같은 해 10월 9일까지 금성이 시야에서 사라졌기 때문이라는 것이다. 당연히 그런 현상은 테라섬 화산 분화에 의한 먼지 장막dust veil에 기인하는 것으로 생각하기 쉬울 것이다.

동지중해의 청동기 시대 분화가 예측되는 또 다른 화산 하나가 화제가 된 적이 있다. 테라섬에서 동쪽으로 약 150km 떨어진 얄리Yali, Giali 화산섬이 있는데 코스Kos섬과 니시로스Nissyros섬 사이에 위치하고 에게해 화산호의 가장 동쪽에 해당한다. 마지막 분출이 약 16만 년 전에 일어난 코스섬에서의 커다란 분화에 수반되었다고 생각되는 화산이다. 그런데 에게해에서 일어난 청동기 시대 분화의 증거를 찾다가 얄리섬에서 비교적 최근의 테프라가 발견되어 그에 대한 조사가 진행되었다. 얄리섬에 쌓인 테프라는 테라를 비롯해 인근 코스와 로도스섬의 테프라들과는 다른 특성을 보였다. 따라서 얄리섬의 미고결된 화산 분출물은 비교적 최근 분화의 결과이며 그 연대가 궁금해졌다.

1990년대 중반 리리치스와 그 동료들은 얄리섬에 대한 조사를 진행하면서 분출물 속에 포함된 석영 입자를 대상으로 열발광 연대 측정을 수행하였다.[10] 네 시료에 대한 측정의 결과는 모두 기원전 1018±400년, 1014±430년, 1714±714년, 2088±750년으로 분산이 심하다. 이 연대들은 얄리 화산의 분화에 대한 정확한 시기를 특정할 수는 없으나, 기원전 2천 년대 청동기 시대의 분화에 해당할 것이라는 정성적인 결과로는 인용할 수 있다. 그런데 분산된 자료에 대해 리리치스는 산술 평균에 해당하는 기원전 1460±460년 또는 1460

±595년의 연대를 제공하였는데 사실상 의미 없는 평균연대이지만, 자칫 잘못 사용하면 큰 착각을 일으키게 된다. 그는 또한 네 가지 자료에 가중치를 부여한 가중 평균으로 기원전 1260±250년의 연대도 제시하였다. 문제는 기원전 1460년의 연대가 마치 성경 연대기의 엑소더스 연대와 유사하고, 또한 이집트 제18왕조의 투트모시스 3세의 시기와 유사하다. 두 차례의 엑소더스가 있었다고 주장한 시버첸은 이 기원전 1460년이란 연대를 근거로 하여 얄리섬의 화산 분화가 두 번째 엑소더스 때 일어났었다고 생각했던 것이다.■11

연대 논쟁, 휴전을 위한 첫걸음

테라의 분화는 동지중해를 비롯하여 이집트, 고대 근동 지역을 아우르는 청동기 시대의 연대기를 정확히 밝힐 수 있을 것으로 기대를 모아왔다. 하지만 고고학자들과 방사성 탄소 연대 측정가들 사이에는 테라의 분출 시기에 대한 엄청난 싸움이 수십 년간 이어져 오고 있다. 이집트의 기록과 도기를 연결시키면서 고고학자들은 화산 분화를 기원전 16세기 후반~15세기 초반으로 설정했다. 그러나 분화로 묻힌 올리브 나뭇가지를 포함한 아크로티리와 주변 사이트들로부터의 방사성 탄소 연대들은 100년 이상 더 빠른 기원전 17세기 후반을 가리켰다. 서로가 지쳐갈 무렵 미국의 아리조나에서 조그만 소식이 전해졌다. 잠시 쉬었다 가자는 얘기다.

새로운 연구가 휴전을 제시했다. 고고학자이자 연륜 연대학자인 아리조나 대학의 샬롯 피어슨이 이끄는 팀은 다섯 나무의 개별 연륜에 저장된 방사성 탄소를 측정했으며, 연륜 연대 측정의 정밀도를 높이면서 방사성 탄소 연대를 수정할 수 있었다.■12 그 결과 테라섬 화산 분화의 연대 범위를 효율적으로 재설정했는데, 전통적인 고고학적 연대인 기원전 16세기를 포함한다. 고고학자들과 방사성 탄소 연대 측정자들 사이에 합의점이 될 수 있는 연대다.

연륜 연대 측정은 나무들의 연간 성장테에서의 패턴을 알고 있는 참 연대에 대응시키는 것에 기초하고, 따라서 그들은 방사성 탄소 연대 측정의 어떤 가정에도 독립적이며, 시간에 대한 ^{14}C 농도의 자연적 지시자로 작용할 수 있다. 만약 연륜 연대 측정이 된 나무의 많은 시료들에서 ^{14}C를 측정했다면 하나의 미지 연대의 시료에 해당하는 ^{14}C 측정값을 가지게 되고, 동일 ^{14}C 농도를 가진 연륜 연대 측정된 시료를 발견하게 되면 이상적으로는 미지 시료의 실제 연대를 알게 된다. 실제로 이 과정을 교정이라 부르고 연대가 알려진 시료들에서의 ^{14}C 측정값을 일반적으로 하나의 선, 즉 교정 곡선으로 나타낸다.■13 한편, 여러 시료들이 동일한 양의 ^{14}C을 포함할 때도 있다. 만약 서로 다른 연대의 시료들이 거의 동일한 양의 ^{14}C을 가진다면, 교정 곡선에서는 평탄한 구간plateau이 만들어진다. 이 한계를 극복하기 위해, 방사성 탄소 연대들은 일반적으로 연대의 범위로 나타내거나, 특별히 참 연대를 표현하기 위한 연대의 확률을 그래프로 제시한다.

방사성 탄소 연대를 교정하기 위해서 사용하는 교정 곡선은 국제교정실무그룹International Calibration Working Group, IntCal에서 비정기적으로 제안하는 것이다. 1990년대 이후 가속기 질량분석기Accelerate Mass Spectrometer, AMS에 의한 방사성 탄소의 정밀 분석이 보편화되고부터 탄소 연대의 측정 범위가 계속 증가하였고 그에 따라 교정 곡선이 수정되어 왔다. 그리고 수정된 연도에 따라 IntCal98, IntCal04, IntCal09 등으로 나타내는데, 현재 가장 범용적으로 사용하고 있는 IntCal13은 2013년에 설정된 과거 5만 년에 대한 교정 곡선이다.

교정 곡선을 살펴보면 횡축에는 실제 연대로 생각하는 연륜의 시간표를 나타내고, 종축에는 보통 10개 내지 20개의 연륜을 하나씩 군으로 묶어 방사성 탄소 연대를 측정하여 그 결과를 나타낸다. IntCal 교정 곡선 역시 나무의 10년 단위 덩어리를 사용하여 방사성 탄소 연대와 연륜 사이의 관계를 설정한다. 하지만 세밀한 교정 곡선을 만들기 위해서는 연륜 하나하나에 대해 고정밀도 연대 측정을 실시해야 하는데 이게 말처럼 쉽지 않다. 교정 곡선에 흔히 사용되는 나무들은 8000년 이상의 연대표를 제공하는 미국 캘리포니아산 브리슬콘 소나무나, 7000년 이상의 연대표를 제공하는 아일랜드산 참나무를 사용한다. 이 나무들에서 고정밀 연대 측정을 하기 어려운 이유는 충분한 시료를 얻기 힘들기 때문이다. 참나무의 경우 전형적인 연륜의 폭이 1mm 정도이고 브리슬콘 소나무는 그 4분의 1 정도에 불과하다.

하지만 피어슨 팀은 캘리포니아의 세 그루의 브리슬콘 소나무와 두 그루의 아일랜드 참나무에서 10년 단위가 아닌, 1년 단위의 자세한 연륜을 사용함으로써 더 정확하게 방사성 탄소를 측정할 수 있었다. 그리고 그로부터 새로운 교정 곡선 ICCP17을 설정했다. 새로운 교정 곡선 ICCP17은 최근까지 보편적으로 사용되던 IntCal13 곡선과 중간 부분, 즉 기원전 1660년과 기원전 1540년 사이에서 작지만 두드러진 편차를 보였고, 이 차이는 IntCal13보다 새로운 교정 곡선을 사용하여 기존 테라 분출의 방사성 탄소 연대를 교정할 때 커다란 영향이 나타난다. 기존의 교정 곡선에서는 몇 개의 다른 참 연대가 동일한 양의 방사성 탄소(^{14}C)를 보이는 연대의 평탄 구간을 보이지만, 새로운 교정 곡선은 구체화된 분해능으로 확실한 연대 구분이 가능하다. 그 결과 테라의 방사성 탄소 연대들이 놓일 수 있는 정확한 위치가 설정되고, 실제 역년 범위가 수정되었으며 기원전 16세기에 속함을 지시하면서 고고학적 연대 범위와의 중재가 가능해졌다.

낮은 편년 지지자들이 방사성 탄소 연대에 대해 펼쳤던 반론의 핵심 가운데 올리브 나뭇가지의 부적절함이 있다. 실제 그 나뭇가지의 연륜은 때로 성장 경계가 불분명하여 한 해에 여러 개의 성장이 중첩되거나 아예 성장이 보이지 않는 경우도 있다. 또한 방사성 탄소 연대 측정에 사용된 나무가 화산 분출 이전에 이미 고사된 것이고, 가장 바깥쪽의 연륜이 소실되었다는 반론도 있다. 그럼에도 불구하고 피어슨 팀은 이런 반론과 상관없이 오래된 연륜에서 새로운 연륜으로의 연속성을 고려하여 새로운 교정 곡선에서의 역년 계산이 가능함을 지적하고 있다. 아크로티리에서 발굴된 곡식 씨앗 세 개와 올리브 나뭇가지 네 개에 대한 기존 IntCal13의 연대 계산에서 베이즈 정리에 기인한 사후 확률 평균은 기원전 1637년에서 기원전 1609년의 연대가 설정되고 이는 높은 편년에서 주장하는 기원전 17세기의 연대다. 하지만 이 데이터를 대상으로 ICCP17 교정 곡선을 사용하여 재계산하면 기원전 1589년에서 기원전 1570년의 연대가 설정되며, 이 연대 속에 낮은 편년에서 주장하는 연대가 포함될 수 있는 여지를 남겨두었다. 하지만 피어슨은 교정 곡선 ICPP17을 사용하여 테라섬의 미노아 분화 연대를 수정함에도 불구하고 그 연대가 기원전 1510년보다 더 낮을 수는 없다고 지적한다. 예전의 높은 편년의 경우보다 낮아지기는 했어도 테라섬 화산 분화 연대의 하한은 분명 존재한다.

보다 세밀한 과학적 접근으로 도출된 새로운 방사성 탄소 연대의 등장은 높은 편년의 지지자들에게는 충격이었다. 퀸즈대학의 지구 연대학자이며, 세계적인 방사성 탄소 연대 교정 곡선IntCal을 만드는 그룹의 리더 폴라 라이머는 기존 발표된 기원전 1700년부터 기원전 1500년 사이의 모든 연대들을 대상으로 피어슨 팀의 방법에 의한 재교정의 필요성을 언급했다. 오랜 기간 테라섬 미노아 분화의 방사성 연대를 결정해 왔던 옥스퍼드 대학의 브롱크 램지는 충격을 받아들이면서 방사성 탄소의 측정 자체에는 문제가 없으며, 만약 피어슨의 논문이 옳다면 기대하던 결과는 아니지만 교정 곡선의 개선이 필요할 뿐이라고 스스로 위로했다. 하지만 높은 편년 지지자 그룹의 태두인 스트루트 매닝의 실망은 컸던 것으로 보인다. 향후 십 년 이상 방사성 탄소 연대의 무용론에 대한 낮은 편년 지지자들의 공격을 염두에 두면서, 앞으로 교정 관련 작업들이 독립적으로 확증되어야 함을 강조했다. 피어슨은 테라 분출의 방사성 탄소 연대가 과거 교정 곡선에서 평탄 구간에 속하여 제대로 연대 구분이 어려웠던 것은 불운이었다고 언급하고, 그러나 그것이 바로 과학이라는 소감을 전했다.

좀 더 가까이

2018년 피어슨의 논문이 발표된 이후 세계 각지에서는 테라섬의 미노아 분화의 시기를 결정하는 데 사용되었던 시료들에 대한 방사성 탄소 연대 측정을 다시 시도하고 있다. 실험실마다 결과를 공유하고 비교하고,[■14] 더 정확한 방사성 탄소 연대를 제시하기 위해 노력하는 중이며, 급기야 새로운 교정 곡선 IntCal20도 발표되었다.[■15] 정확한 측정과 정밀한 교정 곡선은 방사성 탄소 연대가 진정한 의미를 가지는 기본 조건이며, 그에 대한 개선은 향후 여러 실험실에서 좋은 결과로 나타나리라 기대된다.

그런 기대와 더불어 2020년 3월 샬롯 피어슨과 그녀의 동료들은 테라섬의 미노아 분화에 대한 새로운 연구 결과를 내놓았다.[■16] 지금까지 테라섬의 분화 시기에 대한 논의에서 화산 분화의 영향을 받은 지중해 주변의 나무에 대한 연대는 거의 포함되지 않았다. 그 이유는 정확하게 산출된 연대가 없었기 때문이다. 피어슨은 중부 아나톨리아 지역의 청동기-철기 시대의 유적지에 주목했다. 기원전 2200년에서 기원전 718년에 걸친 20여 개의 고고학적 발굴지에서 나무 목재들이 발굴되었다. 그중에는 잘 알려진 미다스 왕(손으로 만지기만 하면 금으로 변한다는 전설의 왕)의 아버지 혹은 할아버지로 여겨지는 사람의 무덤이 과거 프리기아의 수도였던 고르디온에서 발견되었고, 거기에서 향나무juniper 목재가 채취되었다. 이 목재 시료에 대한 정밀 연대 측정은 고고학적 편년에 상당히 중요한 의미를 지닌다. 이 나무야말로 테라섬을 제외하고는, 미노아 분화 전후의 시간을 살필 수 있는 고대 지중해로부터의 유일한 시료이며, 고대 이집트, 가나안(시리아-팔레스타인), 그리스 및 터키 지역의 연대기를 서로 연결할 수 있는 중요한 지시자가 된다.

2018년에 피어슨이 테라섬의 미노아 분화에 대한 연대가 기원전 16세기로 결정될 수 있다는 결론을 냈을 때만 해도 높은 편년과 낮은 편년 사이의 논쟁은 잠시 휴전에 들어가는 듯했다. 그러나 방사성 탄소 보정 곡선에서의 기원전

1620년에서 1540년 사이의 평탄 구간 문제는 여전히 숙제였다. 연대 측정에서 절대적으로 편년되지 않는 이 '유동적인floating' 연대 범위를 시간의 고정점(기준점)으로 바꾸기 위한 방법이 필요하다. 피어슨과 그 동료들은 새로운 접근법을 모색했다. 첫째, 피어슨은 아나톨리아 고르디온의 향나무 시료를 대상으로 1년 단위의 정밀한 방사성 탄소를 측정하고, 그녀의 팀이 이미 조사했던 북아메리카의 브리슬콘 소나무의 방사성 탄소에 대한 시간 계열과 비교했다. 둘째, 고르디온의 향나무 나이테에서 보이는 특징과 브리슬콘 소나무의 나이테 특징을 비교하면서 화산 분화에 따른 나이테 성장 패턴의 차이를 조사했다. 두 종류의 나무에서 1년 단위의 방사성 탄소 측정결과를 서로 대비시키고, 이미 역년이 결정되어 있던 브리슬콘 나무의 나이테 기록을 고르디온 향나무의 기록과 동기화시켰다. 그리고 동일 시기에 두 나무 사이의 나이테 특징에서 뚜렷한 차이도 발견되었다. 즉, 테라의 미노아 분화 이후 지중해의 고르디온 향나무의 성장은 넓은 띠를 보이는 반면, 북아메리카의 높은 고도의 브리슬콘 소나무는 같은 시기에 서리 피해를 입어 상륜이 발달했다.

일반적으로 커다란 화산 분화가 일어나면 화산재의 영향으로 태양 복사가 줄어들고, 그해 혹은 그 이듬해 한랭화가 찾아오는 경우가 있다. 가장 대표적인 예가 1815년 인도네시아 탐보라의 분화이고, 그 이듬해 1816년 지구에는 여름이 없었다고 할 정도로 기온이 떨어졌다. 보통 한랭화가 진행되면 나무의 성장이 더뎌지고 나이테는 좁아진다. 고산 지대나 추운 지역에서는 서리 피해를 입고 상륜이 발달하기도 한다. 테라섬의 미노아 분화에 해당하는 시기에 북아메리카 브리슬콘 소나무에 상륜이 나타나는 것은 그런 이유다. 하지만 국지적으로는 강수량이 증가하기도 한다. 1783년 라키 화산과 1815년 탐보라 화산을 비롯한 여러 화산들의 분화 당시 혹은 그 이듬해 서부 터키에서는 5월과 6월에 강수량이 증가하여 습윤한 기후조건이었고, 나무의 나이테는 평소보다 더 넓어졌다. 북반구에서 대규모 화산 분화 이후의 한랭화와 국지적인 강수량 증가는 서로 다른 두 지역의 연륜에 아주 뚜렷한 차이를 보인다. 이와 마찬가지로 테라섬의 미노아 분화의 영향으로 북아메리카 고산지대의 브리슬콘 소나무의 상륜과 서부 터키 아나톨리아 향나무의 넓은 연륜은 바로 그러한 차이를 확실하게 반영하는 것이다. 이 사실은 2018년 피어슨의 연구 결과가 유효함을 검증해 주었다.

북아메리카의 브리슬콘 소나무와 아나톨리아의 향나무에서 방사성 탄소 연대와 역년에 대한 결정 그리고 동기화가 이루어진 가운데 미노아 분화의 시기를 확정하는데 또 다른 증거가 발견되었다. 피어슨과 그녀의 동료들은 아나톨리아 고르디온 향나무 시료를 대상으로 X선 형광분석을 실시하였고, 기원전 약 1630년에서 1500년까지에 해당하는 연륜 하나하나에 대한 화학원소의 함량을 측정했다. 커다란 화산 분화 이후에 성장하는 연륜은 화산에서 방출된 화학 원소의 영향을 받기도 한다. 피어슨의 연구에서는 고르디온 향나무의 기원전 1560년 부근의 나이테에서 칼슘Ca의 함량에 커다란 교란이 있음이 밝혀졌는데 기원전 1562년 혹은 1561년부터 시작하여 그 영향은 기원전 1557년까지 지속되었다. 칼슘은 나무에게는 기초적인 생물 기능, 즉 세포막을 안정하게 하고 스트레스에 대응하게 하는 필수 원소이다. 나무에 이 원소가 결핍되는 경우는 보통 가뭄이나 화재에 의한 것이지만, 고르디온 향나무에서 발견된 것은 그런 현상과는 관련이 없는 화산의 영향으로 보인다. 따라서 기원전 1560년경의 칼슘 교란은 화산 분화의 영향이며, 원인이 되는 화산이 어딘지가 궁금하다.

기원전 1560년은 피어슨이 제시한 기원전 1589~1570년이라는 미노아 분화와는 약간의 차이가 있다. 하지만, 피어슨의 연대에 사용된 올리브나무는 미노아 분화의 단계에서는 첫 번째 단계인 대규모 플리니안 분화 때 묻힌 것이다. 따라서 두 번째와 세 번째의 분화는 첫 번째보다는 약간의 시간 간격이 있다. 화산 분화로 말미암은 화학적 영향, 즉 산성도와 화학 성분과 같은 특징은 대규모 분화가 아니더라도 얼마든지 주변에 영향을 줄 수 있다. 따라서 기원전

1560년의 고르디온 향나무에서의 칼슘 교란은 첫 번째 미노아 분화 이후 단계의 영향일 가능성도 제기된다. 한편 지구 대기에서 대규모 분화의 영향은 분화 이후 7~8년 지속될 수도 있기 때문에, 첫 번째 분화의 영향이 시기를 두고 일어났을 가능성도 배제할 수는 없다. 하여간 이 기원전 1560년의 연륜에 나타나는 칼슘 교란에 대해서는 앞으로의 연구가 그 수수께끼를 풀어줄 것으로 기대된다.

미국 브리슬콘 소나무와 아나톨리아 고르디온 향나무의 연륜 연대가 동기화되고 그리고 칼슘 결핍 연대로서의 기원전 1560년이 등장하면서 미노아 분화에 대한 새로운 사실들이 나타나기 시작한다. 2018년 피어슨이 높은 편년과 낮은 편년의 중간 연대를 발표하고 난 이후 방사성 탄소 연대 측정에 관련하여 그 추이를 지켜보아야겠지만, 테라섬의 기원전 16세기 초반의 화산 분화를 기점으로 하여 동지중해의 고대 문명의 연표가 다시 검토될 것이다.

에필로그

플라톤의 《티마이오스》와 《크리티아스》의 두 대화편에 나오는 찬란했던 고대 왕국 아틀란티스의 이야기는 기원전 6세기 그리스의 철학자이자 정치가였던 솔론이 사이스 왕국의 신전을 방문했을 때 거기의 사제로부터 전해들은 내용을 바탕으로 한다. 솔론이 어떤 식으로 기록에 남겼는지, 플라톤이 그 이야기를 어떻게 알게 되었는지에 대해서는 알려진 바가 없다. 그래서 플라톤의 작품이 실제냐 허구냐를 두고 말이 많고, 실제라고 해도 어느 정도 각색된 것인지에 대한 평가도 다양하다. 그 내용 속에 들어 있는 진실은 과연 무엇이었을까? 고대 그리스인들의 기억의 끄트머리가 오랜 세월 동안 이어져 오면서 변형되었으나 그 중심의 본질은 남아 있다. 땅이 울리고 바다가 넘치고 불꽃이 하늘로 솟구치던 그곳에서 그들은 지구를 떠받치던 아틀라스의 모습을 보았던 것이다.

아틀란티스 이야기에 나오는 이상적인 국가는 미노아 문명과 함께 자취를 감췄다. 분명 그리스 반도의 미케네인들이 그 문화를 이어받기는 했지만 정치적으로는 플라톤이 말하는 이상 국가의 건설에 실패했다. 철학적으로 고뇌하던 한 인간으로서 자신의 이상향이 무너진 이유가 인간 사회의 탐욕과 부덕 때문이 아니라 자연 재앙 때문이었다면 조금이나마 마음에 위안이 되지 않았을까? 그렇게 아틀란티스가 가라앉았다면 어쩔 수 없는 일이었다고 스스로 위로라도 하지 않겠는가. 그런데 그런 일이 실제로 일어났다. 어떤 인간 사회의 모습도 그 재앙 앞에서는 버틸 수 없었다. 그렇게 플라톤의 이상향도, 동지중해의 청동기 시대 문명도 거대한 화산 분화로 말미암아 함께 가라앉았다. 우리는 그 시기를 후기 미노아 IA로 특정하고 있다. 남은 것은 그 정확한 연대가 기원전 1500년대의 언제냐는 것이다.

구약성경에 나오는 이스라엘 자손들의 엑소더스에 대한 이야기는 실제일까 허구일까? 고고학자들은 증거가 부족하다는 입장이고, 특히 이집트를 벗어나 가나안 땅으로 들어오는 과정을 서술하는 부분은 시대착오적인 것이라는 주장이다. 저명한 이집트학자였던 윌리엄 워드가 지적한 "가나안에서의 정복이 없었다면, 엑소더스는 필요없었다"라는 말처럼, 성경을 믿는 사람들은 마치 피의자가 된 듯한 불쾌감도 들 것이다. 성경은 역사서가 아니다. 그리고 구약성경은 이스라엘 자손들이 오랜 세월 입에서 입으로 구전되어 오던 것을 문자가 보편화되기 시작한 후에 글로 기록한 자료들이며, 그것들을 집대성하여 책자 형태로 만든 것은 더 나중이다. 경전에서 읽을 수 있는 것과 읽을 수 없는 것이 있다.

이스라엘 민족의 이집트 탈출이 역사적인 사건이라고 한다면 그것은 이집트 신왕국 제18왕조 초반의 힉소스 축출과 연관될 가능성이 높다. 그리고 만약 엑소더스 당시의 자연 현상이 테라섬의 미노아 분화의 영향 때문이라면 피어슨이 제시한 방사성 탄소 연대가 엑소더스의 배경 연대가 된다. 그런데 방사성 탄소 연대는 범위로 나타나기 때문에 이집트 제18왕조의 연대기와 엑소더스의 시기를 연결하기가 쉽지 않다. 그 시기를 확정할 수 있는 근거가 필요하다. 힉소스를 축출한 제18왕조 첫 번째 파라오 아흐모세 1세가 열쇠를 쥐고 있으며, 그의 재위 기간을 설정하고 검증할 수 있는 추가적인 자료가 필요하다.

단서 1. 하트셉수트

상이집트의 베니하산의 지하 신전 정면에 새겨진 비문, 〈스페오스 아르테미도스〉에는 아래와 같은 내용의 글이 쓰여 있다.

> 나는 파괴된 것을 복구했다. 북쪽 땅의 아바리스 중심에 아시아인이 있었기 때문에, 또 그들 중에 야만인이 섞여 있었기 때문에, 만들어진 것이 모두 파괴되었지만, 나는 철저하게 넘어진 것을 바로 세웠다. 그들은 라를 제외하고 통치했다. 라는 이 폐하의 치세에 이르기까지 신의神意로 행동할 수 없었다. 지금 나는 라의 왕좌 위에 서 있다. 태어나면서부터 정복자로서 나의 연한은 예고되어 있다. 나는 적에 대해 불타오르는 호루스의 뱀으로 왔다. 나는 신들이 싫어하는 것을 멀리했다. 대지는 그들의 족적을 지워 버렸다. 이것은 나의 아버지의 아버지인 사람의 생각이다. 아문이 명령한 것에 해가 되는 것을 나는 용서하지 않을 것이다. 나의 명령은 산처럼 변함이 없고, 태양 원반은 강하게 빛나고 폐하의 칭호 위에 빛을 쏟아부어 우리의 매는 영원히 우리 위에 하늘 높이 춤춘다.

이 글의 주인공은 이집트 신왕국의 다섯 번째 파라오로 기록되는 여왕 하트셉수트가 남긴 것으로 알려져 있다. 여기서 알 수 있는 것은 하트셉수트는 할아버지 시대부터 과거 아시아계의 통치에 대해 이를 갈고 있었으며, 그들은 비록 모두가 아닐지라도 일부가 야만인이었고 파괴를 자행했다. 그리하여 하트셉수트의 할아버지 때부터 그들의 흔적을 지워 버렸으며, 하트셉수트 자신도 그들을 용서하지 않을 것임을 천명하는 동시에 자신의 통치를 대견스러워하고 있다.

하트셉수트의 할아버지는 바로 신왕국 제18왕조의 첫 파라오 아흐모세 1세이다. 아흐모세 1세부터 하트셉수트에 이르는 가계는 조금 복잡하다. 아흐모세 1세는 통상적인 이집트 연대기로 기원전 1549년부터 1524년까지 재위했고 그 아들 아멘호테프 1세가 제2대 파라오가 된다. 그런데 이 아멘호테프 1세는 아흐모세 1세의 맏아들이 아니었고 최소 2명의 형이 있었을 것으로 추정된다. 하여간 아멘호테프 1세는 약 22년간 왕위(기원전 1524~1503년)에 있었으며 후계 없이 사망하자 투트모세 1세가 왕위를 물려받았다.

그리고 그다음 투트모세 2세가 기원전 1491년에 즉위하는데, 이때 그 이복동생 하트셉수트가 왕비가 된다. 이 두 사람 사이에서 태어난 어린 투트모세 3세가 기원전 1479년에 즉위하면서 하트셉수트는 초기에 섭정을 하고, 여자 파라오로서의 권위를 드러내게 되는데 앞에서 살핀 〈스페오스 아르테미도스〉의 비문도 그중 하나다.

하트셉수트의 할아버지인 아흐모세 1세가 아시아계를 몰아냈고, 그 흔적들을 지우고 파괴된 곳을 바로 세운 하트셉수트가 신왕국이 힉소스를 몰아내고 다시 이집트 왕조를 재건한 사건을 기록한 것이다.

그런데 하트셉수트의 가계를 살피면서 생긴 의문은 힉소스를 몰아낸 아흐모세 1세의 후계자가 장자가 아니라는 사실이다. 우선 형들이 아니라 동생인 아멘호테프 1세가 파라오가 된 배경에는 어떤 비밀이 숨어 있을까? 이 의문에 대해 학술적인 설명을 찾기란 쉽지 않은데, 그 이유를 설명하는 주목할 만한 주장이 있다.

2006년 4월에 역사채널The History Channel에서 방영된 《해독된 엑소더스The Exodus Decoded》란 다큐멘터리 영화다. 세계적으로 유명한 영화감독 제임스 카메론과 함께 영화를 제작한 심카 야코보비치는 엑소더스의 배경에 대해 이집트에서 힉소스를 몰아낸 아흐모세 1세 때의 일이며, 엑소더스 시기의 자연적인 재앙은 동지중해 테라섬의 미노아 분화에 기인하는 것이고, 장자의 죽음에 희생된 파라오의 아들은 아흐모세 1세의 아들 아흐모세 사피에르Ahmose Sapier라는 것이다. 이 사건이 기원전 1500년경에 일어났다고 본 것은 당시 보편적으로 받아들이고 있던 이집트 연대기의 내용을 인용했기 때문이었다. 이 다큐멘터리가 방영되자마자 엄청난 반향을 불러일으켰고 비록 적지 않은 비판을 받기는 했지만 시사하는 바가 크다. 특히 그 시기의 중요성에 대해 야코보비치는 한 강좌에서 엑소더스를 기원전 1200년대에서 찾는 것은, 제2차 세계대전을 서기 1800년대에서 찾는 것이나 다름없다고 비유했다. 그러면 절대로 찾을 수 없다는 것이다. 아흐모세 1세와 그의 맏아들의 죽음, 힉소스의 축출, 엑소더스 그리고 테라섬의 화산 분화. 이것이 야코보비치가 찾아낸 엑소더스의 코드다.

단서 2. 템페스트 스텔라

고대 바빌로니아의 설형 문자로 기록된 점성술 자료인 암미사두카의 금성 점토판에 일정 기간 동안 금성이 시야에서 사라진 사실이 기록되어 있는데, 이것이 테라섬 화산 분화의 영향이라면 암미사두카의 즉위에 대한 네 가지 설 중에서 기원전 1582년의 가능성이 대두된다. 비록 데 용은 예전에 알려졌던 테라섬 화산 분화의 연대인 기원전 1628/27년을 제시했지만, 이 연대는 알래스카의 아니아크착 II 화산의 분화 연대가 확실하다. 따라서 또 다른 연대인 기원전 1582년일 가능성이 높으며, 이 연대는 샬롯 피어슨이 제시한 미노아 분화의 연대 범위(기원전 1589~1570년)에 속한다. 만약 이 기간의 일부라도 아흐모세 1세의 생애와 겹친다면(파라오가 되기 이전을 포함하여), 그는 화산 분화의 영향을 경험했을 것이다.

'템페스트 스텔라Tempest Stela'로 불리는 비석이 있다. 이 비석은 파라오 아흐모세 1세가 세웠을 것으로 생각되고, 그 비문에는 당시의 비정상적이고 재앙적인 폭풍이 기록되어 있다. 이 템페스트 스텔라는 이집트의 약 3500년 된 비석이며, 스텔라의 깨진 조각들은 현재 룩소르인 테베의 카르나크 사원의 세 번째 탑문에서 1947년에서 1951년 사이에 프랑스 고고학자가 발견했다. 스텔라는 한때 1.8m 높이였고 비석의 양쪽 면에 글이 새겨져 있었는데, 스텔라의 앞면은 붉게 칠해진 수평 줄이 있고 파란 색소로 강조된 상형 문자가 새겨져 있으며 뒷면은 칠해져 있지 않다. 모두 40줄의 비문이 새겨져 있는데, 비문의 번역에는 비, 어둠, 쉼 없는 폭풍의 하늘, 군중의 울음보다 더 큰소리 등이 묘사되어 있다.

시카고대학의 오리엔트 연구소의 언어학자인 리트너와 뫼러 박사는 템페스트 스텔라에 묘사된 비정상적인 날씨 패턴이 오늘날 지중해의 산토리니인 테라섬에서 일어난 거대한 화산 분화의 결과였다고 믿는다.■[1] 화산 분화가 날씨에 광범위한 영향을 줄 수 있기 때문에, 테라섬의 화산 분화는 이집트에 중요한 기상 이변과 심리적 불안정을 일으켰을 수 있다. 비문의 내용에서 이집트 파라오 아흐모세 1세가 이전에 생각했던 것보다 테라섬이 분화한 연대와 가까운 시기에 통치하고 있었음을 파악할 수 있다. 템페스트 스텔라가 테라섬 재앙의 후폭풍을 묘사하는 것이라면, 아흐모세 1세의 재위 기간에 속해야 한다. 그리고 비문의 묘사가 엑소더스 당시의 재앙에 대한 묘사와 그리 다르지 않음도 주목할 만하다.

아흐모세 1세 때의 이상 기후 현상과 바빌로니아에서 금성이 보이지 않았던 현상이 테라섬 화산 분화의 영향임을 인정하더라도 그것이 정확히 아흐모세 1세 즉위 후 몇 년이라는 구체적인 시기를 알려주지는 않고, 대략 언제쯤이라는 기간으로 제시될 뿐이다. 우리가 찾고 싶은 것은 아흐모세 1세의 즉위 연도, 그리고 그가 힉소스를 축출하고, 이스라엘인들이 엑소더스를 실행한 구체적인 연도다. 그 연도에 접근하기 위해서는 조금은 먼 길을 돌아가야 한다. 아흐모세 1세로부터 최소 200년 이상 후대의 기록에서 근거를 찾고 되돌아와야 한다.

단서 3. 우가리트의 개기 일식

고대 문헌에서 찾을 수 있는 천문 현상 중에서 가장 두드러진 것은 아마도 개기 일식일 것이다. 달이 태양을 완전히 가려 한낮이 칠흑같이 어두워진다면 영문을 모르는 이상 누구나 두려워 떨었을 것이다. 그리고 불길한 징조로서 남길 수만 있다면 어디에든 기록했을 것이다. 고대 중국에서는 "세 개의 화염이 태양을 삼켰다"라는 기록이 있고, 바빌로니아에서는 "낮이 밤이 되었다"라고 적었으며, "한순간에 태양이 숯덩이처럼 검게 되었다"라는 독일의 기록이 있는가 하면, 구약성경 아모스 8장 9절에도 "주 여호와께서 가라사대 그날에 내가 해로 대낮에 지게 하여 백주에 땅을 캄캄케 하며"라고 묘사되어 있다. 만약 이 기록들이 나타내는 개기 일식의 정확한 날짜를 천문학적 계산으로 구할 수 있다면, 그 시기는 역사 연대기에서 하나의 기준점이 될 것임이 분명하다. 비교적 넓은 지역에서 태양이 가려지는 부위가 다양하게 관찰되는 부분 일식이 아니라, 특정 지역에서만 경험하게 되는 태양이 완전히 엄폐되는 개기 일식인 경우야말로 장소와 시간의 정확성을 보장할 수 있다. 그 기회를 제공한 점토판이 1948년 우가리트에서 발견되었다.

점토판 KTU 1.78은 1948년에 우가리트의 서쪽 왕궁 기록 보관소의 폐허에서 발견되었다. 이 기록 보관소의 내용물은 그것이 후기 청동기 시대 III 기간(약 기원전 1350~1175년) 전체에 걸쳐 사용되었음을 나타낸다. 고고학자들은 이 기록 보관소를 덮친 화재로 굽히고 검게 그을린 점토판 하나를 발견했다. 그 점토판 KTU 1.78에 기록된 텍스트는 소여와 스티븐슨에 의해 구체적으로 연구되었는데,■2 그들은 기록된 천문 사건이 개기 일식에 해당함을 맨 처음 알게 되었다. 소여와 스티븐슨은 고대 우가리트의 라스·샤므라Ras Shamra 주변 지역에 대해 과거 기원전 1450년에서 기원전 1200년 사이에 있었던 주요 일식을 계산하여, 250년 동안에 우가리트에서 있었던 네 차례의 개기 일식을 식별해 냈는데 기원전 1406년 7월 14일, 1375년 5월 3일, 1340년 1월 8일 및 1223년 3월 5일(모든 날짜는 율리우스력) 등이 식별해낸 날들이다. 이 중에서 그들이 선택한 날짜는 기원전 1375년 5월 3일인데 점토판에 언급된 일식이 히야루 월에 일어났다는 것을 근거로 했다.

여기서 점토판 KTU 1.78의 내용을 잠시 살펴봐야 한다. 점토판의 한쪽 면에는

> "태양(여신)이 그녀의 문지기인 레셰프와 함께 저물 때,
> 히야루의 음력 초하룻날 낮이 압도당했다."

그리고 다른 쪽 면에는

> "두 간을 조사했더니, 위험"

이라고 적혀 있었다.

점토판 한 면의 내용에서 '태양의 문지기 레셰프'는 상당히 문제가 되는 부분이다. 이 점토판을 해석한 사람들은 태양이 달에 의해 엄폐되었을 때 깜깜해진 하늘에 나타난 어떤 천체를 가리킨다고 생각하고 그것이 금성 아니면 화성일 것으로 생각했다. '히야루'는 율리우스력으로 4월 중순에서 5월 중순을 가리킨다. 그리고 '음력 초하룻날'이란 것은 달의 위상으로 말하자면 초승달이 뜰 때를 의미하는데, 일식 현상은 초승달의 시기에 일어난다. '낮이 압도당했다'란 문자 그대로 태양이 완전히 혹은 거의 대부분이 가려졌음을 의미한다. 한편, 점토판의 다른 면에 적혀 있는 '두 간을 조사했다'는 내용은 당시 유행하던 점술의 행위를 가리키며, 양의 간을 빼내어 그 상태를 조사하여 길흉의 점괘를 보았다는 말이다. 그리고 결론은 아주 불길하다는 것이었다. 이때의 불길함은 곧 다른 사건과 연계되어 진행되는데, 거기에 중요한 기준점으로서의 역사성이 숨어 있다. 이제 남은 것은 이 일식이 정확히 언제 일어났느냐 하는 것이다.

위에서 언급했듯이 소여와 스티븐슨은 점토판에 기록된 우가리트에서의 개기 일식이 기원전 1375년 5월 3일에 일어났다고 결론지었는데, 히야루 월(4~5월)이 연관된 시간으로 계산한 결과다. 그들은 히야루ḫiyaru 월은 기원전 15세기의 알라라크Alalakh 문서와 누지Nuzi 문서에서도 확인되고, 바빌로니아의 아이야루*ayyaru*, 히브리어 이이야르*'iyyar*, 페니키아어의 히르이르*ḥyr/'yr* 등과 같

이 모두 대략 4~5월에 대응한다는 것이다. 하지만 이 결론에 대해서 반론이 제기되었다. 즉 데 용과 판 솔트는 히야루의 4~5월은 잘못된 인용이라고 지적했다.

데 용과 판 솔트는 1989년 저명 과학잡지 《네이처》에 게재한 논문에서 우가리트 개기 일식에 대한 연대로 기원전 1223년 3월 5일을 제시했다.■3 그들은 기원전 3000년부터 서기 0년까지 고대 근동에서 관찰될 수 있는 모든 일식에 대한 목록을 활용하고 또한 태음력인 우가리트 달력을 재구성하여 태양력(율리우스력)과 대응시켰다. 그 결과 기원전 1406년, 1375년, 1223년이 우가리트에서의 개기 일식에 가까움을 발견했는데 그중 기원전 1250과 1175 사이에서 1223년 3월 5일이 유일하게 가능한 후보라고 주장했다. 이 주장 속에는 태양의 문지기 레셰프가 화성이어야 한다는 조건도 포함된다.

한편, 점토판 KTU 1.78의 내용에 기록된 "태양이 레셰프와 함께 저물 때"라는 구절에서 저물다의 의미가 시간적으로 '해질녘'으로 해석된다는 생각이 여러 학자들에 의해 제기되었다. 이 생각과 더불어 깜깜해졌을 때 보인 천체가 지금은 게 성운이 되어버린 초신성이라는 생각을 묶어 새로운 계산을 시도한 사람들이 있었다. 데이비드 롤과 웨인 미첼은 개기 일식이 일어난 시기는 4~5월이라는 소여와 스티븐슨의 주장을 인용했다.■4 그리고 천문 현상에 대한 역산 프로그램을 실행시켜 조사한 결과, 기원전 2000년대의 4~5월 중 해질녘에 일어난 개기 일식은 하나뿐이었다. 기원전 1012년 5월 9일 오후 6시 9분이었다. 롤은 이 연대를 고대 근동의 기준점으로 삼고자 했는데 그 기준점이 되는 역사적 사건이 무엇이냐에 대한 해석이 필요하다.

1887년 카이로에서 남쪽으로 312km 떨어진 텔 엘-아마르나 부근에서 오래된 문자가 새겨진 작은 점토판 조각이 발견되었고, 이후 20세기 초반까지 380여 개에 이르는 많은 점토판이 발견되었는데 이것이 '아마르나 문서'라고 불리는 귀중한 자료다. 기원전 14세기 이집트 제18왕조의 아멘호테프 4세(아케나텐) 시대의 귀중한 왕가 기록 문서로서 대부분이 메소포타미아의 쐐기 문자인 아카드어로 기록된 외교 문서이지만 일부 문학 작품도 포함된 것으로 알려졌다. 이 아마르나 문서 중 하나인 EA-151은 당시 페니키아의 고대 도시 티레(성경의 도시 이름으로는 두로)의 통치자였던 아비밀쿠Abimilku가 이집트의 파라오 아멘호테프 4세, 즉 아케나텐에게 보낸 편지이다. 그 내용은 다음과 같다.

> 나의 태양, 나의 신, 나의 신들이 폐하께 폐하의 종 아비밀쿠가 보내는 메시지: … 우가리트 왕궁이 불탔습니다. 화재가 왕궁의 절반을 파괴하여, 왕궁의 절반이 사라졌습니다.

티레의 통치자가 북쪽에 있던 우가리트에서 일어난 사건을 보고 받고 나서 아케나텐에 그 사실을 알린 것으로 생각되며, 여러 고고학자들, 예를 들어 올브라이트, 드 보, 레이니 등은 이 점토판의 연대를 우가리트 통치자였던 니크맛두Niqmaddu 2세와 아케나텐의 아마르나 시대의 것으로 결정했다. 그리고 우가리트가 불에 탄 시기는 바로 아멘호테프 3세가 사망하고, 아케나텐이 명실공히 이집트의 파라오가 된 해로 설정했다. 그런데 그 우가리트 왕궁의 절반이 화재로 소실될 때 기록 보관소도 화마를 피할 수 없었고 많은 점토판이 굽히고 검게 그을렸으며, 그중 하나가 바로 점토판 KTU 1.78이란 것이다. 점토판에서 기록하고 있던 불길한 징조가 바로 이 화재를 의미한 것일까? 만약 개기 일식이 있고 나서 얼마 지나지 않아 왕궁에 화재가 일어난 것이라면 그 징조는 그야말로 제대로 들어맞은 것이다.

우가리트에서 관측된 개기 일식으로 불길한 징조가 감지되었고, 아니나 다를까 왕궁에 화재가 발생하여 절반이 소실되고 기록 보관소의 상당한 기록물이 피해를 입었던 시기가 동일하다면, 그 시기는 바로 여러 고고학자들이 제안했던 아멘호테프 3세가 사망하고 아케나텐이 즉위하던 해이다. 고고학적으로 추정하고 있는 아케나텐의 즉위 시기는 기원전 1360년경이다. 그런데 개기 일식과의 관련성에서 대응시키자면, 소여와 스티븐슨의 기원전 1375년, 데 용과 판 솔트의 기원전 1223년, 그리고 롤과 미첼의 기원전 1012년의 어느 것도 고고학적 추정과 일치하지 않는다. 이 천문학적 연대가 만약 아케나텐의 즉위 시기에 대한 기준점이 된다면, 이 셋 중의 하나는 이집트를 포함한 근동의 연대기를 설정하는 기준점으로 작동할 수도 있다. 과연 그럴까?

고대에 일어난 일식에 대해 최근의 과학 기술은 어떤 결과를 도출해내고 있는지 알아보자. 현대에서는 슈퍼컴퓨터와 같은 엄청난 속도의 연산 능력을 가진 도구 덕분에 변수가 많은 역산 프로그램도 쉽고 빠르게 결과를 얻을 수 있다. 미항공우주국NASA의 에스페낙과 미어스는 기원전 2000년부터 5000년 동안의 일식을 계산하고 그 목록을 만들어, NASA 홈페이지에서 검색이 가능하도록 했다.[■5] 이 검색 프로그램에서 확인하면 과거 우가리트 근처에서 일어난 일식에 대한 검토가 가능하다. 소여와 스티븐슨의 기원전 1375년, 데 용과 판 솔트의 기원전 1223년, 그리고 롤과 미첼의 기원전 1012년에 대한 일식을 검토한 결과, 기원전 1375년과 기원전 1223년의 경우 우가리트에서는 개기 일식을 볼 수 없었고 규모가 큰, 즉 태양이 많이 가려진 부분 일식은 볼 수 있었다. 하지만 기원전 1012년의 경우 우가리트에서 개기 일식이 확실히 일어났다. 그런데 소여와 스티븐슨 그리고 데 용과 판 솔트가 그들의 논문에서 또 하나의 연대, 기원전 1406년을 제시했는데 이 경우도 개기 일식이 확실하다. 그러나 이 연대를 배제시킨 근본적인 이유는 그리 뚜렷하지도 않고, 만약 이 연대가 적용되면 이집트 연표가 너무 높아진다(오래된 쪽으로 간다)는 우려 때문일 것이다.

데이비드 롤은 그가 개기 일식에서 구한 기원전 1012년을 기준점으로 이집트의 모든 연표를 바꾸었는데, 너무 황당하게도 엑소더스의 시기는 성경 연대기를 그대로 차용하여 기원전 1447년으로 고정시켜 놓았으며, 그에 해당하는 파라오는 제18왕조가 아닌 제13왕조의 마지막 왕 두디모세로 설정했다. 기존의 연대기와는 무려 300년 이상이나 차이가 나는 것으로 많은 고고학적 증거와는 맞지 않아 대다수의 고고학자들이 받아들이기를 거부한다. 특히 빔슨은 롤이 제시하는 편년에 대한 근거가 전혀 없다고 일축해 버렸다.■6

고대 근동에서의 천문학적 관찰은 연대기를 결정하는 데 아주 유용하다. 그러나 그 내용과 번역의 불확실성으로 인해 정확한 연대를 구하는 것이 쉽지 않고 논란도 많다. 우가리트 점토판 KTU 1.78 역시 예외는 아니어서 논란이 완전히 종식된 것은 아니지만, 2012년 의미있는 연구 결과가 발표되었다.■7 바르셀로나 대학의 델 올모 레테는 기존에 알려진 점토판의 글자 하나하나를 다시 확인하는 작업을 통해 몇 가지 새로운 사실을 발견했다. 즉 기존의 원문에 찍힌 문자들을 다르게 해석해야 한다는 것이다. 그와 더불어 델 올모 레테는 기존 번역에서 문제가 되었던 앞면에 대해 다음과 같이 새롭게 번역했다.

> "히야루의 초하룻날 (여명의) 여섯 시에 샵슈(태양의 여신)가 지고 그녀의 문지기는 레셰프(였고) 붉게 변했다."

이 번역과 함께 델 올모 레테는 기존 번역에서 문제가 되던 레셰프가 메소포타미아에서 동일시되던 네르갈Nergal 신이라고 확신했다. 네르갈은 종종 화성으로 간주되었으며 당시 사람들이 화성을 '붉은 별'이라고 불렀다. 따라서 번역문에서 붉게 변한 게 화성이 맞다는 것이다. 새로운 번역에 따르면 일식은 태양이 뜨고 얼마 지나지 않아 일어났고, 그 시간에 화성이 보였다. 기원전 1375년 5월 3일의 일이었다. NASA의 프로그램으로 조사해 보면, 라스 샤므라에서 관측된 일식은 비록 완전 개기 일식은 아니었으나 엄폐율(달그림자가 태양을 가린 정도)이 98% 가까이 되는, 즉 달그림자가 거의 태양을 가렸기에 이를 샵슈가 지고 있다고 표현한 것으로 생각되며 깜깜한 하늘에 붉게 빛나던 화성이 있었던 것이다. 그리고 가장 어두웠을 때의 시간이 오전 6시 40분경이다. 이는 외행

성인 화성이 자정에 동쪽에서 떠올라 태양이 떠오르는 새벽 6시경 남중할 때이고 화성이 90°만큼 태양의 서쪽에 위치했음을 가리킨다. 기원전 1375년의 일식 사건이 아케나텐의 즉위 연도 때의 일이라면, 이집트 연표는 대략 15년가량 오랜 쪽으로 가야 하고 제18왕조의 시작이 기원전 1564년경이 된다. 물론 아흐모세 1세로부터 아케나텐에 이르기까지 7~8명의 파라오가 있었고, 그들의 재위 기간이 조금은 유동적임을 감안해야 하지만, 어쨌든 하나의 숫자로 표현되는 시기가 도출되었다. 그러나 아직 끝이 아니다. 왜냐하면 일부 저명한 고고학자들이 아마르나 문서 EA-151과 우가리트 점토판 KTU 1.78을 동기화시키면서 이 시기를 아케나텐의 즉위 연도로 보았으나, 거기에 대한 반론도 존재한다.[8] 즉 문서들은 아케나텐 즉위 이후에 작성된 것들이라는 것이다. 따라서 기원전 1375년이 아케나텐의 즉위 연도가 맞느냐에 대해 다른 자료를 이용하여 살펴보기로 하자.

단서 4. 아케나텐과 일식

다신교의 이집트에서 유일신으로서 태양신 아텐을 숭배했던 괴짜 파라오 아케나텐. 그가 어떤 이유로 그런 종교적 입장을 가졌는지 잘 알려져 있지 않다. 일부 사람들은 아케나텐이 성장기 때부터 태양과 관련된 자연 현상에 이끌렸을 가능성을 제기한다.[9] 아케나텐의 일생을 통해 그가 경험할 수 있었던 태양 관련 자연 현상은 모두 일식이다. 사실 고대 이집트에서 일식에 대한 기록을 찾기란 쉽지 않다. 여러 이유가 있겠지만, 기록할 수 있는 자가 극히 제한적이었고, 특히 일식과 같은 재앙적 요소를 포함하는 경우 사회 동요를 우려하여 기록을 금지했을 가능성이 크다. 아케나텐의 일생을 아우르는 기원전 1420년부터 1320년 사이에 멤피스와 테베 사이에서 일어난 일식을 조사해 보면 기원전 1399, 1389, 1378년 세 차례 정도 인지되며 모두 금환 일식이었다. 그리고 또 하나의 중요한 정보는 아케나텐이 파라오로 즉위하고 5년째 되던 해 새로운 수도인 아케타텐, 즉 아마르나를 세우기 시작한다. 피터 후버가 천문 정보를 정리하여 편집한 고대 이집트 연대기에서 아케나텐이 즉위한 연도로는 기원전 1382, 1378, 1353년 등으로 제시되고,■[10] 만약 아케나텐이 성장하면서부터 일식의 영향을 받았다면 기원전 1382년과 1378년일 가능성이 있다. 그런데 일식이 일어났던 기원전 1378년에 있었던 아케나텐의 행적이 상당히 기이하다. 그 해 아케나텐은 이집트의 모든 신들을 해체시키고 아텐을 유일신으로 인정했으며, 자신의 이름을 아멘호테프에서 아케나텐으로 개명하고, 더불어 새로운 수도를 건설하기 시작했다. 이런 그의 개혁은 즉위하자마자 이루기는 힘든 것이기에 즉위 연도를 기원전 1382년으로 보는 것이 타당하며, 즉위 후 5년째 되던 해 아케나텐은 그의 생애에서 세 번째 일식을 경험하고 이를 계기로 개혁을 실시했다고 보는 것이 자연스럽다.

아케나텐은 기원전 1382년경 즉위했고 그의 나이 18~22세 사이라고 보았을 때, 기원전 1399년 3월 1일의 일식은 그의 나이 겨우 2~3세 정도였고 어느 정도 영향을 미쳤는지는 알 수 없다. 그다음 기원전 1389년 2월 9일에 멤피스에서 해질녘에 일어났던 일식은 충분히 영향을 받았을 가능성이 있다. 그리고 그가 즉위하고 5년째인 기원전 1378년 7월 5일 일식을 NASA 프로그램으로 조사해 보면, 당시 아케나텐이 머물던 테베에서는 아침에 일어났는데 아주 뚜렷한 일식이 두 시간 가까이 진행되었고, 특히 엄폐율 약 94%의 상태가 2분 이상 지속되었다. 금환 일식은 달그림자가 태양을 완전히 가리지 못하여 태양의 가장 바깥 부분이 고리 모양으로 나타나는 현상이다. 그런데 엄폐율이 높아서 그 고리는 매우 밝게 보였을 것이고, 때로는 태양 대기층(채층 및 코로나)의 일부 현상이 관측되었을 가능성도 있다. 이런 일식의 인상적인 장면이 아케나텐 치하의 귀족이었던 메리라 1세의 무덤에 그려져 있다. 태양신을 숭배하는 아케나텐의 모습을 그린 것으로 하늘의 태양 원반 주위로 방사상의 광선들이 지표로 쏟아지고 있다. 개기 일식에 가까운 금환 일식의 충격적인 모습과 그로 인한 심적 동요가 태양신 아텐의 일신교로 개종하고 수도를 테베에서 아마르나로 옮기게 한 것인지도 모른다.■[11] 아케나텐의 즉위 연도가 기원전 1382년으로 설정된다면, 위에서 살핀 기원전 1375년의 우가리트 일식은 아케나텐의 즉위 연도가 아니라 즉위 후 7년 정도 지난 다음의 사건이 된다. 그리고 제18왕조 시작인 아흐모세 1세의 즉위는 대략 기원전 1570년 무렵이 된다.

단서 5. 고대 달력과 투트모세 3세

이번에는 아흐모세 1세와 아케나텐 시대의 대략 중간쯤에 해당하는 투트모세 3세의 즉위 연도에 대해 검토해 보기로 한다. 투트모세 3세는 재위 기간 중에 20년에 걸쳐 17차례나 군사 원정을 성공했다. 그리고 이 원정에 관한 내용이 카르나크의 아문 신전에 기록되어 있으며, 현존하는 고대 이집트 군사 원정 기록들 가운데 가장 포괄적인 것이다. 특히 투트모세 3세의 첫 번째 원정이 아주 유명한 '므깃도의 전투'이며, 이에 대한 기록은 그의 재위에 대한 의미 있는 연도를 제시한다. 기록에 따르면 므깃도 전투는 투트모세 3세 재위 23년째 되던 해에 있었다.

고대 이집트에서의 달력은 태음력과 태양력 모두를 이용한 것으로 알려져 있다. 태음력의 경우 달의 운행 주기인 삭망월을 기준으로 열두 달을 구성하되 소티스(시리우스) 별의 운행에 의한 날 수와 맞추기 위해 열세 번째 달을 집어넣었다. 상용력으로 사용된 태양력은 1년을 365일로 하고, 한 달이 30일이며, 마지막 달 뒤에 5일을 추가하는 식으로 날짜를 센 것이다. 고대 이집트의 파라오와 관련된 기록에는 두 가지 달력이 혼용된 경우도 있어 각각의 천문 현상을 정밀하게 파악하면 정확한 시기를 구할 수 있는데, 특히 파라오의 즉위 연도를 구하는 데 도움이 된다.■[12] 하지만, 그게 간단한 일만은 아니다. 왜냐하면 하루의 시작을 언제로 보느냐에 따라서 달라지고, 특히 이집트의 경우 상이집트와 하이집트에서 농경의 시작 시기가 달라서 달력의 출발점도 상이했기 때문이다. 물론 이런 차이는 천문 정보를 이용하여 그때그때 수정을 거쳤다. 문제는 기록에 남겨진 시기에 대한 정보를 어떻게 해석하느냐에 따라 정확한 연도 계산에 차이가 발생한다. 투트모세 3세의 경우도 마찬가지다. 기록에 남겨진 천문 정보, 특히 달의 운행에 관련된 시기를 해석하면 즉위 연도가 기원전 1479년이 되기도 하고 기원전 1504년이 되기도 한다. 같은 정보를 다르게 해석하여 생긴 결과이다. 그러면 어떻게 해석하는 것이 합리적일지 고민이 된다. 여기서는 구체적인 해석 방법은 생략하고, 가급적 현대 과학에서 볼 때 신빙성이 높다고 판단되는 결과를 따르기로 한다.

2011년 피터 후버는 카르나크 신전에 새겨진 투트모세 3세의 므깃도 전투의 날짜와 카르나크 신전이 세워진 날짜에 대한 정보를 천문학적 해석을 통해 재계산했다.■13 그 결과 투트모세 3세의 즉위가 기원전 1504년이라고 결론 내렸다. 이 연도는 낮은 연대 주장자들의 기원전 1479년과는 무려 25년 정도 차이가 난다. 그리고 이로부터 계산되는 아흐모세 1세의 즉위연도는 기원전 1574년경이 된다.

단서 6. 포도주 라벨에 남겨진 정보

위에서 천문 정보로부터 투트모세 3세의 즉위 연도를 구할 수 있다고 했는데, 방사성 탄소 연대가 적극적으로 도입되기 이전, 즉 2008년 이전의 전통적인 이집트 연대기는 대부분 달의 위상과 운행으로부터 설정된 것이다. 가장 잘 알려진 예가 람세스 2세 52년에 수도 피람세스의 건설과 투트모세 3세 23년에 므깃도 전투이며, 이 두 사건으로부터 투트모세 3세의 즉위 연도와 람세스 2세의 즉위 연도 차이는 최소 197년으로 추산되기 때문에 대략 200년 정도로 설정한다.■14 하지만 후버의 천문학적인 고찰로부터 투트모세 3세의 즉위 연도가 기원전 1504년으로 주장되고, 또한 브롱크 램지의 방사성 탄소 연대에서 신왕국의 시작이 기원전 1570년, 투트모세 3세의 즉위 연도가 기원전 1502년까지 높

아질 수 있다는 연구 결과들이 나오면서 이집트 신왕국의 파라오 연대기를 수정할 수밖에 없었다.[15]

천문학적 해석과 방사성 탄소 연대라고 하는 과학적인 연대 결정법을 기반으로 한 이집트의 편년은 고고학자들에게는 아무래도 불편하다. 무언가 전통적인 고고학적 방법으로 새로운 연대를 결정해야 한다는 압박감이 밀려오던 차에 데이비드 애스턴은 신왕국시대 도기들에 대해 주목했다.[16] 특히 포도주를 저장하던 항아리wine jar는 파라오의 시대가 다르면 그 형태도 달라지기 때문이고, 더 중요한 것는 항아리 바깥에 포도주에 대한 정보가 먹으로 쓰여 있었는데 이는 현대판 포도주 라벨에 해당해 여러 정보를 주기 때문이다. 애스턴은 신왕국의 도기에 적어도 네 가지, 세부적으로는 일곱 가지의 주요 구분이 가능함을 인지했고, 아멘호테프 2세와 투트모세 4세의 경우 그 형태적 차이가 매우 뚜렷하여 선후 관계를 확실히 밝힐 수 있다는 점을 주목했다. 한편 항아리에 쓰여 있는 정보에는 포도주가 생산된 연도, 생산지, 생산자 등이 표시되어 있는데 비록 파라오의 이름은 없으나 재위 기간 몇 년째에 해당한다는 숫자가 표기된 것이다. 따라서 확실히 구분되는 도기의 형태와, 연도 관련 숫자를 분석하면 어느 파라오의 몇 년째 생산된 포도주인가를 알 수 있다. 그에 따라 전통적으로 재위 기간이 10년 정도로 생각되던 투트모세 4세는 무려 30년 이상 재위했음이 밝혀졌고, 이런 식으로 추정에 불과하던 몇몇 파라오의 재위 기간을 보다 정확하게 산출했다. 애스턴은 고고학적 방법으로 신왕국 일부 파라오의 즉위 연도를 결정했고, 기존의 낮은 연대가 아니라 높은 연대 쪽으로 설정되어야 함을 지적했다. 투트모세 3세의 경우 두 가지 가능성이 있는데 기원전 1493년과 기원전 1504년이다. 애스턴은 처음에 기원전 1493년을 주장했는데 아무래도 기원전 1504년은 너무 높다고 생각했기 때문이다. 하지만 곧 애스턴은 기원전 1504년으로 방향을 선회한다.

2014년 데이비드 애스턴은 신왕국 이전의 힉소스 왕들에 대한 연대기를 검토하면서 다시 한번 이집트 신왕국의 파라오에 대한 편년을 재고찰했다.[17] 애스턴은 우선 힉소스 시대의 수도였던 아바리스, 즉 텔 엘-다바에서의 고고학적 층서를 바탕으로 텔 엘-다바 출토 도기와 키프로스식 도기의 형태를 비교하여 투트모세 2세의 재위 기간을 추산했을 뿐만 아니라 힉소스가 이집트에 머물렀던 기간을 산출했다. 그리고 이 세 가지 변수로부터 모두 26가지의 가능성을 도출하고 하나하나 검토하여 내린 결론은 우선 연대기 자체는 높은 연대 또는 아주 높은 연대라야 하고, 텔 엘-다바의 키프로스식 도기(화이트 슬립 I)는 신왕국 시작보다 20~30년 이전에 키프로스에서 나타났으며, 투트모세 2세의 재위 기간은 13년이고, 힉소스는 이집트에 대략 180~190년 정도 머물렀다. 이런 결론에서 도출되는 아흐모세 1세의 힉소스 축출, 즉 아바리스 정벌은 기원전 1558/1556년 무렵이다. 이때가 아흐모세 1세의 18/20년째 되던 해이기 때문에 아흐모세 1세의 즉위, 즉 신왕국의 출발은 기원전 1576년 무렵이 된다. 그리고 여기서 간과해서는 안될 것은 키프로스식 도기가 신왕국보다 이전이며, 또한 이 도기는 산토리니섬 화산재에 묻힌 층에서 발견되는 것과 같은 도기다. 이 사실은 테라섬의 미노아 분화가 아무리 오래되어도 이집트 신왕국 시작보다 20~30년 이상 앞서지는 못한다는 것이다. 따라서 고고학적 증거로부터 예측할 수 있는 테라섬 화산 분화의 시기는 기원전 1606~1596년 이후가 되어야 하며, 이는 피어슨이 방사성 탄소 연대 측정으로부터 제시한 기원전 1589~1570년의 연대와 조화적이다.

결과적으로 고고학적인 방법으로 애스턴이 구한 아흐모세 1세의 즉위 연도는 기원전 1576년경이다. 이 연대가 확정적이라면 앞서 일식 현상에 근거하여 도출했던 기원전 1570년 무렵의 즉위 연도 역시 의미가 있다. 앞서 언급했듯이, 아흐모세 1세와 후대 파라오들 사이의 재위 기간에 대한 완벽한 결론이 나지 않은 상태이기에 수년 정도의 간격은 어쩔 수 없다. 기원전 1576년을 이집트 신왕국 제18왕조의 출발점으로 최종 확정하기 전에 이 연도를 검증해 줄 수 있는 또 하나의 현상에 대해서 알아보기로 하자. 그리고 그 현상은 아흐모세 1세 시대에 좀 더 가까운 것이었으면 좋겠다.

단서 7. 소티스(시리우스) 별

아흐모세 1세의 뒤를 이은 아멘호테프 1세의 재위 9년째 되는 해 여름에 소티스 별이 동틀 녘에 지평선에서 떠오르는 것이 이버스 파피루스에 기록되어 있다. 소티스 별이란 시리우스 별에 대한 그리스식 명칭이다. 고대 이집트인들은 나일강에서 범람이 일어나기 전 시리우스 별이 태양보다 먼저 떠오른다는 사실을 알아냈다. 시리우스 별이 일출 직전 동쪽 하늘에서 뜬다. 시간이 흐르면서 그 별은 전날보다 조금씩 빨리 뜨다가 몇 달이 지나면 새벽에 지게 된다. 그리고는 70일간 자취를 감추었다가 다시 일출 직전에 떠오른다. 고대 이집트인들은 이 시리우스 별의 운행으로 한 해의 절기를 가늠했다.■18 어떤 해에 시리우스 별이 일출 전에 뜨고, 그다음 해에 다시 그 현상이 일어나기까지의 간격으로 별의 1년(항성년)과 일출 시간을 계산할 수 있으며, 항성년은 약 365.2564일이다. 한편 지구에서 보았을 때 태양은 천구라고 하는 가상의 공간을 움직이는데, 태양이 일정한 속도로 천구상의 경로인 황도를 따라 움직여서 한번 완전히 공전할 때 걸리는 시간을 태양년 또는 회귀년이라고 한다. 태양년은 약 365.2422일이기 때문에, 항성년이 태양년보다 대략 20분가량 길다. 시리우스 별이 태양년으로는 점점 더 늦게 관측된다는 뜻이고, 약 72년 동안 1일이 남는다. 하지만 이런 현상은 거의 인식되지 않고, 고대 이집트 역사를 통틀어서 40일 정도밖에는 차이가 나지 않았다. 그럼에도 불구하고 특정 지역에서 시리우스 별이 동트기 직전에 나타난 것은 고대 이집트의 기록에서는 상당히 정확하게 기록된 것이고, 이로부터 그 연도를 추정할 수 있는 것이다.

시리우스 별이 떠오르는 현상이 이집트 어디에서 관측된 것이냐에 대한 기준점 관련 기록은 알기 어렵다. 다만 참고적으로 서기 6세기 그리스의 철학자

올림피오도로스가 남긴 아리스토텔레스의 《메테오라》에 대한 비평 속에는 멤피스에서 시리우스 별이 떠오르는 날 알렉산드리아에서는 축제를 했다고 서술되어 있다. 이로부터 시리우스 별의 지리적 기준점이 멤피스일 것이라는 추측이 가능하다. 그래서인지 1950년 이전에는 시리우스 별의 주기에 대한 모든 기준점은 멤피스였고, 시리우스 주기의 주창자였던 에두아르드 마이어는 이버스 파피루스에 나온 기록에서 아멘호테프 1세의 9년째가 기원전 1550년에서 1547년 사이의 일이며, 결과적으로 제18왕조의 시작이 기원전 1580년경이라고 보았다.■[19] 그러나 마이어의 계산에는 오류가 있었고, 멤피스를 기준으로 하면 관측 시기는 기원전 1538년경이고 제18왕조의 시작은 기원전 1570년경이 된다.

시리우스 주기에 대한 연대 결정은 이집트학자들에게는 상당히 중요하다. 가령 아멘호테프 1세의 시기를 살펴보면 세 가지로 구분되는데, 즉위 연도를 기준으로 기원전 1546년, 기원전 1525년, 기원전 1514년 등이다. 이런 차이가 생기는 이유는 바로 이버스 파피루스에 기록된 시리우스의 관측점이 멤피스, 테베, 엘레판틴이라는 서로 다른 지점을 택하고 있기 때문이다. 시리우스의 관측은 위도에 따라 날짜가 달라진다. 그리고 당시 이집트의 국경은 가장 남쪽의 엘레판틴(북위 약 24°)에서 북쪽의 지중해 연안에 위치한 알렉산드리아(북위 약 31°)까지 7° 이상 차이가 나고, 이 차이 때문에 기준점에 따른 관측 연도가 달라진다. 1950년 이후로는 시리우스의 관측점이 테베라는 주장이 일반적이었고, 그 시기가 기원전 1517년이며, 아멘호테프 1세의 즉위는 기원전 1525년경, 제18왕조의 시작은 기원전 1550년경이다. 그런데 기준점을 엘레판틴으로 하는 학자들도 점점 늘어나 그 연도들을 10년 이상 낮은 쪽, 즉 최근 쪽으로 이동시키는 경향도 생겨났다.■[20] 반대로 만약 기준점이 멤피스보다 더 북쪽인 지중해 연안으로 이동하면 제18왕조의 시작은 기원전 1580년경까지 올라간다. 그런데 최근 기존의 관측점과는 다른 위치의 관측점이 제시되었다. 리투비에티스는 고대 이집트에서 시리우스가 매년 멤피스 교외 헬리오폴리스에서 동쪽으로 100km 떨어진 해발 874m의 게벨 아타카 정상(북위 약 30°)에서 떠올랐다고 주장하고, 시리우스별의 운행과 함께 달의 위상 변화도 함께 고찰했다.■21 그 결과 그는 제18왕조의 시작이 기원전 1576년이라는 계산 결과를 제시했다. 이 연대는 애스턴의 고고학적 연대와 일치한다.

이집트 파라오 연대기를 정확히 확정하는 것은 어려운 일이다. 그런데도 많은 학자들이 포기하지 않는 이유는 그와 평행한 고대 근동의 여러 곳에서의 편년이 같이 결정되기 때문이다. 물론 미노아도 포함해서. 성경이라는 종교의 경전 속에서 그 실마리를 찾으려는 것도 이와 무관하지 않다. 가장 합리적으로 결정할 수 있는 방법을 찾을 때까지 많은 제안들이 나오고 없어지고를 반복할 것이다. 지금 여기서 제안하고 결정할 수 있는 것은 정리하고 넘어가는 게 좋을 듯하다.

단서 8. 테라섬의 화산 분화와 엑소더스의 시기

나무 시료에 대한 방사성 탄소 연대는 범위로 나타나기 때문에 특정 수치의 연대만을 지시하는 것은 불가능하다. 테라섬의 올리브나무 가지에 대한 연대 또한 마찬가지다. 미노아 분화의 시기를 정하는데 샬롯 피어슨이 제시한 기원전 1589~1570년이라는 20년의 범위가 동지중해에서 일어난 청동기 시대 역사적 사건들의 연대와 동기화될 수 있는지는 앞으로 더 살펴봐야 할 일이다. 한 가지 덧붙이자면, 피어슨의 방사성 탄소 연대가 도출된 나뭇가지는 테라섬의 미노아 분화 단계에서 첫 번째(BO_1)인 대규모 플리니안 분화 때 테프라에 묻혔던 나무에서 채취된 것이다. 미노아 화산 분화는 선행 단계와 조금은 모호한 마지막 단계까지 포함하면 모두 다섯 단계로 이루어진다. 가장 강력했던 첫 번째 단계의 분화가 주변 지역에 커다란 영향을 준 것으로 생각하는 게 합리적이지만, 두 번째와 세 번째 단계의 분화도 그 영향이 없었다고 할 수 없다. 그리고 큰 폭발 이후에 기후에 나타나는 영향은 수년 동안 지속될 수 있다. 아나톨리아의 고르디온 향나무의 연륜에 나타난 칼슘 결핍 현상이 기원전 1560년으로 동정되는 것도 큰 화산 분화 이후의 영향이 상당 기간 지속될 가능성을 제시하는 것이다. 따라서 청동기 시대 미노아 분화가 주변 지역에 미친 영향은 기원전 1590년에서 1560년에 이르는 30년 정도 지속되었을 가능성이 존재한다. 애스턴에 의해 밝혀진 키프로스식 도기 화이트 슬립 I의 고고학적 증거로부터 예측할 수 있는 테라섬 화산 분화의 시기가 기원전 1606~1596년 이후가 되어야 하는 것 역시 이 사실과 잘 부합한다. 그리고 기원전 1590년부터의 30년 동안은 크레타섬 주변에서는 후기 미노아 IA에서 IB로 넘어가던 시기를 포함하고, 이집트에서는 힉소스가 축출되고 엑소더스가 일어나던 시기를 포함하게 된다.

아흐모세 1세가 즉위하고 18~20년 정도 지나 아바리스로 진격하여 힉소스를 축출함으로써 이집트는 본격적으로 신왕국의 시대가 열렸다. 그리고 아흐모세 1세와 힉소스와의 마지막 전쟁이 펼쳐지던 역사의 소용돌이 속에서 이스라엘 자손들은 거주하던 나일 델타 지역을 빠져나와 엑소더스를 실행한다. 그 시기는 아흐모세 1세의 즉위 연도에서 계산하면 기원전 1558/1556년 무렵이다. 아흐모세 1세는 에게해의 작은 섬 테라의 엄청난 화산 분화를 직·간접적으로나마 경험했을 것으로 생각된다. 기원전 1560년 무렵 아나톨리아 고르디온 향나무에 기록된 이상 기후 현상은 아흐모세 1세의 템페스트 스텔라에 영향을 주었을 것이다. 그리고 그 시기가 엑소더스의 배경이 되었을 것이다. 이스라엘이 최종적으로 이집트를 빠져나온 시기를 기원전 1558/1556년으로 설정해도 무리는 없을 듯하다.

후버의 천문 자료의 계산으로부터 세누스레트 3세의 즉위 연도가 기원전 1873/1872년으로 구해졌다. 이 연도를 기준으로 기존에 알려진 세누스레트 1세의 재위 기간을 약간 수정하면 기원전 1986~1956년이 무렵이 된다. 세누스레트 1세 때의 정황이 요셉이 이집트에 들어간 상황과 맞아 들어가기 때문에 성경의 기록에 따라 430년의 시간이 지나면 기원전 1556~1520년의 시간 범위가 구해진다. 430년이란 숫자가 절대적인 수치로 의미가 있는지 관점에 따라 다르지만, 계산된 시간 범위에서 발견되는 기원전 1556년에 눈이 간다.

바바라 시버첸이 주장했던 두 차례의 엑소더스의 가설은 큰 도전을 받게 되었다. 첫 번째의 엑소더스가 테라의 미노아 분화의 시기를 기원전 1628년으로 설정하여 도출한 것이기 때문에 그 연대가 수십 년 더 늦어진 경우에 새로운 시간표에 의한 엑소더스의 과정을 되돌아봐야 한다. 결코 쉽지 않은 일이다. 그리고 시버첸이 주장했던 또 다른 기원전 15세기의 폭발적인 화산 분출, 즉 얄리의 분화는 인용한 분화 시기에 문제가 있다. 여러 가지 정황에서 이스라엘 자손들의 엑소더스가 이집트 제18왕조의 투트모시스 3세의 시기에 일어났다는 주장은 이언 윌슨 역시 주장한 바이지만, 만약 두 화산이 아닌 하나의 화산 분화에 의한 영향이라면 그것은 테라섬 말고 다른 가능성은 없는 것 같다.

기원전 16세기 전반으로 테라섬 화산 분화의 연대를 결정한 샬롯 피어슨의 연구는 새로운 시작을 의미한다. 언젠가 그 연대가 부정될 수도 있다. 그러나 현실적으로는 피어슨의 연대를 받아들이고 청동기 시대 말 동지중해의 문명들 사이에 일어났던 여러 가지 상황들을 검토하게 된다. 그에 대한 논문들이 속속 발표될 것이고 그 과정에서 우리는 새로운 지식의 축적을 이루어 갈 것이다.

청동기 시대 말 동지중해에는 두 곳에서 문명의 격변이 일어났다. 미노아에서 미케네로 옮아간 지중해 문명은 그리스에서 문화의 꽃을 피우고 헬레니즘의 산실이 되었다. 이집트로부터 가나안 땅으로 옮아간 이스라엘 민족의 이동은 헤브라이즘이라는 폐쇄적인 문화를 이루어 지금도 중동의 불씨가 되고 있다. 가나안 땅에서의 셈어족들의 관계는 단일 민족이라는 카테고리에 묶여 사는 우리에게는 참으로 이해하기 어려운 부분이다. 그들은 언어로도 지역으로도 나눌 수 없고, 오로지 종교로만 정체성을 따져야 하기에 낯설다. 헬레니즘에서 출발하여 유럽 문화가 성장하고, 가나안 땅에서 다시 기독교 문화가 탄생하면서 우리가 서구 문명이라 부르는 거대한 인류 문화의 한 기둥이 자라났으며, 그 출발이 된 무대에는 하나의 화산이 있었다. 그 중심에서 뿜어 올린 분연의 기둥은 하나였지만, 인류에게는 또 다른 기둥이 되었다.

글을 마치며

20년 전 지구 이야기를 처음 쓰기 시작하면서 아틀란티스와 엑소더스에 연관된 자연 현상에 대해 깊이 있는 글을 써야겠다고 마음먹었다. 2003년 호주 매쿼리대학교에서 1년 동안 연구하며 여러 자료를 접하고 모을 수 있었다. 그러나 이듬해 귀국하고 나서는 이런 일 저런 일로 마음먹은 일은 손대지도 못하고, 책이라고 해야 그저 청소년을 위한 내용으로 몇 권 정도 썼을 따름이다. 틈틈이 **'신화, 역사 그리고 지구'**라는 내용으로 강의도 하고 강연도 하면서 자료를 더 모으고 정리했지만, 본격적으로 글쓰기를 시작하기에는 너무나도 벌여놓은 일이 많았다. 그러다가 재작년 여름 이런저런 일에서 손을 떼면서 드디어 기회가 찾아왔다. 간간이 써 두었던 이야기의 초고들을 모으고 편집하고 수정하면서, 한편으로 가장 최근의 자료들을 확보하고 분석하며 과거의 결론들과 비교·검토한 뒤 새로운 자료를 덧입혔다. 특히 테라섬의 미노아 분화에 대한 새로운 지질학적 발견과 방사성 탄소 연대 측정 결과를 전체적으로 살펴보는 과정은 쉬운 작업은 아니었다. 하지만 자연주의적 해석을 곁들여야 하는 마당에 가장 최근의 연구 결과를 활용하고 싶었다. 책 내용이 단순하지 않다 보니 가지고 있던 자료에 더해 모아야 할 자료도 많았고, 국내에서 구하기 힘든 서적은 해외에서 공수해 와야 했다. 다행히 상당수의 외국 논문들은 인터넷의 도움으로 해결할 수 있었다. 이런저런 자료가 쌓였고 집필을 위해 만들어놓은 폴더의 점유공간을 계산해보니 대략 3기가바이트를 훌쩍 넘었다. 20년 전이면 불가능했던 일이다.

글의 체계가 잡혀갈 무렵 생각지도 못했던 걱정이 생겼다. 이유는 세 가지다. 첫째, 지질학자가 플라톤의 작품을 얘기하고, 지중해 문명을 얘기하고, 고대 근동을 얘기하고, 구약학에 대해 설을 풀어놓는 것이 좋게 보이지 않으리라는 점이다. 나 역시 전문가가 아니면서 전문가 코스프레한 사람이 많은 요즘의 세태를 좋아하지 않기 때문이기도 한데, 내가 그리 비추어지는 것에 대한 스스로 반감이 들었다. 둘째, 아틀란티스 이야기는 지금까지 수천 권 이상에 이를 만큼이나 많은 서적들이 나와 있는데, 새삼 무슨 이야기를 또 하느냐 라는 의심의 눈초리가 분명 있을 것이라는 점이다. 셋째, 엑소더스를 이야기하면서 고대 이스라엘의 정체성 문제를 다루게 되면 일부 종교인들의 반감을 살 수 있다는 점인데, 동일한 구약성경을 가진다는 이유만으로 고대 이스라엘인을 신앙의 조상인 양 받아들이는 경향이 있기 때문이다. 이런저런 비판에 직면하는 것은 당연한 일이기에 어떻게 하면 이 책에서 얘기하고자 하는 내용을 제대로 전달하느냐에 더 신경쓰기로 했다.

이 책의 주제는 아직까지 논란의 중심에 있다. 관련된 외국 서적은 다양하지만 국내에 번역되었거나 국내 학자가 쓴 책을 찾기란 쉽지 않다. 그래서 이번 기회에 비교적 잘 알려진 여러 문헌들과 연구 결과를 소개하고 앞으로의 논의를 위한 바탕을 제공하는 것도 좋으리라는 생각도 들었다. 특히 과거 인류에 닥쳤던 자연재해가 어떤 결과를 초래했는지 그리고 그런 재해 속에서도 어떻게 살아남았는지에 대한 이야기는 분명 살펴볼 가치가 있을 것이다. 그리고 문학과 종교의 경전 속에 들어 있는 자연 변화에 대한 묘사를 적절하게 추출해가며 아직 풀리지 않은 문제를 검토해보는 것도 나름 의미있는 일로 생각했다. 종교적인 해석이 필요한 경우는 해외 구약학 전문가들의 연구결과를 인용하여 서술하는 방향이라면 선무당의 해악을 피해갈 수 있으리라 생각했다. 한편, 시간의 문제를 해결하기 위해서는 과학적 소양에 힘을 빌릴 수밖에 없었다. 하여 시간에 대한 추적에는 지구과학적 현상들과 시간의 측정 방법에 대한 원리적 방법을 잠시 알아보았다. 이 책은 원래 결론을 제시할 목적은 아니었으나 결과적으로 어설픈 결론을 도출해내고야 말았다. 원하건대 이 책을 읽은 독자들이 결론 그 자체보다는 그에 이르는 여러 과정에서 때로는 공감하고, 때로는 비판해 주길 바란다. 열띤 토론이 많을수록 우리가 고대 문명의 문제를 해결하는 데 도움이 되리라는 것이 필자의 생각이다. 그리고 언젠가 고대사의 수수께끼가 한 꺼풀씩 풀릴 때마다 이 책이 조금이라도 도움이 되었다면 더 바랄 나위가 없겠다.

여러 분야의 내용이 뒤죽박죽 섞여 읽기도 힘든 이런 책을 기꺼이 출판해 주겠다고 승낙하신 푸른길 출판사의 김선기 대표님께 진심으로 감사의 마음을 전한다. 그리고 엉킨 실타래와도 같았던 원고를 그나마 읽을 수 있게끔 최선의 편집을 해주신 편집자께도 고마움을 전한다. 지난 1년 반 동안 가족 모두 힘든 시기를 보냈음에도 별 도움이 되지 못했다. 아내와 두 아이에게 미안하다는 말과 사랑한다는 말을 전한다.

2021년 1월
진주 가좌동에서

주

프롤로그

1 Bennett, J.G., 1963, Geophysics and Human History

2 Galanopoulos, A. and Bacon, E., 1969, *Atlantis: the truth behind the legend*

제1장

1 대화편이란 여러 명의 등장인물 사이의 대화 형식을 채용한 문학 내지 예술작품이다. 예로부터 대화 형식으로 저작을 지은 작가, 서술가, 학자는 많고 그중에서도 서양에서는 철학자 플라톤이 방대한 저작 대부분을 대화편으로 지은 것으로 유명하다.

2 플라톤의 대화편 《헤르모크라테스》의 중단 내지 폐기에 관련된 추론은 다음 문헌을 참고할 수 있다. Welliver, W., 1977, *Character, Plot and Thought in Plato's Timaeus-Critias*

3 플라톤(김유석 역), 2019, 티마이오스

4 《티마이오스》의 본문 인용에 사용된 지명 중 고대 그리스식 지명의 일부는 독자의 이해를 위해 현대식 지명을 병기해 두었다.

5 플라톤(박종현 · 김영균 역), 2000, 티마이오스, p.13–37.

6 므깃도 전투에서 요시아 왕의 전사 관련 성경 기록: 열왕기하 23장 29절, 역대하 35장 21~25절

7 플라톤(이정호 역), 2007, 크리티아스

8 de Camp의 《Lost Continents》의 p.243의 내용으로 《크리티아스》(이정호 역) 속 해제〈아틀란티스에 대하여〉에 번역되어 있다(p.113). de Camp, L.S., 1970, *Lost Continents. The Atlantis Theme in History, Science and Literature*

9 Halberstadt, M., 1955, On Solon's "Eunomia" (Frg. 3D)

10 Thucydides (Mynott, J. ed.), 2013, *The War of the Peloponnesians and Athenes*, 투키디데스(천병희 역), 2011, 펠로폰네소스 전쟁사

11 서영식, 2015, "플라톤의 전쟁론"

12 이디스 해밀턴(이지은 역), 2020, 고대 그리스인의 생각과 힘

제2장

1 de Camp 《Lost Continents》 p.221, 227, 230; 플라톤(이정호 역) 《크리티아스》 p.98–99, 100–101.

2 헤로도토스(김봉철 역), 2016, 역사

3 Franke, T.C., 2006, Mit Herodot auf den Spuren von Atlantis; Franke, T.C., 2008, The Importance of Herodotus' Histories for the Atlantis Problem

4 Franke, T.C., 2006; 2008, 위의 논문

5 이디스 해밀턴(이지은 역), 2020, 앞의 책

6 Franke, T.C., 2006; 2008, 앞의 논문

제3장

1 Diodorus Siculus (Oldfather, C.H. transl.), 1989, *The Libaray of History*

2 니코스 카잔차키스(장홍 역), 1993, 미노스 궁전에서

3 Takeuchi, H., 2015, *Discovery of Atlantis* (アトランティスの発見)

4 Homer (Riew, E.V. transl.), 1946, *The Odyssey*

5 Galanopoulos, A. and Bacon, E., 1969, 앞의 책

6 Andrews, P.B.S., 1967, Larger than Africal and Asia?

7 Plato (Jowett, B. transl.), Timaeus, Critias, http://www.atlantis-scout.de/atlantis timaeus critias.htm

8 Plato (Bury, R.G. trans), http://www.atlantis-scout.de/atlantis timaeus critias.htm

9 Franke, T.C., 2006; 2008, 앞의 논문

10 보통 같은 의미로 사용되는 테라섬과 산토리니에 대한 명칭 사용에 대해 정리할 필요가 있다. 청동기 시대 말 당시의 테라섬은 칼데라 가운데의 작은 섬을 포함한 전체가 하나인 섬이었고, 미노아 화산 분화 이후 섬은 세 조각 – 테라, 테라시아, 아스프로니시 –으로

쪼개졌으며, 그중 가장 큰 부분을 테라로 부르고 있다. 따라서 좁은 의미의 테라섬은 미노아 분화 이후의 조각난 큰 덩어리를 지칭할 수도 있다. 하지만 미노아 분화 이후에 새로운 분화가 일어나 내부 칼데라에 새로운 두 섬, 즉 팔레아 카메니와 네아 카메니가 생겨났다. 쪼개진 세 부분과 나중에 생겨난 두 작은 섬을 합한 전체를 산토리니라고 부르기도 한다. 실제 산토리니의 명칭도 나중에 생긴 것이다. 그런데 많은 사람들은 전체 화산섬에 대해 자신의 선호도에 따라 테라/산토리니를 선택하거나, 또한 많은 경우 섞어 쓰기도 한다. 이 책에서는 미노아 분화 이전과 분화 당시의 상황을 가리킬 때는 테라섬으로 쓰고, 그 이후 현재에 이르기까지의 지형과 지질의 서술에서는 산토리니로 구분하기로 한다. 다만 애매한 경우 테라섬/산토리니의 형태로도 나타낸다.

11 테라섬의 청동기 시대 전후의 화산 분화에 대한 가장 보편적인 참고문헌: Friedrich, W.L., 2000, *The Santorini Volcano: Natural History and the Legend of Atlantis*

12 Marinatos, S., 1939, The volcanic destruction of Minoan Crete

13 Thucydides (Mynott, J. ed.), 2013, 앞의 책; 투키디데스(천병희 역), 2011, 앞의 책

14 Strabo (Hamilton, H.C. & Falconer, W. transl.), 2015, *The Geography of Strabo*

제4장

1 프란시스 베이컨(김종갑 역), 2002, 새로운 아틀란티스

2 토마스 모어(주경철 역), 2007, 유토피아

3 토마소 넬라(임명방 역), 2012, 태양의 나라

4 Donelly, I.L., 2018, *Atlantis: The Antediluvian World(1882)*, 이그나시우스 도넬리(박지호 역), 2019, 아틀란티스: 대홍수 이전의 세계

5 지구의 형성 과정과 지구의 시간에 대한 18세기 사람들의 생각을 알 수 있는 좋은 책: Repcheck, 2003, *The Man Who found Time: James Hutton and the discovery of the Earth's Antiquity*; 잭 렙치크(강윤재 역), 2004, 시간을 발견한 사람: 제임스 허턴

6 de Camp L.S., 1970, 앞의 책

7 Berlitz, C., 1969, *The Mystery of Atlantis; The Eighth Continent?*

8 해저 확장설: 1960년대 초 미국의 헤스와 디츠는 거의 같은 시기에 중앙 해령에서 솟아오르는 고온의 맨틀 물질이 새로운 해저 지각을 만들며, 이것이 양쪽으로 멀어져간다는 가설을 세웠다. 해저는 벨트 컨베이어이며, 대륙 및 섬들은 그 위에서 운반되는 물건들이라는 그들의 생각을 해저 확장설이라고 부른다.

9 대륙 이동설: 1910년대 초반 독일의 알프레드 베게너는 대서양의 양쪽 해안선이 유사하고, 또한 지질과 화석의 분포도 연결된다는 사실에 착안하여 대륙이 서로 붙어 있다가 떨어졌다고 하는 대륙의 이동을 생각해 냈다. 과거에 모든 대륙이 붙어 있었던 초대륙 팡게아로부터 대륙이 분리되어 현재의 모습과 같이 되었다는 설명을 대륙 이동설이라고 한다.

10 Mavor, J.W.Jr., 1990, *Voyage to Atlantis: The Discovery of a Legendary Land*

11 해양 연구선 체인(Chain)호는 1943년 건조되어 1944년까지 미 해군의 해난 구조선으로 활약했다. 1958년 해상 운송 지원 업무를 거쳐 1959년부터 우즈홀 해양 연구소의 연구선으로 재취항했다. 1975년 12월 마지막 항해를 끝으로 1979년에 해체되었다. 1970~1971까지의 세계 일주를 포함하여 총 129차례의 과학 항해를 수행하였다.

12 Pang, K. et al., 1989, Climatic and Hydrologic Extremes in Early Chinese History: Possible Causes and Dates

13 케프티우, kephtiu, keftiu: 혹자는 시리아 마리(Mari) 문서고에 나오는 고대 이집트의 지명 "케프티우"(Keftiu, *kaftāw)와 셈어 "카프토르"("Kaftor" 혹은 "Caphtor") 그리고 "카프타라"(Kaptara)가 크레테 섬을 이르는 말이라고 주장하기도 한다.(위키백과)

14 Luce, J.V., 1969, *Lost Atlantis: New Light on an Old Legend*

15 Luce, J.V., 1994, The Changing Face of the Thera Problem

제5장

1 크노소스 발굴에 대한 역사는 일부 다음 문헌들을 참고했다. 알렉상드르 파르누(이혜란 역), 1997, 크노소스: 그리스의 원형 미노아 문명; Takeuchi, H., 2015, 앞의 책

2 미노아 시대(신석기/청동기)의 고고학적 편년에서 아직은 완전히 결정되지 않은 시간의 문제가 있기는 해도, 상대적인 시간의 구분은 가능하다. 미노아 시대(Minoan Age)라는 의미에서 영문 약자 M을 가운데 놓고, 첫 번째 구분은 초기(early, E), 중기(middle, M), 후기(late, L)이며; 두 번째 구분은 I, II, III; 세 번째 구분은 A, B, C를 붙인다. 따라서 가장 오랜 시기로 초기 미노아 I의 시기라는 의미로 EM I으로 쓰고, 가장 최근 시기로 후기 미노아 IIIC라는 의미로 LM IIIC와 같은 형태로 나타낸다. 한편, 각 계층별 연대가 어떤 역년(曆年, calendar year)을 가지는가는 논란이 많다. 다만 크노소스를 발굴한 에번스의 초기 편년은 다음과 같다. EM(기원전 3000~2200년), EM I(기원전 3400~2800년), EM II(기원전 2800~2400년), EM III(기원전 2400~2200년), MM(기원전 2200~1500년), LM(기원전 1500~1000년).

3 Marinatos, S., 1974, *Thera VI Colour Plates and Plans*; Marinatos, S, 1976, *Excavations at Thera VII (1973 Season)*

4 Sørensen, A.H. et al., 2013, Miniatures of meaning – interdisciplinary approaches to the miniature frescoes from the west house at Akrotiri on Thera, in 1600, Tagungen des Landesmuseums für Vorgeschichte Halle, Band 9, 149-162

5 Warren, P., 1979, The Miniature Fresco from the West House at Akrotiri, Thera, and Its Aegean Setting

6 Heiken, G. and McCoy, F.Jr., 1984, Caldera development during the Minoan eruption, Thira, Cyclades, Greece

7 Friedrich, W.L. and Sørensen, A.H., 2010, New light on the Ship Fresco from Late Bronze Age Thera

제6장

1 선문자: 그리스 최고(最古)의 문자인 크레타 문자의 하나. 그림 문자 중 선(線) 형태로 된 문자를 일컫는다. 기원전 22세기부터 기원전 12세기경까지 쓰였다. 이에는 수백 개의 글자로 된 A와 200여 개 글자로 된 B의 두 종류가 있는데, A는 아직 해독되지 않았고 B는 1952년에 영국의 벤트리스와 채드윅이 해독하였다. 왼쪽에서 오른쪽으로 쓴다.

2 해리엇 보이드: 결혼 후 남편 성을 따서 해리엇 보이드 호즈(Hawes)라 불린다

3 Boyd, H.A., 1904, Gournia. Report of the American Exploration Society's Excavations at Gournia, Crete, 1902-1905

4 Okal, E.A. et al., 2009, The 1956 earthquake and tsunamis in Amorgos, Greece

5 Ninkovich, D. and Heezen, B.C., 1965, 'Santorini tephra' in submarine geology and geophysics

6 Vitaliano, C.J. and Vitaliano, D.B., 1974, Volcanic Tephra on Crete

제7장

1 제2부의 본문에 나오는 성경 구절은 모두 한글 개역개정판의 성경에서 인용하였다.

제8장

1 마르크 반 드 미에롭(김구원 역), 2004, 고대 근동 역사; Anold, B. T. and Strawn, B.A. (eds.), 2016, *The World around the Old Testament: The People and Places of the Ancient*

Near East, 빌 T. 아놀드·브렌트 A. 스트런(임요한 역), 2019, 구약성경 주변 세계 탐구; 클라아스 R. 빈호프(배희숙 역), 고대 오리엔트 역사, 2015; Hallo, W.W. and Simpson, W.K., 1998, *The Ancient Near East: A History* (2nd edition)

2 Matsumoto, K., 2000, *The Four Great Ancient Civilizations of the World: MESOPOTAMIA*

3 Lamb, H.H., 1995, *Climate, History and the Modern World* (2nd edition), 허버트 H. 램(김종규 역), 2004, 기후와 역사: 기후·역사·현대세계

4 Yoshimura S. and Goto, T., 2000, *The Four Great Ancient Civilizations of the World: EGYPT*

5 Jaeger, F., 1928, *Africa*: 조금 오래된 문헌이지만, 나일강의 유량에 대한 과거의 상황을 이해하는 데 도움이 된다.

6 기압 경도력: 두 지점 사이의 기압 차이 때문에 생기는 힘으로, 바람을 일으키는 가장 근본적인 힘을 뜻한다.

7 Gunther, J., 1955, *Inside Africa*

8 Butzer, K.W., 1984, Long-Term Nile Flood Viation and Political Discontinuities in Pharonic Egypt

9 Tablbot, M.R. et al., 2000, Strontium isotope evidence for late Pleistocene reestablishement of an intergrated Nile drainage network

10 가나안이란 지명은 경우에 따라 시리아–팔레스타인, 레반테 등으로 불릴 수 있는데, 이 책에서는 주로 이스라엘 민족과 관련된 여정을 위주로 묘사하기 때문에 성경 속의 보편적인 지명인 가나안을 주로 사용한다. 그리고 가나안의 지형에 대해서는 일부 다음 책을 인용했다: 이용결, 2019, 고대 이스라엘 역사의 흐름: 아브라함부터 바르 코크바까지

제9장

1 성경의 기록시기에 관련하여 폭넓은 토론은 다음 문헌이 도움이 되는데, 이 책에서도 일부 인용하였다: Schniedewind, W.M., 2004, *How the Bible Became a Book: The Textualization of Ancient Israel*, 윌리엄 슈니더윈드(박정연 역), 2006, 성경은 어떻게 책이 되었을까.

2 야훼: 엑소더스에 대한 명령을 받은 모세가 만약 이스라엘 백성들이 누가 보냈느냐고 하면 어떻게 대답할지를 하나님에게 물었다. 그러자 가르쳐 준 이름이 '나는 스스로 있는 자' 그리고 '스스로 있는 자'라고 알려주었다. 이 이름이 히브리어로 yhwh이며 '야훼' 또

는 '여호와'로 발음한다. 유대인들은 이 이름을 입으로 말하거나 글로 쓰는 것이 불경스럽다 하여 다른 이름 '아도나이'라는 단어를 사용한다. 이 책에서는 일반 성경학자들이 구약의 하나님을 표현할 때 많이 사용하는 야훼를 그대로 인용하기로 한다.

제10장

1 엑소더스 당시 이스라엘 자손의 수가 성인 남자만 60만 명이고 모든 사람의 수는 200만 명을 넘는다는 내용에 대해서는 전혀 합리적이지 않다는 비판이 많다. 이집트로 이주한 야곱의 식구 70명에서 430년 만에 200만 명으로 불어난다는 것은 현재의 상식으로서는 불가능하다는 시각이다. 가령 플린더스 페트리 경은 민수기 1장에 기록된 르우벤 족속의 수 46,500명은 46 가족에 남자가 500명 포함된 것이라고 해석했고, 멘덴홀은 페트리에 동의했지만, 전체 인구가 아닌 군대 연령의 남자에 해당한다고 보았으며, 클라크와 웬햄은 페트리의 제안을 조금 수정하였다. 그들에 따르면 엑소더스 당시 이스라엘의 전체 인구는 페트리가 5,550명, 멘덴홀은 20,000명 이상, 웬햄은 약 72,000명 그리고 클라크는 약 140,000명으로 추산했다. 그리고 60만 혹은 200만이라는 엄청난 인구수는 구약성경에 사용된 숫자에 대한 낱말의 오해로부터 기인한다는 것이 대표적인 이유다. 영국의 저명한 물리학자인 콜린 험프리스 경은 민수기 나타나는 인구수에 대한 오류는 고대 히브리어 *'lp (엘레프 또는 알루프)*가 문맥에 따라 '천', '가족', '족속', '분대(troop)', 혹은 '지도자' 등을 의미할 수 있기 때문이라고 해석했다. 그리고 독일의 구약성서 신학자인 마르틴 노트는 *'lp*의 원래 의미가 '분대'이고 나중에 '천'이라는 숫자로 바뀌었다고 주장한다. 실제로 이 단어는 구약성경의 판본에 따라 '천'으로도 '가족'이나 '족속'으로도 사용되고 있다. 험프리스는 만약 엑소더스 동안 20세 이상의 남자가 5,550명 있었다면, 1개월 이상의 남자가 약 10,000명 정도이고 따라서 남자와 여자는 약 20,000명일 것이며, 여기에 1개월 이상의 레위 남자 1,000명과 레위 여자 1,000명을 더해야 하는데, 대략적인 숫자로 엑소더스 때의 모든 남자, 여자, 아이들은 약 20,000명 정도라고 생각했다. Petrie, F.W.M., 1906, *Research in Sinai*; Mendenhall, G.E., 1958, The Census of Numbers 1 and 26; Clark, R.E.D., 1955, The Large Numbers of the Old Testament; Wenham, J.W., 1967, Large Numbers in the Old Testament; Humphreys, C.J., 1998, The Number of People in the Exodus from Egypt: Decoding Mathematically the Very Large Numbers in Numbers I and XXVI; Noth, M. (trasl. by J.D. Martin), 1966, *Das vierte Buch Mose, Numeri*

2 The Admonitions of Ipuwer, www.ancient.eu/article/981/the-admonition-of-ipuwer/

3 The Prophecy of Neferty, www.ucl.ac.uk/museums-static/digitalegypt/literature/nefertytransl.html

4 이집트 연표와 관련하여 본문에 등장하는 모든 왕조의 시기와 파라오의 재위기간은 원출처와 상관없이 Dodson and Hilton의 연표로 통일하여 기재하였다. Dodson, A. and Hilton, D., 2004, *The Complete Royal Families of Ancient Egypt*

5 Iulius Africanus (Wallraff, ed.), 2007, *Chronographiae*

6 Strong, J., 1875, *Tables of Biblical Chronology; Exhibiting Every Date Definitely Given in the Holy Scriptures*

7 힉소스에 관련하여 많은 참고 문헌들이 있으나 이 책에서 사용한 대표적인 문헌은 다음과 같다. Bietak, M., 1984, Problems of Middle Bronze Age Chronology: New Evidence from Egypt; Hoffmeier, J.K., 1989, Reconsidering Egypt's Part in the Termination of the Middle Bronze Age in Palestine; Höflmayer, F., 2019, The Expulsion of the Hyksos and the End of the Middle Bronze Age: A Reassessment in light of Recent Chronological Research.

8 Flavius Joshephus (Whiston, W. transl.), 2003, *The Complete Works of Joshepus*

9 Wilson, I., 1985, *Exodus: The True Story Behind the Biblical Account*

10 Bimson, J.J., 1981, *Redating the Exodus and Conquest*

11 크리스티앙 자크(임헌 역), 1997, 위대한 파라오의 이집트

제11장

1 Fleming, D.E., 2016, 1. Amorites

2 지그문트 프로이트(이은자 역), 2016, 인간 모세와 유일신교. 프로이트는 에른스트 셀린의 영향을 아주 강하게 받았다. 모세와 모세가 유대 종교사에서 지니는 의미를 분석한 셀린의 논문은 다음과 같다. Sellin, E., 2018, *Mose und seine Bedeutung für die israelitisch-jüdische Religionsgeschichte* [Reprint of the Original from 1922]

3 롤프 크라우스(김영 · 신미경 역), 2003, 모세는 파라오였다

4 Breasted, J.H., 1933, *The Dawn of Conscience*

5 Redford, D.B., 1987, *Akhenaten, The Heretic King*

6 Flavius Joshephus (Whiston, W. transl.), 2003, *The Complete Works of Joshepus*

7 Wellhausen, J., 1899, *Progegomena zur Geschichte Israels* [*Prolegomena to the History off Ancient Israel* (2014 printed editioion)]

8 쿠시(Koush, 혹은 Cush): 한글 성경에서는 구스라고 번역되어 있다.

9 아브라함과 모세 관련 성경의 묘사들이 창작된 허구라는 주장의 대표적인 학자 중 한 사람인 시터즈의 책과 논문이다. Seters, J.V., 1975, *Abraham in History and Tradition*; Seters, J.V., 1986, The Plagues of Egypt: Ancient Tradition or Literary Invention?

10 프톨레마이오스 1세 소테르(Ptolemy I Soter): 기원전 310년에 이집트에서 공식적으로 파라오에 등극하면서 프톨레마이오스 왕조를 열었다. 재위 기간은 기원전 305~283년이다.

11 Diodorus Siculus, *Historical Library*

제12장

1 Redford, D.B., 1963, Exodus I 11; O'Connor, D., 1983, New Kingdom and Third Intermediate Period, 1552-664 BC

2 Sneh, A. and Weissbrod, T., 1973, Nile Delta: The Defunct Branch Identified

3 Dever, W., 1992, The Chronology of Syria-Palestine in the Second Millennium B.C.E.: A Review of Current Issues

4 Manning, S., 1999, *A Test of Time: The Volcano of Thera and the chronology and history of the Aegean and east Mediterranean in the mid second millenium BC*; Manning, S. et al., 2006, Chronology for the Aegean Late Bronze Age 1700-1400 BC

제13장

1 Barr, J., 1990, Luther and Biblical Chronology

2 Ussher, J., 1650, *Annals of the World*, www.gospelpedlar.com/articles/Bible/Usher.pdf

3 마소라: 유대교 성경의 히브리어 본문을 말한다. www.sefaria.org/texts/Tanakh

4 Thiele, E.R., 1983, *The Mysterious Numbers of the Hebrew Kings: A Reconstruction of the Chronology of the Kingdoms of Israel and Judah* [3rd edition, Reprint of the Original from 1951]; 에드윈 R. 딜레(한정건 역), 1990, 히브리왕들의 연대기

5 Young, R.C., 2003, When did Solomon die?

6 Wiseman, D., 1956, *Chronicles of Chaldean Kings (626-556 BC) in the British Museum*

7 Young, R.C., 2004, When did Jerusalem fall?

8 학자에 따라서는 희년이 49년이 아니라 50년이라고 주장한다. 만약 희년을 50년으로 계산하면 17년을 더해야 하므로 엑소더스의 시기는 기원전 1477년이 된다.

9 Sivertsen, B.J., 2009, *The Parting fo the Sea: How Volcanoes, Earthquakes, and Plagues Shaped the Story of Exodus*

10 de Vaux, R., 1978, *The Early History of Israel*

11 Sivertsen, B.J., 2009, 앞의 책

12 Bennett, J.G., 1963, 앞의 책

13 Shea, W., 1977, A Date for the Recently Discovered Eastern Canal of Egypt

14 Goedicke, H.(translator), 1981, Hatshepsut's Temple Inscription of Speos Artemidos

15 Wilson, I., 1985, 앞의 책

제14장

1 Young, E.J., 1984, *An Introduction to the Old Testament* [Reprint of the Original from 1949]

2 주원준, 2012, 구약성경과 신들

3 Hort, G., 1957, The Plagues of Egypt; Hort, G., 1958, The Plagues of Egypt

4 Garstang, J. and Garstang, J.B.E., 1948, *The Story of Jericho* [2nd edition, Reprint of the Original from 1940]

5 Galanopoulos, A., 1964, Die ägyptischen Plagen und der Auszug Israel aus geologischer Sicht

6 Zeilinga de Boer, J. and Sanders, D.T., 2002, Volcanoes in Human History: The Far-Reaching Effects of Major Eruptions

7 Wilson, I., 1985, 앞의 책

8 Sivertsen, B.J., 2009, 앞의 책

9 Round, F., 1981, *The Ecology of Algae*; Lense, J. et al., 2001, Iron Fertilization and the Trichodesmium Response on the West Florida Shelf

10 할례는 이미 이집트에서 시행되고 있었던 풍습이다. 이집트에서 과거 3000년 이상 할례가 광범위하게 이루어졌음은 미라를 통해 증명되었으며, 또한 기원전 2300년경의 제6왕조 때 사카라에 있는 앙크마홀 무덤에 그려진 그림에서도 할례의 모습이 잘 나타난다. 헤로도토스 역시 다양한 민족에서 할례가 시행되었음을 지적했는데(《역사》2.104), 이집트와 에티오피아에서 일찍부터 그리고 지중해 연안의 페니키아인들과 팔레스타인 지역의 시리아인들은 이집트의 영향을 받아 할례를 했었다고 기록했다. 성경에서는 창세기 17

장에 야훼 하나님과 아브라함 사이의 약속의 징표로 처음 할례를 시행한다.

11 Robin, G., 1994, Women and Children in Peril: Pregnancy, Birth and Infant Mortality in Ancient Egypt

12 Velikovsky, I., 1952, *Ages in Chaos, vol. I, From Exodus to King Akhnaton*

13 히브리어로 초태생과 선택이라는 단어가 비슷해 보이기는 하지만 기본 어근에서 판단컨대 어원이 다르다는 해석도 가능하다.

14 의학 파피루스 문헌 사이트 www.medizinische-papyri.de/Start/html/medizinische_papyri.html

15 Trevisanato, S.I., 2006, Six medical papyri describe the effect of Santorini's volcanic ash, and provide Egyptian parallels to the so-called biblical plagues; Trevisanato, S.I., 2007, Medical papyri describe the effects of Santorini eruption on human health, and date the eruption to August 1603 - March 1601 BC. 이 두 논문이 나오기 전에 트레비사나토는 이집트 재앙에 대한 책을 출간했다: Trevisanato, S.I., 2005, *The Plagues of Egypt: Archaeology, History and Science Loot at the Bible*, 시로 트레비사나토(김회권 역), 2011, 이집트 10가지 재앙의 비밀

제15장

1 Ammianus Marcellinus, *Roman History*, www.gutenberg.org/files/28587/28587-h/28587-h.htm

2 Yalciner, A.C., 2007, Modeling and Visualization of tsunamis: Mediterranean examples

3 Zaytsev, A. I., et al., 2019, Tsunami Hazard Assessment on the Egypt Coast of the Mediterranean

4 Schaeffer, C.F.A. 1939, *The Cuneiform Texts of Ras Shamra-Ugarit*; Salamon, A., et al., 2011, A critical evaluation of tsunami records reported for the Levant Coast from the second millennium BCE to the present

5 Sakellariou, D. et al., 2012, Tsunami Triggering Mechanisms Associated with the 17th cent. BC Minoan Eruption of Thera Volcano, Greece

6 Nomikou, P. et al., 2016, Post-eruptive flooding of Santorini caldera and implications for tsunami generation

7 Pyle, D.M., 1997, The global impact of the Minoan eruption of Santorini, Greece

8 Allen, S.R., 2001, Reconstruction of a major caldera-forming eruption from pyroclastic

deposit characteristics: Kos Plateau Tuff, eastern Aegean Sea

제16장

1 화산에 대한 일반적인 내용을 쉽게 정리한 문헌: Fisher et al., 1997, *Volcanoes: Crucibles of Change*

2 테프라를 정의한 고전적 논문: Thorarinsson, S., 1974, The terms tephra and tephrochronology

3 테프라는 형태로도 구분하는데, 마그마의 점성과 분화 양식에 따라 다르게 나타난다. 버블형(거품형, 버블월형)과 부석형의 테프라는 마그마 속에 녹아 있는 휘발성 물질이 분출할 때 압력과 온도가 낮아지면서 발포한 결과로 생기는 빈 공간(공극)에 의해 만들어진다. 버블형은 마그마가 발포하여 생긴 커다란 거품(泡)이 파쇄된 것이며 Y자형 테프라는 인접한 거품의 연결 부분이 해당한다. 섬유상 테프라는 발포한 마그마가 늘어난 것이다. 이러한 형태의 테프라는 모두 대규모 폭발적인 분화에 의해 생긴다. 하와이 화산과 같이 점성이 낮은 마그마로부터는 분화 때 마그마가 길게 늘어나 유리 섬유가 된 털 모양의 테프라와 물방울과 같이 둥근 눈물 모양의 테프라가 생길 수 있다. 또 마그마가 지하수, 호수, 해수가 접촉하여 일어나는 수증기 마그마 폭발이란 것이 있는데 마그마가 물로 인해 빠르게 냉각하고 파쇄되면서 얇은 조각(플레이크) 상이나 괴상의 테프라가 생긴다.

4 분연주의 형성에 관련한 대표적인 참고문헌: Sparks, R.S.J. and Wilson, L., 1976, A model of the formation of ignimbrite by gravitational column collapse; Wilson, L. et al., 1978, The control of volcanic column heights by eruption energies and dynamics

5 분연주의 중립부력고도와 회오리 기둥 생성에 대한 문헌: Chakraborty, P. et al., 2009, Volcanic mesocyclone

6 화산의 분화양식은 플리니안 외에, 불카니안(vulkanian), 스트롬볼리안(strombolian), 서체이안(surtseyan), 하와이안(hawaiian) 등으로 나누고 있다.

7 Newhall, C.G. and Self, S., 1982, The Volcanic Explosivity Index (VEI): An Estimate of Explosion Magnitude for Historical Volcanism

8 Simkin, T. and Siebert, L., 1994, *Volcanoes of the World* (2nd edition)

9 Hayakawa, Y., 1993, A proposal of Eruption Magnitude Scale

10 Lamb, H.H., 1970, 앞의 책

11 판의 침강: 판구조론에 따르면 해령에서 생성된 해양 지각은 대륙 지각이나 다른 해양 지

각 아래로 가라앉는다. 그런데 사실 가라앉는다는 단순한 표현은 바르지 않다. 해양 지각이 자발적으로 가라앉는 것이 아니라 맨틀 대류에 수반되어 해령에서 밀어내는 힘, 해구에서 잡아당기는 힘 등의 역학적 관계에 따라 아래로 내려가는 것이다. 따라서 침강이란 표현은 정확한 것이 아니며, 지질학에서는 전문적인 용어로 섭입(攝入)이라고 부른다.

12 요한 볼프강 폰 괴테(곽복록 역), 2016, 이탈리아 기행

13 지진파의 종류: 지구 내부의 어떤 부분이 파괴되면 그 점을 중심으로 에너지의 일부가 파동의 형태로 전파해 가는데 이것을 지진파라고 한다. 이 지진파에는 지구 내부를 통과해 가는 P파와 S파가 있는데, P파는 매질 입자의 진동 방향이 파의 진행 방향과 평행하고, S파는 두 방향이 서로 직교한다. P파 속도가 S파 속도보다 빠르기 때문에 지진 기록 상 P파가 먼저 도착한다.

14 Kawakatsu, H. and Yamamoto, M., 2007, Volcano seismology

15 Bryant, E., 2008, *Tsunami: The Underrated Hazard*

16 쓰나미의 높이에 대한 기록은 일반적으로 검조의(檢潮儀, tide gage)라고 하는 조석에 의한 해수면의 높낮이를 측정하는 장치로 측정된다. 그러나 조수 간만의 차이를 능가하는 거대 쓰나미는 그 자체의 파고를 정확히 측정하기가 곤란하기도 하고, 때로 쓰나미에 의해 검조의가 망가지기 일쑤다. 따라서 거대 쓰나미의 경우 실제로 파의 도달 높이를 나타내야 하는데, 세 가지 방법이 있다. 첫째 육지의 구조물에 남겨진 지면으로부터의 침수 흔적의 높이, 둘째 육지의 구조물에 남겨진 평상시 조위면으로부터의 침수 흔적의 높이, 셋째 육지의 사면이나 벼랑 등에 남겨진 평상시 조위면으로부터의 침수 흔적의 최대 높이 등이다. 거대 쓰나미의 경우 세 번째 방법이 흔히 적용된다. 하나의 예로 일본에서 기록된 쓰나미의 최대 파고는 1896년 메이지 산리쿠 오키 지진에 의한 쓰나미의 최대 높이가 38.2m이지만, 이는 만 안쪽에 있었던 해발 38.2m의 고개를 쓰나미가 넘어 버렸다는 사실에 기초한 값이고, 해안에서의 쓰나미 높이는 아니다. 그리고 2011년 동일본 대지진 때의 쓰나미의 최대 높이는 이와테 현 미야코 시에서 기록된 약 39m이다. 참고로 태평양 연안에서 23만명 가까운 희생자를 낸 2004년 인도양 쓰나미의 경우 최대 높이가 약 30m에 이른다.

제17장

1 테라섬/산토리니 지명의 사용에 관련하여 제1부 제3장의 (10)번 설명을 참고하기 바란다.

2 포졸라나(pozzolana): 고대 로마인들이 화산재와 석회를 섞기 시작했던 나폴리 근처 마

을 Pozzuoli로부터 유래한다.

3 Newhall, C. et al., 2018, Anticipating future Volcanic Explosivity Index (VEI) 7 eruptions and their chilling impacts

4 Winchester, S., 2003, *Krakatoa: The day the world exploded 27 August 1883*

5 DRE(dense rock equivalent): 화산 분화 후 분출된 물질의 양은 화산 주변에 쌓인 테프라의 양으로부터 측정한다. 그런데 테프라의 상당 부분을 이루는 부석은 자체에 많은 기공(빈공간)을 가지고 있기 때문에 정확한 양을 알기 어렵다. 따라서 모든 분출물이 치밀한 암석이라고 가정하고 계산하면 비교적 분출한 마그마의 양에 근사하게 되므로 DRE의 환산값을 도입한다.

6 Friedrich, W.L., 2013, The Minoan Eruption of Santorini around 1613 BC and its consequence

7 써지(Surge): 화산 분화의 과정에서 보통 분연주의 기저부가 붕괴될 때 형성되는 것으로, 가스 함량이 많은 저밀도의 화산 쇄설물이 빠르게 이동하면서 만들어진다. 이동 거리는 길지 않으나(10km 이내) 뜨거운 다량의 가스 때문에 치명적인 결과를 초래하기도 한다. 1902년 펠레 화산의 분화 때 인근 생-피에르 주민 30,000명이 이로 인해 목숨을 잃었다고 전해진다.

제18장

1 지질학에서는 전통적으로 화석과 지층의 유사성 및 상하 관계 등을 이용하여 시간의 전후관계를 정해 왔으며, 그 전후 관계에 대한 시간을 상대 연대(relative age)라고 부른다. 이에 반해, 방사성 붕괴를 이용하여 얻은 방사성 연대와 어떤 환경에서 일정한 비율로 진행한 화학 반응을 이용하여 구한 연대값처럼, 수치로 얻어지는 연대는 수치 연대(numerical age)라고 부른다. 수치 연대는 상대 연대에 대해 절대 연대(absolute age)로 불리는 경우도 적지 않다. 다만 절대 연대라는 표현이 절대적으로 신뢰할 수 있다는 의미는 아니기 때문에 주의해야 한다. 또한 상대 연대와 수치 연대는 각각의 이점을 가지기 때문에, 그 목적에 따라 구분하여 사용해야 하며, 한쪽이 다른 쪽보다 신뢰도가 높은 것은 아니다. 수치 연대를 구하기 위해서 다양한 원리에 기초한 방법이 개발되어 있다. 크게 나누면 물리적 원리에 기초한 방법, 화학적 원리에 기초한 방법, 지구 현상의 연대 변화와 그 연대교정 곡선을 이용하는 방법 등이 있다. 이 중에서 물리적 원리에 기초한 방사성 핵종의 방사능 붕괴를 이용하는 방법이 현재 가장 신뢰도가 높은 방법으로 취급되고 있으며, 방사성 연대(radiometric age)라고 부른다. 이 방사성 연대에 이용되는 핵종으로는 K-Ar, Rb-Sr, Sm-Nd, U-Pb 등이 있다.

2 방사성 탄소 연대 측정에 관련하여 쉽게 이해할 수 있는 문헌: Bowman, S., 1990, *Radiocarbon Dating*, 셰리든 보먼(이선복 역), 2014, 방사성 탄소 연대 측정법

3 Miyake, F. et al., 2012, A signature of cosmic-ray increase in AD 774-775 from tree rings in Japan

4 Bannister, B., 1963, Dendrochronology; Creasman, P.P. and Dean, J.S., 2015, Dendrochronology and Egyptology

5 LaMarche, V.C.Jr. and Hirschboeck, K., 1984, Frost rings in trees as records of major volcanic eruptions

6 Alley, R.B., 2000, *The Two-Mile Time Machine: Ice Cores, Abrupt Climate Change and Our Future*

7 Takashima, I., 1995, Thermoluminescence Dating: With Special Reference to Accuracy and Reliability of Age Determination Using Quartz of Volcanic Rocks

제19장

1 하이 앤 로우에 대한 토의는 방대한 양의 참고문헌을 제시할 수 있으나 여기서는 대표적인 몇 가지 문헌을 제시하는 것으로 그친다. 매닝의 2014 문헌은 1999년에 출판한 책의 내용(494쪽)과 함께 그 이후 발표된 자료들을 분석 정리한 내용(202쪽)이 추가되어 있다. Manning, S., 2014, *A Test of Time and A Test of Time Revisited: The Volcano of Thera and the chronology and history of the Aegean and east Mediterranean in the mid second millenium BC.* 다음 문헌에서는 19편의 논문들이 게재되어 있으며 당시까지 발표된 방사성 탄소 연대에 대한 격렬한 논쟁이 펼쳐지고 있다. Shortland, A.J. and Bronk Ramsey, C. (eds.), 2013, *Radiocarbon and the Chronologies of Ancient Egypt*. 다음은 2007년 덴마크에서 열렸던 미노아 분출 연대에 대한 워크숍에서 발표된 논문들을 모아 놓은 것으로 22편의 연구논문이 게재되어 있다. Warburton, D. (ed.), 2009, *Time's Up! Dating the Minoan Eruption of Santorini: Acts of the Minoan Eruption Chronology Workshop, Sandjerg, November 2008 (Monographs of the Danish Institute at Athenes).*

2 Hammer, C.U. et al., 1980, Greenland ice sheet evidence of post-glacial volcanism and its climatic impact

3 Hammer, C.U. et al., 1987, The Minoan eruption of Santorini in Greece dated to 1645 BC?

4 LaMarche, V.C.Jr. and Hirschboeck, K., 1984, 앞의 논문

5 Baille, M.G.L. and Munroe, M.A.R., 1988, Irish tree rings, Santorini and volcanic dust veils

6 McAneney, J. and Baille, M., 2019, Absolute tree-ring dates for the Late Bronze Age eruptions of Aniakchak and Thera in light of a proposed revision of ice-core chronology

7 Coulter, S. et al., 2012, Holocene tephra highlight complexity of volcanic signals in Greenland ice cores

8 Coulter, S. et al., 2012, 위의 논문

9 de Jong, T. and Foertmeyer, V., 2010, A new look at the Venus observation of Ammisaduqa: Traces oof the Santorini eruption in the atmosphere of Babylon?

10 Liritizis, I. et al., 1996, A Significant Aegean Volcanic Eruption during the Second Millennium B.C. Revealed by Thermoluminescence Dating

11 Sivertsen, B.J., 2009, 앞의 책

12 Pearson, C.L. et al., 2018, Annual radiocarbon record indicates 16th century BCE date for the Thera eruption

13 교정 곡선에서는 정확한 연대를 얻기 위한 세 가지 장애물이 있다. 첫째, 미지 시료로부터의 ^{14}C 측정은 다양한 통계학적 및 실험실 오차가 발생하기 쉽고, 측정 관련 불확도(uncertainty)도 더해진다. 둘째로, 교정 곡선을 만들기 위해 사용된 연대를 아는 시료에 대한 측정도 그 자체의 불확도를 가질 것이다. 셋째로, 다른 참 연대로부터의 시료들이 동일한 양의 ^{14}C을 포함할 때도 있는데, 만약 여러 연대들의 결과에서 시료들이 거의 동일한 양의 ^{14}C을 가진다면, 그것을 교정 곡선의 평탄 구간(plateau)이라고 부른다.

14 Manning, S. et al., 2020, Mediterranean radiocarbon offsets and calendar dates for prehistory

15 van der Plicht, J. et al., 2020, Recent developments in calibration for archaeological and environmental samples; Reimer, P.J. et al., 2020, The IntCal20 Nothern Hemisphere radiocarbon calibration curve (0-55 kcal BP)

16 Pearson, C.L. et al., 2020, Securing timelines in the ancient Mediterranean using multiproxy annual tree-ring data

에필로그

1 Ritner, R.K. and Moeller, N., 2014, The Ahmose 'Tempest Stela', Thera and Comparative Chronology

2 Sawyer, J.F.A. and Stephenson, F.R., 1970, Literary and Astronomical Evidence for a Total Eclipse of the Sun Observed in Ancient Ugarit on 3 May 1375 BC

3 de Jong, T. and van Soldt, W.H., 1989, The earliest known solar eclipse record redated

4 Rohl, D.M., 1995, *A Test of Time: The Bible - From Myth to History*, 데이비드 롤(김석희 역), 2003, 시간의 풍상. 롤의 책 속에 나오는 일식 관련 계산 결과는 다음 논문에 보고되어 있다: Mitchell, W.A., 1990, Ancient Astronomical Observations and Near Eastern Chronology

5 Espenak, F. and Meeus, J., 2006, Five Millenium Canon of Solar Eclipses: -1999 to +3000 (2000 BCE to 3000CE)

6 Bimson, J.J., 2005, Does Tablet KTU 1.78 provide 'independent scientific confirmation of the New Chronology'?

7 del Olmo Lete, G., 2012, Rašpu-Mars, the red planet. A new reading of KTU 1.78:5

8 Bimson, J.J., 2005, 앞의 논문

9 McMurray, W., 2003, Dating the Amarnna Period in Egypt: Did a Solar Eclipse Insipire Akhenaten?

10 Huber, P.J., 2011, The Astronomical Basis of Egyptian Chronology of the Second Millenium BC

11 Khalisi, E., 2020, The Solar Eclipses oof the Pharaoh Akhenaten

12 Stern, S., 2012, *Calendars in Antiquity. Empires, States, and Societies*

13 Huber, P.J., 2011, 앞의 논문

14 Aston, D., 2012/2013, Radiocarbon, Wine Jar and New Kingdom Chronology

15 Bronk Ramsey, C. et al., 2010, Radiocarbon-Based Chronology for Dynastic Egypt; Bronk Ramsey, C. and Shortland, A.J. (eds.), 2013, *Radiocarbon and the Chrononology of Ancient Egypt*

16 Aston, D., 2012/2013, 앞의 논문

17 Aston, D., 2014, How Early (and How Late) Can Khyan Really Be: An Essay Based on Conventional Archaeological Methods

18 Richards, E.G., 1999, *Mapping Time: The Calendar and its History*, E.G. 리처즈(이민아 역), 2003, 시간의 지도: 달력

19 Meyer, E., 1904, *Ägyptische Chronologie*

20 Tetley, M.C., 2014, *The Reconstructed Chronology of the Egyptian Kings*

21 Lietuvietis, V. I., 2020, Summer Solstice-Synchronous Sothic Calendar Confirms Early 18th Dynasty High Chronology: Six Sothic-Dated Pharaonic Accessions Used Full Moon-Signatured Accession Days, Absolutely Dates Hyksos Avaris Fall to May/June 1559 BC

참고문헌

국내

니코스 카잔차키스(장홍 역), 1993, 미노스 궁전에서, 고려원, 394pp.

데이비드 롤(김석희 역), 2003, 시간의 풍상, 해냄, 559pp.

롤프 크라우스(김영·신미경 역), 2003, 모세는 파라오였다, 이룸, 512pp.

마르크 반 드 미에룹(김구원 역), 2004, 고대 근동 역사, 기독교문서선교회, 479pp.

빌 T. 아놀드·브렌트 A. 스트런(임요한 역), 2019, 구약성경 주변 세계 탐구: 고대 근동 사람들과 장소들, 기독교문서선교회, 719pp.

서영식, 2015, "플라톤의 전쟁론", 동서철학연구, 77, 345-365.

셰리든 보먼(이선복 역), 2014, 방사성탄소연대측정법, 사회평론아카데미, 172pp.

시로 트레비사나토(김회권 역), 2011, 이집트 10가지 재앙의 비밀, 새물결플러스, 449pp.

알렉상드르 파르누(이혜란 역), 1997, 크노소스: 그리스의 원형 미노아 문명, 시공디스커버리 총서, 시공사, 160pp.

에드윈 R. 딜레(한정건 역), 1990, 히브리왕들의 연대기, 기독교문서선교회, 345pp.

요한 볼프강 폰 괴테(곽복록 역), 2016, 이탈리아 기행, 동서문화사, 776pp.

윌리엄 슈니더윈드(박정연 역), 2006, 성경은 어떻게 책이 되었을까, 에코리브르, 399pp.

이그나시우스 도넬리(박지호 역), 2019, 아틀란티스: 대홍수 이전의 세계(1권, 2권), Suntal Books, 1(377)+2(312)pp.

이디스 해밀턴(이지은 역), 2020, 고대 그리스인의 생각과 힘, 까치글방, 431pp.

이용결, 2019, 고대 이스라엘 역사의 흐름: 아브라함부터 바르 코크바까지, 성서와 함께, 299pp.

E.G. 리처즈(이민아 역), 2003, 시간의 지도: 달력, 까치글방, 412pp.

잭 렙체크(강윤재 역), 2004, 시간을 발견한 사람: 제임스 허턴, 사람과 책, 295pp.

주원준, 2012, 구약성경과 신들, 한님성서연구소, 223pp.

지그문트 프로이트(이은자 역), 2016, 인간 모세와 유일신교, 부북스, 192pp.

크리스티앙 자크(임헌 역), 1997, 위대한 파라오의 이집트, 예술시대, 374pp.

클라아스 R. 빈호프(배희숙 역), 2015, 고대 오리엔트 역사: 알렉산더 대왕 시대까지, 한국문화사, 526pp.

토마소 캄파넬라(임명방 역), 2012, 태양의 나라, 이가서, 212pp.

토마스 모어(주경철 역), 2007, 유토피아, 을유문화사, 236pp.

투퀴디데스(천병희 역), 2011, 펠로폰네소스 전쟁사, 도서출판 숲, 800pp.

프란시스 베이컨(김종갑 역), 2002, 새로운 아틀란티스, 에코리브르, 132pp.

플라톤(김유석 역), 2019, 티마이오스, 정암고전총서 플라톤 전집, 아카넷, 506pp.

플라톤(이정호 역), 2007, 크리티아스, 정암학당 플라톤 전집, 이제이북스, 137pp.

플라톤(박종현 · 김영균 역), 2000, 티마이오스, 서광사, 13−37.

허버트 H. 램(김종규 역), 2004, 기후와 역사: 기후 · 역사 · 현대세계, 한울아카데미, 467pp.

헤로도토스(김봉철 역), 2016, 역사, 코기토총서, 도서출판 길, 989pp.

해외

Allen, S.R., 2001, Reconstruction of a major caldera-forming eruption from pyroclastic deposit characteristics: Kos Plateau Tuff, eastern Aegean Sea, *Journal of volcanology and geothermal ressearch*, 105, 141-162.

Alley, R.B., 2000, *The Two-Mile Time Machine: Ice Cores, Abrupt Climate Change and Our Future*, Princeton and Oxford: Princeton University Press, 229pp.

Ammianus Marcellinus, *Roman History*, www.gutenberg.org/files/28587/28587-h/28587-h.htm

Andrews, P.B.S., 1967, Larger than Africal and Asia?, *Greece and Rome*, 41, 76-79.

Anold, B. T. and Strawn, B.A. (eds.), 2016, *The World around the Old Testament: The People and Places of the Ancient Near East*, Baker Academic, 531pp.

Aston, D., 2014, How Early (and How Late) Can Khyan Really Be: An Essay Based on

Conventional Archaeological Methods, In: (Müller, I.F. & Moeller, N., eds.) *The Hyksos Ruler Khyan and the Early Second Intermediate Period in Egypt: Problems and Priorities of Current Research*, 15-56.

Baille, M.G.L. and Munroe, M.A.R., 1988, Irish tree rings, Santorini and volcanic dust veils, *Nature*, 332, 344-346.

Bannister, B., 1963, Dendrochronology, In: (Brothwell, D.R. and Higgs, E.S. eds.) *Science in Archaeology: A Comprehensive Survey of Progress and Research*, New York: Basic Books, 162-176.

Barr, J., 1990, Luther and Biblical Chronology, *Bulletin of the John Rylands Library*, 72, 51-68.

Bennett, J.G., 1963, Geophysics and Human History, *Systematics (the Journal of the Institute for the Comparative Study of History, Philosophy and the Science)*, 1, 127-156.

Berlitz, C., 1969, *The Mystery of Atlantis; The Eighth Continent?*, Grosset & Dunlap (1969), London: Souvenir Press (1976), 212pp.

Bietak, M., 1984, Problems of Middle Bronze Age Chronology: New Evidence from Egypt, *American Journal of Archaeology*, 88, 471-485.

Bimson, J.J., 1981, *Redating the Exodus and Conquest*, Almond Press, 288pp.

Bimson, J.J., 2005, Does Tablet KTU 1.78 provide 'independent scientific confirmation of the New Chronology'?, *Journal of the Ancient Chronology Forum*, 10, 57-62.

Bowman, S., 1990, *Radiocarbon Dating*, Berkeley and Los Angeles: University of California Press, 64pp.

Boyd, H.A., 1904, Gournia. Report of the American Exploration Society's Excavations at Gournia, Crete, 1902-1905. *Transactions of the Department of Archaeology: Free Museum of Science and Art, University of Pennsylvania*.

Breasted, J.H., 1933, *The Dawn of Conscience*, Charles Scribner's Sons, 431pp.

Bronk Ramsey, C. et al., 2010, Radiocarbon-Based Chronology for Dynastic Egypt, *Science*, 328, 1554-1557.

Bronk Ramsey, C. and Shortland, A.J. (eds.), 2013, *Radiocarbon and the Chrononology of Ancient Egypt*, Oxford: Oxbow Books, 192pp.

Bryant, E., 2008, *Tsunami: The Underrated Hazard*, Springer, 330pp.

Butzer, K.W., 1984, Long-Term Nile Flood Viation and Political Discontinuities in Pharonic

Egypt, In: (Clark, J.D. & Brandt, S.A. eds.) *From Hunters to Farmers: Causes and Consequences of Flood Production in Africa*, Berkeley, CA, 102-112.

Chakraborty, P. et al., 2009, Volcanic mesocyclone, *Nature Letters*, 458, doi:10.1038/nature07866.

Clark, R.E.D., 1955, The Large Numbers of the Old Testament, *Journal of the Transactions of the Victoria Institute*, 87, 82-92.

Coulter, S. et al., 2012, Holocene tephra highlight complexity of volcanic signals in Greenland ice cores, *Journal of Geophysical Research*, 117, D21303.

Creasman, P.P. and Dean, J.S., 2015, Dendrochronology and Egyptology, *The Journal of Egyptian Studies*, 21, 45-58.

de Camp, L.S., 1970, *Lost Continents. The Atlantis Theme in History, Science and Literature.* New York: Dover Publishing Inc. 348pp.

de Jong, T. and van Soldt, W.H., 1989, The earliest known solar eclipse record redated, *Nature*, 338, 238-240.

de Jong, T. and Foertmeyer, V., 2010, A new look at the Venus observation of Ammisaduqa: Traces oof the Santorini eruption in the atmosphere of Babylon?, *Ex Oriente Lux*, 42, 141-157.

de Vaux, R., 1978, *The Early History of Israel*, Darton, Longman and Todd, 886pp.

del Olmo Lete, G., 2012, Rašpu-Mars, the red planet. A new reading of KTU 1.78:5, *Aula Orientalis*, 30, 369-371.

Dever, W., 1992, The Chronology of Syria-Palestine in the Second Millennium B.C.E.: A Review of Current Issues, *Bulletin of the American Schools of Oriental Research*, 288, 1-25.

Diodorus Siculus (Oldfather, C.H. transl.), 1989, *The Libaray of History*, Volume XII Loeb Classical Library, Cambridge, Massachustts: Harvard University Press, 688pp.

Diodorus Siculus, *Historical Library*, www.attalus.org/info/diodorus.html

Dodson, A. and Hilton, D., 2004, *The Complete Royal Families of Ancient Egypt*, London: Thames & Hudson, 304pp.

Donelly, I.L., 2018, *Atlantis: The Antediluvian World(1882)*, New York: Harper & Brothers, Franklin Square, 302pp.

Espenak, F. and Meeus, J., 2006, Five Millenium Canon of Solar Eclipses: -1999 to +3000

(2000 BCE to 3000CE), *NASA Technical Publication*, TP-2006-214141.

Fisher et al., 1997, *Volcanoes: Crucibles of Change*, Princeton: Princeton University Press, 317pp.

Flavius Joshephus (Whiston, W. transl.), 2003, *The Complete Works of Joshepus*, Thomas Nelson, 1200pp.

Fleming, D.E., 2016, 1. Amorites, In: (Arnold, B.T. & Strawn, B.A., eds.) *The World around the Old Testament*, Baker Academic, 1-30.

Franke, T.C., 2006, Mit Herodot auf den Spuren von Atlantis - Koennte Atlantis doch ein realer Ort sien?, *Books on Demand*, Norderstedt, 260pp.

Franke, T.C., 2008, The Importance of Herodotus' Histories for the Atlantis Problem. *Abstract of the Atlantis Conference 2008*, 6pp.

Friedrich, W.L., 2000, *The Santorini Volcano: Natural History and the Legend of Atlantis*, Cambridge: Cambridge University Press, 258pp.

Friedrich, W.L. and Sørensen, A.H., 2010, New light on the Ship Fresco from Late Bronze Age Thera, *Praehistorische Zeitschrift*, 85, 243-257.

Friedrich, W.L., 2013, The Minoan Eruption of Santorini around 1613 BC and its consequence, *Tagugen Des Landesmuseums für Vorgeschichte Halle*, Band 9, 37-48.

Galanopoulos, A., 1964, Die ägyptischen Plagen und der Auszug Israel aus geologischer Sicht, *Das Altertum*, 10, 131-137.

Galanopoulos, A. and Bacon, E., 1969, *Atlantis: the truth behind the legend*, Nelson, 216pp.

Garstang, J. and Garstang, J.B.E., 1948, *The Story of Jericho* [2nd edition, Reprint of the Original from 1940], Marshall, Morgan & Scott, 200pp.

Goedicke, H.(translator), 1981, Hatshepsut's Temple Inscription of Speo Artemidos, *Biblical Archaeology Review*, 7, 49pp.

Gunther, J., 1955, *Inside Africa*, Harper & Brothers, 9552pp.

Halberstadt, M., 1955, On Solon's "Eunomia" (Frg. 3D), *The Classical Weekly*, 48, 197-203.

Hallo, W.W. and Simpson, W.K., 1998, *The Ancient Near East: A History* (2nd edition), Harcourt Bracee & Company, 324pp.

Hammer, C.U. et al., 1980, Greenland ice sheet evidence of post-glacial volcanism and its climatic impact, *Nature*, 288, 230-235.

Hammer, C.U. et al., 1987, The Minoan eruption of Santorini in Greece dated to 1645 BC?, *Nature*, 328, 517-519.

Hayakawa, Y., 1993, A proposal of Eruption Magnitude Scale, *Kazan*, 38, 223-226. (in Japanese)

Heiken, G. and McCoy, F.Jr., 1984, Caldera development during the Minoan eruption, Thira, Cyclades, Greece, *Journal of Geophysical Research*, 89, BIO 8441-8462.

Hoffmeier, J.K., 1989, Reconsidering Egypt's Part in the Termination of the Middle Bronze Age in Palestine, *Levant*, 21, 181-193.

Höflmayer, F., 2019, The Expulsion of the Hyksos and the End of the Middle Bronze Age: A Reassessment in light of Recent Chronological Research, *Journal of Ancient Egyptian Interconnections*, 21, 20-30.

Homer (Riew, E.V. transl.), 1946, *The Odyssey*, Penguin Books, 365pp.

Hort, G., 1957, The Plagues of Egypt, *Zeitschrift für die alttestamentliche Wissenschaft*, 69, 84-103.

Hort, G., 1958, The Plagues of Egypt, *Zeitschrift für die alttestamentliche Wissenschaft*, 70, 48-59.

Huber, P.J., 2011, The Astronomical Basis of Egyptian Chronology of the Second Millenium BC, *Journal of Egyptian History*, 4, 172-227.

Humphreys, C.J., 1998, The Number of People in the Exodus from Egypt: Decoding Mathematically the Very Large Numbers in Numbers I and XXVI, *Vetus Testamentum*, 48, 196-213.

Iulius Africanus (Wallraff, ed.), 2007, *Chronographiae*, Walter de Gruyter, 352pp.

Jaeger, F., 1928, *Africa*, Leipzig: Bibliographisches Institut A.G.,, 446pp.

Kawakatsu, H. and Yamamoto, M., 2007, Volcano seismology, In: (Kanamori, H. ed.) *Treatise on Geophysics, vol. 4*, Amsterdam: Elsevier, 389-420.

Khalisi, E., 2020, The Solar Eclipses oof the Pharaoh Akhenaten, *Physics.arXiv: History and Philosophy of Physics*, 5pp.

Krauss, R., 2006, III. 10 Egyptian Sirius/Sothic Dates, and the Question of the Sothis-based Lunar Calendar, In: (Hornung, E. et al. eds.) *Ancient Egyptian Chronology*, Leiden·Boston: Brill, 439-457.

LaMarche, V.C.Jr. and Hirschboeck, K., 1984, Frost rings in trees as records of major volcanic eruptions, *Nature*, 307, 121-126.

Lamb, H.H., 1970, Volcanic dust in the atmosphere; with a chronology and assessment of its meteorological significance, *Philosophical Transactions of the Royal Society A*, 266, 425-533.

Lamb, H.H., 1995, *Climate, History and the Modern World* (2nd edition), Routledge, London & New York, 464pp.

Lense, J. et al., 2001, Iron Fertilization and the Trichodesmium Response on the West Florida Shelf, *Limnology and Oceanography*, 46, 1261-1277.

Lietuvietis, V. I., 2020, Summer Solstice-Synchronous Sothic Calendar Confirms Early 18th Dynasty High Chronology: Six Sothic-Dated Pharaonic Accessions Used Full Moon-Signatured Accession Days, Absolutely Dates Hyksos Avaris Fall to May/June 1559 BC, DOI: 10.13140/RG.2.2.19638.65602.

Liritizis, I. et al., 1996, A Significant Aegean Volcanic Eruption during the Second Millennium B.C. Revealed by Thermoluminescence Dating, *Geoarchaeology: An International Journal*, 11, 361-371.

Luce, J.V., 1969, *Lost Atlantis: New Light on an Old Legend*, Thames and Hudson Ltd., 224pp.

Luce, J.V., 1994, The Changing Face of the Thera Problem, *Classics Ireland*, 1, 61-73.

Manning, S., 1999, *A Test of Time: The Volcano of Thera and the chronology and history of the Aegean and east Mediterranean in the mid second millenium BC*, Oxford and Oakville: Oxbow Books, 494pp.

Manning, S., 2014, *A Test of Time and A Test of Time Revisited: The Volcano of Thera and the chronology and history of the Aegean and east Mediterranean in the mid second millenium BC*, Oxford and Oakville: Oxbow Books, 494+202pp.

Manning, S. et al., 2006, Chronology for the Aegean Late Bronze Age 1700-1400 BC. *Science*, 312, p.568.

Manning, S. et al., 2020, Mediterranean radiocarbon offsets and calendar dates for prehistory, *Science Advance*, 6, eaaz1096.

Marinatos, S., 1939, The volcanic destruction of Minoan Crete, *Antiquity*, 13, 425-439.

Marinatos, S., 1974, *Thera VI Colour Plates and Plans*, Bibliotheke tesen Athenais Archaiologike Hetaireia, Athenes.

Marinatos, S, 1976, *Excavations at Thera VII (1973 Season)*, Bibliotheke tesen Athenais Archaiologike Hetaireia, Athenes. 38pp.

Matsumoto, K., 2000, *The Four Great Ancient Civilizations of the World: MESOPOTAMIA*, NHK, 253pp. (in Japanese)

Mavor, J.W.Jr., 1990, *Voyage to Atlantis: The Discovery of a Legendary Land*, Park Street Press, Rochester, Vermont, 329pp.

McAneney, J. and Baille, M., 2019, Absolute tree-ring dates for the Late Bronze Age eruptions of Aniakchak and Thera in light of a proposed revision of ice-core chronology, *Antiquity*, 93, 99-112.

McMurray, W., 2003, Dating the Amarnna Period in Egypt: Did a Solar Eclipse Insipire Akhenaten?, *Egyptologits' Electronic Forum(EEF), On-Line Library*, http://www.egyptologyforum.org/EMP/DAPE.pdf, 19pp.

Mendenhall, G.E., 1958, The Census of Numbers 1 and 26, *Journal of Biblical Literature*, 77, 52-66.

Meyer, E., 1904, *Ägyptische Chronologie*, Akademie der Wissenschaften, Berlin: Akademie der Wissenschaften.

Mitchell, W.A., 1990, Ancient Astronomical Observations and Near Eastern Chronology, *Journal of the Ancient Chronology Forum*, 3, 7-26.

Miyake, F. et al., 2012, A signature of cosmic-ray increase in AD 774-775 from tree rings in Japan, *Nature*, 486, 240-242.

Newhall, C.G. and Self, S., 1982, The Volcanic Explosivity Index (VEI): An Estimate of Explosion Magnitude for Historical Volcanism, *Journal of Geophysical Research*, 87, 1231-1238.

Newhall, C. et al., 2018, Anticipating future Volcanic Explosivity Index (VEI) 7 eruptions and their chilling impacts, *Geosphere*, 14, 572-603.

Ninkovich, D. and Heezen, B.C., 1965, 'Santorini tephra' in submarine geology and geophysics, In: Whittard, W.E. and Bradshaw, R. (eds.), *Proceedings of the 17th Symposium of the Colstoon Research Society, London*, 413-453.

Nomikou, P. et al., 2016, Post-eruptive flooding of Santorini caldera and implications for tsunami generation, *Nature Communications*, DOI:10.1038/ncomms13332.

Noth, M. (trasl. by J.D. Martin), 1966, *Das vierte Buch Mose, Numeri*, SCM Press, 20-23.

O'Connor, D., 1983, New Kingdom and Third Intermediate Period, 1552-664 BC. In: (Trigger, B. et al. authors), *Ancient Egypt: A Social History*. Cambridge: Cambridge University Press. 183-278.

Okal, E.A. et al., 2009, The 1956 earthquake and tsunamis in Amorgos, Greece, *Geophysical Journal International*, 178, 1533-1554.

Pang, K. et al., 1989, Climatic and Hydrologic Extremes in Early Chinese History: Possible Causes and Dates. *Transactions American Geophysical Union*, 70, 1095pp.

Pearson, C.L. et al., 2018, Annual radiocarbon record indicates 16th century BCE date for the Thera eruption, *Science Advance*, 4, eear8241.

Pearson, C.L. et al., 2020, Securing timelines in the ancient Mediterranean using multiproxy annual tree-ring data, *PNAS (Proceedings of the National Academy of Sciences)*, 117, 8410-8415.

Petrie, F.W.M., 1906, *Researches in Sinai*, New York: E.P. Dutton & Co., 280pp.

Plato (Bury, R.G. trans), http://www.atlantis-scout.de/atlantis timaeus critias.htm

Plato (Jowett, B. transl.), Timaeus, Critias, http://www.atlantis-scout.de/atlantis timaeus critias.htm

Pyle, D.M., 1997, The global impact of the Minoan eruption of Santorini, Greece, *Environmental Geology*, 30, 59-61.

Redford, D.B., 1963, Exodus I 11, *Vetus Testamentum*, 13, 401-418.

Redford, D.B., 1987, *Akhenaten, The Heretic King*, Princeton University Press, 255pp.

Reimer, P.J. et al., 2020, The IntCal20 Nothern Hemisphere radiocarbon calibration curve (0-55 kcal BP), *Radiocarbon*, 62, 725-757.

Repcheck, J., 2003, *The Man Who found Time: James Hutton and the discovery of the Earth's Antiquity*, Perseus Publishing, 247pp.

Richards, E.G., 1999, *Mapping Time: The Calendar and its History*, Oxford University Press, 464pp.

Ritner, R.K. and Moeller, N., 2014, The Ahmose 'Tempest Stela', Thera and Comparative Chronology, *Journal of Near Eastern Studies*, 73, 1-19.

Robin, G., 1994, Women and Children in Peril: Pregnancy, Birth and Infant Mortality in Ancient Egypt. *KMT, A Modern Journal of Ancient Egypt*, 5, 24-35.

Rohl, D.M., 1995, *A Test of Time: The Bible - From Myth to History*, Century, 438pp.

Round, F., 1981, *The Ecology of Algae*, Cambridge: Cambridge University Press, 664pp.

Sakellariou, D. et al., 2012, Tsunami Triggering Mechanisms Associated with the 17th cent. BC Minoan Eruption of Thera Volcano, Greece, *Proceedings of the Twenty-second International Offshore and Polar Engineering Conference*, 17-22.

Salamon, A. et al., 2011, A critical evaluation of tsunami records reported for the Levant Coast from the second millennium BCE to the present, *Israel Journal of Earth Science*, DOI: 10.1560/IJES.58.2-3.327.

Sawyer, J.F.A. and Stephenson, F.R., 1970, Literary and Astronomical Evidence ffor a Total Eclipse of the Sun Observed in Ancient Ugarit on 3 May 1375 BC, *Bulletin of the School of Oriental and African Studies*, University of London, 33, 467-489.

Schaeffer, C.F.A. 1939, *The Cuneiform Texts of Ras Shamra-Ugarit*, London: Oxford University Press, xv+100 pp, 39 pp of plates.

Schniedewind, W.M., 2004, *How the Bible Became a Book: The Textualization of Ancient Israel*, Cambridge: Cambridge University Press, 272pp.

Sellin, E., 2018, *Mose und seine Bedeutung für die israelitisch-jüdische Religionsgeschichte* [Reprint of the Original from 1922], EOD Network, 170pp.

Seters, J.V., 1975, *Abraham in History and Tradition*, Vermont: Echo Point Books & Media, 335pp.

Seters, J.V., 1986, The Plagues of Egypt: Ancient Tradition or Literary Invention?, *Zeitschrift für die Alttestamentliche Wissenschaft*, 98, 31-40.

Shea, W., 1977, A Date for the Recently Discovered Eastern Canal of Egypt, *Bulletin of the American Schools of Oriental Research*, 226, 31-38.

Shortland, A.J. and Bronk Ramsey, C. (eds.), 2013, *Radiocarbon and the Chronologies of Ancient Egypt*, Oxford: Oxbow Books, 192pp.

Simkin, T. and Siebert, L., 1994, *Volcanoes of the World* (2nd edition), Tucson: Geoscience Press for the Smithsonian Institution, 349pp.

Sivertsen, B.J., 2009, *The Parting fo the Sea: How Volcanoes, Earthquakes, and Plagues Shaped the Story of Exodus*, Princeton and Oxford: Princeton University Press, 239pp.

Sneh, A. and Weissbrod, T., 1973, Nile Delta: The Defunct Branch Identified, *Science*, 80, 59-61.

Sparks, R.S.J. and Wilson, L., 1976, A model of the formation of ignimbrite by gravitational column collapse, *Journal of Geological Society of Lindon*, 132, 441-451.

Stern, S., 2012, *Calendars in Antiquity. Empires, States, and Societies*, Oxford: Oxford University Press, 457pp.

Strabo (Hamilton, H.C. & Falconer, W. transl.), 2015, *The Geography of Strabo*, Andesite Press, 538pp.

Strong, J., 1875, *Tables of Biblical Chronology; Exhibiting Every Date Definitely Given in the Holy Scriptures*, New York: John F. Trow & Son, 45pp.

Tablbot, M.R. et al., 2000, Strontium isotope evidence for late Pleistocene reestablishement of an intergrated Nile drainage network, *Geology*, 28, 343-346.

Takashima, I., 1995, Thermoluminescence Dating: With Special Reference to Accuracy and Reliability of Age Determination Using Quartz of Volcanic Rocks, *The Quaternary Research*, 34, 209-220.

Takeuchi, H., 2015, *Discovery of Atlantis* (アトランティスの発見), Goma Books, 170pp. (in Japanese)

Tetley, M.C., 2004, *The Reconstructed Chronology of the Divided Kingdom*, Eisenbrauns, 208pp.

Tetley, M.C., 2014, *The Reconstructed Chronology of the Egyptian Kings*, Vol. I, http://docplayer.net/34352223-The-reconstructed-chronology-of-the-egyptian-kings-m-christine-tetley.html

The Admonitions of Ipuwer, www.ancient.eu/article/981/the-admonition-of-ipuwer/

The Prophecy of Neferty, www.ucl.ac.uk/museums-static/digitalegypt/literature/nefertytransl.html

Thiele, E.R., 1983, *The Mysterious Numbers of the Hebrew Kings: A Reconstruction of the Chronology of the Kingdoms of Israel and Judah* [3rd edition, Reprint of the Original from 1951]. Grand Rapids: Zondervan Pub. House, 253pp.

Thorarinsson, S., 1974, The terms tephra and tephrochronology. In: (Westgate, J.A. and Gold, C.M., eds.) *World bibliography and index of Quaternary tephrochronology*, Edmonton: University of Alberta, xvii-xviii.

Thucydides (Mynott, J. ed.), 2013, *The War of the Peloponnesians and Athenes*, Cambridge: Cambridge University Press, 690pp.

Trevisanato, S.I., 2005, *The Plagues of Egypt: Archaeology, History and Science Loot at the Bible*,

Gorgias Press Llc., 212pp.

Trevisanato, S.I., 2006, Six medical papyri describe the effect of Santorini's volcanic ash, and provide Egyptian parallels to the so-called biblical plagues, *Medical Hypotheses*, 67, 187-190.

Trevisanato, S.I., 2007, Medical papyri describe the effects of Santorini eruption on human health, and date the eruption to August 1603 - March 1601 BC, *Medical Hypotheses*, 68, 446-449.

Ussher, J., 1650, *Annals of the World*, www.gospelpedlar.com/articles/Bible/Usher.pdf

van der Plicht, J. et al., 2020, Recent developments in calibration for archaeological and environmental samples, *Radiocarbon*, DOI:10.1017/RDC.202022.

Velikovsky, I., 1952, Ages in Chaos, vol. I, *From Exodus to King Akhnaton*, New York: Doubleday and Company Inc., 350pp.

Vitaliano, C.J. and Vitaliano, D.B., 1974, Volcanic Tephra on Crete, *American Journal of Archaeology*, 78, 19-24.

Warburton, D. (ed.), 2009, *Time's Up! Dating the Minoan Eruption of Santorini: Acts of the Minoan Eruption Chronology Workshop, Sandjerg, November 2008 (Monographs of the Danish Institute at Athenes)*, Aarhus University Press, 298pp.

Warren, P., 1979, The Miniature Fresco from the West House at Akrotiri, Thera, and Its Aegean Setting, *The Journal of Hellenistic Studies*, 99, 115-129.

Wellhausen, J., 1899, *Progegomena zur Geschichte Israels*, Berlin: Druck und Verlag von Georg Reimer, 439pp. [*Prolegomena to the History off Ancient Israel* (2014 printed editioion), Create Space Independent Publishing Platform, 584pp.]

Welliver, W., 1977, *Character, Plot and Thought in Plato's Timaeus-Critias*. Leiden: E.J. Brill, 66pp.

Wenham, J.W., 1967, Large Numbers in the Old Testament, *Tyndale Bulletin*, 19-53.

Wilson, I., 1985, *Exodus: The True Story Behind the Biblical Account*, San Francisco: Harper & Row, 208pp.

Wilson, L. et al., 1978, The control of volcanic column heights by eruption energies and dynamics, *Journal of Geophysical Research*, 83, 1829-1836.

Winchester, S., 2003, *Krakatoa: The day the world exploded 27 August 1883*, London: Viking (Penguin Books Ltd.), 432pp.

Wiseman, D., 1956, *Chronicles of Chaldean Kings (626-556 BC) in the British Museum*, Oxford: The British Museum, 100pp.

Yalciner, A.C., 2007, Modeling and Visualization of tsunamis: Mediterranean examples, In: (Kundu, A. ed.) *Tsunami and Nonlinear Waves*, Berlin-Heidelberg: Springer-Verlag, 273-283.

Yoshimura S. and Goto, T., 2000, *The Four Great Ancient Civilizations of the World: EGYPT*, NHK, 254pp. (in Japanese)

Young, E.J., 1984, *An Introduction to the Old Testament* [Reprint of the Original from 1949], William B. Eerdmans Publishing, 432pp.

Young, R.C., 2003, When did Solomon die?, *Journal of the Evangelical Theological Society*, 46, 589-603.

Young, R.C., 2004, When did Jerusalem fall?, *Journal of the Evangelical Theological Society*, 47, 21-38.

Zaytsev, A.I. et al., 2019, Tsunami Hazard Assessment on the Egypt Coast of the Mediterranean, *Izvestiya, Atmospheric and Ocean Physics*, 55, 462-469.

Zeilinga de Boer, J. and Sanders, D.T., 2002, *Volcanoes in Human History: The Far-Reaching Effects of Major Eruptions*, Princeton: Princeton Univesity Press, 295pp.

찾아보기

ㅇ

ㅈ

ㅊ

ㅋ

ㅌ

ㅍ

ㅎ